한국고전번역원 한국문집번역총서

송자대전 6
宋子大全

송시열 지음
宋時烈
김정기 옮김

일러두기

1. 이 책《송자대전》은《국역 송자대전》(1981~1988)의 미번역 부분을 포함하여 수정·번역한 완역서이다.《국역 송자대전》의 역자와 그 약력은 책 말미에 소개하였다.
2. 이 책의 번역 대본은 한국고전번역원에서 간행한 한국문집총간 108~116집 소재《송자대전(宋子大全)》으로 하였다. 번역 대본의 원문 텍스트와 원문 이미지는 한국고전종합DB(http://db.itkc.or.kr)에서 확인할 수 있다.
3. 역주는 내용이 간단하면 간주(間註)로, 길면 각주(脚註)로 처리하였다.
4. 한자는 필요한 경우 이해를 돕기 위하여 넣었으며, 운문(韻文)은 원문을 병기하였다.
5. 원문의 오류를 수정하였거나 오류가 의심되는 경우, 교감자료와 중요한 자구(字句)에서 차이가 있는 경우에는 그 내용을 각주로 밝혔다.
6. '한글 맞춤법'의 용법과 다르거나 새로 만든 문장 부호는 다음과 같다.

「 」: ' ' 안의 재인용을 나타낼 때 사용한다.

『 』: 「 」 안의 재인용을 나타낼 때 사용한다.

…… : 원문의 '云云'을 처리할 때, 각주에서 긴 인용문을 처리할 때, 각주의 표제어가 네 어절 이상일 경우 생략되는 말을 처리할 때 사용한다.

- - : 본문에서 소자(小字) 원문 주(註)의 처음과 끝에 사용한다.

□ : 원문의 글자가 빠진 빈 난을 표기하거나 '결락과 판독 불가 글자에 대한 지침'에 따라 번역할 때 사용한다.

▨ : 훼손 등으로 인해 판독이 불가능한 원문을 표기할 때 사용한다.

차례

송자대전 제27권

서 書

송자대전 제28권

서 書

송자대전 제29권

서 書

송자대전 제30권

서 書

송자대전

제27권

書 서

청음 김 선생[1]에게 올림
上淸陰金先生

을유년(1645, 인조23) 5월 22일 은진(恩津) 송시열(宋時烈)은 삼가 목욕재계하고 이 글을 써서 연로하신 청음 선생 좌하께 올리며 재배하고 뵙게 해 주시기를 청합니다.

소생은 이제 나이 서른아홉이 되었습니다. 철이 든 이래로 가만히 이런 사람 저런 사람들의 말을 들어 보건대, 모두 "오늘날 태산(泰山)과 북두(北斗)처럼 우러르는 여망(輿望)을 받는 분은 오직 대야(大爺 원로) 청음 선생이시다."라고 하였습니다.

그러나 소생은 동남 지방에서 태어나 자란 데다가 마당 밖을 나간 적이 드물었으므로, 같은 고을의 인사(人士)라 하더라도 사귈 수가 없었습니다. 더구나 선생의 문하에서 청소라도 하고 있으면서 크게 도야(陶冶)해 주시는 선생의 은택 입기를 어떻게 감히 바랐겠습니까. 늘 진요옹(陳了翁)의 책심장(責沈章)[2]을 읽으며 스스로 한탄하기를

1 청음(淸陰) 김 선생(金先生) : 김상헌(金尙憲, 1570~1652)을 가리킨다. 청음은 그의 호이다. 대제학 등을 거쳐 좌의정에 이르렀다.

2 진요옹(陳了翁)의 책심장(責沈章) : 진요옹은 송(宋)나라 때 학자인 진관(陳瓘)을 가리킨다. 요옹은 그의 호이다. 책심장은 진관이 지은 글로, 당시의 명현(名賢)이었던 정호(程顥)를 알아보지 못하고 범조우(范祖禹)에게 물은 것을 스스로 부끄럽게 여긴 나머지, 춘추 시대 섭공(葉公) 심제량(沈諸梁)이 공자가 어떤 분임을 모르고 자로(子路)에게 묻자 자로가 대꾸하지 않았던 《논어》 〈술이(述而)〉의 고사에 의거하여 심제량을 책망하는 뜻으로 지은 것이다.

"선비가 인(仁)을 하는 것은 자신에게 달린 것이어서 딴 데서 구할 수 없는 일이기는 하나 '대부(大夫)들 중에 현명한 사람을 섬겨야 한다.'[3]라고 말하지 않았는가." 하였습니다.

비록 세대가 천년 후이고 지역이 만 리 밖이라도 거슬러 올라가서 그분의 인품과 언행을 논하여 정신이 서로 통하게 되는 것입니다. 지금 저는 다행히도 같은 세대에 함께 살고 있고 사는 곳도 딴 나라가 아닌 데다가, 현명한 이를 좋아하고 덕을 숭상하는 마음은 소멸할 수 없는 천성에서 나오는 것이니, 다소나마 천성의 신령함에 힘입어 만에 하나라도 평소의 지극한 소원을 실현하게 되기를 그윽이 바랍니다.

지난번에는 갑자기 선생께서 만 리의 길을 가시게 된 사실[4]을 듣고서 또한 깜짝 놀라 멍하니 있다가 생각하기를 '지혜가 성현(聖賢)을 알아보는 것은 본성으로 가지고 있는 것[5]이라고 하지만, 이른바 명(命)이란 것도 역시 하늘에서 나온 것으로서 바꿀 수 없는 것이고 보면, 맹자(孟子)가 한 말도 더러는 알 수 없는 것이 있고, 나의 일생도 불행하여 끝내 덕이 훌륭한 군자를 만나지 못하게 되는 것이 아닌가.' 하였습니다.

3 대부(大夫)들……한다 : 공자의 제자 자공(子貢)이 인(仁)을 하는 방법을 묻자, 공자가 "공장(工匠)들이 자기가 하는 일을 잘하려면 반드시 먼저 연장을 예리하게 만드는 법이니, 그 나라에 살면서는 그 나라의 대부들 중에 현명한 사람과 사(士) 중에 가장 어진 사람을 섬겨야 하는 것이다." 한 데서 온 말이다. 《論語 衛靈公》

4 만……사실 : 김상헌이 병자호란 때 강화(講和)를 반대하다가 심양(瀋陽)으로 끌려갔던 일을 가리킨다.

5 지혜가……것 : 《맹자》 〈진심 하(盡心下)〉에 "인(仁)이 부자간에 행해지는 것과 의(義)가 군신간에 행해지는 것과 예(禮)가 빈주(賓主) 사이에 행해지는 것과 지(智)가 현자를 알아보는 것과 성인(聖人)이 천도를 행하는 것은 명(命)이다. 그러나 그것은 본성으로 가지고 있는 것이므로 군자는 이것을 명이라 하지 않는다." 한 데서 온 말이다.

그러나 그 뒤부터 선생의 명성이 날로 더욱 높아지고 도의(道義)가 날로 더욱 훌륭해지며 인륜의 기강이 선생에 힘입어 부식(扶植)되고 사문(斯文)이 선생에 힘입어 존재하게 됨으로써, 해와 달도 선생보다 더 밝을 수가 없고 태산도 선생보다 더 높을 수가 없었습니다. 담암(澹菴)과 문산(文山)[6]도 마침내는 선생과 어느 쪽이 우세할지 알 수 없고, 오징(吳澄)과 허형(許衡)[7]의 무리로 유자(儒者)임을 자칭한 자들 따위는 또한 선생과의 거리가 황곡(黃鵠)과 땅벌레와의 차이일 뿐이 아닙니다. 그러기에 밤낮으로 북쪽을 바라보며 의리를 사모하는 소생의 마음이 또한 지난날보다 만배나 더하여 스스로 그만둘 수 없었습니다.

이제 아무 일 없이 동쪽으로 돌아오시게 되어서는, 또한 하늘이 내린 덕이 있는 분에게는 광인(匡人)이나 환퇴(桓魋)[8] 같은 자라도 그분을

6 담암(澹菴)과 문산(文山) : 담암은 송나라 호전(胡銓, 1102～1180)의 호이고, 그의 자는 방형(邦衡), 별호는 담재노인(澹齋老人), 시호는 충간(忠簡)이다. 상주문(上奏文)을 짓는 데 아주 뛰어나 당시에 주화론자(主和論者)였던 왕륜(王倫)과 진회(秦檜) 등을 논박하는 상소문을 올렸다. 《宋史 胡銓列傳》 문산은 송나라가 원나라에 의해 멸망했을 때 절의를 지켜 원나라에 벼슬하지 않은 문천상(文天祥, 1236～1282)의 호이고, 그의 자는 송서(宋瑞)·이선(履善)이다. 이종(理宗)과 익왕(益王)을 섬겼고, 임안이 함락된 뒤에도 송나라 단종(端宗)을 받들고 근왕군을 일으켜 원군(元軍)과 싸웠으며, 위왕(衛王) 때 조양(潮陽)에서 패전하여 원군의 포로가 되어 연경에 3년 동안 억류되었다. 원나라의 온갖 회유에도 굴하지 않고 〈정기가(正氣歌)〉를 지어 자신의 충절을 나타내고 죽었다. 《宋史 文天祥列傳》

7 오징(吳澄)과 허형(許衡) : 모두 송나라 한족 출신으로 원나라에서 벼슬하여 비난을 받은 사람들이다. 오징은 한림학사(翰林學士), 강관(講官) 등을 역임했고, 저서에 《역찬언(易纂言)》 등이 있다. 허형은 국자 좨주(國子祭酒), 중서 좌승(中書左丞) 등을 역임했고, 저서에 《독역사언(讀易私言)》, 《노재유서(魯齋遺書)》 등이 있다.

8 광인(匡人)이나 환퇴(桓魋) : 광인은 춘추 시대 위(衛)나라 광(匡) 땅 사람들을

끝내 어찌할 수 없는 것임을 알았습니다. 해와 달이 비치고 서리와 이슬이 내리는 온 세상에서 무릇 혈기(血氣)가 있는 사람이라면 누군들 말채찍을 들고 말고삐를 잡고서 선생의 문하에 나아가려 하지 않겠습니까마는, 소생이 뵙기를 바라는 정성은 또한 남들보다 매우 다른 점이 있습니다.

대체로 저는 성질이 편벽되고 잡되며 지기(志氣)가 혼탁하여 마음가짐과 몸가짐이 늘 인욕(人慾) 속에 있는데도 스스로 빠져나오지 못했습니다. 지난날에 일찍이 도(道)가 있는 이와 친하게 되어 옛사람들의 위기지학(爲己之學)[9]에 대해 조금 듣기는 하였습니다마는, 힘을 쓰는 것이 용맹스럽지 못하여 많은 병폐를 없애지 못하였습니다. 그런데 세월이 점차 흘러서 어느덧 반평생이 지나 버렸으므로, 늘 밤중에 일어나 앉아 생각하면 부끄럽고 두려운 마음만 간절합니다.

오늘 찾아온 것은 대체로 머리를 조아려 재배하고 훌륭한 덕과 빛나는 위의를 갖춘 큰 군자를 뵈려는 것입니다. 만에 하나라도 뵙고 느끼는 사이에 체득함이 있어, 경솔하고 조급하며 야비하고 천박한 싹을 없애 버리고 비루하고 저속한 버릇을 고치게 된다면, 하루 동안이나마

가리킨다. 일찍이 노(魯)나라 양호(陽虎)가 광 땅에서 포악한 짓을 했었는데, 공자가 이 고을을 지날 때 공자의 얼굴이 양호와 비슷하므로 광 땅 사람들이 공자를 양호로 착각하여 포위하자, 공자가 "하늘이 사문을 없애 버릴 것이라면 모르거니와, 그렇지 않다면 광 땅 사람들이 나를 어찌하겠는가." 하였다. 《論語 子罕》 환퇴는 춘추 시대 송나라 사람으로 상퇴(向魋)라고도 한다. 그가 공자를 해치려 하자, 공자가 "하늘이 나에게 덕을 부여하였는데 그가 나를 어찌하겠는가." 하였다. 《論語 述而》

9 위기지학(爲己之學) : 오직 자신의 덕성을 함양하기 위해 공부하는 것을 말하는 것으로, 남이 알아주기를 바라서 공부하는 '위인지학(爲人之學)'과 상대되는 말이다.

문하에서 직접 가르침을 받은 소득이 어찌 백세 이후에 유풍(遺風)만 듣고 흥기하게 되는 것보다 크지 않겠습니까.

삼가 바라건대 선생께서는 앉아 계신 채로 이 글을 받아 주어 이렇게 찾아온 뜻을 허물하지 않으시고, 또 맹자가 끝내 저를 속이지 않은 것임을 알게 하여 주십시오. 그리해 주신다면 선생께서 베푸시는 은혜가 크겠습니다. 삼가 이 글을 먼저 심부름하는 이에게 주고 문간 밖에서서 처분이 있기를 기다립니다.

청음 김 선생에게 올림 을유년(1645, 인조23) 7월 29일
上淸陰金先生 乙酉七月二十九日

5월에 교외에서 찾아뵙고 삼가 직접 얼굴을 뵈었을 때 보고 느끼는 사이에 얻은 것은 비록 말할 것이 못 되나, 돌아와서 사모하는 정성은 전일보다 만배는 더함을 절로 느꼈습니다. 선정(先正)이 말한 황 단명(黃端明)이 사람을 감동하게 한 것이 어떠했는지 모르겠습니다.[10]

요즘 장마가 몇 달째 이어지고 있습니다. 삼가 선생님의 기체후(氣體候)와 동정(動靜)은 신명의 도움으로 만복(萬福)하시리라 생각합니다. 광대함을 지극히 하고 고명함을 극진히 하며 늙음이 장차 이를 것을 알지 못하시는 것은 반드시 남들이 미처 알지 못하는 신묘함이 있기 때문일 것입니다. 공경히 우러르며 크게 탄식함을 더욱 스스로 견딜 수 없습니다.

소생은 가만히 깊은 산속에 엎드려 모친을 봉양하며 그럭저럭 지내고 있습니다. 독서와 자신을 위한 공부를 비록 모두 폐하지는 않았으나 뜻과 기백이 굳세지 못하여 물욕(物慾)이 서로 빼앗아 그 은미한 사이를 점검할 겨를이 진실로 없어서 명백한 허물이 날로 산처럼 쌓입니다.

10 선정(先正)이……모르겠습니다 : 주희가 황 단명에게 감동을 받고 납배(納拜)의 예(禮)를 올리겠다고 청하는 편지를 올린 것처럼, 송시열도 김상헌에게 감동을 받고 문하에 나아가 가르침을 청하는 편지를 올린다는 말이다. 주희는 〈상황단명서(上黃端明書)〉에서 상대방을 극도로 존경하여 맹자가 말한 삼달존(三達尊)을 갖추고도 겸양한다고 칭송하였다. 《晦庵集 卷37》 황 단명은 송나라 때 단명전 학사(端明殿學士)를 지낸 황중(黃中)을 말한다.

이런 까닭에 더욱 문하에서 가르침을 받고 싶으나 선생께서 달갑게 여기지 않으실까 두렵습니다. 삼가 겨울이 오기를 기다렸다가 한번 문하에 나아가서 달갑게 여기시는지 어떤지 듣겠습니다.

끝으로 도(道)를 위해 더욱 보중하시어, 존경하여 우러르는 소생의 마음을 위로해 주시기를 축원합니다.

청음 김 선생에게 올림 을유년(1645, 인조23) 11월 3일

上淸陰金先生 乙酉十一月三日

지난가을 삼가 손수 쓰신 답장을 받았습니다. 은근한 후의를 입어 손을 씻고 절하고 받으니 감사한 마음을 견딜 수 없습니다.

소생은 문을 닫아걸고 모친을 봉양하며 다행히 다른 걱정은 면했습니다. 선생을 보고 느낀 영향으로 매번 갈고닦을 것을 생각했으나 단지 이것은 오두(烏頭)의 힘[11]이었으니 오래될수록 약효가 떨어질 뿐입니다. 이달 초하루에 책을 지고 문하에 가고 싶었으나 갑자기 소명(召命)을 받아 황공하고 곤란했습니다. 이미 사면(辭免)을 청하는 문자를 올리고 공손히 견책을 기다리고 있는데, 만약 일이 마무리되면 곧 이전 계획을 이룰 것입니다.

유생 이경(李憬)이 와서 근황을 말해 주는 것을 듣고 매우 기쁘고 마음이 놓였습니다. 중음(重陰)의 밑에서 양덕(陽德)이 이미 밝았습니다.[12] 삼가 바라건대 도(道)를 위하여 보중하시어, 존경하여 우러르는 소생의 마음을 위로해 주십시오.

11 오두(烏頭)의 힘 : 스승의 감화력을 말한다. 오두는 초오(草烏)의 별칭으로 독성이 강한 약재인데 제자의 잘못을 바로잡는 스승을 비유한다. 사양좌(謝良佐)가 스승 정호(程顥)에게 하직하고 돌아갈 때 윤돈(尹焞)에게 말하기를 "우리들이 아침저녁 선생과 종유(從遊)하면서 행실을 보면 배우고 말씀을 들으면 기억하였으니 비유하자면 사람이 오두를 복용하는 것과 같다. 복용할 때는 얼굴이 윤기가 나고 근력이 강성하지만 갑자기 오두의 힘이 없어지면 장차 어찌할 것인가." 하였다. 《宋元學案 卷24 上蔡學案》

12 중음(重陰)의……밝았습니다 : 음력 11월이 되었음을 뜻한다. 《주역》에서 복괘(復卦)는 다섯 개의 음효(陰爻)가 중첩된 아래에서 일양(一陽)이 생겨나는 괘인데, 동짓달인 11월을 상징한다. 《周易 復卦》

청음 김 선생에게 올림 병술년(1646, 인조24) 1월 11일

上淸陰金先生 丙戌正月十一日

이 태평하고 형통한 해를 맞이하여 선생께서는 심신의 정양(靜養)이 더욱 깊어지고 학문의 조예가 날로 높아지시는지요? 풍채를 우러르고 의리를 사모하는 마음 날로 더욱 간절해집니다.

지난겨울에는 문하에 나아가 가르침을 청하려고 목욕재계하고 행장을 꾸려 길을 나섰는데 며칠 뒤에 갑자기 의외의 소명(召命)이 내렸습니다. 해를 넘기면서까지 간절히 사양하였지만 아직까지 그 명이 고쳐지지 않아 앞서의 계획을 그르치게 되었습니다. 지혜가 성현을 알아보는 것은 대체로 명(命)이 있는 것이기에[13] 감히 심각하게 한탄하지는 않지만, 선생을 우러르고 사모하는 저의 정성은 더욱 그만둘 수 없습니다.

이번에 사사로운 간청이 있기에 감히 자세하게 말씀드리겠습니다. 소생의 선고(先考)께서 생전에 때를 만나지 못해 세상에 현달하지는 못하셨지만, 개결한 행신(行身)과 높은 의리는 진실로 기록할 만하고 없어지게 해서는 안 될 점이 있습니다. 불초한 제가 생각건대 지난날에 묻혀 사시던 것은 기왕에 선고께서 후회하지 않으신 일이므로 유감스러울 것이 없지만, 끝내 그 행적마저 이대로 묻혀서 드러나지 않게 한다면 불효한 죄가 더욱 커질 것입니다.

이제 소원은 큰 군자의 한마디 표장(表章)하는 말을 얻어서 행적이

13 지혜가……것이기에 : 22쪽 주5 참조.

영원히 없어지지 않도록 하는 것입니다. 그런데 이 세상의 이름 있는 공경(公卿)이나 대인(大人)들께는 소생이 이미 찾아가 뵙기를 청하지도 못하였거니와, 또한 국가의 큰일을 경륜(經綸)하는 사이에 구구한 사정을 함부로 아뢸 수도 없고 보면, 이러한 근심을 품고 있으면서도 하소연할 데가 없었습니다.

삼가 생각건대 선생께서는 천지의 정기(正氣)를 독차지하고 태산과 북두성 같은 중망(重望)을 지닌 분으로서, 해와 달이 비추는 곳과 서리와 이슬이 내리는 곳에 사는 모든 혈기를 지닌 사람이면 모두 존경하여 우러르고 복종하며 다 같이 문하에 들어가고픈 소원을 갖고 있습니다. 그렇다면 소생이야말로 선고의 행적을 훌륭한 군자의 덕에 힘입어 후세에 징험하게 하고 싶은 마음이 어찌 끝이 있겠습니까.

또 생각건대 예로부터 성현들이 도(道)를 행하여 세상을 구제하지 못하게 되면 대개는 반드시 세상에 모범이 될 만한 말을 남기고 글을 저술함으로써 세상에 하나의 경(經)이 되었습니다. 이는 하늘의 명을 사양할 수 없어서인데, 숨겨진 덕의 그윽한 광채를 환히 드러내는 것은 또한 중대한 일이요 어진 이의 마음입니다.

불초 소생은 이렇게 생각합니다. 선고의 의지와 행적을 선생께서 칭찬해 주어 대략 두어 줄의 글을 만들어서 묘도(墓道)에 게시하여 후세에 알리도록 하여 주신다면, 세상의 도의에 있어 만에 하나라도 도움이 없지 않을뿐더러, 선생의 훌륭한 덕은 하늘에 닿을 만큼 끝이 없으므로 제 선고의 이름도 따라서 오래오래 믿음을 받게 될 것이니, 어찌 자손들만 무한한 은혜를 받겠습니까. 선고께서도 불행하게 살았던 것을 황천에서 한탄하지 않을 것입니다.

만일 "사소한 일을 써 놓는 것은 공자(孔子)가 한 일이 아니므로,[14]

이는 붓을 댈 것이 못 된다."라고 하신다면 이는 소생이 감히 알 바가 아닙니다. 삼가 행록(行錄) 한 통을 기록하여 제 아우 시도(時燾)를 시켜서 무턱대고 문하에 나아가 재배하고 드리도록 하였으니, 삼가 바라건대 선생께서는 애처롭게 여기고 재량하시어 제 아우가 헛되이 돌아오지 않도록 해 주시기를 천만번 빕니다.

끝으로 도를 위해 더욱 보중하시어, 존경하여 우러르는 소생의 마음을 위로해 주시기를 빕니다.

14 사소한……아니므로 : 호안국(胡安國)의 《춘추전(春秋傳)》에 "사소한 일은 《춘추》에 기록하지 않았다."라고 한 것을 말한다.

청음 김 선생에게 올림 병술년(1646, 인조24) 5월 15일
上淸陰金先生 丙戌五月十五日

곁에서 모시다 절하고 떠나온 지 어느새 달포가 되어, 우러르고 사모하는 정성이 날로 더욱 간절해집니다.

요사이 서쪽에서 온 사람을 통해 듣건대, 선생께서 이미 관직에 사은하셨다[15]고 합니다. 만약 일을 보시다가 곧 질병을 핑계하고 사퇴를 청하실지라도 이미 잘 상량해 보신 뒤에 들어가신 것이니, 반드시 사문(斯文)의 마음을 크게 위로함이 있을 것이고 백성들도 실망하지 않을 것입니다. 모르겠습니다마는 무엇을 먼저 하시겠습니까?

구구히 서로 경하하는 터이기에 지나치게 염려하는 어리석음이 없지 않을까도 싶습니다마는, 대체로 세상에 나가 세상의 도의를 담당하였다가 충무후(忠武侯 제갈량)나 주 선생(朱先生 주희)처럼 하지 못할 경우에는 차라리 자신이 평소 지켜 오던 절조를 온전하게 지켜서 무궁한 후세에까지 도의를 수립하는 것이 나을 듯싶습니다. 그러므로 요사이 제가 근심스러운 생각을 견디지 못해, 간절하게 〈출사표(出師表)〉나 〈수공 주차(垂拱奏箚)〉[16] 같은 상주(上奏)를 귀 기울이고 들으려

15 선생께서……사은하셨다 : 1646년에 김상헌이 좌의정에 임명되어 부임한 것을 가리킨다.

16 출사표(出師表)나 수공 주차(垂拱奏箚) : 〈출사표〉는 삼국 시대 촉한(蜀漢)의 승상 제갈량(諸葛亮)이 위(魏)나라를 치려고 출병할 때 후주(後主) 유선(劉禪)에게 올린 글이다. 〈수공 주차〉는 남송 효종(南宋孝宗) 때 주희(朱熹)가 수공전(垂拱殿)에 입대(入對)하여 올린 차자를 가리키는데, 모두 세 편으로 되어 있다. 그 내용 중에 가장

합니다. 비록 불우(不遇)하여 귀향하시게 되더라도, 오히려 천리와 인륜이 선생 덕분에 다시 밝아져서, 한갓 처사(處士)의 큰소리에 그치지만은 않을 것이니, 이번에 한번 나가신 것은 역시 명분이 없지 않을 것입니다. 삼가 바라건대 저의 외람되고 망녕된 죄를 조금 용서하고 재량해 보고서 가르쳐 주심이 어떠하겠습니까?

보내 주신 글[17]을 노모께 가지고 가 위로해 드리자 한없이 영화롭고 감격스럽게 여기셨으니, 비록 온 가족이 분골쇄신의 노력을 하더라도 갚을 길이 없습니다. 여쭈어 정정(訂正)해야 할 것이 한두 가지 있는 듯하지만, 국가의 큰 계책을 논의하는 때이므로 감히 번거롭게 말씀드릴 수 없으니 후일을 기다릴 뿐입니다.

끝으로 도(道)를 위해 더욱 몸을 보호하여 이 세상을 위로해 주시기를 빕니다.

중요한 것은 불공대천의 원수인 금(金)나라를 쳐서 반드시 복수해야 한다는 내용이다.

17 보내 주신 글 : 1646년 4월에 송시열의 아버지 수옹(睡翁) 송갑조(宋甲祚)의 묘갈문(墓碣文)을 김상헌에게 받았다.《淸陰集 卷31 司饔院奉事宋君墓碣銘》

청음 김 선생에게 올림 병술년(1646, 인조24) 8월 8일
上淸陰金先生 丙戌八月八日

무더위가 겨우 가시고 8월이 되었습니다. 선생께서는 체후가 평안하시며 정도를 행함이 곧고 길하시리라 생각합니다. 멀리서 그리워하는 소생의 비천한 정성은 날이 갈수록 더욱 간절합니다. 산속에 거처하는 소생의 졸렬한 상태는 예전과 같습니다. 오직 다행하게도 노모가 그럭저럭 건강하여 의약을 쓸 걱정이 없습니다. 그러므로 때때로 편안히 앉아 책을 보는데, 이것이 조금 위로가 될 뿐입니다.

선친의 문자를 소중하게 간직하며 완상하시니 감사한 마음 더욱 간절합니다. 한두 가지 해결하지 못한 곳은 오래전부터 받들어 여쭙고 싶었으나 인편이 없어 실행하지 못했는데, 이제 이생(李生)이 가는 편에 별지로 가르침을 구하니 재결해 주시기를 바랍니다.

지난여름에 삼가 안부 편지를 올리고, 그 편지로 인하여 망녕된 말을 아뢰고 삼가 참월하여 죄를 얻을까 근심했는데 도리어 넉넉한 용납을 받았고 자세히 설명해 주기까지 하셨습니다. 삼가 큰 군자의 겸손한 덕의 광채를 보았으나 대장부를 안 것이 천근하였음[18]이 스스로 부끄러

18 대장부를……천근하였음 : 진면목을 알아보지 못했다는 말이다. 춘추 시대 진(晉)나라 순언(荀偃)이 죽었는데 눈을 뜨고 입을 굳게 다물어 반함(飯含)을 할 수 없었다. 선자(宣子)는 처음에 그가 자식을 염려하여 그러는 줄로 잘못 알았다가 정벌의 일을 마치지 못하였기에 그러하다는 것을 알고는 미완의 일을 완수하겠다고 맹세하였다. 그러자 시신이 눈을 감고 입을 벌려 반함을 할 수 있었다. 이에 선자가 자책하며 "내가 대장부를 안 것이 참으로 천근했었다."라고 하였다. 《春秋左氏傳 襄公19年》

웠습니다. 선조(先祖)의 명문(銘文)은 이미 요청한 대로 따라 주셨다고 들었습니다. 자손과 종족이 모두 크나큰 은혜를 받았으니 감사하는 마음에 어찌 끝이 있겠습니까. 겨를이 나기를 기다려 다시 나아가 가르침을 받고 싶지만 하늘이 이런 편의를 봐줄지 모르겠습니다.

지난여름에 보내 주신 붓은 참으로 감사히 아끼고 완상하며 차마 손에서 놓지 못했습니다. 나머지 소회는 번거롭게 다 아뢸 수 없습니다. 단지 도(道)를 위하여 더욱 보중하시어, 존경하여 우러르는 소생의 마음을 위로해 주시기를 빕니다.

○ 출처설(出處說)은 오히려 의심스럽고 이해되지 않는 곳이 있어서 훗날을 기다려 다시 여쭐 계획입니다.

청음 김 선생에게 올림 병술년(1646, 인조24) 10월 19일
上淸陰金先生 丙戌十月十九日

매서(妹壻) 이생(李生)이 돌아와서 가르침을 내리신 답장을 전해 주었는데 화답해 주신 시편도 들어 있었습니다. 손을 씻고 정중하게 읽어보았는데, 종이가 해어질 때까지 그치지 않고 읽었습니다.

묘명(墓銘)은 번번이 교정을 받기를 감히 바란 것이 아니고, 단지 어리석음을 숨기고서 밝은 가르침을 구할 수 없었던 것인데, 도리어 죄로 여기지 않고 일일이 점화(點化)해 주셨으니, 더욱 큰 군자의 겸손한 덕의 성대한 광채를 볼 수 있었습니다. 흠모하고 다행스럽게 여기는 마음을 어찌 형언하겠습니까.

이제 시월인데, 선생의 체후와 기거는 신명의 도움으로 만복하실 줄로 압니다. 소생은 멀리서나마 보살핌을 받아 모친을 봉양하며 그럭저럭 지내고 있습니다만 게을러서 부진(不進)함을 이기지 못하는 자가 어찌 퇴보하지 않을 수 있겠습니까. 매번 매우 부끄럽고 두렵습니다.

삼가 생각건대 중봉(重峯) 조 선생(趙先生 조헌(趙憲))의 묘도(墓道)에 아직도 비석이 없어서 오래도록 사림의 수치가 되고 있는데, 이제 그의 후손이 문하에 나아가 비문을 요청하니, 이것은 한 사람 한 집안의 일이 아니라, 실로 교훈을 세워 밝게 서술하는 큰 단초입니다. 세상에 비록 한유(韓愈)와 소식(蘇軾)의 솜씨를 가진 이가 있다 하더라도 선생께 양보하지 않을 수 없을 듯합니다. 선생께서도 한사코 거절하지는 않으시리라 생각됩니다. 이에 그가 가는 편을 통해 하집사(下執事)에게 안부를 여쭙니다.

끝으로 더욱 보중하시어, 존경하여 우러르는 소생의 마음을 위로해 주시기를 빕니다.

청음 김 선생에게 올림 정해년(1647, 인조25) 2월 25일
上淸陰金先生 丁亥二月二十五日

봄추위가 미친 듯이 사납습니다. 정도를 행함이 편안하고 곧으며 체후는 신명이 도울 것이라 생각합니다. 구구한 그리움은 날이 갈수록 더욱 간절합니다.

소생은 모친을 봉양하며 깊이 숨어 지내고 있으니 봉양하기에 그럭저럭 알맞습니다. 단지 해가 갈수록 학업이 퇴보하고 날이 갈수록 초심을 저버렸으니, 되돌아보면 망연하여 심히 스스로 견딜 수가 없습니다. 이런 까닭에 자주 문하에 다가가서 만에 하나라도 갈고닦을 것을 더욱 생각했으나 우러러 바라보면서도 다가가지 못한 것이 북두성 정도일 뿐만이 아니니니 서글피 탄식한들 어찌하겠습니까.

지난해 참람하게도 자신을 헤아리지 못하고 외람되이 글로 써서 아뢴 적이 있는데, 선생께서 큰소리로 꾸짖지 않으시고 일일이 재량하여 답하며 자상하게 가르치고 타일러 주셨습니다. 삼가 깊이 흠모하고 우러르며 감격하는 마음을 견딜 수 없습니다.

날씨가 점점 따뜻해지고 있습니다. 삼가 바라건대 갑절 보중하시어 사람들의 바람을 위로해 주십시오. 삼가 갖추지 못합니다.

청음 김 선생에게 올림 정해년(1647, 인조25) 8월 20일

上淸陰金先生 丁亥八月二十日

6월에 문하에서 돌아온 조완배(趙完培)를 만나 삼가 봄과 여름 이래로 아름답게 지내시는 근황을 들었는데, 그때의 위로됨과 기쁨은 무어라 형언할 수 없었습니다.

이제 가을이 되어 서리 내릴 때가 가깝습니다. 삼가 선생의 체후와 기거는 신명의 도움으로 만복하시리라 생각합니다. 소생은 모친을 봉양하며 깊고 궁벽한 곳에 있는데, 봉양하기에 그럭저럭 알맞습니다. 다만 흉년을 만나 시신이 도랑이나 골짜기에 나뒹구는 것을 분수에 달갑게 여기고 있으니, 다시 선생을 위하여 물 뿌리고 쓰는 일을 할 수 있을지 모르겠습니다. 선생께서는 조용하게 보양하며 홀로 도(道)와 함께하시는데, 소생은 비루하고 용렬하여 쇠퇴함이 날로 심해져 지난날 권장하고 길러 주신 은혜를 저버린 것을 생각할 적마다 땀이 나서 옷을 적시지 않은 적이 없습니다. 마침 이생(李生)이 가는 편에 선생의 안부를 여쭙니다.

끝으로 세상을 위하여 보중하시어 사림의 바람을 위로해 주시기를 기원합니다.

○ 파산(坡山 성혼(成渾))의 문자는 개작할 것을 허락받았으니, 참으로 천고의 통쾌한 일이고, 얼마나 사문의 다행입니까. 조 선생(趙先生 조헌(趙憲))의 명문(銘文)도 이미 붓에 먹을 묻히셨습니까? 사림의 바람이 또한 매우 간절합니다.

청음 김 선생에게 올림 무자년(1648, 인조26) 1월 입춘일
上淸陰金先生 戊子正月立春日

새해가 다시 시작했습니다. 삼가 체후와 기거가 모두 신명의 돌보아 주심을 받으시리라 생각합니다. 구구한 그리움이 배나 간절합니다.

소생은 모친을 봉양하며 나이를 한 살 더 먹었지만 멍하니 날을 보내고 있습니다. 비록 문자에 힘쓰지 않을 수 없으나 정력이 예전과 같지 못함을 점점 느낍니다. 이런 까닭에 두려워서 망연자실합니다. 삼가 큰 군자의 차분히 성찰하며 그윽하게 사색하는 공부가 햇수가 오래되었다고 해서 해이해지지 않으셨을 테니, 바로 시초와 거북이 해가 오랠수록 더욱 신령해지는 것과 같음을 알겠습니다. 그러한 덕에 훈도받아 결점을 제거하지 못하는 것이 한스럽습니다.

마침 이 상사(李上舍)가 잠시 들렀기에 간략하나마 안부 편지를 썼습니다. 시대를 위하여 더욱 보중하시어, 존경하여 우러르는 소생의 마음을 위로해 주시기를 바랍니다.

청음 김 선생에게 올림 무자년(1648, 인조26) 8월 4일

上淸陰金先生 戊子八月四日

모진 더위는 겨우 물러갔지만 가을 기운은 아직 생기지 않았습니다. 삼가 생각건대 교외의 거처가 한가하고 편안하며 존귀하신 몸은 신명의 도움이 있으신지요? 우러르는 정성이 밤낮으로 더욱 간절합니다.

소생들은 산림에 물러나 지내면서 한가한 데에 버릇이 들어 게으름쟁이가 되었으니, 스스로 힘을 써서 평소에 권장하고 허여해 주신 선생의 뜻에 부응할 수 없을까 염려됩니다.

이번에 소회가 있기에 우러러 높으신 어른의 귀를 더럽히게 되었습니다. 가만히 생각해 보건대 중봉(重峯) 조 선생(趙先生 조헌(趙憲)) 묘소의 나무들이 이미 한 아름이 되도록 자랐는데도 아직 묘비가 없으니, 이 어찌 때를 기다리고 있는 것이 아니겠습니까. 지난날에 조완배(趙完培 조헌의 아들)가 문하에 나아가 비문 지어 주시기를 청하여 비로소 허락을 받았으나 끝내 실현되지 못하였습니다.

삼가 생각건대 다른 사람의 비문이라면 선생이 아니라도 지을 수가 있겠지만, 지금 이것은 그분의 도덕과 행의(行誼), 사적과 의론을 짐작하고 품평하여 한 시대의 옳고 그름을 결정하는 일인데 다른 사람이 할 수 있겠습니까. 만일 집사께서 시비의 소용돌이 속에 들어가지 않으려 하신다고 말할 것 같으면 일찍이 진호(眞胡)를 두려워하지 않았던 창려(昌黎)가 도리어 이소(李愬)의 연약한 아내를 두려워한다[19]고 말

19 진호(眞胡)를……두려워한다 : 진호는 불골(佛骨) 즉 부처의 사리(舍利)이고, 창

해야 하지 않겠습니까. 이 일은 반드시 그런 것도 아닌데, 또한 그럭저럭 세월만 보내다 마침내 천고의 한이 되어 버리면, 불행히도 회암부자(晦庵夫子)가 말한 "굴원(屈原)이 그 당시에 펴지 못했던 억울함을 또 덮어 두어 후세에도 밝혀지지 않게 하는 것이다."라고 한 것과 같은 일이니, 어찌 《초사집주(楚辭集註)》를 짓지 않을 수 있었겠습니까.

지금 이 일로 양호(兩湖)의 선비들이 사문(斯文) 함장(函丈 김집(金集))께 명을 받고서 서로 이끌고 문하에 나아가 선생의 존안을 뵙고 정성을 다하기를 원합니다. 삼가 바라건대 찾아가는 그들을 맞이하시고 이어서 그 일을 승낙하여 돌려보내 주십시오. 그리하신다면 단지 사림(士林)들의 책임만 완수하게 되는 것이 아니라, 그들이 또한 하수(河水)를 마신 듯이[20] 선생의 덕에 감화되는 것은 소순(蘇洵)이 충헌(忠獻)을 만난 일[21] 정도뿐만이 아닐 것입니다.

려는 당(唐)나라 때의 문장가인 한유(韓愈)의 봉호이다. 한유는 일찍이 대궐 안에 부처의 사리를 들여오는 것을 극력 반대하여 〈논불골표(論佛骨表)〉를 올려서 헌종(憲宗)에게 극간한 적이 있고, 또 그가 〈평회서비문(平淮西碑文)〉을 지을 때는 공이 큰 장군 이소를 제쳐 놓고 재상 배도(裴度)에게 공을 돌렸으므로 이소의 아내가 궁녀를 통해 헌종에게 호소하여 마침내 그 비를 무너뜨리고 다시 비문을 짓게 한 고사가 있다. 《舊唐書 韓愈列傳》

20 하수(河水)를 마신 듯이 : "뭇사람이 하수에서 물을 마실 적에는 각각 자기의 양을 채울 수 있다.〔群飮於河, 各充其量.〕"라고 한 데서 온 말로, 도덕이 훌륭한 이에게서는 누구든지 도덕의 감화를 만족하게 받을 수 있음을 비유한 말이다. 《近思錄 卷14》

21 소순(蘇洵)이……일 : 소순은 송대(宋代)의 문장가이고, 충헌은 송대의 명상(名相) 한기(韓琦)의 시호이다. 구양수(歐陽脩)가 소순의 글 22편을 재상 한기에게 보이자 한기가 그 글을 보고는 소순을 추천하여 비서성 교서랑(祕書省校書郞)에 임명한 일이 있는데 이 일을 가리키는지는 자세하지 않다. 《宋史 蘇洵列傳》

만나 뵐 길이 없어 여기 앉아서 저의 충심(衷心)을 말씀드리고 보니 황송함을 견디지 못하겠습니다. 끝으로, 시대를 위하여 더욱 몸을 잘 보호하시어 먼 데 있는 사람의 정성에 부응하여 주시기를 바랍니다. 다 말씀드리지 못합니다.

별지

숙부(叔父)의 묘비명(墓碑銘)[22]은 참으로 구양공(歐陽公)이 "자야(子野)의 현명함과 그의 애처로운 일들은 모두 나의 글로 나타내야 할 것들이다."[23]라고 말한 것과 같았으니, 자손들까지 모두 큰 은혜를 받았습니다. 감개하고 슬퍼하는 한편 마음에 가득한 고마움을 감당하기 어렵습니다. 대략 한두 가지 모르는 데가 있기에 무릅쓰고 다음과 같이 써서 여쭙니다.

"이미 엄격하여 강직하고 또한 정대하고도 공평하다.〔旣嚴以剛, 又正而公.〕"[24]라는 구절에 대하여.

제가 아직도 숙부의 한두 가지 특징을 기억하고 있거니와, 또한 노인들의 말을 들어 보면, 숙부께서는 충(忠)·신(信)·인(仁)·서(恕)

22 숙부(叔父)의 묘비명(墓碑銘) : 《청음집》 권32에 실린 〈병조좌랑송군묘갈명(兵曹佐郎宋君墓碣銘)〉으로, 송시열의 숙부 송방조(宋邦祚)에 대한 묘비명이다.

23 자야(子野)의……것들이다 : 자야는 송(宋)나라 때 문장가 장선(張先)의 자이다. 그는 구양수의 친구였는데, 그가 죽은 후 아우가 구양수에게 찾아와 묘지명을 지어 달라고 요청하자 구양수가 한 말이다. 자기가 아니면 누가 자기 친구의 숨은덕을 표창할 수 있겠느냐는 뜻이다. 《歐陽文忠集 卷4 張子野墓誌銘》

24 이미……공평하다 : 《청음집》 권32 〈병조좌랑송군묘갈명(兵曹佐郎宋君墓碣銘)〉의 명(銘) 시작 부분이다.

를 마음에 간직하셨으되, 일을 하는 데에 있어서는 강강(剛強)하여 흔들리지 않으셨다 합니다. 지금 이 여덟 자는 진실로 오늘날에 일대 단안(斷案)을 내리는 것인데, 도리어 충·신·인·서의 기상은 모자라게 되고, 또한 엄(嚴)·강(剛)·정(正) 등의 두어 글자는 같은 성격의 글자가 치우치게 많이 들어간 듯합니다. 삼가 생각건대 알맞게 짐작해서 품평하는 일을 필시 범연하게 하시지는 않았을 것입니다. 그러나 소생이 여기에 이해하기 어려운 점이 있어 삼가 가르쳐 주시기를 바랍니다.

청음 김 선생에게 올림 무자년(1648, 인조26) 11월 9일

上淸陰金先生 戊子十一月九日

조카 광식(光栻)[25]이 문하에서 돌아왔기에, 선생의 얼굴빛과 말씀과 행동을 물어보았는데, 그가 하나하나 칭송하였습니다. 이윽고 손수 쓰신 편지를 전해 주었는데, 읽고 나서 감사한 마음을 헤아릴 수 없었습니다.

조 선생(趙先生 조헌)에 관한 문장은, 저술이 쉽지 않을수록 더욱 멀리 전해지는 법이니, 이것 역시 조물주가 마음을 쓰는 일일 것입니다. 숙부의 명문(銘文)[26]은 공경히 수정을 받들었습니다. 대개 망녕되이 아뢰는 일이 있지 않으면 지극한 논설을 들을 수 없습니다. 이것이 어리석은 것이나 다행스러운 것입니다. 이에 다시 무릅쓰고 아뢸 것이 있습니다.

청송(聽松) 선생의 묘명(墓銘)[27]은 퇴계(退溪) 선생께서 손수 쓰신 초고를 그대로 썼는데, 이곳 사림이 다 동의한 것입니다. 어찌 또한 아름답게 꾸며서 먼 후세에 보이려는 뜻이 아니겠습니까. 다만 자획이 퍽 가늘고 수백 년이 흘러서 이미 읽을 수가 없습니다. 삼가 듣건대,

25 조카 광식(光栻) : 송광식(宋光栻, 1625~1664)으로, 본관은 은진(恩津), 자는 희장(希張)이다. 송준길(宋浚吉)의 아들이다.

26 숙부의 명문(銘文) : 《청음집》 권32에 실린 〈병조좌랑송군묘갈명(兵曹佐郎宋君墓碣銘)〉으로, 송시열의 숙부 송방조(宋邦祚)에 대한 묘비명이다.

27 청송(聽松) 선생의 묘명(墓銘) : 청송은 성수침(成守琛)의 호이다. 《퇴계집》 권46에 〈청송성선생묘갈명(聽松成先生墓碣銘)〉이 있다.

돌이 자못 커서 만약 원래의 글자를 배열하면 겨우 한쪽 면의 3분의 2를 가릴 정도여서 다른 한쪽 면은 전혀 쓸 일이 없다고 합니다. 그러므로 이곳 사람들이 간절히 바라는 뜻은, 선생께서 원래의 문장을 취하여 300 내지 500자의 글을 짓고 이 시대의 명필로 하여금 다른 한쪽 면의 빈 곳에 글자를 크게 써서 깊게 새기게 하는 것입니다. 그렇게 한다면 진창(陳倉)의 근심[28]을 면하게 될 것이고 전인(前人)의 문필 또한 마멸된 끝에 다시 의지할 수 있게 될 것입니다. 논의가 이와 같고 아울러 인편으로 전달하게 하였으므로 감히 이것을 아뢰는데, 번거롭게 해 드리는 혐의가 없지 않습니다. 다만 듣건대, 하늘은 하나의 인물을 낳으면 한시라도 그를 한가롭게 두지 않아서 세상의 도의를 돕게 한다고 합니다. 오늘 이러한 일은 끝내 사양하실 수 없을 듯합니다.

교생(敎生)은 문을 닫아걸고 글자나 뒤쫓으며 마음을 달래고 있는데, 다시 소명(召命)을 받고는 황공하고 위축되어 몸 둘 바를 모르겠습니다. 삼가 바라건대 저의 마음을 깊이 양찰하시고, 혹 당로자(當路者)에게 권하여 천거하지 말게 하여 이 사람을 산속에 머물러 있게 하여 뜻을 마치게 해 주십시오. 그리해 주신다면 실로 선생께서 배양해 주시는 은혜가 될 것입니다. 말이 늘어져서 이만 줄입니다.

28 진창(陳倉)의 근심 : 비석이 마멸되는 근심을 비유한 말이다. 진창은 지금의 섬서성(陝西省) 보계시(寶雞市)인데, 그곳에서 석고(石鼓)가 나왔다. 석고는 북 모양으로 된 10개의 석조 유품으로, 돌 표면에 진대(秦代)의 전자(篆字)에 가까운 문자가 새겨져 있다. 주 선왕(周宣王)의 업적을 칭송하여 돌에 새긴 것으로, 중국의 각석(刻石) 중에서 가장 오랜 것이다.

청음 김 선생에게 올림 기축년(1649, 인조27) 3월 16일

上淸陰金先生 己丑三月十六日

해가 바뀌고 봄이 저무는데도 줄곧 소식을 듣지 못하여 구구한 그리움이 매시간 그치지 않았습니다. 오래 지나지 않아서 납제(臘劑)[29]를 주시는 은혜를 받들고 삼가 재배하고 맛을 보았는데, 저도 모르게 깊은 병이 갑자기 사라졌습니다. 감사한 마음 잠시도 그치지 않습니다.

교생(敎生)은 재앙이 번갈아 쌓여 손자 하나가 심히 가련하게도 어제 갑자기 전염병에 걸려 일찍 죽었습니다. 사랑하던 손자를 잃은 슬픔을 가눌 길 없습니다. 매번 생각건대 다시 문하에 나아가 재차 남은 광휘에 훈도를 받는다면 하찮은 소원이 매우 만족스러울 것이나 모친이 더욱 연로하여 다시 멀리 유학할 때가 아니니, 존경하는 마음은 한결같이 단사(丹砂)와 같습니다.

끝으로 기거를 더욱 살피시어 사림의 바람을 위로해 주시기를 바랍니다.

29 납제(臘劑) : 해마다 연말에 임금이 가까운 신하들에게 나누어 주는 청심원(淸心元), 안신원(安神元), 소합원(蘇合元) 등의 환약(丸藥)이다. 내의원에서 납일(臘日)에 조제한 것이다.

청음 김 선생에게 올림 기축년(1649, 효종 즉위년) 6월 22일
上淸陰金先生 己丑六月二十二日

성군(聖君)이 승하하시어 온 나라가 몹시 애통해하고 있습니다. 삼가 명문가의 원로대신은 갑절 통곡을 더하실 줄로 압니다.

교생(敎生)은 외람되게도 소지(召旨)를 받고 어리석음을 무릅쓰고 들어가 곡림(哭臨)하고 난 뒤에 곧 돌아가려 하였는데, 은근한 유지가 거듭 내려 또 직명을 받았습니다. 세상과 어그러져 은둔한 일[30]을 본받고 싶으나 의지와 기개가 용렬하여 또한 할 수 없고 배회하고 애태워도 하소연할 수 없으니, 어찌하겠습니까.

심부름꾼을 시켜 안부를 물어 주시니 감사한 마음을 감당하기 어렵습니다. 도성의 백성들이 손을 이마에 얹고 기다리며 사방의 사람들이 크게 우러러 바라보고 있습니다. 삼가 선생의 계획은 미리 정한 것이어서 궁하지 않으리라 생각합니다. 찾아뵙고 인사드리고 겸하여 거취의 마땅함을 여쭙지 못하여 매우 답답합니다. 일찍이 중봉(重峯 조헌(趙憲))에 관한 문자를 받들고 이미 집필을 마치신 것을 알았으니 사문(斯文)에 매우 다행입니다. 만약 완성된 원고를 보내 주신다면 사우들과 함께 손을 씻고 받들어 읽겠습니다.

30 세상과……일 : 송나라 소옹(邵雍)의 처세를 말한 것이다. 송나라 소옹이 〈안락와중호타괴음(安樂窩中好打乖吟)〉이라는 시를 지어 자신이 세상과 어긋나는 삶을 살면서 유유자적한다는 뜻을 말하였다. 이에 대해 명도(明道) 정호(程顥)의 〈화요부타괴음(和堯夫打乖吟)〉에서는 소옹의 '타괴' 즉 세상과 어긋남이 화광동진(和光同塵)하여 안빈낙도(安貧樂道)의 삶을 사는 것임을 말하였다.

사직하는 일이 결말이 나면 곧 선생을 찾아뵙겠습니다. 우선 갖추지 못합니다.

청음 김 선생에게 올림 기축년(1649, 효종 즉위년) 7월 7일
上淸陰金先生 己丑七月七日

삼가 남은 더위에도 존귀하신 몸이 편안하시리라 생각합니다. 저의 흠앙하는 마음은 길에서 더욱 간절합니다. 소생은 서울을 매우 급히 떠나느라 미처 선생께 사정을 아뢰지 못했고, 더구나 찾아뵙고 안부를 여쭙지 못하여 음식물이 목에 걸린 것처럼 한스러운 마음이 오래도록 가라앉지 않습니다.

소인배들이 모이고 흩어지는 것은 경중에 관계될 것이 없으나 권세가의 비위를 맞추니 세상의 도의가 걱정할 만합니다. 선생께서 어떻게 통제하실지 모르겠습니다만, 결단코 대충 지나쳐서 사림의 기대를 잃어서는 안 됩니다. 소생은 결코 우리 성군(聖君)을 버릴 사람이 아닙니다. 물러가는 것을 나라에 보답하는 것으로 여긴 옛사람의 의리가 있는데, 구구한 소생은 망녕되게도 스스로 이에 견줍니다. 천만 바라건대 세상을 위하여 더욱 보중하시어 중외의 사람들을 위로하소서.

○ 조 선생(趙先生 조헌)에 관한 문자는 감히 겸손한 가르침에 의거하여 참람하게도 표지(標識)를 더하였습니다. 조완배(趙完培)를 통하여 직접 지결(旨訣)을 받들고 범한 죄를 참으로 면하기 어려움을 알았으니, 두렵고 떨립니다.

청음 김 선생에게 올림 기축년(1649, 효종 즉위년) 9월 10일
上淸陰金先生 己丑九月十日

향리에 있을 때 보내신 편지를 조완배(趙完培)가 전달하기에, 소중하게 읽으며 손에서 놓지 못했습니다.

교생(敎生)의 거취는 단지 고집스러운 성품을 지킬 뿐이니 어찌 감히 이치에 마땅하기를 바라겠습니까. 오늘 올라온 것은 단지 신하의 애통한 정성을 펴려고 해서일 따름입니다. 그것을 인하여 그대로 벼슬살이를 하는 것은 매우 염치에 관계되므로 교외에서 곡한 뒤에 곧 사퇴하려 했을 뿐입니다. 그러나 정이천(程伊川)이 18세에 글을 올리고[31] 정명도(程明道)가 사마광(司馬光)과 여 신공(呂申公)에게 권한 뜻[32]을

31 정이천(程伊川)이……올리고 : 송 인종(宋仁宗) 때에 이천(伊川) 정이(程頤)가 18세의 나이로 대궐에 글을 올려 왕도(王道)에 마음을 두고 생령(生靈)을 걱정하며 세속적인 주장을 내치고 비상한 공을 세우기를 기약할 것을 권하고 임금 앞에 나아가 그 배운 바를 진달하게 해 줄 것을 청하였다. 《二程遺書 附錄 伊川先生年譜》

32 정명도(程明道)가……뜻 : 현인들이 출처를 같이하기를 바라는 뜻이다. 사마광이 신종(神宗) 때에 왕안석(王安石)의 변법(變法)을 반대하여 추밀부사(樞密副使)의 직책을 사양하고 낙양(洛陽)에 퇴거하였다. 이때 신국공(申國公)에 봉해진 여공저(呂公著)가 낙양에 거처하면서 사마광과 한가로이 왕래하다가 몸을 일으켜 하남 윤(河南尹)으로 부임하게 되자, 명도(明道) 정호(程顥)와 사마광이 그를 복선사(福先寺)에서 전송하였다. 이 자리에서 사마광과 여공저가 출처(出處) 문제로 격론을 벌였다. 정호가 그들을 화해시키려는 목적으로 시를 지어 두 사람에게 주었는데, 그중 사마광에게 준 〈증사마군실(贈司馬君實)〉에 "두 분 용이 낙수 맑은 물에 한가로이 누웠는데, 오늘 도성 문에서 한 분만 전송하는구나. 바라건대 두 분 현인 출처를 같이하여, 깊은 뜻이 창생에 있는 줄을 빨리 알게 해 주기를.〔二龍閑臥洛波淸, 今日都門獨餞行. 願得賢人均

또한 삼가 들었으므로 이것을 문하에서 외워 드리지 않을 수 없으며 스스로는 구우일모(九牛一毛)에 부칠 뿐이나 우러러 여쭙지 않을 수 없어서 삼가 유생 송광식(宋光栻)을 보내어 노복을 통하여 대신 전달하게 하였습니다. 삼가 헤아려 가르쳐 주실 것을 천만 바랍니다. 나머지는 이만 줄입니다.

出處, 始知深意在蒼生.]"이라고 하였다.《二程文集 卷1 明道文集1》

청음 김 선생에게 올림 기축년(1649, 효종 즉위년) 10월 18일
上淸陰金先生 己丑十月十八日

날씨가 점점 추워집니다. 존경하며 우러르는 마음 더욱 간절합니다. 보내 주신 편지를 받고 감사한 마음 감당하기 어렵습니다. 교생(敎生)은 냉방에서 병이 도져 떠나가려 해도 할 수가 없습니다. 오늘 염치를 무릅쓰고 문자를 올리고 공손히 은혜로운 윤허를 기다리고 있을 뿐입니다. 비명(碑銘)의 개정본은 삼가 읽어 보니 쇄연(灑然)합니다. 회암(晦菴)이 "고칠수록 더욱 좋다."라고 한 말은 실로 저의 마음을 먼저 안 것인 듯합니다.

집의(執義) 신독재(愼獨齋 김집(金集)) 어른께는 지시하신 대로 의논을 드려야 하지만, 어찌 감히 의논을 드릴 수 있겠습니까. 나머지는 병으로 괴로워 단지 이렇게만 말씀드리고 줄입니다.

청음 김 선생에게 올림 경인년(1650, 효종1) 2월 5일
上淸陰金先生 庚寅二月五日

찾아뵙고 싶은 소원이 오래 막혔으니 미천한 충심(衷心)이 경경(耿耿)합니다. 이번에 삼가 보내 주신 서한을 받들고 감당하기 어려울 만큼 감명을 받았습니다.

사직하는 글을 지금 이미 재차 올렸으니 남쪽으로 돌아가려는 계획이 오늘 아니면 내일 실행될 것입니다. 그러나 입궐하여 성상을 직접 뵙고 하직 인사를 드리지 않을 수 있겠습니까. 우선 이렇게만 말씀드리고 줄입니다.

신독재 김 선생[33]에게 올림 임오년(1642, 인조20) 10월
上愼獨齋金先生 壬午十月

전날에 벗 조씨(趙氏)가 선생께 나아가는 편에 편지 한 통을 부쳐 올렸는데, 이미 받아 보셨을 줄로 압니다. 이제 초겨울인데 도체(道體)는 절서를 따라 편안하십니까? 그리워하고 사모하는 마음 날이 갈수록 깊어 갑니다. 저는 모친을 봉양하며 그럭저럭 지내고 있으나 음식을 먹기 어려운 상황이 있어서 앞으로의 일은 말할 수 없습니다.

서원(書院)의 통문(通文)은 이미 허가하시는 뜻을 받았으니, 일을 마칠 수 있을 것입니다. 이곳의 선비들은 서로 반가워하고는 있으나 온전하게 가르침을 받지 못하는 것을 한스러워하고 있습니다. 통문을 적어 올릴 때 서명하여 보내는 것이 어떻겠습니까? 행장(行狀)의 문자는 이미 두서(頭緖)를 이루었습니까? 며칠 뒤에 찾아뵙고 정성을 바치며 남은 이야기를 아뢸 계획입니다. 안씨(安氏) 어른이 기록한 바는 이에 앞서 부쳐 올렸습니다. 이생(李生)이 조관(朝官)의 명단에 이름을 올린 것은 참으로 기쁘고 다행한 일이나 영윤(令胤)의 불우함은 유감입니다.

나머지는 마침 급한 일이 있어 이만 줄입니다.

33 신독재(愼獨齋) 김 선생(金先生) : 김집(金集, 1574~1656)을 가리킨다. 신독재는 그의 호이다. 예학(禮學)에 밝았으며, 이조 판서 등을 지냈다.

신독재 김 선생에게 올림 병술년(1646, 인조24) 9월 15일
上愼獨齋金先生 丙戌九月十五日

무더위와 장마로 푹푹 찝니다. 삼가 도체(道體)와 기거가 신명의 도움으로 만복하시리라 생각합니다. 저는 객지에서 다른 질병이 없어 길을 돌아 문하에 나아가려고 했으나 불어난 강물을 건너기 어렵고 찌는 더위가 두려우니, 끝내 뜻을 이루지 못할 것 같습니다.

비갈문(碑碣文)은 속히 산삭(刪削)에 대해 여쭙고 싶었으나 이 어른이 도성에 들어가 글을 올려 사직을 청했다는 소식을 들었으니, 교외로 나오시기를 기다려 요청할 계획입니다. 다만 이 일은 글자를 크게 써서 깊게 새기는 것만 한 것이 없으므로 두 개의 돌을 준비하여 한 돌에는 큰 글자를 쓰고, 다른 돌에는 앞뒤로 글자를 배열하여 새기고 싶은데, 조금 큰 돌 하나에 다 새기는 것과 비교하면 공사가 어떨지 모르겠습니다.

나머지는 어수선함이 심하여 이만 줄입니다.

신독재 김 선생에게 올림 경인년(1650, 효종1) 1월
上愼獨齋金先生 庚寅正月

밤사이 행헌(行軒)[34]의 체후가 어떠하신지요? 사모하는 마음 간절합니다.

어제 경연(經筵)에서 교생(敎生)이 주의하지 못하고서, 선생께서 서울을 떠나셨다는 말을 꺼냈더니 상께서 놀라며,

"이미 떠났는가?"

하시기에,

"이미 떠났습니다."

하니, 상께서,

"내가 그의 상소를 보고서 반드시 머물러 있어야 한다는 뜻으로 유시하였는데도 과연 떠났단 말인가."

하시므로,

"비답이 내리기 전에 갔습니다."

하였습니다. 상께서,

"무슨 까닭으로 그렇게 한 것인가?"

하시기에,

"우상이 인책하는 상소에서 그를 거듭 비방하여 배척하는 말을 한 것[35] 때문에 편히 있을 수 없어 떠난 것입니다."

34 행헌(行軒) : 고관(高官)이 머무르는 곳, 즉 공관(公館)을 가리키는데, 전하여 고관을 일컫는다.

하니, 상께서,

"우상도 반드시 비방하여 배척할 마음은 없었을 텐데, 아마 서로 오고 간 말 때문에 이렇게 되었을 것이다."

하셨습니다. 그래서 교생이,

"대동법(大同法)에 관한 일 때문입니다. 우상이 대동법을 시행하려는 것도 공정한 마음이고, 이조 판서가 조용히 상세하게 연구해 보려고 한 것도 공정한 마음인데, 이를 불평하게 여겨 심지어 '죽음을 면하기에도 겨를이 없다.'[36]라는 등의 말까지 하며 혹독하게 배척해서 마치 이조 판서가 권세를 쥐고서 위복(威福)을 마음대로 하는 사람인 것처럼 하니, 또한 어찌 비참한 일이 아니겠습니까."

하니, 상께서 답하지 않으셨습니다. 그러자 옥당과 승지 들이 모두 선생의 일을 말하니, 상께서 사관(史官)에게 명하여 가서 효유하도록 하셨습니다. 그래서 교생이 아뢰기를,

"이미 멀리 가 버려서 미칠 수 없을 듯합니다."

하니, 상께서 다시 승지에게 명하기를,

"사관으로 하여금 멀고 가까움을 헤아리지 말고 뒤쫓아 가서 나의 뜻을 효유하도록 하라. ……"

35 우상이……것 : 당시 우의정 김육(金堉)이 대동법을 시행하려 했으나 이조 판서 김집이 이를 중난하게 여기자, 김육이 동대문 밖 교외에 물러가 있으면서 치사(致仕)할 뜻으로 상소하였는데, 그 상소 가운데 김집을 배척하는 말이 많았다. 《宋子大全隨箚 卷3》

36 죽음을……없다 : 《신독재유고(愼獨齋遺稿)》 권3 〈출성시소(出城時疏)〉를 보면, 김집은 김육의 "시대에 저촉되는 짓을 하여 죽음을 면하기에도 겨를이 없다.〔觸忤時忌, 救死不贍.〕"라고 한 글을 읽고 소름이 끼쳐 스스로 진정할 수 없었다고 하였다.

하셨습니다. 그러니 재차 올리는 상소를 어떻게 하시겠습니까?

청음(淸陰 김상헌) 어른도 차자를 올렸는데 우상을 공격하지는 않았고, 다음 차자에 자세히 진달하여 시골로 돌아가기를 청하려 한다고 합니다.

신독재 김 선생에게 올림 을미년(1655, 효종6)

上愼獨齋金先生 乙未

글은 사실에 입각하여 지어야 한다는 가르침[37]은 경계하고 반성하는 마음을 금할 수 없습니다. 글 짓는 일을 그렇게 해야 할 뿐만 아니라 언행에 이르러서는 더욱더 그렇게 해야 하니, 전일 객기(客氣)에 대해 경계해 주신 가르침과 함께 한결같이 삼가 마음에 새겨서 종신토록 경계해야 할 것입니다.

그런데 그러한 글에 있어서는 다만 식견만 미치지 못하는 것이 아니라 말을 만들어 글을 지을 때면 또한 불안스럽고 격에 맞지 않는 것을 느끼기 때문에 정주(程朱)의 글을 많이 읽어 다소 진보되는 것이 있기를 기다리려고 했었습니다. 그러나 이번에 이런 가르침을 받았으니 의당 속히 고쳐 정리하여 올리겠습니다. 율옹(栗翁)에 관한 두 건의 글[38]도 그렇게 하겠습니다.

다만 연보(年譜 김장생의 연보) 가운데의 김개(金鎧)에 관한 한 가지 일[39]은 세상의 성쇠가 달린 큰 관건이라서 전부를 없앨 수는 없으니,

37 글은……가르침 : 송시열이 일찍이 김장생(金長生)의 행장을 지었는데, 김장생의 아들 김집(金集)이 보고서 지나치게 미화하였다며 이를 고치도록 한 일이 있는데 이 일을 가리키는 듯하다. 《宋子大全隨箚 卷3》

38 율옹(栗翁)에……글 : 김집이 이이(李珥)의 묘지(墓誌)를 지으면서 송시열에게 대신 초안을 잡도록 한 것과 송시열이 이이의 연보를 교감한 것을 가리키는 듯하다. 《宋子大全隨箚 卷3》

39 김개(金鎧)에……일 : 김개는 조선 중기의 문신으로 중종 때에 문과에 급제하고,

만일 곧이곧대로 쓰는 것이 미안하다면 마땅히 '한 재신(宰臣)'이라고 고쳐서 친족을 위해 기휘(忌諱)하는 뜻을 붙여 두는 것이 무방하지 않겠습니까. 다만 이천(伊川 정이(程頤))이 정봉요(程逢堯)의 일[40]을 곧이곧대로 쓴 일을 가지고 미루어 보면 곧이곧대로 쓴다고 해도 해로울 것이 없을 듯합니다.

《의례문해(疑禮問解)》[41]는 일찍이 이우(李友 이유태(李惟泰))와 함께 서산(西山)에 모였을 적에 대략 일차 수정을 했고 이차 수정은 마지막 책에 이르러 다 마치지를 못하고 일이 있어 먼저 돌아갔었습니다. 그런데 뒤에 보니 마지막 책에 표하여 기록한 것이 예전 서산에 모였을 때 의논하여 결정한 것과 그다지 다를 것이 없었기 때문에 다시 손대지 않았습니다. 생각건대 이미 명보(明甫 송준길(宋浚吉))가 전해 올렸을 것입니다.

듣건대 율옹의 《소학제가집주(小學諸家集註)》[42]를 곧 중간(重刊)한다고 하니 매우 반갑습니다. 원본은 과연 집에 간직한 것이 현재 보은

명종 때에 벼슬이 호조 판서에 이르렀는데 김집에게는 족증조(族曾祖)가 된다. 한 가지 일이란, 그가 일찍이 박순(朴淳) 등 제현(諸賢)을 모함하였고, 기대승(奇大升) 등이 조광조(趙光祖) 등을 현자(賢者)로 추대할 때 이를 비방하다가 관직을 삭탈당하고 쫓겨난 일을 가리킨다.

40 정봉요(程逢堯)의 일 : 정봉요는 송대(宋代)의 학자인 정이(程頤)의 종조부(從祖父)인데, 그는 옛날부터 집안에 전해 오는 가옥과 도서(圖書)를 사사로이 차지한 일이 있었다. 《宋子大全隨箚 卷3》

41 의례문해(疑禮問解) : 김장생이 평소 문인들의 물음에 답했던 의례(疑禮)를 정리해 만든 네 권의 책이다.

42 소학제가집주(小學諸家集註) : 주희(朱熹)가 편찬한 《소학》에 이이가 여러 설을 인용하여 주석한 책이다.

(報恩)에 있으므로 이미 제 형에게 찾아서 보내도록 했습니다. 그러나 여기에도 흔히 있는 것이어서 구하지 못할 염려는 없습니다.

천곡(泉谷) 송공(宋公)의 행장[43]은 말씀하신 대로 첨가하고 고치겠습니다. 소쇄(掃灑)라는 말[44]은 《예기(禮記)》 〈곡례(曲禮)〉에서 나온 말로, 〈곡례〉에 이르기를 "천자(天子)에게 딸 시집보내는 것을 비백성(備百姓)이라 하고 대부(大夫)에게 시집보내는 것을 비소쇄(備掃灑)라 한다."[45] 하였습니다. 천곡의 행장은 먼저 여러 벗과 의논하여 정한 다음에 몸소 나아가 여쭈어서 재단하려고 했었는데, 뜻밖에 길보(吉甫 윤선거(尹宣擧))가 먼저 앞질러 보시도록 한 것입니다. 가까운 시일 안에 마땅히 다시 더 수정하고 윤색해서 정정(訂正)을 받겠습니다.

율옹의 《소학제가집주》에서 '병와어상(病臥於床)'[46]이라는 대문의

43 천곡(泉谷) 송공(宋公)의 행장 : 송시열이 지은 글로, 《천곡집(泉谷集)》 권2에 실려 있다. 천곡은 송상현(宋象賢)의 호이다. 송상현은 1576년(선조9)에 문과에 급제하였고, 1591년에 통정대부에 올라 동래 부사(東萊府使)에 임명되었다. 임진왜란 때 동래성을 지키다 전사하였다.

44 소쇄(掃灑)라는 말 : 송상현의 행장을 지으면서 송시열이 "포악하고 사나운 오랑캐도 공경하고 복종할 줄을 알아서 공의 소쇄에게도 감히 무례한 짓을 가하지 못했으니, 공이 사람을 심원하게 감복시킨 것이 어떠한가.〔以及蠻夷之暴悍, 亦知敬服, 而於公之掃灑, 亦不敢以無禮加焉, 則公之所以感人深而服人遠者爲如何哉?〕"라고 했는데, 문장 속의 '소쇄'를 말한 것이다. 송상현이 중과부적으로 동래성을 함락당하여 왜적에게 죽음을 당했는데, 그의 첩(妾)도 왜적을 욕하며 죽음을 같이하였다. 소쇄는 바로 첩을 가리킨다. 《泉谷集 卷2 行狀》

45 천자(天子)에게……한다 : '비백성'은 백성이 되기를 대비한다는 뜻이고, '비소쇄'는 청소하는 일에나 대비한다는 뜻으로, 즉 천자나 대부에게 딸을 시집보낼 때 감히 배필로 준다고 말하지 않고 스스로 낮추어 하는 말이다.

46 병와어상(病臥於床) : 《소학》 〈가언(嘉言)〉의 정이(程頤)의 말에 "병들어 와상에

주를 고치는 것은 재량해서 처리하여 구별이 있게 해야 하는데, 모르겠습니다마는 어떻게 하시겠습니까?

이조 참의에 임명된 일에 대해서는 즉시 소(疏)를 올려 사면하기를 청하였는데, 듣건대 고을 아전이 너무 태만하여 근일에야 관찰사에게 올렸다고 하니, 오랫동안 직명을 띠고 있게 되어 미안함을 견디지 못하겠습니다. 당초에 즉시 체직 명령을 받지 못한다면 두 번째는 단지 정장(呈狀)하려고 했습니다. 그런데 지금 듣건대, 어느 날 경연(經筵)에서 하교하기를 "《통해(通解)》를 모(某 송시열)가 보고자 한다 하므로 궐내에 들어온 것 한 건을 내려보내고 싶으니, 승지는 나의 뜻으로 전지(傳旨)를 받들라. ……" 하셨다고 합니다. 이는 참으로 특별한 은사(恩賜)이니 별도로 사례하는 글을 올리고 아울러 체직을 청해야 하지 않겠습니까? 삼가 인편에라도 상량하여 가르침을 주시기 바랍니다.

율곡의 《소학제가집주》의 초권(初卷)이 없어진 것 한 건은 남에게서 빌려 보냅니다.

누워 있을 때 용렬한 의원에게 치료 받는 것을, 인자하지도 못하고 효성스럽지도 못한 데 비유한 것이니, 어버이를 섬기는 사람은 의술을 몰라서는 안 된다."라고 한 데서 온 말이다.

신독재 김 선생에게 올림 을미년(1655, 효종6) 3월
上愼獨齋金先生 乙未三月

지난달 24일에 보내신 두 통의 편지와 길보(吉甫 윤선거(尹宣擧))가 전한 짧은 편지를 장제(長弟)[47]가 잘 받아 왔는데, 거의 직접 뵙고 자상하게 가르침을 받는 것과 같았으니, 감사한 마음을 견딜 수 없습니다.

다만 듣건대 김만성(金萬城)[48]이 아들을 잃었다고 하니, 놀랍고 참혹함을 어찌 형언하겠습니까. 참말로 장수와 단명이 가지런하지 않은 것은 또한 어찌할 수 없습니다. 다만 24일 저녁에 편지를 보낸 것으로 보건대, 길보에게도 역시 편지를 부치신 것 같으니 다만 짧은 편지만이 아니었습니다. 편지가 중도에 사라진 것이 아니겠습니까? 의아합니다.

소생의 노모는 막냇동생[49]을 그리워하여 보은(報恩)으로 들어갔습니다. 이후의 형세는 양식을 찧어서 속리산의 산사에 들어가야 할 듯하니, 오고 가며 노모를 뵙는 수고를 조금 면한 것입니다.

근래에 음산한 바람이 심합니다. 삼가 -원문 결락-

47 장제(長弟) : 송시열의 바로 아래 동생 송시도(宋時燾)를 말한다.

48 김만성(金萬城) : 김집의 서손(庶孫)이다. 김집은 측실인 이이(李珥)의 서녀(庶女)에게서 김익형(金益炯)과 김익련(金益煉) 두 아들을 얻었는데 김익련의 아들이 김만성이다. 《愼獨齋遺稿 卷15 墓誌銘》

49 막냇동생 : 송시열의 막냇동생 송시걸(宋時杰)을 말한다.

신독재 김 선생에게 올림 을미년(1655, 효종6) 10월

上愼獨齋金先生 乙未十月

고애자(孤哀子)인 제가 이마를 조아리며 재배하고 말씀드립니다.[50] 인편을 통해 삼가 19일에 내려보내신 편지와 베껴 보내 주신 비갈(碑碣) 전면의 대자(大字)를 받았으니, 너무도 애통하고 감사한 심정을 무어라 말할 수 없습니다. 이어서 초겨울에 도체(道體)와 기거가 편안하심을 알고 또한 매우 위로되고 기뻤습니다.

고애자는 묵은 병이 낫지 않았으나 새로운 병도 생기지 않았으므로 아직까지 견디고 있습니다. 지난번 편지에서 누누이 가르쳐 주신 것은 모두 잘 알아들었습니다. 삼가 정신을 차려서, 상량(商量)하실 만한 때를 기다리면서 고치고 정돈하여 아뢰겠습니다. 다만 연보(年譜)는 중요한 글이니 올겨울 내내 하면 마칠 수 있을 것입니다.

이어서 여쭙건대, 비안 현감(比安縣監)이 자신의 외조부를 위하여 묘지(墓誌)를 구하고 있는데, 이런 때에 남을 위하여 문자 요청에 부응한다면 혹시 온편하지 않은 점이 없겠습니까? 주자(朱子)는 단지 문장을 짓는 것만을 허락했습니다. 이러한 무리의 경우에는 단지 사실을 있는 그대로 적기만 하고 운율이 들어간 말은 없앤다면 혹 괜찮지 않겠습니까. 삼가 바라건대 재량하여 가르침을 주십시오.

비갈 전면의 대자가 줄칸에 들어가지 않았는데, 필시 전에 올린 종이

50 고애자(孤哀子)인……말씀드립니다 : 송시열은 1655년 3월 9일에 모친 곽 부인(郭夫人)의 상사를 당했다.

의 양식이 정밀하지 않아서 그런 것인 듯합니다. 다시 다른 양식의 종이를 올리겠습니다. 그러나 누차 번거롭게 해 드려서 황공함을 견디지 못하겠습니다. 우연히 기억하건대, 지난해에 연실(蓮實)과 감인(芡仁)을 모아서 주는 것은 어려울 것이 없다고 말씀하셨습니다. 현재 이것에 의지하여 목숨을 잇는 것이 차와 밥 정도일 뿐만이 아니니, 지금도 역시 얻을 수 있겠습니까?

정신이 매우 거칠고 혼미하여 조리 있게 말하지 못합니다.

안은봉[51] 방준 에게 올림 경진년(1640, 인조18) 윤1월 13일

上安隱峯 邦俊○庚辰閏正月十三日

시열(時烈)이 머리를 조아리고 두 번 절을 올립니다. 시생(侍生)은 어릴 때부터 어르신의 훌륭한 덕을 익히 들은 지 오래인데, 이윽고 어르신께서 후율(後栗 조헌(趙憲)) 선생을 위해 지으신 《항의신편(抗義新編)》[52]을 얻어서 읽었고, 또한 《대학(大學)》과 관련하여 지으신 글을 얻어서 읽었습니다. 그중에 석연치 못한 점이 있었으나 문하에서 물을 뿌리고 비로 쓰는 예절을 바치지 못한 터라 몽매함을 계발할 길이 없었는데 우러러 존경하는 정성은 잠시도 놓지 못했습니다.

정묘년(1627) 봄에 선친께서 처음으로 완산(完山)에서 어르신을 만났는데, 두 분은 친분이 매우 도타우셨습니다. 선친은 돌아오신 뒤에도 어르신의 성대한 덕의(德義)와 정대한 논의를 자주 일컬으셨습니다. 불초한 저희는 어르신을 존경하는 마음이 지난날보다 더욱 배가되었습니다. 한 해가 지나기 전에 선친께서 세상을 떠나시니, 시일을 끌다가

51 안은봉(安隱峯) : 안방준(安邦俊, 1573~1654)으로, 은봉은 그의 호이다. 성혼(成渾)의 문인으로 성리학에 밝았으며, 임진왜란 때에는 의병을 모아 왜적과 대항하기도 했다. 벼슬은 공조 참의에 이르렀다. 그는 송시열의 아버지인 송갑조(宋甲祚)의 지조를 높이 칭찬한 사람이기에 송시열의 집안과 교분이 매우 깊었고, 송시열이 자기 선대의 사적을 밝혀 달라고 하자 《충효전가록(忠孝傳家錄)》을 지어 주기까지 하였다.

52 항의신편(抗義新編) : 조선 선조(宣祖) 때의 문신이자 의병장인 조헌의 유문(遺文) 및 행록(行錄)을 안방준이 수록하여 편찬한 책이다. 조헌의 〈청절왜사봉사(請絶倭使封事)〉, 〈청참왜사봉사(請斬倭使封事)〉 등 여러 가지 글을 실었다.

시기를 놓친 원망과 그리움은 후회해도 소용이 없게 되었습니다. 그러고 보면 선친의 친구를 모시면서 선친을 그리워하고 사모하는 정성을 붙이며 유익한 훈도(薰陶)를 받을 것을 생각한 것은 참으로 우연이 아닙니다. 다만 깊은 산에 숨어서 가난과 병으로 구차하게 살고 있어 먼 길을 갈 여비가 없고 보면 저의 미천한 정성을 펼 길이 없으나 한결 같은 생각이 이에 이르니 단사(丹砂)처럼 명확합니다.

게다가 저는 배울 시기를 놓쳐 지식이 없는 까닭에 선친의 사적(事跡)을 지금까지 글로 나타내지 못했습니다. 이번에 비로소 글로 대략 정리하고 싶었으나 제가 불초하고 형편없으며 겸하여 또한 일찍 고아가 되어 선친의 평소 언행을 아무것도 기억하지 못하여 황공하고 스스로 슬퍼하니, 스스로 용납할 곳이 없습니다. 삼가 생각건대 당시 논의할 즈음에 반드시 한두 가지 기억할 만한 것이 있었을 것입니다. 바라건대 몇 글자 적어서 보여 주시어 영원히 전할 바탕을 만들어 주신다면 증험할 수 없어 사라지는 데 이르지 않을 것이니, 감사한 마음을 어찌 갚을 수 있겠습니까. 간절히 기원하는 구구한 정성을 주체할 길이 없습니다.

거리가 멀어 갈 수가 없어 찾아뵐 기약이 없습니다. 덕의를 사모하여 치달리는 마음은 날이 갈수록 간절하여 감히 편지를 올려 작은 정성을 아룁니다. 나머지는 계절에 따라 보중하시고 신명의 가호를 받아, 존경하여 우러르는 저의 마음을 위로해 주시기를 바랍니다. 삼가 갖추지 못합니다.

안은봉에게 올림 임오년(1642, 인조20) 9월 2일

上安隱峯 壬午九月二日

평소 사모하여 우러르는 것이 주리고 목마른 정도만이 아니었는데 부친을 여읜 뒤로 사모하는 마음이 더욱 깊습니다. 요즘 날씨가 맑고 시원하니, 어르신의 건강은 편안하고 기거는 신명의 도움이 있으리라 생각합니다.

시생(侍生)은 매번 어르신 댁 근처로 이사하여 문하에서 물을 뿌리고 비로 쓰는 일을 하며 서론(緖論)을 여쭐 것을 생각했으나 모친의 연세가 이미 고령에 이르렀으니, 실로 멀리 떠나가 노닐 수 있는 날이 아닙니다. 겸하여 또한 가난과 병으로 구차하게 사느라 골몰하고 찌들어 근처에 나가는 것도 어려운데, 하물며 백 리 길을 가야 하는 지역이야 말해 무엇 하겠습니까.

근년에 일찍이 편지를 써서 특별히 심부름꾼을 보내 우산(牛山)[53]에 안부를 여쭈었는데, 마침 어르신께서 능주(綾州)[54]에서 지체하시어 저의 정성이 전달되지 못하고 말았으니, 그 한스러움이 어떠하겠습니까. 이번에 문득 한 가지 일이 있어서 우러러 어르신께 아뢰고 가부(可否)를 기다립니다. 중봉(重峯) 조 선생(趙先生)이 만년에 옥천(沃川)에 거주한 것이 거의 수십 년이니, 이 지역에 서원이 없어서는 안 되는데,

53 우산(牛山) : 전라남도 보성군에 있는 지명으로, 안방준이 거주하던 곳이다.

54 능주(綾州) : 전라도에 속한 현(縣)으로, 현재는 전라남도 화순군(和順郡)에 속한 면이다.

세상의 변고는 복잡하고 향리의 의견은 분열되어 소란스러울 효상이 있을 뿐입니다.

근자에 관찰사 청풍공(淸風公 김육(金堉))이 곧장 담당하여 한 번에 이 일을 바로잡으니 논의가 크게 정해졌고, 마침 어진 수령이 이 고을에 와서 다스리는 때를 만나 일군(一郡)의 유생들과 서원을 세울 것을 도모하였으나 흉년이 들어서 재력을 마련하기 어려워 충청도와 전라도에 널리 알리지 않을 수 없었습니다. 다만 생각건대 반드시 원근에서 추앙하고 탄복하며 유생들의 우두머리가 되는 어르신과 같은 분이 이 일을 주장해야 하니, 그런 뒤에야 많은 선비들이 호응할 것입니다. 이것은 시생의 뜻일 뿐만 아니라 이곳 선비들의 공론이 또한 모두 그렇게 여기지 않는 이가 없습니다. 그러므로 바야흐로 심부름꾼을 보내 우러러 아뢰려고 하는데, 마침 문하를 찾아뵈려고 하는 벗 조씨(趙氏)를 만나서 그를 통해 감히 이렇게 아뢰웁니다. 상상하건대, 즐겁게 들으시고 저의 참람함을 죄로 여기지 않으실 줄로 압니다.

또한 조 선생에게 시호를 내리라는 어명이 이미 내렸으니, 시장(諡狀)을 짓는 일은 정히 늦추어서는 안 됩니다. 삼가 생각건대 어르신께서 조헌(趙憲) 선생의 성대한 덕을 크게 선양하기 위하여 《항의신편(抗義新編)》에 정성을 다 쏟으셨으나 그 사이에 또한 어찌 정성을 다 쏟지 못한 부분이 없겠습니까. 아울러 바라건대 누락된 것을 수습하여 편입할 자료로 삼는 것이 어떻겠습니까?

나머지는 계절에 따라 보중하시어 존경하며 우러르는 저의 마음을 위로해 주시기를 바랍니다. 찾아뵐 길이 없어 간절히 그리워하는 마음을 견딜 수 없습니다. 이만 줄입니다.

안은봉에게 올림 무자년(1648, 인조26) 6월 29일

上安隱峯 戊子六月二十九日

여러 해 전에 문하에 나아가서 평소에 늘 사모하던 마음을 실현하게 되었습니다. 그러나 그때는 매우 바쁜 형편이어서 훌륭한 가르침을 제대로 받지 못하였기에 한스러운 마음이 지금까지 풀리지 않았습니다.

지난달 그믐께 무안 현감(務安縣監 유계(兪棨))이 체직되어 오는 길에 어르신께서 올봄에 저에게 주신 편지와 서문(序文)[55] 한 편을 전해주기에, 손을 씻고서 정중하게 읽어 보았는데, 거의 먹이 흐려지고 종이가 해지도록 감히 손에서 놓지 못하였습니다. 서문의 끝에 뜻을 충분히 밝혀 주신 대문은 경계됨이 더욱 간절하고도 정밀하고 독실하게 되었으니, 교생(敎生)이 비록 몹시 형편없는 사람이지만 감히 종신토록 명심하여 덕으로 사랑해 주신 군자에게 보답하지 않을 수 있겠습니까.

아, 선친께서 평소에 제가 불초하다는 것을 알지 못하여 매우 크게 기대하고 훈계하여 책임 지우기를 매우 돈독하게 하셨습니다. 그러나 제 자질이 이미 낮고 박잡한 데다가 올바른 행실에도 힘쓰지 않아 허물이 날로 많아지고 후회와 한탄이 산처럼 쌓이므로 자포자기하여 소인이 되는 것도 달게 여겨 왔습니다. 만일에 이렇게 해 주신 것으로 하여 제가 생각을 바꾸어 과연 진보하는 데에 도움이 된다면 어르신께서는

55 서문(序文) : 《은봉전서(隱峯全書)》 권9 〈충효전가설증송지평영보서(忠孝傳家說 贈宋持平英甫序)〉이다.

참으로 제 선인을 저버리지 않은 것이 되고, 제 선인께서 바르게 벗을 사귀었음도 여기서 더욱 증험될 것입니다. 그러나 이러한 뜻이 끝내 변하지 않을지 모르겠습니다.

서신을 받은 이후 여름 장마로 찌는 듯이 무더운데, 정양(靜養)하시는 중의 기거가 신명의 도움을 받아 만복하신지 궁금합니다. 사모하는 마음이 참으로 간절합니다. 교생은 궁벽한 시골에서 지내는데 변변치 못한 음식도 자주 떨어지곤 합니다. 우리의 도(道)는 생활이 본디 이러한 것이기는 하지만, 자식 된 사람의 심정으로서는 상심되고 한탄스럽지 않을 수 없습니다.

거리가 너무 멀어 뵐 날을 헤아릴 수 없는지라 진실로 섭섭하고 한스럽습니다. 삼가 훌륭한 계책을 고이고이 간직하여 세월이 오래될수록 더욱 신기로워지게 하시기 바라며, 만년의 옥체를 잘 보호하여 먼 데 있는 사람의 성의에 부응해 주시기를 거듭 바랍니다.

안은봉에게 올림 신묘년(1651, 효종2) 5월 15일

上安隱峯 辛卯五月十五日

지난해에 외제(外弟) 김현(金灦)이 어르신의 편지를 받들어 전하고, 또한 자신이 들은 바의 서론(緖論)을 전했습니다. 어르신께서 저를 사랑하는 것이 두텁고 저에게 거는 기대가 깊다는 것을 잘 알고는 감사한 마음을 무어라 말할 수 없었습니다. 그 뒤에 질병이 고질이 되어 아침저녁으로 목숨이 다하기를 기다리고 있는 데다 마땅한 인편도 없어서 지금까지 답장을 지체하였습니다. 항상 죄책감 속에 탄식하며 일찍이 스스로 형언하지 못했습니다.

요즘 가뭄의 기세가 수그러들지 않고 있습니다. 어르신께서는 연세도 높은데 기거는 편안하고 체후도 건강하신지요? 우러르고 그리워하는 마음 간절하지 않은 날이 없습니다. 이어서 생각건대 위 무공(衛武公)[56]과 거원(蘧瑗)[57]이 행한 독실한 공부를 어르신께서는 한가롭고 고요한 곳에서 말없이 실천하고 계실 테지만, 곁에서 시중을 들며 안부를 여쭙지 못하니 저는 어쩔 수 없이 소인(小人)이 되고 말 것입니다.

56 위 무공(衛武公) : 춘추 시대 위나라 임금으로, 나이 95세에도 국중(國中)에 경고하기를 "경(卿) 이하 모든 조정의 관원들은 나를 늙었다 하여 방치하지 말고 반드시 조정의 일을 조심해서 하고 서로들 나를 경계해 줄 것이며 한두 마디라도 들은 말이 있으면 반드시 나에게 가르쳐 달라."라고 했다.《國語 楚語上》

57 거원(蘧瑗) : 춘추 시대 위나라의 대부로 자는 백옥(伯玉)이다. 끊임없이 개과천선한 인물이다.《회남자(淮南子)》〈원도훈(原道訓)〉에 "거백옥은 쉰 살에 지난 사십구년이 모두 잘못되었음을 알았다.〔蘧伯玉年五十而知四十九年非〕"라고 하였다.

이런 까닭에 부끄러워 자책하느라 땀이 나서 옷을 적시지 않은 적이 없습니다. 다만 이전 편지에서 하신 말씀 중에 마음에 석연치 않은 것은 속히 여쭈어 일일이 가르침을 청하고 싶으나 인편으로는 저의 어리석은 생각을 다 아뢸 수 없는 점이 있을 듯하여 이에 다시 입을 다물고 고개를 움츠린 채 훗날 심부름꾼을 보내 여쭐 때가 오기를 기다립니다.

시생(侍生)은 모친을 모시고 곤궁하게 살며 콩죽과 물로 그럭저럭 지내고 있으나 지난해 여름부터 복창증(腹脹症)을 심하게 앓아 몸을 의약에 맡기고 줄곧 거꾸러져 있느라 옛날 배운 것이 황폐해졌으니, 단지 세상에 알려지지 못하고 죽게 되었습니다.

마침 홍양(興陽)[58] 가는 인편이 있기에 병을 무릅쓰고 급히 이 편지를 지어서 조만간 어르신께 올려지기를 바랄 뿐입니다.

나머지는 단지 도(道)를 위하여 보중하시어 우러러 그리워하는 마음을 위로해 주시기를 바랍니다. 갖추지 못합니다.

58 홍양(興陽) : 전라남도 고흥군의 옛 지명이다.

안은봉에게 올림 계사년(1653, 효종4) 12월 12일

上安隱峯 癸巳十二月十二日

이제는 양덕(陽德)[59]이 이미 나타나서 봄기운이 장차 펴지게 되었습니다. 삼가 생각건대 한가히 지내며 도(道)를 음미하는 기거가 만복하신지요? 위 무공(衛武公)과 거백옥(蘧伯玉)[60]은 나이 90이 되고 70이 되어서도 공부가 더욱 진보되고 덕이 더욱 닦아졌으니, 삼가 생각건대 어르신께서도 노쇠했다 하여 공부에 힘쓰기를 스스로 포기하지 않으신다면 조예(造詣)를 어찌 헤아릴 수 있겠습니까.

지난 경인년(1650)에 서울에서 누가 와서 전하기를 "신면(申冕)[61]의 무리가 아무 어른이 그대에게 준 글[62]을 초록(抄錄)해다가 서로 전하여 읽으면서 지당한 의론으로 여기고 있다." 하였습니다. 그래서 시생(侍生)이 다그쳐서 묻기를 "참으로 그런 일이 있었는가?" 하고는, 시급히 사람을 시켜 서울에 가서 그것을 구해 오게 하였는데 다만 별지(別紙)

59 양덕(陽德) : 만물을 생장시키는 양기(陽氣)를 미화하여 일컫는 말이다.

60 위 무공(衛武公)과 거백옥(蘧伯玉) : 73쪽 주56 주57참조.

61 신면(申冕) : 1607~1652. 본관은 평산(平山), 자는 시주(時周), 호는 하관(遐觀)이다. 부제학, 대사간 등을 역임하였는데, 뒤에 김자점(金自點)의 옥사(獄事)에 관련되어 국문을 받다가 자살했다.

62 아무……글 : 안방준(安邦俊)이 송시열에게 보낸 글의 별지에서 송시열의 출처(出處)에 관해 말하기를 "송모(宋某)는 벼슬을 그만두어서는 안 될 때에 그만두고, 그만두어야 할 때는 그만두지 않는다." 하고, 또 송시열이 상소만 남겨 놓고 윤허를 받기 전에 미리 돌아와 버린 것을 들어 "임금을 섬기는 도리가 아니다." 하였는데, 신면 등이 이 말을 구실로 하여 송시열을 공격하였다. 《隱峯全書 卷3 與宋英甫別紙》

만을 베껴 왔고 원래의 서신은 끝내 보지 못했습니다.

그 뒤에 외제(外弟) 김현(金灦)이 문하에서 한 장을 초록해 왔는데, 비록 먼저 서울에서 가져온 것과는 내용이 같지 않았습니다마는, 대강은 다름이 없었습니다. 여러 날을 두고 잠심하여 완미해 보니, 대군자(大君子)께서 도로써 사람을 애호하신 것으로, 고명한 견해가 보통 사람보다 만배나 뛰어남을 알 수 있었습니다. 깊이 감명하고 경탄하는 마음을 감당치 못하겠습니다.

그런데 그 가운데 한두 가지 서로 잘 알지 못하고 있는 점에 대해서는 제가 가만히 생각하기를, 이는 면전에서 직접 가르침을 받으면서 피차간의 의견을 충분히 토로해 보지 않고서는 서로 같고 다른 점을 따져서 일정한 의론을 찾아낼 수 없다고 여겼습니다. 만일 질병이 조금 나으면 다시 문하에 나아가 청소라도 맡아 하면서 조용히 가르쳐 주시기를 청해야 하겠기에, 중간에 흥양 현감(興陽縣監) 전씨(全氏) 편을 이용하여 먼저 편지로 이런 뜻을 써서 올렸는데, 아무 일 없이 편지가 잘 전해졌는지 모르겠습니다.

이제는 본래의 병이 더욱 고질이 되고 근력이 더욱 떨어져서 다시는 사방을 두루 돌아다니고 싶은 뜻이 없으니, 그 계획을 이루지 못하여 마침내 천고의 한이 되어 버릴 듯합니다. 그래서 이번에 감히 사람을 보내어 우러러 기거가 어떠신지를 살피고, 겸하여 글로써 대신 저의 진심을 말씀드리니, 삼가 가르침을 내려 주시기 바랍니다.

공자가 《춘추(春秋)》를 지을 적에 대의(大義)가 수십 가지였지만 주(周)나라를 높이는 것이 가장 큰 의리였고, 주자(朱子)가 처음으로 송 효종(宋孝宗)을 뵙고 배운 것을 남김없이 진달할 적에 금(金)나라를 토벌하여 복수하는 것을 우선으로 삼았습니다. 그러니 이 의리가 한번 어두워지면 삼강(三綱)이 없어지고 구법(九法)[63]이 무너져서 중국이 이적(夷狄)의 손에 들어가고 인류가 금수(禽獸)로 변하게 됩니다. 사군자(士君子)가 불행히 이런 때에 살게 되면 출처와 거취에 반드시 지키는 것이 있어서 절대 구차하게 하지 않는 법입니다.

지난 정축년(1637, 인조15)의 화[64]와 명(明)나라가 멸망한 변은, 생각하면 오장이 찢어지는 듯하여 차마 다시 말을 하지 못하겠습니다. 신자(臣子) 된 사람들이 통분하여 원망하며 피를 토하고 눈물을 삼키면서, 복수하고 설욕하는 의리를 위하여 다 죽는 것은 본시 천리와 인정상 그만둘 수 없는 일입니다. 그러나 이런 때를 당해 한 사람이라도 공자와 주자의 의리를 들어 말을 하면, 혀를 빼물고 머리를 흔들며 감히 들으려 하지 않고, 더러는 저 오랑캐들의 세력을 끼고서 우리 임금에게 협박하는 자까지 있었으므로 식자들이 한심스럽게 여긴 지 오래입니다. 그러므로 저는 스스로 이 세상에 제가 있든 없든 아무 상관이 없음을 알고서 산속에 자취를 감추어 세상과 길이 하직하게 된 것입니다. 이는 어르신께서 일찍이 알고 계시던 바요, 저에게 권장하고 허여하신 것입니다.

성상께서 즉위하기에 이르러서는 천지가 한 번 새로워지게 되었는데, 대개 당초 잠저(潛邸) 때부터 슬기로운 뜻이 뛰어나시어 "한(漢)나라 무제(武帝)가 문제(文帝)보다도 우월한 것은 평성(平城)에서의 수

63 구법(九法) : 천하를 다스리는 아홉 가지 대법(大法)이다. 《서경》〈홍범(洪範)〉에 나오는 홍범구주(洪範九疇)를 가리킨다.

64 정축년의 화 : 1637년에 청군(淸軍)에 의해 강화(江華)가 함락되고, 인조가 삼전도(三田渡)에서 청 태종(淸太宗)에게 항복했던 일을 가리킨다.

치[65]를 무제가 씻었기 때문이다." 하였으니, 곧 스스로 복수를 책임지려고 하신 뜻을 이미 알 수 있는 것입니다.

제가 부르심을 받고 들어갔을 적에는 지나치게 예우해 주시고 물러나 돌아갈 것을 허락하지 않으시므로, 망녕된 생각에, 쓸데없이 예우만 받는 것보다는 소회를 한번 털어놓아서 다행히 성상의 마음에 합당하게 된다면 세상의 도의(道義)에 만에 하나라도 도움이 있게 될 것이니 이것이 더 나으리라고 여겼습니다.

그렇다면 한번 망녕되이 움직이는 것도 명분이 없지는 않겠기에 감히 주대(奏對)하기를 청했으나 나아가지 못하게 되었습니다.[66] 그래서 나아가지도 물러가지도 못한 채 아무리 헤아려 보아도 방법이 없기에 드디어 한 장의 상소로 물러갈 것을 고했던 것입니다. 그러자 승지를 보내 친절하게 타이르기까지 하였으니, 권애(眷愛)하시는 뜻의 융숭함이 천고에 드문 것이었습니다.

그러나 하루 사이에 이미 나왔다가 도로 들어가는 것은 염치에 관계되기 때문에 고집스럽고 개결한 성질을 끝내 돌리지 못하였는데, 이제와서 생각해 보면 죄가 만번 죽어도 마땅합니다. 그런데 저의 본디

65 평성(平城)에서의 수치 : 한 고조(漢高祖)가 흉노(匈奴)를 토벌하러 평성에 이르렀다가 묵특(冒頓)에게 7일 동안 포위되어 안팎의 연락이 끊어지고 먹을 것이 떨어져 크게 곤욕을 치렀던 일을 가리키는데, 무제 때에 이르러서 수차례에 걸쳐 흉노를 정벌, 흉노 수십만 명을 잡아 죽였다.

66 주대(奏對)하기를……되었습니다 : 1650년에 유계(兪棨)가 인조의 묘호(廟號)를 논한 일로 효종의 노여움이 극도에 달했던 차에, 송시열이 주대를 청하여 이를 논하려 했으나, 즉시 인견하지 않으므로 송시열이 그날로 향리로 돌아와 버린 일을 가리킨다. 《宋子大全隨箚 卷3》

마음을 단사(丹砂)처럼 환하게 끝내 밝은 임금 앞에 한번 드러내고 싶었기 때문에 중로(中路)에서 다시 상소 한 장을 올려 공자와 주자가 말한 의리를 대략 진달하였습니다.

그리고 집에 돌아와서 삼가 특별한 유지(諭旨)와 상소에 대한 비답을 받았는데, 성상의 말씀이 친절하고 간곡하여 귀신도 울릴 만했고, 또 분부하기를 "상소 가운데 기미만 보이고 말을 하지 않은 것을 다시 조용하게 다 말해 주기 바란다."라고 하셨습니다.

마침 대행(大行)의 계빈(啓殯) 날을 당해 소명(召命)이 또 내리기에 제가 생각하기를, 이로 인해 올라가서 마침내 다 말하지 못했던 소회를 털어놓는다면 견마(犬馬)의 정성을 조금이라도 펴게 되겠다고 여겼습니다. 그래서 인산(因山)을 마친 뒤에 한 장의 상소로 저의 충심(衷心)을 털어놓자 곧바로 편전에서 인견(引見)하셨는데, 주고받는 서로의 말이 메아리치듯 하고 성상의 정신과 풍채는 온후 활달하였으며, 청(淸)나라를 쳐서 원수를 갚는 데 관한 말에 이르러서는 더욱 깊은 뜻을 보이시므로, 그때에 비로소 성상의 뜻이 어디에 있는지를 충분히 알 수 있었습니다.

그러나 일을 할 때가 말할 때와 같지 못하고 인심(人心)도 내 마음과 같지 않은데, 더구나 이 비루한 사람이 어찌 지체해 있으면서 스스로 낭패를 당할 수 있겠습니까. 상소가 들어간 다음 날 곧 귀향길에 올랐는데, 성균관과 사학(四學)의 유생들이 상소하여 만류하기를 청했지만, 끝내 물러나 돌아왔습니다.

저의 구구한 거취가 비록 말할 것은 못 되지만 그 시종(始終)이 이와 같은 데에 불과합니다. 그러나 매양 가만히 스스로 생각하기를, 이처럼 낭패하게 된 것은 또한 어르신께서 이렇게 만든 것이라고 여겼습니다.

왜냐하면 선유(先儒)의 말에 "안자(顔子)가 누추한 시골에서 한 도시락 밥과 표주박 물로 생활하면서 지조를 지켰던 것은 세상에 공자란 분이 있어 선왕의 도를 밝혀 천하를 가르쳤기 때문이다. 만일 공자가 없었다면 안자가 반드시 그러고만 말지 않았을 것이다."라고 했기 때문입니다. 만일 이전에 어르신께서 스스로 사도(斯道)를 책임지고서 전후의 소장(疏章)에 공자와 주자의 큰 교훈과 큰 법도를 진언하셨다면, 시생이 어찌 감히 하찮은 용렬한 몸으로 분수에 넘치는 외람된 죄를 스스로 지었겠습니까. 그러나 이미 그런 의리를 우리 임금에게 진달했으므로 비록 죽는다 하더라도 전혀 여한이 없습니다.

시생의 불초함으로 인하여 청음(淸陰)과 신독재(愼獨齋) 두 분 노인까지 흠잡은 것[67]에 대해서도 변명할 만한 것이 있습니다. 성인의 교훈은 《대학(大學)》만 한 것이 없는데, 《대학》의 도는 덕을 밝히고 백성을 새롭게 하는 데에 지나지 않습니다. 자기 몸도 제대로 닦지 못하면서 시무(時務)를 급하게 여기는 것은 진실로 옳지 못하지만, 만일 자신을 지키기에만 전일하여 일할 만한 때를 만나서도 영원히 가 버리고 돌아오지 않는다면 이 또한 중정한 길은 아닌 것입니다.

그때 두 노인께서 만났던 기회는 천년 만에 한 번 있는 기회라고 할 수 있었습니다. 일을 할 수 있는 기회를 만나고 일을 할 만한 임금을 만났는데 이런 때에 일이 하기 어렵다고 하여 손을 거두고 방관하며

67 청음(淸陰)과……것 : 안방준이 병자호란 이후는 선비들이 벼슬하는 것이 마땅하지 않다고 여기고, 마침내 김상헌(金尙憲)과 김집(金集) 등이 효종 때에 조정에 나가서 벼슬한 것을 잘못이라고 여기며, 그들에게 "이전에는 물러났다가 이후에는 나아갔다." 라고 기롱한 것을 말한다. 《宋子大全隨箚 卷3》《文谷集 卷27 上尤齋》

자신만 한가하고 편할 계책을 한다면 이 또한 무엇을 계교하는 사심의 발로인 것이요, 참으로 공정한 인자(仁者)의 마음은 아닌 것입니다. 그러므로 두 노인께서 지극한 공심(公心)과 피맺힌 정성을 가지고 더 없이 무겁게 스스로 책임을 지고 남몰래 대의(大義)를 붙잡아 세우고 청고한 의론을 주장하여 사류(士類)들의 마음을 수습하고 흉악하고 간사한 자들을 내쫓으니, 두어 달 동안에 세상의 사세가 크게 달라졌습니다. 만약에 흉악한 무리들이 외부의 힘과 결탁하여 그분들을 없애 버리는 계획을 하지 않았다면, 일을 할 만한 기반이 2, 3분은 이루어졌을 것입니다.

만일 시기와 사세를 알지 못하고서 경솔하게 담당하려 한 것이라고 한다면, 이도 변명할 만한 것이 있습니다. 옛사람의 말에 "나로서 할 일은 마땅히 이렇게 할 뿐이다. 성패(成敗) 같은 것은 성인도 기필하지 못했는데 내가 어찌 구차하게 하겠는가." 하였습니다. 두 노인께서 어찌 전해 받은 것이 없이 그렇게 했겠습니까. 그러나 이는 또한 제 나름대로 헤아리고 하는 말이므로 과연 그랬는지는 잘 모르겠습니다.

또한 깨우쳐 주신 말씀에, 저의 벗 이유태(李惟泰)[68]가 시생을 지나치게 칭찬하기 때문에 그가 아부하는 것이라고 말씀하셨습니다. 그러나 만일 저의 벗 이유태가 사람을 좋아하기만 하고 그 사람의 나쁜 점은 알지 못하는 죄과를 범했다고 한다면 그도 또한 할 말이 없을 것입니다마는, 시생이 무슨 권세가 있다고 그가 아부를 하겠습니까.

68 이유태(李惟泰) : 1607~1684. 본관은 경주(慶州), 자는 태지(泰之), 호는 초려(草廬)이다. 김장생의 문인으로, 송시열, 송준길, 윤선거와 교유하였다. 저서로 《초려집》이 전한다. 시호는 문경(文敬)이다.

시생과 이유태는, 살아서는 배우는 바가 같고 죽어서는 전하는 바가 같을 사이로서 은혜와 의리가 지친(至親)과 같으니, 저에게 기대하는 마음이야 있었겠지마는 어찌 아부할 것까지 있었겠습니까. 이유태가 시생을 이처럼 잘못 알았다면, 시생 역시 벗 이유태를 잘못 알았는지도 참으로 알 수 없는 일입니다. 그러나 아부는 하지 않을 사람임에 의심할 여지가 없습니다.

대체로 하늘에는 음과 양이 있고 땅에는 중화(中華)와 이적(夷狄)이 있고 사람은 군자와 소인이 있어, 방향에 따라 동류가 모이고 사물에 따라 무리가 나누어지는데, 이렇게 판별이 난 다음에는 이쪽 사람의 행위라고 해서 반드시 모두 착하기만 한 것도 아니고 저쪽 사람의 행위라고 해서 반드시 모두 그르기만 한 것도 아닙니다.

그러나 옳은 것을 붙잡아 세우고 그른 것을 억제하여 막는 도리에 있어서는 엄격하게 하지 않을 수 없는 것입니다. 그러므로 원우(元祐)의 제현(諸賢)이 채확(蔡確)을 억제할 수 없음을 우려하여 그의 시구(詩句)를 가지고 죄를 만들었으니,[69] 이는 너무 심한 듯도 합니다. 그러

69 원우(元祐)의……만들었으니 : 원우는 송 철종(宋哲宗)의 연호이다. 제현은 사마광(司馬光)을 비롯하여 문언박(文彦博), 정이(程頤), 여공저(呂公著), 소식(蘇軾) 등 문인과 학자 119인을 가리킨다. 채확은 왕안석(王安石)의 파당으로, 이때 왕안석의 신법(新法)을 적극 찬동하였다. 그러자 원우의 제현 가운데 범조우(范祖禹), 유안세(劉安世) 등이, 일찍이 채확이 안륙현(安陸縣)에 있는 거개정(車蓋亭)에 유람하면서 지은 "높도다 이름난 신하 학 증산이여, 충성된 말 곧은 지조 상원 무렵에 드날렸지.〔矯矯名臣郝甑山, 忠言直節上元間.〕"라는 시구를 가지고 논박하여 그에게 죄를 받게 하였다.《宋史 姦臣列傳 蔡確》 상원은 당 고종(唐高宗)의 연호이다. 학처준(郝處俊)이 왕위를 측천무후(則天武后)에게 전하지 말라고 고종에게 간한 일이 있는데, 채확 역시 선인황후(宣仁皇后)를 측천무후에 비하고 자신을 학처준에 가탁하여 사모한 나머지

나 주자가 그 일은 그다지 그르게 여기지 않고 도리어 범 충선(范忠宣)을 옳지 못하게 여겼던 것[70]은 바로 선악의 큰 구분이 이미 정해져 있기 때문에 주선하는 도리로는 그렇게 할 수밖에 없었던 것이 아니겠습니까.

지금 두 노인과 저의 벗 이유태는 저쪽 사람들과 서로 용납하지 못하는 사이가 되었고 청나라의 협박을 크게 받았으니, 착한 부류인 것이 분명합니다. 이런 때에 군자로서는 의당 선을 붙들어 세우고 악을 억제해야 하는데, 저쪽 사람들이 어르신께서 하신 말씀이 중함을 이용하여 이것을 가지고 두 노인과 저의 벗 이유태를 공격하는 공안(公案)으로 삼고 있으니, 식견 있는 사람들이 어르신의 말씀에 의심이 없을 수 없습니다. 시생의 어리석은 생각으로는, 고명하고 조예가 정밀하신 분의 견해는 반드시 보통 사람의 마음으로는 헤아릴 바가 아니라고 여기기 때문에 감히 이를 우러러 질문합니다. 삼가 바라건대 자세하게 가르침을 내려 몽매함을 열어 주십시오. 그리해 주신다면 천만다행이겠습니다.

사랑해 주시는 사사로운 정만 믿고서 하고 싶은 말을 다 하느라 말이 지루하게 되어 더욱 황공하니, 아울러 애긍하게 여겨 용서해 주시기 바랍니다.

계절이 바뀌어 가는 이때에 사도를 위해 더욱 몸을 보호하시어 사모

이 시를 지은 것이다. 《新唐書 郝處俊列傳》

70 주자가……것 : 송 철종 때에 채확이 원우의 제현에게 논박을 받고 귀양 가게 되자 범 충선 즉 범순인(范純仁)이, 너무 지나치게 되었다며 채확을 구하려 하였으므로, 주희가 이를 논하기를 "뒷날에 자신이 온전하려는 계책을 한 것이다."라고 한 것을 가리킨다. 《宋史 姦臣列傳 蔡確》《宋子大全隨箚 卷3》

하고 우러르는 정성을 위로해 주시기를 삼가 바랍니다. 갖추 다 말씀드리지 못합니다.

안은봉에게 올림 갑오년(1654, 효종5) 10월 17일

上安隱峯 甲午十月十七日

올겨울은 추위가 조금 더디 옵니다. 삼가 어르신께서는 도체(道體)와 기거가 편안하고 만복하시리라 생각합니다. 우러러 사모하는 마음은 먹을 때나 쉴 때나 그지없습니다.

가만히 길에서 들리는 소문을 듣건대, 어르신의 정신과 모습과 기거가 예전과 차이가 없고 인사를 주고받을 때도 쇠약하거나 지친 모습을 느낄 수 없다고 합니다. 본래 신명의 도움으로 편안하고 화락하여 이치상 응당 이와 같아야 하니, 또한 어찌 함양과 조예의 공부가 독실하고 강건하여 혈기와 함께 떠나가지 않은 것이 아니겠습니까.

매번 책 상자를 지고 문하에 나아가 곁에서 시중들며 남은 가르침을 차분하게 받들려 했으나 모친의 연세를 고려할 때 자식으로서 멀리 떠날 수 있는 시기가 아니므로 시간을 끌다가 어긋나서 오늘에 이르고 보니, 소생도 이미 절로 노쇠한 나이가 되어 버려 세상을 경영하려는 뜻 역시 줄어들었습니다. 삼가 두려운 것은 미적거리다가 기대를 저버린 채 결국 천고의 한을 이루는 것입니다. 남쪽을 바라보며 존경하는 마음에 탄식을 견디지 못합니다. 혹시 하늘의 신령함에 힘입는다면 마지막에 이 뜻을 이룰 수 있겠습니까?

정초에 돌아오는 인편에 회답의 글을 내려 주셨으니 참으로 매우 감사했습니다. 생각건대 여러 가지 여쭌 것에 대해 가르침을 받지 못했으니, 다만 깊이 두렵고 부끄러울 뿐입니다. 소생이 나이는 들어가고 학문은 퇴보하는데 지하에 계신 선친의 마음을 위로하지 못했으니,

한밤중에 천장을 우러러보면 슬프고도 두렵습니다.

올봄에 가형(家兄 송시묵(宋時默))이 부여(扶餘)를 다스리게 되어서 노모를 봉양했는데, 여름과 가을 이래로 재액이 거듭 일어나서 어제 결국 모시고 동쪽으로 돌아왔습니다. 콩죽과 물로 봉양하는 것은 자신의 일인데 모친을 가형께 보냈던 것입니다.

마침 강음 현감(江陰縣監) 조씨(趙氏)의 사위가 가는 길에 감히 이렇게 대신 안부를 여쭙게 합니다. 나머지는 추운 날씨에 건강 조심하고 더욱 보중하여 멀리서 바치는 정성을 위로해 주시기를 축원합니다. 갖추지 못합니다.

백강 이 상국 경여 에게 올림[71]

上白江李相國 敬輿

지난가을 삼가 두 차례의 혜서(惠書)와 약품을 받고서 참으로 감사하고 송구스러웠습니다. 즉시 목욕재계하고 답서를 써서 서쪽을 향해 절하고 올리려고 하였는데, 갑자기 듣자니 누가 봉장(封章)을 올려, 멀리 있으면서 조정의 권력을 쥐고 있다는 죄를 제게 덮어씌웠다고 하였습니다. 먼 외방에서 전해 들은 말이므로 사실 여부는 알 수 없으나 저도 모르게 사무치도록 놀랍고 두려워져서 감히 저의 성명을 당대의 대인(大人) 문하에 망녕되이 내놓을 수가 없었습니다.

이윽고 다시 생각하기를 '편지를 받고 답장을 하지 않는 것은 예의가 아니다. 나와 대등한 사람 이하에게도 감히 소홀히 하지 못하는 법인데, 더구나 귀천의 차이가 현격하고 위풍과 존엄함으로 볼 때 먼저 굽혀야 될 사람에게야 말할 나위가 있겠는가. 혐의를 피하는 것은 개인적인 사정이고 예의로 교제를 하는 것은 공통된 도의이니, 혐의 때문에

71 백강(白江)……올림 : 백강은 이경여(李敬輿, 1585~1657)의 호이다. 형조 판서 등을 거쳐 영의정을 지냈으며, 선비 양성에 마음을 썼고 청나라를 극력 배척하였다. 당시 중외(中外)의 유생들이 이이(李珥)와 성혼(成渾)을 문묘(文廟)에 배향하자고 상소하자, 영남 사람 유직(柳稷)과 이상진(李象震) 등이 상소하여 두 사람을 무함하므로, 성균관에서 그들을 제적(除籍)하고 부황(付黃)까지 하였다. 성균관에 있던 영남 사람들이 모두 흩어져 가 버리고 경상도 유생들이 과거 응시도 거부하므로, 이경여가 성균관으로 하여금 유직 등을 다시 유적(儒籍)에 올리게 하여 사건을 무마하려 하자, 유생들이 듣지 않고 성균관을 비우고서 모두 나가 버렸다. 그러므로 송시열이 이 글을 보내 사정(邪正)과 시비(是非)를 밝힌 것이다. 《宋子大全隨箚 卷3》

예를 폐할 수 없는 것이 분명하다.' 하였습니다. 그러므로 여러 달을 주저하다 감히 끝내 가만히 있을 수 없어 삼가 전일 써 놓은 글을 이제야 감히 송구함을 무릅쓰고 올립니다. 회피하여 태만히 군 죄를 재량하여 용서해 주시리라 생각합니다.

또한 가만히 생각해 볼 때, 재상께서 돌보아 주심이 이처럼 지극한데도 위엄 앞에 두려워하여 감히 속마음을 털어놓지 못한다면 이는 은혜와 덕을 크게 저버리는 일이니, 실로 제가 감히 편안히 여길 수 있는 바가 아닙니다. 그러므로 감히 사리에 어두운 말을 외람되게 올리며 가르침을 주시기를 청합니다.

삼가 생각건대 음류(陰類 소인)니 양류(陽類 군자)니 하는 것은 하나의 큰 편론(偏論)이고 사(邪)니 정(正)이니 하는 것은 하나의 큰 붕당(朋黨)입니다. 편론을 좋아하여 나쁜 것을 바로잡으려다가 오히려 더 나쁘게 만드는 것은 진실로 말할 것도 없거니와, 붕당을 싫어하여 둘 다 옳다고 우물우물하는 것은 더욱 일을 해치게 되는 법입니다. 그러나 편론과 붕당에는 또한 대소와 경중의 구분이 있으니, 소자(小者)는 해서는 안 되지만 대자(大者)는 하지 않을 수 없고, 경자(輕者)는 없어도 되지만 중자(重者)는 없어서는 안 되는 것입니다. 유속(儒俗)의 시비(是非)는 곧 이른바 대자이자 중자이니 송대(宋代)의 천당(川黨)과 낙당(洛黨)[72]이 바로 이것이고, 피차간에 서로 주고 빼앗는 것은

72 천당(川黨)과 낙당(洛黨) : 송 철종(宋哲宗) 때의 당파이다. 천당은 사천(四川) 지방 출신인 소식(蘇軾)을 우두머리로 하고 여도(呂陶) 등이 소속되었는데 그들은 문학과 풍류를 숭상하였고, 낙당은 낙양(洛陽) 출신인 정호(程顥), 정이(程頤)와 주광정(朱光庭), 가이(賈易) 등이 소속되었는데 이들은 도학을 숭상하였다.

곧 이른바 소자이자 경자이니 당대(唐代)의 우승유(牛僧孺)와 이덕유(李德裕)[73]가 바로 이런 사례입니다.

우리 동방의 두 유현(儒賢)이 지목받음을 면하지 못한 것도 이른바 유속의 분별에서 나온 것으로, 당시에 상하가 시비[74]를 뒤섞어 지칭하고 피차가 또 서로 주고 빼앗고 하다가, 끝에 가서는 음이 도리어 양을 해치고 사(邪)가 도리어 정(正)을 이김으로써 드디어 두 유현을 소인이요 사당(邪黨)이라고 지목해 온 지가 거의 수십 년이 되었습니다.

계해년(1623, 인조1)에 상이 즉위하자 세상의 도의가 일변하였지만, 정권을 잡은 사람들이 오히려 피차간의 기존 격식에 빠져 단지 눈앞의 임시 조치만 하는 계책을 함으로써, 유속의 분별을 세상에 밝히지 못하여 군자도 완전한 군자가 되지 못하고 소인도 완전한 소인이 되지 못하였습니다. 그후 점차 쇠퇴하여 오늘에 이르러서는 두 유현을 악담하는 것이 도리어 계미년(1583, 선조16)과 신축년(1601)[75] 무렵보다도 더 심합니다.

대체로 세상의 도의를 주장한다는 사람들은 본래 둘 다 옳다고 여겨

73 우승유(牛僧孺)와 이덕유(李德裕) : 우승유는 당대(唐代)의 권신(權臣)으로 벼슬이 태자소사(太子少師)에 이르렀는데, 이종민(李宗閔)과 결탁하여 당파를 만들고 뜻에 거슬리는 사람들을 배척하여 권세가 천하에 진동했다. 이덕유는 당대의 명신으로 굳은 지조가 있었으며 6년을 정승으로 있으면서 번진(藩鎭)의 화를 예방하되 계책을 세우면 반드시 승리하였으므로 당시에 중망(重望)을 얻었다. 《新唐書 李德裕列傳》

74 시비 : 대본에는 없다. 《운창집(芸窓集)》 권9 〈운창쇄록(芸窓瑣錄)〉에 근거하여 '是非'를 보충하여 번역하였다.

75 계미년과 신축년 : 1583년인 계미년에 이이(李珥)가 무고(誣告)를 받아 귀양 갔고 1601년인 신축년에 성혼(成渾)을 문경호(文景虎)가 무고한 일이 있었다. 《宋子大全隨箚 卷3》

둘 다 온전하게 하려고 하며, 군자들에게는 그래도 용서를 받을 수 있지만 소인들은 매우 두렵고 세상의 도의는 오히려 잊을 수 있지만 내 목숨은 매우 아깝다고 여겨, 견빙(堅氷)의 경계[76]를 가벼이 여기고 여윈 돼지가 뛰려고 하는 것[77]을 그대로 놓아둠으로써 이 지경에 이르게 된 것이니, 한탄스러움을 감당할 수 있겠습니까.

이들은 이미 큰 안목도 없고 또 문로(門路)가 바른 것도 아니어서 단지 이해(利害)만 알고 의리의 소재는 모르니, 그런 짓 하는 것을 진실로 괴이하게 여길 것도 없습니다. 그러나 그중에는 더러 임금을 사랑하고 나라를 걱정하는 사람이 있어, 둘 다 옳다고 여겨 둘 다 온전하게 하는 것이 비록 정당한 도리는 아니지만, 이렇게 하면 국가의 형세를 조정하여 보호할 수 있으나 이렇게 하지 않으면 세상의 도의를 유지할 수 없다고 여기고 있습니다. 그리하여 올바른 것인 줄 알면서도 감히 올바른 것이라고 말하지 못하고 사특한 것인 줄 알면서도 감히 사특한 것이라고 배척하지도 못하고서, 갖가지로 어지럽게 마음과 힘을 남김없이 써 가면서 혹시 조금이라도 구원할 수 있게 되기만을 바랍니다.

이런 그들의 마음가짐이야 크게 두려워할 것은 아니지마는, 계속

76 견빙(堅氷)의 경계 : 《주역》 〈곤괘(坤卦) 초육(初六)〉에 "서리를 밟고 나면 굳은 얼음이 얼게 된다.〔履霜, 堅氷至.〕"라고 한 것을 인용한 말인데, 곧 조짐을 보면 결과를 알아차려야 한다는 뜻이다.

77 여윈……것 : 《주역》 〈곤괘 초육〉에 "여윈 돼지가 실로 뛰려고 한다.〔羸豕孚蹢躅〕"라고 한 데서 온 말인데, 정이(程頤)의 전(傳)에 "소인은 비록 미약하더라도 언제나 군자를 해치려는 마음이 없지 않은 것이니, 군자가 미리 방지하면 된다." 하였다. 즉 군자를 해치려는 소인의 마음을 자꾸 뛰려고 하는 돼지에 비유한 것이다.

이렇게 한다면 양이 점차로 소멸하고 정(正)이 점차로 패하며 음이 도리어 왕성해지고 사(邪)가 도리어 이기게 되어 나라의 형세를 더욱 조정하여 보호할 수 없고 세상의 도의를 더욱 유지할 수 없게 된다는 것을 알지 못한 것이니, 어찌 구차하고 모순된 계책이 아니겠습니까.

전일에 영남의 괴물들이 사악한 마음을 부려 두 유현을 끝없이 악담하여 모함하였고, 더 거슬러 올라가서 주자(朱子)의 격언과 지론(至論)을 들어 도가(道家)의 부류로 몰기까지 하였습니다.[78] 그런데도 온 조정 사람들이 뒤로 물러서기만 하고 그들의 치우치고 부정한 말을 꺾으려는 자가 없었는데, 다행히도 성균관 유생들이 유적(儒籍)에다 찌를 붙임[79]으로써 한 오라기만 한 공론이나마 없어지지 않게 되었으니, 이는 참으로 숭상해야 하고 좌절시킬 수 없는 일입니다.

삼가 듣건대, 대감께서 이상진(李象震)의 삭적(削籍)을 해제하려 하고 또 유직(柳稷)에게 붙인 찌를 제거하려 하시면서 "정인홍(鄭仁弘)에게도 찌는 붙이지 않았다."[80]라고 하셨다 합니다. 아, 정인홍이

78 영남의……하였습니다 : '영남의 괴물들'은 유직과 이상진을 가리킨다. '주자의 격언'이란 곧 주희(朱熹)가 임금에게 정신을 잘 보호하라고 권했던 말인데, 성혼이 이 말을 인용하여 임금에게 권한 적이 있었으므로, 유직 등이 성혼을 공격하는 상소에서 이 말을 들어, 이단인 도가의 양생술(養生術)이라고 배척하였다. 《宋子大全隨箚 卷3》

79 찌를 붙임 : 부황(付黃)과 같은 뜻이다.

80 정인홍(鄭仁弘)에게도……않았다 : 광해군 때 정인홍이 이황(李滉)을 비방했을 적에 성균관 유생들이 그를 제적한 일을 가리킨다. 부황(付黃)은 제적보다 무거운 처벌이 아니기 때문에 이경여가 이렇게 말한 것이다. 이경여는 〈인재이논시사잉걸책면차(因災異論時事仍乞策免箚)〉에서 예전에 성균관 유생들이 정인홍의 이름을 청금록에서 삭제하고 부황했다고 말했다가, 〈재사총재관이목소대죄차(再辭摠裁官以睦疏待罪箚)〉에서 정인홍에게 부황한 일은 사실을 확인할 수 있는 문서가 없고 적확한 증거도 없는데

비록 무함을 잘하고 도리를 어김이 이를 데 없는 위인이었지만, 어찌 주자의 말을 공격하기까지야 했겠습니까. 그렇다면 영남의 괴물들을 공격하는 것은 곧 두 유현만을 위하는 일이 아닌 것입니다. 가령 주자 학파가 오늘날에 정승의 권세를 잡았다면 반드시 그들을 사방 오랑캐 땅으로 물리쳐 버리고 중국에서 함께 살지 못하게 했을 것인데, 어찌 찌 붙인 것을 옳지 않게 여기겠습니까.

아, 조정론(調停論)을 낸 이로는 정명도(程明道)보다 앞설 분이 없는데, 정명도는 과화존신(過化存神)[81]의 묘(妙)가 있었기 때문에 장돈(章惇)과 채경(蔡京)[82]의 면목을 고쳐 놓을 수 있었지만, 이천(伊川) 이하의 유자들은 하자가 없을 수 없었기에, 주자는 또한 말하기를 "요즘에 이른바 지평(持平 공평을 유지하는 것)이란 것은 곧 소인들의 세력을 크게 도와서 군자들의 폐해가 되게 하는 것이다."라고 하였습니다. 대체로 도덕과 역량이 정명도에게 미치지도 못하면서 감히 조정하려는 계책을 한 사람 가운데 낭패하지 않은 이가 드물었습니다. 이천과 주자 같은 아성(亞聖)들로도 해내지 못했는데 더구나 그에도 미치지 못한 사람이야 말할 나위가 있겠습니까. 자신의 몸만이라도 빠져나와 함정

자신이 남들의 말을 경솔하게 믿고 아뢰었다고 사죄하였다. 《白江集 卷9》

81 과화존신(過化存神) : 성인(聖人)은 덕화가 훌륭하여 어디에나 미치는 것을 말한다. 성인이 지나가는 곳은 반드시 그 덕화에 감화되고, 성인이 있는 곳에는 신명과 같은 감화가 행해진다는 것이다. 《論語 學而》《孟子 盡心上》

82 장돈(章惇)과 채경(蔡京) : 모두 송대의 간신이다. 왕안석(王安石)의 당(黨)으로서 그들이 정권을 잡으면서부터, 송 철종 원우(元祐) 연간의 유현들을 모두 내쫓고 이미 폐해진 왕안석의 신법(新法)을 복구하였으며, 그들이 정권을 잡은 동안에 국고를 탕진하고 백성을 괴롭히는 등 횡포가 매우 많았다. 《宋史 姦臣列傳 章惇》

에 떨어지지 않은 것만도 다행입니다.

지금 대감께서 하시는 일은 그 지극히 공정하고 진심 어린 정성이 과연 정명도와 같은 마음에서 나온 것입니다. 그러나 그 도덕과 역량은 비록 저 같은 소인의 마음으로 감히 헤아릴 바가 아니나 그래도 경솔하게 의논할 수 없는 것이 있다고 여겼기 때문에 항시 가만히 속으로 근심하고 몹시 염려하였습니다. 바라건대 대감께서는 차라리 이천과 주자를 본받아서 일이 낭패로 돌아가지 않게 하였으면 합니다.

또 율곡(栗谷) 선생 같은 이도 매양 보합(保合)해야 한다는 말을 하였습니다. 그러나 그때는 피차가 모두 사류(士類)였기 때문에 모두를 아울러 수합해서 함께 일을 해 나갈 계책을 한 것이었습니다. 하지만 지금 저들은 두 유현을 무함하고 주자를 배척하여 기탄하는 바가 없으니, 이는 곧 한탁주(韓侂胄), 심계조(沈繼祖)[83]와 같은 무리입니다. 오직 그들을 엄중하게 물리치지 못하거나 남김없이 제거하지 못할까를 염려해야지, 어찌 다시 조금이라도 아끼는 뜻을 가지고서 오히려 묵은 감정을 잊고 그럭저럭 화합하는 계책을 쓰겠습니까.

그 일은 그렇다 치고, 또 공론에 용납되지 못한 일번인(一番人)[84]들이 갑자기 대감의 덕택을 입어 다시 상을 가까이 모시는 반열에 끼이게

83 한탁주(韓侂胄), 심계조(沈繼祖) : 모두 송대의 간신이다. 한탁주는 태사평장군국사(太師平章軍國事) 등을 역임하고, 영종(寧宗) 때에 정권을 잡아 위복(威福)을 자행하고, 위학(僞學)이란 명목을 붙여 유현들을 모조리 죽이거나 내쫓았다. 심계조는 또한 한탁주의 당여(黨與)로서 모든 유현들을 위학이라고 배척하고, 심지어는 열 가지 죄목을 들어 주희의 목을 베자고까지 청하였다. 《宋史 道學列傳 朱熹》

84 일번인(一番人) : 당파나 이념을 달리하는 쪽의 사람을 구체적으로 지칭하지 않고자 할 때 쓰는 말이다.

되었습니다. 만일 이들이 임금과 재상의 큰 덕화에 감격하여 분발하려고 힘쓸 것을 생각하고서 마음도 고치고 면목도 고쳐 유현을 존경하고 의리를 두려워하며 함께 대도(大道)를 밟아 가면서 같이 나랏일을 해 나가게 된다면 어찌 매우 아름다운 일이 아니겠습니까. 그러나 이렇게 하지 않고서 마음을 더욱 위험하게 가지고 후환을 더욱 심각하게 염려하며, 염치를 잊고 자신의 욕망 채우기만 생각하면서, 소위 유현을 무함하는 무리와 도리어 묵은 감정을 버리고 밀접하게 서로 협조하는 사이가 되어 과연 외부에서 전해 들은 바와 같이 되어 버린다면, 이는 하나의 사당(邪黨)을 증가시켜 스스로 후환을 남기는 일로서, 두 유현의 도가 이에 이르러 더욱 극도로 어두워질 것입니다.

이것은 대감의 마음이 본래는 치우치지 않게 하려 한 것이었지만 도리어 더 크게 치우치게 되고, 본래는 당파가 없게 하려 한 것이었지만 도리어 더 크게 당파를 만드는 것이기에 음과 양의 승부, 사(邪)와 정(正)의 강약의 형세가 틀림없이 서로 대등하지 못하게 됨으로써 나라가 따라서 멸망하게 될 것이니, 어찌 크게 두려워하고 경계할 일이 아니겠습니까.

주자가 금(金)나라와의 화의(和議)를 논박한 말에 "남쪽과 북쪽의 백성을 다 아끼려는 의도이겠지만 이는 오히려 남쪽과 북쪽의 백성을 모두 버리는 짓이다." 하였고, 무후(武侯 제갈량)는 "적을 치지 않으면 우리 왕업이 또한 망하게 된다." 하였으니, 이는 서로 견주어 볼 만한 말입니다.

아, 세상의 도의가 아무리 쇠퇴했더라도 오직 주선하는 사람에게 달려 있는 것이니, 기왕의 일은 어찌하기 어렵지만 앞으로의 일은 도모할 수 있습니다. 대감께서 만일 분수를 망각한 저의 죄를 용서해 주시고 충성하기를 바라는 저의 뜻을 살펴 주시려거든, 오직 국가의 큰일을 해 가시는 틈에 정자와 주자의 글을 익히 되풀이해 읽고 두 유현의 행적을 자세히 연구해 보시어, 심술을 논할 때는 반드시 의(義)와 이(利)를 구분하고 도학을 논할 때는 반드시 정통인지 여파인지를 분석하고, 인물을 논할 때는 반드시 충(忠)과 사(邪)를 변별하시기 바랍니다. 비록 불행히 실패하여 몸을 바치게 된다 하더라도 마음속으로 반성해 볼 때 부끄럽거나 한스러운 점이 없을 것입니다. 이로써 자신을 바르게 하고 이로써 임금의 마음을 바로잡아서, 온 나라가 마치 격류 가운데 우뚝이 서 있는 지주(砥柱)처럼 바라보게 하여, 군자들은 믿는 데가 있어 두려워하지 않게 되고 소인들은 꺼리는 데가 있어 제멋대르 하지 못하게 된다면, 오늘날의 세상 도의가 어찌 힘입는 것이 없겠습니까.

외람되게도 알아주고 권장해 주신 데 대해 보답하려 해도 계제가 없기에 감히 망녕된 말을 털어놓기만 하고 자제할 줄을 몰랐으니 참으로 죽을죄를 지었습니다. 그러나 저의 어리석음을 살피고 다행히 가르침을 주신다면 저의 좁은 소견의 의혹이 마침내 풀리게 될 것이니, 이는 용렬하고 비루한 저에게 다행한 일입니다. 황공하게 여기며 재배합니다.

송자대전

제28권

書서

김유선[1] 경여 에게 답함 병술년(1646, 인조24)

答金由善 慶餘○丙戌

집에 돌아오자마자 지쳐 쓰러졌습니다. 돌이켜 생각건대 영귀정(詠歸亭)[2]에서 헤어진 것은 다만 사람을 울적하게 만듭니다. 홀연히 주신 서찰을 받았는데 누누이 이어진 말씀은 완연히 맑은 모습을 대하고 아름다운 말씀을 조용히 듣는 듯하였으니, 위안이 되고 속이 시원하게 트이는 것을 어찌 말로 형용할 수 있겠습니까.

저는 이달 초에 동교(東郊)를 떠나 배를 타고 강을 거슬러 올라가 희중(希仲 윤휴(尹鑴))을 방문하고, 돌아서 삼산(三山 보은(報恩))에 도착하여 며칠 머물렀습니다. 그러고서 옛 오두막에 돌아온 지 겨우 이삼 일 되었는데 작별한 뒤에 얼마나 지났다고 세태가 이러하니, 참으로 "인생 만사에는 일어나지 않는 일이 없도다."[3]라고 한 것입니다.

1 김유선(金由善) : 김경여(金慶餘, 1596～1653)로, 본관은 경주(慶州), 자는 유선, 호는 송애(松崖)이다. 삼사와 이조의 관직을 역임하였다. 병자호란 이후에는 회덕(懷德)으로 돌아가 벼슬하지 않자, 심양 서장관(瀋陽書狀官)에 차임하였다. 그러나 이것마저 사면하므로 황해도 금교역 승(金郊驛丞)에 제수되었다. 갑신년(1644)에 숭정황제를 위하여 옛 임금을 위해 입는 복을 제정할 것을 청하였다. 효종조 초기에 대간에 제수되자, 소를 올려 내수외양(內修外攘)의 실무를 논하였다.

2 영귀정(詠歸亭) : 안성(安城)에 있다. 사계(沙溪) 김장생(金長生)이 안성을 다스릴 때 노닐며 쉬던 곳이다. 《宋子大全隨箚 卷3》

3 인생……없도다 : 지조 없이 변덕을 부리는 염량세태(炎涼世態)에 대한 탄식이다. 두보(杜甫)의 시에 "하늘 위의 뜬구름 흰옷 같더니, 어느새 푸른 개 모양으로 바뀌었네. 예로부터 지금까지 언제나 이와 같았으니, 인생 만사에는 일어나지 않는 일이 없도다.

편지에서 말씀하신, 책을 출판하는 일은 감히 즉시 부응하여 실행하며 제질(弟姪)과 의논하여 처리하지 않을 수 있겠습니까. 그러나 저는 바야흐로 몹시 고달파서 아픕니다. 만약 명(命)을 들으면 빨리 달려가야 한다고 꾸짖는다면 기력이 미치지 못하는 바가 있으니, 양해해 주시기를 바랍니다.

오대(烏臺)에 임명하는 명이 또 사립문에 이르렀으니[4] 이런 시기의 행동거지는 전보다 더욱 신중히 고려하셔야 합니다. 삼가 생각건대 미리 정한 바가 있어 궁하지 않으실 테니, 다른 사람이 권면하거나 저지할 필요도 없을 것입니다. 그러나 무조건 찬성하거나 반대하는 일 없이 의로운 것을 따르는 것은 진실로 고명(高明)에게 바라는 바이며, 바람이 불면 초목이 흔들린다[5]는 말은 또한 어찌 붕우가 듣기를 바라는 바이겠습니까.

청음(淸陰) 노인의 출처[6]는 대략 별지에 갖추었으니, 열람하신 뒤에 명보(明甫 송준길) 형에게도 보여 주시고 반드시 비밀을 지켜서 번거로운 일이 일어나지 않게 해 주십시오.

〔天上浮雲似白衣, 斯須改變如蒼狗. 古往今來共一時, 人生萬事無不有.〕"라는 표현이 있다. 《杜少陵詩集 卷21 可歎》

4 오대(烏臺)에……이르렀으니 : 1646년 2월 10일 김경여가 사헌부 집의에 임명된 것을 말한다. 《承政院日記 仁祖 24年 2月 10日》

5 바람이……흔들린다 : 견해가 투철하지 못하여 외부의 변화가 있을 때마다 마음이 움직인다는 의미이다.

6 청음(淸陰) 노인의 출처 : 청음 김상헌은 정축년(1637) 이후로 한 번도 벼슬에 나간 적이 없는데, 이때에 이르러 좌의정에 제수되었다. 그래서 출처에 대한 의심이 있었다. 《宋子大全隨箚 卷3》

김유선에게 답함

答金由善

이미 가르침을 받았는데, 다시 하문을 받들었습니다. 여기에서 울타리를 없애고 남과 자신을 같게 보시는 성대한 마음을 알았으니, 흠앙하는 마음 더욱 간절합니다.

오늘날의 거취는 스스로 도모할 겨를도 없는데 어찌 감히 남의 거취를 도모하겠습니까. 그러나 가만히 마음속으로 헤아려 보니 혹 말할 만한 것이 있습니다. 대개 듣건대, 출처의 도리는 단지 의리만을 보는 것이 최상이라고 합니다. 형세와 화복에 흔들리는 것을 면치 못하면 바람이 불면 초목이 흔들린다는 기롱을 면키 어려운 것입니다. 여러 벗의 논의가 이미 "우선 '형세'라는 두 글자는 접어 두라."라고 했으니, 단지 의리 한 가지에 의거할 뿐입니다. 내 손 안에 있는 것은 단지 이 의리이니, 왜 고달프게 머뭇거리고 오락가락하며 깨끗하게 벗어날 뜻을 보이지 않습니까.

또 조문할 때는 직명(職名) 때문에 몰아내는 일 없이, 관계의 소원함과 지위의 낮음을 묻지 않고 모두 복(服)을 같이 입는 것을 허락했으니, 오늘날 직사(職事)에 구애되는 것과는 본래 관련이 없습니다. 조문과 경하에 차이가 있어서는 안 된다고 한다면 또한 지난날 가볍게 나갔던 잘못을 밝혀야지, 이로 인하여 마침내 오늘 나아가기 어려운 의리를 버려서는 안 됩니다. 어떻게 생각하십니까?

저는 이미 상소하기로 정했습니다. 대개 듣건대, 김 문장(金文丈 김집(金集))의 언행이 나쁜 짓을 흉내 내는 근본이 된다고 하니, 나중에 만약 수습하기 어렵게 되었을 때 정장(呈狀)하여 마무리하려 한들, 과연 생각했던 바와 같이 될지 모르겠습니다.

명보(明甫) 형은 상으로부터 부르지 말라는 분부가 있었다고 합니다.[7] 비록 우리에게 낭패는 없을지라도 또한 우려됩니다.

7 명보(明甫)……합니다 : 봉림대군이 세자로 책봉되었을 때 송준길(宋浚吉)이 소현세자의 아들을 세자로 세워야 한다는 수경론(守經論)을 주장했는데, 이것이 인조의 뜻을 거슬러 이런 분부가 있었던 것이다.《宋子大全隨箚 卷3》수경은 원칙을 지켜야 한다는 말이다.

김유선에게 답함 기축년(1649, 효종 즉위년)
答金由善 己丑

요즘 덕을 그리워하는 마음이 더욱 간절한 터에 갑자기 서신을 받고 공경히 근황을 알게 되었으니, 위안됨이 이를 데 없습니다. 저는 천만 뜻밖에 이런 남다른 은총을 차지하여 근심과 두려움으로 속이 타고 위축되어 어찌할 바를 모르겠습니다. 형과 조정에 나란히 서는 것[8]은 비록 영광이나 도리어 심히 편치 못합니다. 자신의 일을 돌볼 겨를도 없으며 둘 다 서로 미칠 수 있는 거리도 아닙니다. 그러나 남헌(南軒)이 회암(晦庵)에게 준 시를 말없이 외우건대 "생각건대 이 마음 통하는 벗이 출처를 어찌 달리 도모하리오.〔惟玆斷金友, 出處寧殊謀?〕"[9]라고 한 것은 매우 완상할 만합니다. 만약 같은 마음이라면 차고 더운 것을 어찌 서로 알지 못하겠습니까. 자신의 분의를 지키는 자라고 여겨 아낌없이 가르쳐 주시기 바랍니다.

아무개 벗이 말한 것에 대해서는 깊이 말하고 싶지 않습니다. 그러나 그것이 복인 줄 어찌 알겠습니까. 나머지는 조만간에 자세히 말씀드릴 날을 기다릴 뿐입니다. 이만 줄입니다.

8 형과……것 : 효종은 즉위한 1649년에 송시열을 세자시강원 진선, 사헌부 장령에 차례로 임명하고, 김경여를 대사간, 대사성, 승지에 차례로 임명하였다.

9 생각건대……도모하리오 : 남헌 장식(張栻)이 주희(朱熹)를 전송하며 지은 〈송원회(送元晦)〉에 나온다. 《性理群書句解 卷4》

김유선에게 답함 기축년(1649, 효종 즉위년)

答金由善 己丑

하인이 갈 적에 병중이라 서한(書翰)을 보내지도 못했는데, 그가 돌아오는 편에 보내온 손수 쓰신 서한을 받고 보니 감격스럽기도 하고 부끄럽기도 합니다. 더구나 머지않아 서쪽으로 떠나게 되었다 하시니 시대를 위하여 더욱 기쁜 일입니다. 저는 직임에서 체차되어 이제부터는 한가하게 지내면서 글을 읽고 허물을 줄이게 되었으니 모두 성상의 은덕입니다. 옛사람들이 은일(恩逸)이니 은휴(恩休)니 하고 자호(自號)한 것[10]이 진실로 까닭이 있는 것이었습니다. 비방과 원망이 세상에 가득한데 영남에서 흘러나오는 비방[11]은 더욱 차마 들을 수 없었습니다. 그런데도 임금께서 그 죄를 덮어 주셨으니 이는 곧 분에 넘치는 큰 사은(私恩)입니다. 그런데 하물며 다시 부르시기를 바라겠습니까.

가장 특별한 은전을 입은 사람은 모두가 우리 무리이므로 형이 재차 벼슬길에 나가는 것은 관계되는 바가 더욱 중합니다. 혹시라도 현달하게 되어 도(道)를 이탈한다면 오직 남들만 실망시키는 것이 아니라

10 은일(恩逸)이니……것 : 은일은 모재(慕齋) 김안국(金安國)의 당호이고, 은휴는 사재(思齋) 김정국(金正國)의 당호이다. 은일과 은휴는 임금에게 과도한 은총을 입고 은거하거나 편히 쉰다는 뜻이다.

11 영남에서 흘러나오는 비방 : 이때 김상헌(金尙憲)과 김집(金集)이 사림들의 우두머리가 되고 또 송시열과 송준길 등의 발언이 세차게 일어났으므로 영남 사람들이 송시열을 미워한 나머지 "멀리서 국가의 권한을 쥐고 있다."라고 비방한 일을 가리킨다. 《宋子大全隨箚 卷3》

10여 년을 헤아려 온 거취(去就)[12]가 한 번의 착수로 완전히 허물어질 것이니 이 때문에 매우 염려됩니다.

일찍이 《언행록(言行錄)》을 보기 바랐는데, 귀담아들으셨는지 모르겠습니다. 그중에서도 정자(程子) 문하의 언론과 출처가 가장 정밀하게 연구할 만합니다. 선유(先儒)들을 모방하면 시속 사람들 안목과는 맞지 않을 것입니다. 그러나 수억 년이 앞에 이미 지났고 수백 대(代)가 또 뒤에 오는 것이기에 십수 년쯤의 비방과 조소는 나를 더럽히지 못하니, 이것이 바로 침체한 기간은 짧고 뜻이 펴지는 기간은 긴 것입니다. 다행히 시론(時論)에 흔들리지 않고 오직 지성으로 성상의 뜻을 감오(感悟)시키는 데에 마음과 힘을 다하다가 뜻이 부합되지 않은 다음에 물러난다면 무슨 안 될 것이 있겠습니까.

제가 낭패당한 것은 아마도 하늘이 나를 한가한 자리에 있게 하여 서책을 읽는 일이나 마치도록 한 뜻인 듯하니, 감히 힘써 탐구해 보지 않겠습니까마는, 다만 정신과 근력이 소모되었기에 당초의 뜻을 저버리게 될까 싶습니다.

여 신공(呂申公)이 원풍(元豐)의 부름에 나갈 적[13]에 명도(明道 정호(程顥))가 전송하면서 "심상한 어사로 가는 것 아니로세.〔不是尋常御史行〕"라고 한 시구가 있었기에, 제가 이 뜻을 부연해서 말을 만들어 형을 전송하려고 하였다가 마침 몸이 아파 실현하지 못했습니다. 그러나

12 10여……거취(去就) : 김경여(金慶餘)가 병자호란 이후부터 의리를 내세우며 10여 년 동안 벼슬길에 나가지 않았던 것을 가리킨다.

13 여……적 : 원풍은 송 신종(宋神宗)의 연호이다. 여 신공은 송대의 명신 여공저(呂公著)를 가리킨다. 여공저가 원풍 연간에 정호의 천거를 받아 감찰어사가 되어 나간 적이 있었다. 《宋史 道學列傳1 程顥》

그 뜻이 이미 이 한 구절 가운데 충분히 들어 있으니, 모름지기 비추어 보시고서 여러 벗에게도 이 뜻을 말씀해 주기 바랍니다.

"사방 이웃이 쟁기와 보습을 들고 나가거늘, 어찌 반드시 우리 집까지 농구를 잡을 필요 있으리오.〔四隣出耒耜, 何必吾家操?〕"[14]라고 한 시구는 제가 마땅히 스스로 외겠습니다. 오직 두어 조목의 문자[15]는 초안을 만들어 놓은 지는 이미 오래지만, 비방 때문에 올려보내는 것이 어려워 이제까지 지체하였습니다.

우연히 의리가 매우 정밀했던 이천(伊川)의 한 가지 일이 기억나는 데다가, 또 지난날 성상의 하교에 "조목을 소상하게 갖추어 말하라."라는 등의 말씀이 있기까지 하였으므로, 이런 뜻을 끝내 저버릴 수가 없어서 조만간 뵈러 가고 싶은데, 어떨는지 모르겠습니다. 한마디 가르치는 말씀을 해 주시기 바랍니다. 대개 이천의 뜻은 이미 벼슬하지 않을 작정을 하였기에 그랬던 것이나, 임금이 막 즉위하면 반드시 한 차례 명을 받고 신하가 되는 의리를 갖춘 다음에야 하고 싶은 대로 할 수 있기 때문입니다.

듣건대, 후생(後生)들이 산음사(山陰寺)에 와서 기다리고 있으며, 며칠 사이에 인리(仁里)에 들를 것이라고 하는데, 다만 처사(處士)의 집에 주인이 없어서 편치 않은 마음이 없지 않습니다. 너무 번거롭게 해 드렸습니다. 이만 줄입니다.

14 사방……있으리오 : 사람마다 모두 벼슬에 나갈 필요는 없다는 말이다. 두보(杜甫)의 시 〈대우(大雨)〉에 있는 구절이다.

15 두어 조목의 문자 : 1650년 11월 7일에 송시열이 군덕(君德)과 시무(時務)에 관해서 올린 봉사(封事)를 말한다.

김유선에게 보냄 기축년(1649, 효종 즉위년)
與金由善 己丑

태지(泰之 이유태(李惟泰))가 몹시 기다렸으나 소식이 오지 않아 곧 집에 돌아갔습니다. 형의 사정이 이와 같으니 조금 늦어도 무방할 것입니다. 단지 직임을 띤 채 외방에 있는 것은 도리로 헤아려 볼 때 온당하지 않을 듯합니다. 그러므로 이전 편지에서 운운한 바가 있었던 것입니다.

세상의 도의(道義)를 만회한다는 것은 바로 누구를 가리키겠습니까? 그러나 그야말로 손을 비틀어 국을 엎지르는[16] 저와 같은 자에게는 해당하지 않습니다. 저는 단지 닭을 치며 기장을 심게 되었지만 100묘(畝)의 밭도 제대로 경작하지 못하니 근심스럽게 여길 뿐입니다.

퇴계 선생은 사람들에게 《명신언행록(名臣言行錄)》을 보라고 많이 권했습니다. 이 책은 힘들여 고심하며 사색하지 않아도 배움에 매우 유익합니다. 형이 모름지기 이것에 아침저녁으로 침잠한다면 매우 좋을 것입니다.

16 손을……엎지르는 : 남의 질시를 받아 괴롭힘을 당함을 말한다. 한유(韓愈)의 〈송궁문(送窮文)〉에 지궁(智窮)·학궁(學窮)·문궁(文窮)·명궁(命窮)·교궁(交窮)의 다섯 궁귀(窮鬼)가 자신을 괴롭히는 행위를 지적하며 "다섯이 각기 주장한 바가 있고 사사로이 이름자를 세워서, 내 손을 비틀어 뜨거운 국을 엎지르게 하고 목청을 돋우었다 하면 남의 기휘를 저촉하게 하였다. 그리하여 나로 하여금 면목을 가증스럽게 하고 언어를 무미건조하게 한 것은 모두 그대들의 뜻이다."라고 하였다. 《古文眞寶 後集 卷3》

김유선에게 보냄 기축년(1649, 효종 즉위년)

與金由善 己丑

지난 며칠 동안 시봉(侍奉)하는 여러 근황이 어떠셨습니까? 저는 서산(西山)에 도착하여 태형(泰兄 이유태(李惟泰))과 마주하여 토론하고 있는데, 열흘 뒤에는 각자 흩어져 가야 합니다.

형의 여정은 언제로 정하셨습니까? 태형은 이미 조정으로 돌아갈 계획을 정했습니다. 태형이 하풍(下風)을 보좌하면 더욱 힘이 될 것이니, 형을 위하여 깊이 축하드립니다. 만약 동행하게 된다면 차분히 강학하고 연구할 수 있을 것이니, 여행 시기를 알려 주시기만 한다면 이 형 역시 일정을 조정하여 따를 것이며 혹은 명형(明兄 송준길)과 함께 갈 것을 계획할 것입니다.

큰일을 하는 시기에는 그 틈이 터럭도 용납할 수 없습니다. 오직 바라건대 속히 실행하고 착실히 담당하여 지사(志士)가 한스러운 마음을 품게 하지 마십시오. 또한 아침저녁으로 책을 보면서 의리로 마음을 적셔 주며 혹시라도 그냥 지나치는 일이 없기를 몹시 축원합니다. 여러 형이 함께 세도를 만회한다면 저는 비록 바위 골짜기에서 늙어 죽더라도 영광스러울 것입니다. 하고픈 말은 많으나 다 쓰지 못하고 이만 줄입니다.

김유선에게 답함 기축년(1649, 효종 즉위년)

答金由善 己丑

약속한 뒤에 산에 비가 매우 알맞게 내렸으니, 흡사 산신령이 우리를 위하여 진면목을 씻어서 꺼낸 듯합니다. 편지를 받아 보고서 기약을 놓치신 것을 알았는데, 사람은 말이 없을지라도 산신령이 혹여 성내지 않겠습니까. 9일에는 서둘러 오시기를 간절히 바랍니다.

이천배(李天培)[17]는 과연 무학(武學)[18]을 면제받은 자입니다. 병상(兵相 병마절도사)에는 인연이 없으니, 비록 이 사람이 현자의 후예일지라도 입을 열기 어려울 듯합니다. 연못을 파는 것은 곧 공공(公共)의 일인데, 형이 또한 십분 참된 감상거리를 얻은 듯합니다. 혹 저를 위해 도모하는 것입니까? 우습습니다.

다시 만날 기약이 머지않으니, 우선 이만 줄입니다.

17 이천배(李天培) : 1621~1695. 본관은 전주(全州), 자는 양오(養吾), 호는 사사당(四事堂)이다. 경녕군(敬寧君) 이비(李䄠)의 후손이다. 이덕사(李德泗)의 사위로서, 송시열과는 동서지간이다.

18 무학(武學) : 무학군(武學軍)으로, 병법과 무예를 익힌 사람들로 편성된 군대를 이른다.

김유선에게 보냄 경인년(1650, 효종1)

與金由善 庚寅

병으로 몸져누운 이래로 형을 그리워하는 마음 더욱 간절하니, 어찌 사람의 상정(常情)이 아니겠습니까. 부임하신 뒤에 모든 일이 날로 두서가 잡혀 갑니까?

저는 병이 이와 같으니 회생할 가망이 없습니다. 살아나는 것도 시간을 들인다고 기약할 수 있는 바가 아니라서 운명에 맡겼으니, 곧 일이 줄어 편안함을 깨달았습니다. 전유(傳諭)한 성지(聖旨)는 지극히 예사롭지 않았습니다. 저의 병이 억지로라도 나아갈 수 있는 상태라면 어찌 노둔한 자질을 책려하여 고문(顧問)의 말석에 끼어서 조금이나마 도움이 되고 싶지 않겠습니까마는 지금은 또한 어찌할 수 없습니다. 또 생각건대, 가령 행할 만하더라도 전일에 한 번 나갔다가 조금도 도움이 되지 않았으니, 이제 또 함부로 나아간다면 어찌 풍부(馮婦)가 아니겠습니까.[19]

조보(朝報)를 보지 못하여 곡절을 자세히 알기 어려우니 또한 더욱 걱정스럽고 답답합니다. 다만 문장을 지어 대략 한두 가지를 논하려

19 어찌 풍부(馮婦)가 아니겠습니까 : 예전의 버릇을 버리지 못하고 되풀이하는 것을 뜻한다. 진(晉)나라 풍부라는 사람이 호랑이를 잘 때려잡았는데 뒤에 마음을 바꾸어 선비가 되었다. 어느 날 들을 지나가는데 사람들이 호랑이를 산모퉁이에 몰아 놓고서 아무도 접근하지 못하고 있었다. 수레를 타고 오던 풍부가 팔뚝을 걷어붙이고 수레에서 내리자, 사람들은 기뻐하였으나 선비들은 옛날 버릇을 버리지 못했다고 비웃었다. 《孟子 盡心下》

고 하면 정신과 기력이 미치지 못하고, 아무 말씀을 드리지 않고자 하면 또한 간절한 충정(衷情)이 끝이 없으니, 대단히 심란합니다. 모르겠습니다만 명보(明甫)는 장차 어찌하려 한답니까? 의논한 것이 있습니까?

여러 사람이 초야에 물러나 숨어 사는 날에 형이 홀로 중책을 위임받았으니, 매우 걱정하는 마음 간절합니다. 오직 바라건대 뜻을 가다듬고 몸을 아끼며 거조(擧措)를 살펴서, 중외(中外)에서 엿보고 사사로이 논하게 하지 마십시오. 이것이 명성과 실제를 더 높이고 상하를 진압하여 복종시키는 근본이 됩니다. 주자(朱子)가 "제갈공명(諸葛孔明)이 부인을 택하면서 바로 추녀를 맞았지만, 그의 정대한 기상과 온축한 경륜은 진실로 타고난 자품에서 얻은 것이다. 그러나 지혜와 사려가 날로 더욱 정명(精明)해진 것과 위엄과 명망이 날로 더욱 융숭해진 것은 욕망을 줄이고 마음을 수양하여 얻은 도움이 많았다."라고 했습니다. 오늘날 이것을 우리 형에게 바라지 않을 수 없습니다.

병으로 생각이 혼미하고 말에 조리가 없으니, 형께서는 양해해 주십시오. 제가 올린 소가 매우 지체되었다고 들었는데 뒤에 올린 소와 서로 저촉될 듯합니다. 때때로 회덕(懷德)을 오가는 인편을 통하여 소식을 전하는 것이 어떻겠습니까?

김유선에게 보냄 경인년(1650, 효종1)

與金由善 庚寅

요즘 들어 특별히 추위가 매섭습니다. 공문서를 처리하는 여가에 기거가 편안하신지 모르겠습니다. 글은 어느 날에 보내셨습니까? 신재(愼齋 김집(金集)) 어른이 올린 상소에 대해서는 비답이 이미 재결되었습니까? 알려 주시기를 바랍니다.

저는 모친 곁에서 어제저녁에 성전(星田)[20]으로 돌아왔습니다. 영남에서 비답을 위조한 사건[21]에 대해 형도 들어 알고 계십니까? 어찌 인심의 착하지 못함이 한결같이 이 지경에 이를 줄 생각이나 했겠습니까.

서리를 밟으면 머지않아 두꺼운 얼음이 언다[22]는 가르침은 군자가 신중히 여기는 것입니다. 이것이 바로 세도를 주관하는 자가 마땅히 걱정해야 하는 바입니다. 겨우 언 붓을 호호 불며 썼습니다. 이만 줄입니다.

○ 지공(支供)을 변통하는 일은 과연 중지하지 않았습니까? 주자(朱子)가 "만약 변통하지 않으면 비록 관중(管仲)과 제갈량(諸葛亮)일

20 성전(星田) : 진잠(鎭岑)에 있는 지명이다. 1648년(인조26)에 송시열이 이곳으로 이사하였다.

21 영남에서……사건 : 용궁(龍宮)의 유학 안처의(安處義) 집에 상소에 대한 비답을 위조한 문서가 있어 서로 전파한 사건이다. 《孝宗實錄 1年 閏11月 5日》

22 서리를……언다 : 《주역》 〈곤괘(坤卦) 초육(初六)〉에 나오는데, 이는 서리가 오고 나면 곧 얼음이 얼게 되는 것처럼 소인(小人)의 형세가 처음에는 미약하더라도 점차 치성해질 것을 경계해야 한다는 뜻이다.

지라도 어떻게 할 수 없다."라고 한 것은 바로 오늘의 폐해에 들어맞습니다.

김유선에게 보냄 경인년(1650, 효종1)
與金由善 庚寅

요즘 들어 매우 격조했으니, 그리운 마음을 형언할 수 있겠습니까. 상소에 대한 비답은 생각건대 이미 재결되었을 텐데, 체직(遞職)한다는 허락을 받으셨습니까? 만약 뜻을 이루지 못하면 형세상 지체될 것이니, 또한 모름지기 척추를 곧추세우고 사공(事功)을 떨쳐 일으켜야지, 우물쭈물 그냥 지나치지 말아야 합니다. 어떻게 생각하십니까?

저는 근래에 몹시 고달파서 조금도 즐거운 마음이 없으니, 괴롭고 괴로운 일입니다. 창주서원(滄洲書院)[23]의 일은 그다지 어렵지 않을 것이니, 시행되기를 바라는데, 어떻게 생각하십니까? 황생(黃生)이 그 곡절을 알고서 갔습니다.

함장(函丈)께서는 사헌부의 직책에서 체차되었습니까? 영남 사람이 비답을 위조한 일[24]은 어떻게 귀결되었습니까?

23 창주서원(滄洲書院) : 충북 옥천군 이원면에 있던 서원으로 조헌(趙憲)을 주벽으로 하였다. 고종 초에 훼철되었고 지금은 묘정비(廟庭碑)만 남아 있다.

24 영남……일 : 용궁(龍宮)의 유학 안처의(安處義) 집에, 상소에 대한 비답을 위조한 문서가 있어 서로 전파한 사건이다. 《孝宗實錄 1年 閏11月 5日》

김유선에게 답함
答金由善

그리워하던 중에 답장을 받았으니, 위안됨을 감당할 수 없습니다. 저는 긴 여행을 한 나머지 오래전부터 앓고 있는 병이 갑자기 위독해져 울적합니다.

상소에서 귀양살이하는 벗[25]을 끌어들인 일은 함장(函丈)의 뜻과는 상반된다고 저는 생각합니다. 조(趙)·여(呂)[26] 등 여러 사람은 처음에 함께 일을 했는데 지금은 한마디 말이 없으니, 마치 그 일을 모르는 자 같습니다. 사대부의 염치가 이와 같아서는 안 됩니다. 그래서 바라건대 형께서는 반드시 염치를 지켜 주십시오. 대개 모든 일은 의리를 살펴봐야 합니다. 의리가 편한 바에서는 나의 이해(利害)를 이미 돌아봐서는 안 되는데, 저들의 이해를 어찌 돌아볼 겨를이 있겠습니까.

듣건대, 심희성(沈希聖)[27]의 무리가 환수(還收)하는 논의를 정지하

25 귀양살이하는 벗 : 유계(兪棨, 1607～1664)를 가리킨다. 본관은 기계(杞溪), 자는 무중(武仲), 호는 시남(市南)이다. 김장생(金長生)의 문인이다. 1649년(인조27) 인조가 서거하자 홍문관 부교리로서 상소하여 장례를 예론에 따라 제도화하였다. 그러나 인조의 묘호에 대해 문제를 제기한 상소로 인하여 이듬해 유배되었다.

26 조(趙)·여(呂) : 조는 사간(司諫) 조빈(趙贇)이고, 여는 여이징(呂爾徵)으로 추정된다. 조빈이 소를 올려, 인조의 묘호에 조(祖) 자를 쓸 수 없음을 논하였다. 《宋子大全隨箚 卷3》

27 심희성(沈希聖) : 심광수(沈光洙, 1598～1662)로, 희성은 그의 자이다. 효종 즉위년인 1649년에 산림에 대한 우대 정책을 폄에 따라 다시 관직에 나와 효종 연간에 남인(南人)의 산림으로 활동하였다.

고 핑계 대어 "무중(武仲)에게 해로움이 있을 것이므로 정지시켰다."라고 말했다고 하니, 전혀 한 번의 웃음거리도 되지 않습니다. 지공(支供)의 변통은 역시 옳고 그름을 봐야 할 뿐이니 비방하는 말이 무슨 상관이겠습니까. 우리는 이미 백천간두(百尺竿頭)에 있습니다. 비록 이 일이 아니더라도 어찌 입이 없는 사람이겠습니까. 게다가 형이 벼슬에 나간 반년 동안 분명히 한 바가 있으니 말을 할 수 있습니다. 모든 일에 지나치게 겸손하지 않는 것이 어떻겠습니까?

김유선에게 답함 경인년(1650, 효종1)

答金由善 庚寅

일찍이 황생(黃生)을 통해 친필 서신을 받으니, 위안되고 기쁜 마음 그지없습니다.

신명(新命)[28]은 장차 어찌하시렵니까? 거취가 심히 염려됩니다. 일이 닥쳤을 때 곤란하지 않도록 사전에 미리 계획을 세워 두셨을 것이라 생각합니다. 대저 우리의 진퇴는 오직 의리에 맞는지만을 따질 뿐입니다. 이해(利害)를 논하는 말에 섞갈리지 않으면 후회를 면할 수 있습니다.

저는 이번에 은혜로운 유시(諭示)를 받고 황공하여 어찌할 줄을 몰랐습니다. 이미 대죄하는 글을 올렸는데, 비지(批旨)가 어떠할지 모르겠습니다. 성촌(星村)에서의 모임이 어긋나 버린 것을 생각하면 한스럽습니다. 삼가 이 심부름꾼을 보내 안부를 여쭈니, 모든 것을 헤아려 주시는 것이 어떻겠습니까? 이만 줄입니다.

○ 연상(延相)과 탄핵을 당한 여러 김씨가 소를 올렸는데,[29] 장차 어떻게 결판나겠습니까? 염려되고 염려됩니다.

28 신명(新命) : 김경여가 1650년 5월 19일에 홍청 감사(洪淸監司)에 제수된 것을 말하는 듯하다.

29 연상(延相)과……올렸는데 : 연상은 연양군(延陽君) 이시백(李時白)을 가리킨다. 이시백은 김경여의 아내의 형제이다. 이시백은 김자점(金自點)과 인척이 되므로 당시에 대간의 탄핵을 받았다. 여러 김씨도 이시백과 탄핵을 같이 당한 것으로 보이나 누구인지는 미상이다. 《宋子大全隨箚 卷3》

김유선에게 보냄 경인년(1650, 효종1)

與金由善 庚寅

어제 다시 살펴보셨습니까? 상소하는 일은 장차 어찌하시렵니까? 함장(函丈)의 글이 마침내 재차 들어가게 되었으니 직임을 벗어 버릴 수 있을 것입니다.

곽현(郭鉉)[30] 어른에 대해 말하자면, 실로 가까운 고을의 착한 사람으로서 장차 덧없이 궁한 집에 버려짐을 면치 못할 것이니, 가련합니다. 우연히 기억나건대, 임신년(1632, 인조10) 무렵에 향인들이 그의 의로운 행동을 방백(方伯) 윤의립(尹義立)[31]에게 알렸으나 방백이 눌러두고 올리지 않았으니, 한탄스럽습니다. 형께서 다시 그 문서를 찾아서 조정에 보낼 수 없겠습니까? 인재를 천거하는 것은 실로 방백의 임무이므로 한 말씀 드립니다. 그러나 부디 비밀로 해 주시어, 무쇠를 녹이는 종적이 제게 죄명을 더하게 하지 말기를 바랍니다.[32] 이만 줄입니다.

30 곽현(郭鉉) : 1575~1661. 본관은 선산(善山), 자는 공거(公擧), 호는 삼안당(三安堂)이다. 김장생의 문인으로 명성이 있었다. 인조반정 뒤에 천거되어 참봉에 제수되었으나 나아가지 않았다. 옥천(沃川)에 살았다.

31 윤의립(尹義立) : 인조 때의 문신인 윤의립(尹毅立)의 초명(初名)이다.

32 무쇠를……바랍니다 : 남들의 비방을 받아 죄명을 얻게 하지 말라는 말이다. '무쇠를 녹인다'는 말은 사람들이 근거 없는 말로 계속 헐뜯으며 비방하는 것을 말한다.

김유선에게 답함
答金由善

매번 병환 중이라는 편지를 받을 때마다 마음이 아팠습니다. 그러나 편지의 호방하고 굳센 필체는 사람으로 하여금 자신도 모르게 평소의 씩씩한 기상을 가지게 하니, 형이 머지않아 완쾌할 것을 알 수 있습니다. 우습습니다.

일찍이 회옹(晦翁 주희(朱熹))의 말을 기억하건대 "우리의 운수가 이와 같은데, 망녕되이 엎어지는 것을 붙들고 위태한 것을 돕는 계책을 세우고 있으니, 참으로 우습다."라고 했으니, 어찌 우리를 위하여 이 말을 한 것이 아니겠습니까.

모레 보은(報恩)에 들어가서 선대의 기일에 곡을 하려고 합니다. 그 전에 병장(病狀)을 보내고 싶은데, 만약 서울 가는 인편이 있으면 알려 주시기 바랍니다. 나머지는 갔다 온 뒤에 찾아뵐 때를 기다립니다. 이만 줄입니다.

이사심[33] 후원 에게 답함 기묘년(1639, 인조17) 9월 23일

答李士深 厚源○己卯九月二十三日

삼가 고귀한 서첩을 받드니 감사한 마음 참으로 간절합니다.

저의 거취는 알기 어렵지 않습니다.[34] 모친의 연세가 고령인 때를 당하여 수령 자리가 편히 봉양하는 도리에 부합하는데, 어찌 쥐새끼처럼 망설일 이치가 있겠습니까. 다만 대단히 불안한 바가 있습니다. 당초에 이미 북쪽으로 따라가지 못했으니,[35] 은혜를 저버리고 의리를 거스른 것이 이보다 큰 것이 없습니다. 지금은 참으로 대궐 뜰에 나아갈 낯이 없고 녹봉을 먹을 마음이 없습니다. 이런 까닭에 북쪽을 바라보고 흐느껴 울며 감히 부임할 뜻을 내지 못합니다. 그러나 부임하지 않는 것에도 곡절이 있어 머리를 북쪽으로 향해 삼가 엎드렸습니다. 기한이 되어 체차되기를 기다리는 것이 하나요, 사람을 보내 정병(呈病)[36]하는 것이 하나요, 성상의 은혜에 사례하지 않을 수 없으니 숙배한

33 이사심(李士深) : 이후원(李厚源, 1598~1660)으로, 본관은 전주(全州), 자는 사진(士晉)·사심, 호는 우재(迂齋)이다. 김장생(金長生)의 문인이며, 김집(金集), 조속(趙涑), 송준길(宋浚吉) 등과 교유하였다. 인조반정 후 정사 공신(靖社功臣) 3등으로 완남군(完南君)에 봉해졌다. 충청도 관찰사, 대사헌, 예조 판서 등을 지냈고, 효종의 북벌 계획에 적극 참여하였다. 시호는 충정(忠貞)이다.

34 저의……않습니다 : 송시열은 1639년 9월 12일에 용담 현령(龍潭縣令)에 제수되었다.

35 당초에……못했으니 : 송시열은 효종의 잠저(潛邸) 시절 대군사부(大君師傅)였는데 심양(瀋陽)에 따라 들어가지 못했으므로 한 말이다. 《宋子大全隨箚 卷3》

36 정병(呈病) : 병을 이유로 사직을 청원하는 문서를 올리는 것을 말한다.

뒤에 정고(呈告)하는 것이 하나입니다. 어떤 것을 택한 뒤에야 흡족한 도리를 얻어서 마음에 편안할지 모르겠습니다. 삼가 살펴서 가르쳐 주시기를 바랍니다.

멀리 깊은 산골에 살고 있어서 아직 여러 벗과 상의하지 못했으니 몹시 답답한 마음 그지없습니다. 날마다 아독(牙纛)[37]이 오면 뵙고 가르침을 받들기를 고대하고 있으니, 다시 속히 가르침을 내려 주시기를 바랍니다. 타인과 자신의 사이에 털끝만 한 틈도 두지 마십시오. 어떻게 생각하십니까? 매우 번거롭게 해 드렸으니, 감히 많은 말을 할 수 없습니다.

37 아독(牙纛) : 장수의 깃발인데, 여기에서는 관찰사의 부절을 가리킨다. 이후원이 1639년 7월 18일에 충청도 관찰사에 제수되었다.

이사심에게 답함 경진년(1640, 인조18) 4월 21일
答李士深 庚辰四月二十一日

근일에 고모의 상을 만나 갑자기 달려가 곡을 하느라, 감당나무 아래에서 쉰 수레가 결국 봉(鳳) 자를 써 놓는 걸음을 하실 줄은 생각지도 못했습니다.[38] 돌아와서 망연히 스스로 탄식하기를 '복 없는 사람은 좋은 일에도 마장(魔障)이 끼는구나.' 하였습니다.

삼가 두 장의 편지를 받았는데, 편지의 많은 말씀은 완연히 직접 뵙고 담소를 듣는 것 같았으니, 저의 회포가 조금 위로되었습니다. 사실 행차를 따라가며 겸하여 멋진 모임에 참석하고 싶어서 즉시 읍리(邑吏)에게 물어보니, 말과 수레가 이미 서쪽으로 출발했다고 알려주어 결국 스스로 뜻이 막혀 물러앉았습니다. 여기는 무료하여 몹시 사람을 우울하게 만듭니다. 그러나 어려서부터 《논어》를 읽어서 그 의리를 대강 들었는데, 어찌 삼태기를 멘 사람과 봉황을 노래한 사람이 공자(孔子)를 재빨리 피한 행동을 배우겠습니까.[39] 화산(華山)을 나누

38 감당나무……못했습니다 : 송시열이 집을 비운 사이에 이후원이 찾아왔다가 만나지 못하고 돌아갔다는 말이다. '감당나무 아래에서 쉰 수레'는 관찰사로서 선정을 베푼 이후원의 수레를 뜻한다. 《시경》 〈소남(召南) 감당(甘棠)〉에 "무성한 저 감당나무 가지, 자르지 말고 꺾지도 말라, 소백이 쉬시던 곳이니라.〔蔽芾甘棠, 勿翦勿敗, 召伯所憩.〕"라고 한 데서 온 말이다. '봉(鳳) 자를 써 놓는 걸음'은 이후원이 송시열을 찾아왔다가 만나지 못하고 돌아갔다는 말이다. 진(晉)나라의 여안(呂安)이 친구 혜강(嵇康)을 찾아갔다가 만나지 못하자 방 안에 들어가지도 않은 채 '봉' 자를 문에 써 붙이고 선걸음으로 떠났다는 고사에서 유래하였다. 《世說新語 簡傲》

39 어찌……배우겠습니까 : 공자를 비난하며 회피한 은자들의 행태를 배우지 않겠다

어 살겠다는 말씀은 아마도 〈동명(東銘)〉을 읽은 것이 미숙한 소치인 듯하니, 배를 잡고 웃을 일입니다.[40] 은혜롭게 양식과 반찬과 문방구를 보내 주시니, 감사하고 송구한 나머지 "소실산인(少室山人) 드디어 빈한하지 않네."[41]라는 구절을 백번 외웠습니다. 그러나 문무를 겸비한 길보(吉甫)[42]가 이 남쪽 지방을 진무하며 왕실의 억만년 장구한 사업을 보좌하여 이 산옹(山翁)으로 하여금 또한 닭을 치고 기장을 심으며

는 말이다. '삼태기를 멘 사람'은 공자 당시의 은자이다. 그는 공자가 어지러운 세상을 구하려는 뜻이 있음을 듣고 "세상이 알아주지 않거든 그만둘 것이다.〔莫己知也, 斯已而已矣.〕"라고 하여 공자를 비루하게 여겼는데, 공자가 "세상을 잊기에 과단하구나. 그대와 같은 생각이라면 어려울 것이 없다.〔果哉! 末之難矣.〕"라고 탄식하였다. 《論語 憲問》 '봉황을 노래한 사람'은 춘추 시대 초(楚)나라의 은자인 접여(接輿)이다. 그는 무도한 세상에서 은거하지 못하는 공자를 비난하는 뜻에서, 공자의 집 앞을 지나면서 노래하기를 "봉황이여, 봉황이여, 어찌 그리도 덕이 쇠했느뇨.〔鳳兮鳳兮, 何德之衰!〕"라고 하였다. 《論語 微子》

40 화산(華山)을……일입니다 : 이후원이 송시열의 집 근처에 와서 살겠다고 했는데, 송시열은 그것이 장난하는 말을 경계한 〈동명〉의 가르침에 배치되는 말이므로 우습다고 한 것이다. '화산을 나누어 산다'는 것은 우의가 좋은 사람이 가까운 거리에 함께 사는 것을 말한다. 화산은 본래 중국 오악(五岳) 가운데 하나로 섬서성(陝西省)에 있는 태화산(太華山)이다. 송나라 장영(張詠)이 당시의 은사인 진단(陳摶)과 화산을 반쪽씩 나누어 은거하려고 했다는 데서 유래하였다. 《苕溪漁隱叢話 後集 卷19 張復之》

41 소실산인(少室山人)……않네 : 송(宋)나라 소옹(邵雍)의 시 〈사판부왕선휘혜주(謝判府王宣徽惠酒)〉에 나오는 구절이다. 《송자대전수차》 권28에서는 '소실산인'을 당나라 이발(李渤)이라 했는데, 소옹의 시에 이 구절이 있는 것으로 보아, 소옹이 자신을 소실산인 이발에 비긴 것으로 보인다.

42 문무를 겸비한 길보(吉甫) : 이후원을 주 선왕(周宣王) 때 북벌(北伐)을 담당한 장군 윤길보(尹吉甫)에 견주어 말한 것이다. 《시경》 〈소아(小雅) 유월(六月)〉에 "문무를 겸비한 장군 길보여, 만국의 법도가 되리로다.〔文武吉甫, 萬邦爲憲.〕"라고 하였다.

사는 것을 즐거워하고 흥이 나서 일하게 했으니 상공(相公)의 은혜가 큰데, 상공께서 의도하신 것인 듯합니다.

김 부학(金副學)[43] 어른의 영구(靈柩)는 언제 내려옵니까? 길에서 곡하고 조문하려 하는데, 인편을 통해 알려 주실 수 있겠습니까? 지난해 정용(鄭墉)이 형벌을 받은 것[44]은 진실로 교화에 있어서 당연한 것인데, 불측한 비방이 깊은 산에서 입을 다물고 지내는 사람에게까지 미쳤으니, 괴롭고 괴로운 일입니다.

나머지는 관인(官人)이 서서 재촉하므로 다 말씀드리지 못합니다.

○ 서재 또한 은혜로운 도움을 받았으니, 어찌 속백(束帛)으로 구원(丘園)을 꾸민 것[45]뿐이겠습니까. 그들이 참으로 매우 황송하고 감격하였으나 감히 감사드리는 예를 올리지 못할 따름입니다.

43 김 부학(金副學) : 김반(金槃, 1580~1640)으로, 본관은 광주(光州), 자는 사일(士逸), 호는 허주(虛州)·허주(虛舟)이다. 김집(金集)의 아우이며, 송익필(宋翼弼)의 문인이다. 삼사(三司)와 세자시강원의 관직을 두루 거쳤으며 부제학을 지냈다. 죽은 뒤 영의정에 추증되었다.

44 정용(鄭墉)이……것 : 정용이 장모(丈母)를 구타한 죄로 충청 감사 이후원에게 형벌을 받은 것을 말한다. 정용은 송시열의 동서이다. 《宋子大全 卷44 與張淨之》

45 속백(束帛)으로……것 : 은자의 거처가 아름답게 꾸며진 것을 말한다. 《주역》〈비괘(賁卦) 육오(六五)〉에 "구원을 아름답게 꾸밈이니, 한 묶음 비단이 재단되어 있듯하면, 부끄러우나 끝내 길하리라.〔賁于丘園, 束帛戔戔, 吝, 終吉.〕"라고 한 데서 온 말이다.

이사심에게 보냄 경진년(1640, 인조18) 8월 22일

與李士深 庚辰八月二十二日

삼가 감히 말할 수 없는 바가 있는데 또한 감히 고명(高明)께 숨길 수 없습니다. 가만히 듣건대, 근일에 조정에서 장차 크게 진작하고 대대적으로 변통하는 일이 있을 것이라고 합니다. 정말로 빈말이 아니라면, 비록 매우 노둔하나 감히 분골쇄신하여 밝은 시대에 만분의 일이라도 본받지 않겠습니까. 어찌 감히 끝내 성은(聖恩)을 저버리고 이 동쪽 언덕의 비탈밭을 지키겠습니까.[46] 이것은 비록 형제간이라도 또한 감히 서로 부탁할 수 없는 것이나 단지 융숭하게 돌봐 주심을 믿고 전부 여쭈었습니다. 삼가 바라건대 무례를 범한 것을 용서해 주십시오. 그리해 주신다면 천만다행이겠습니다.

46 동쪽……지키겠습니까 : 계속 은거만 하지는 않겠다는 말이다. '동쪽 언덕의 비탈밭'은 고향의 농지를 비유한다. 후한 안제(後漢安帝)가 특별히 예를 갖추어 주섭(周燮)을 불렀는데도 질병을 이유로 사양하며 응하지 않자, 그 종족이 "덕행을 닦는 목적은 나라를 다스리기 위해서이다. 선세(先世) 이래로 훈작과 은총을 이어서 받았는데, 그대만 유독 동쪽 언덕의 비탈밭을 지키는 것은 어째서인가."라고 말한 고사에서 유래하였다. 《後漢書 周燮列傳》

이사심에게 보냄 신사년(1641, 인조19) 2월 15일
與李士深 辛巳二月十五日

날씨가 점점 따뜻해지고 있습니다. 삼가 숙식은 편안하며 기거도 만복하시리라 생각됩니다. 목을 빼고 풍도를 우러르니, 사모하는 마음 어찌 끝이 있겠습니까. 저는 예전 그대로 보잘것없으나 다행히 다른 근심은 면했습니다.

작별한 뒤에 세 통의 편지를 연이어 받았습니다. 정리(情理)가 절박하여 감히 위엄 있고 존귀한 어른께 무례하게 굴어 바야흐로 엄한 견책을 기다리고 있는데, 집사께서 죄로 여기지 않고 도리어 더 불쌍하게 여기셨습니다. 특별히 조치해 주신 것은 바라던 것 이상으로 매우 뛰어나서, 온 집안이 덕에 감동하여 죽어도 보답하기 어렵다고 여기고 있으니, 이것이 심정(深井)이 복양(濮陽)에서 목숨을 바친 까닭입니다.[47] 이는 성대한 덕과 순수한 효가 아니면 이렇게까지 확장할 수 없는 것이니, 어찌 감히 '선(善)을 좋아한다'는 말로 대인(大人)의 아름다운 덕을

47 심정(深井)이……까닭입니다 : 목숨을 바쳐서라도 은혜에 보답하고 싶다는 말이다. 전국 시대 한(韓)나라 복양 사람 엄중자(嚴仲子)가 재상 협루(俠累)를 죽일 자객을 찾다가 푸줏간에 있던 섭정(聶政)을 만나 교유를 맺었다. 당시에 섭정은 모친이 살아 있다며 허락하지 않았다가 모친이 죽자 자기에게 은덕을 베푼 엄중자를 위해 협루를 찔러 죽이고, 자신의 낯가죽을 벗기고 눈을 도려내고 죽었다. 한나라에서는 범인을 찾으려고 현상금을 걸고 아는 사람을 찾았는데, 섭정의 누이 섭앵(聶嫈)이 "이는 바로 심정리(深井里)에 살던 섭정이다. 누이인 나에게 화가 미칠까 봐 스스로 얼굴을 훼손하여 추적을 피한 것이다. 내 어찌 죽음을 겁내어 훌륭한 동생의 이름을 묻히게 하겠는가." 라고 울부짖고, 드디어 섭정의 시체 곁에서 죽었다. 《史記 刺客列傳》

형용할 수 있겠습니까.

사슴과 돼지 떼 가운데서 장차 초목과 함께 썩을 텐데, 어찌 의지할 만한 성세(聲勢)가 있겠습니까. 우습습니다. 듣건대, 대신(臺臣)의 논박이 있다 하니, 울고 싶은데 때려 주는 격이 아니겠습니까.

조정으로 돌아가시기 전에 반드시 찾아가 뵙고 싶은데, 사촌(沙村)에서 만나기로 한 약속을 끝내 실천하실 수 있겠습니까? 미리 그 기일을 알려 주시면 정히 빠져나가서 무릎에 굳은살이 박이도록 백번 절하며 감사드리겠습니다. 주서(朱書)는, 소지한 이가 적은데 어찌 감히 전질(全帙)을 바라겠습니까. 말하고 싶은 것은 가슴속에 가득 차 있으나 바빠서 이만 줄입니다.

이사심에게 답함 계미년(1643, 인조21) 6월 8일

答李士深 癸未六月八日

아득히 사모하는 것이 책 속의 사람을 사모하는 것과 같았는데, 귀중한 편지가 갑자기 황량한 들판에 미칠 줄 누가 알았겠습니까. 일찍이 관심을 가진 객을 만났는데, 말이 영형(令兄)의 근일의 일에 미치자 나도 모르는 사이에 일어섰으니, 어느 곳의 사우(士友)가 감히 비난을 하겠습니까. 여우에 대해서만 묻고[48] 다른 것은 묻지 않았으니, 외부에서도 참으로 그것이 고식적으로만 할 조짐임을 알고 있습니다. 그러니 끝내 어떻게 될지 모르겠습니다. 또한 거백옥(蘧伯玉)은 혼자 군자가 되는 것을 부끄럽게 여겼는데,[49] 오공(烏公)의 다문 입은 끝내 열 수 없겠습니까?[50]

48 여우에 대해서만 묻고 : 국권을 전횡하는 고관에 대해서는 묻지 않고 말단 속리에 대해서만 묻는다는 말이다. 동한 순제(東漢順帝) 때 대장군 양기(梁冀)가 국권을 전횡하고 있었는데 장강(張綱)을 순안 어사(巡按御史)로 임명하자, 장강이 수레바퀴를 땅에 파묻으면서 말하기를 "이리와 승냥이가 길을 막고 있는데 어찌 여우와 살쾡이를 묻겠는가.〔豺狼當路, 安問狐狸?〕"라고 하고는 마침내 양기를 준열하게 탄핵한 고사가 있다. 《後漢書 張綱列傳》

49 거백옥(蘧伯玉)은……여겼는데 : 거백옥은 춘추 시대 위(衛)나라의 대부(大夫)로, 《후한서(後漢書)》 〈당고열전(黨錮列傳)〉, 《삼국지(三國志)》 〈위서(魏書) 유표전(劉表傳)〉 등에 이르기를 "거백옥은 혼자 군자가 되는 것을 부끄럽게 여겼다."라고 하였다.

50 오공(烏公)의……없겠습니까 : 사헌부의 관원이 직언을 하게 해야 한다는 말이다. 오공은 오대(烏臺)의 대간(臺諫)을 가리킨다. 옛날 증공량(曾公亮)이 나이가 많아 정

병으로 시골에 있으면서 농사일도 물어보지 못하는데 감히 말이 이에 미쳤으니, 비록 서로 절실히 아끼는 마음을 알지라도 또한 이성을 잃은 것이 오래되었다고 이를 만합니다. 저의 근황을 알고 싶어하셨으나 이 이야기를 보면 저의 미친 병이 함께 말하기 어려운 상태임을 알 수 있을 것입니다.

은혜롭게 보내 주신 절선(節扇)에 감사한 마음이 어찌 끝이 있겠습니까. 또한 맑은 바람을 두루 펴서 헐떡이는 백성을 소생시켜 주시기를 바랍니다. 위엄 있고 존귀한 지위에 계신 분께 말씀을 드린 것이 이에 이르렀으니, 한 번 크게 웃으시리라 생각할 뿐입니다. 아주 멀리 보내는 편지라 감히 많은 말을 할 수 없습니다.

무를 감당하지 못하면서도 중서성(中書省) 벼슬에서 물러나지 않았는데, 비난하는 대간이 아무도 없었다. 이에 이복규(李復圭)가 시를 지어 "늙은 봉황이 못가에 웅크리고 앉아 떠나지 않건만, 굶주린 까마귀는 대 위에서 아무 말이 없구나.〔老鳳池邊蹲不去, 飢烏臺上噤無聲.〕"라고 조롱하였다.《古今事文類聚 卷32 老鳳不去》

이사심에게 답함 계미년(1643, 인조21) 10월 18일

答李士深 癸未十月十八日

지난여름 삼가 멀리서 보내신 편지를 받아 보니, 종이에 가득 종횡으로 쓰신 말씀이 모두 놀랍고 기쁜 내용이었습니다. 세 번 반복하여 읽으니 항아리 속 초파리가 대지를 본 것처럼 황홀했습니다. 그러나 제 말은 실로 충심에서 나온 것인데, 보내 주신 편지에서 조소와 해학으로 보답을 받았습니다. 비록 성덕(盛德)이 절로 지나치는 데 이르지 않았음을 보았으나 서로 신뢰하는 뜻을 보지 못했으니 어찌 서운한 마음이 없겠습니까.

저는 줄곧 병을 앓느라 바야흐로 남에게 빚을 내어 사는 처지에 있습니다. 유 유주(柳柳州)가 "관아의 조세와 개인의 빚이 쌓이는 것을 감당하지 못한다."라고 한 것[51]은 곧 현실입니다. 반평생을 돌아보니, 스스로 이러한 사정에 처해 있으나 탈출할 길이 없습니다. 부귀를 누리면서 이익을 독차지하는 술수를 가지고 있다면 어찌 괴롭게 스스로 구하지 않고 단지 영감에게 부탁하겠습니까. 또 지난번에 이미 지극히 크고 지극히 강해서 오래 할 수 있고 오래 전할 수 있는 일을 고했으나 쓰임을 받지 못했는데, 어찌 이 작디작은 재주를 믿겠습니까. 우습습니다.

이변이 이렇게 생겨 근심이 진실로 어둡고 어두운 가운데 있으나

51 유……것 : 유 유주는 당나라 때 유주 자사(柳州刺史)를 지낸 유종원(柳宗元)으로, 이 말은 〈고모담기(鈷鉧潭記)〉에 보인다. 산골 백성이 고모담 위에 있는 자신의 밭을 유종원에게 팔아서 그 돈으로 빚을 갚고 싶다며 한 말이다. 《柳河東集》

백성의 힘은 이미 고갈되고 부렴(賦斂)은 한창 급하니, 눈앞의 근심을 이루 다 말할 수 있겠습니까. 습유(拾遺)의 직을 사직하고 회양(淮陽)에 가 누웠는데, 어찌하여 급직(汲直)과는 법도를 달리하는 것입니까.[52] 그러나 덕을 기리는 우리 임금을 어찌 유후(留後 유수(留守))로 가 있다고 해서 감히 잊을 수 있겠습니까.

서로 아주 멀리 떨어져 있어 정답게 만날 길이 없으니 풍도를 그리워하며 달려가는 마음을 견딜 수 없습니다. 끝으로 엄동설한에 더욱 보중하여 여망에 부응하시기를 축원합니다. 이만 줄입니다.

52 습유(拾遺)의……것입니까 : 이후원이 대사간으로 있다가 강화 유수로 나간 것은 급암(汲黯)이 습유의 직에 있다가 회양 태수(淮陽太守)로 나간 것과 같은데, 급암은 자신의 뜻과는 달리 임금의 명령에 의하여 외직으로 나갔고 이후원은 자원하여 외직으로 나갔으므로 이 점이 다르다는 뜻이다. 급암은 직간(直諫)을 잘하여 급직이라 불렸다. 《史記 汲黯列傳》

이사심에게 보냄 을유년(1645, 인조23) 3월 14일

與李士深 乙酉三月十四日

화창한 봄이 끝날 무렵 맑은 기운이 한창 오르는데 삼가 이렇게 양기가 운행하는 시기를 맞이하여 기거가 더욱 좋으시리라 생각합니다.

깊고 후미진 산골에 살고 있어 줄곧 소식을 듣지 못했습니다. 정월 그믐께 명보(明甫 송준길)가 길을 돌아서 왔습니다. 앞뒤로 보내 주신 두 통의 편지를 받아 읽고 나니, 영감의 방에 들어가서 난초 향기를 맡은 것처럼 황홀했으며, 지금도 남은 향기가 소매에 가득합니다. 이것이 실로 근일에 제일 기쁜 일입니다. 다만 애도하는 서찰을 또다시 받은 것이 한 번 두 번에 이르렀다는 것을 알게 되었으니, 하늘이 어찌하여 어진 가문에 혹독하게 화를 내렸단 말입니까. 통탄하고 통탄합니다.

저는 가난한 시골에 움츠리고 있는데, 다행히 굶어 죽지 않은 늙은이로서 근래에도 그런대로 편안하며, 이 밖에 갖가지 닥쳐오는 일들은 단지 그대로 내맡겨 둘 따름입니다. 진퇴(進退) 두 글자에 대한 말씀을 들었는데, 실로 실상에 맞지 않으니 감히 알 바가 아닙니다. 단지 위조(衛鳥)는 저절로 수레에 탈 수 없으니,[53] 이것은 실로 모든 사람이 함께

53 위조(衛鳥)는……없으니 : 능력이 미치지 못하는 자는 대부가 될 수 없다는 것이다. '위조'는 정위조(精衛鳥)로, 여기서는 능력이 미치지 못하는 송시열 자신을 비유한다. 《태평어람(太平御覽)》 〈우족부(羽族部) 정위(精衛)〉에 의하면, 정위조는 까마귀와 비슷한데, 옛날 염제(炎帝)의 딸 여와(女娲)가 동해(東海)에서 놀다 물에 빠져 죽어 그 혼이 화하여 된 것이기 때문에 항시 서산(西山)의 나무와 돌을 물어다가 동해를 메우려 했다고 한다. '수레에 탄다'는 것은, 춘추 시대 위 의공(衛懿公)이 평소에 학을

아는 바입니다. 세태의 염량(炎涼)을 혼자만 안다고 말씀하지 마십시오. 더구나 노형(老兄)과 같은 제현(諸賢)이 벼슬에 나가서 세상의 도의를 짊어지고 있는 것은 바로 "사방의 이웃이 쟁기와 호미를 들고 들에 나간다."라는 것입니다. 비록 우매함을 무릅쓰고 망녕되이 움직이려 할지라도 어찌 구태여 내 집에서까지 쟁기와 호미를 잡을 필요가 있겠습니까.[54] 우습습니다. 단지 견마(犬馬)의 작은 정성은 천부적으로 타고난 것이므로 끝내 없어지지 않습니다. 매번 한 가지 사안이 있을 때마다 번번이 잠을 자지도 밥을 먹지도 못하곤 합니다. 때때로 서성이며 시름을 쏟아 내려 하면 단지 산이 찡그리고 물이 오열하는 것만 보여 모든 것이 절로 보기 싫어집니다.

보내 주신 편지에서 "마음대로 노닐라."라고 하신 것은 또한 실제 모습을 놓친 것입니다. 저 주(周)나라의 서울을 생각하며 나의 기(杞)나라의 하늘을 근심했으나[55] 아득히 양(陽)이 회복할 기약이 없으니,

매우 좋아하여 대부가 타는 수레에 태우고 다녔다는 데서, 하는 일 없이 녹을 받고 빈자리나 채우는 무능한 고관을 수레 타는 귀한 학에 빗대곤 한다.《春秋左氏傳 閔公2年》

54 어찌……있겠습니까 : 다른 사람들이 모두 벼슬에 나간다고 해서 나 자신도 덩달아 벼슬에 나갈 필요는 없다는 뜻이다. 두보(杜甫)는 〈대우(大雨)〉에서 "사방의 이웃이 쟁기와 보습을 들고 나간다고 해서, 어찌 구태여 내 집에서까지 그것을 잡을 필요가 있겠는가.〔四隣耒耜出, 何必吾家操?〕"라고 하였는데, 주희(朱熹)가 진동보(陳同甫)에게 보낸 편지에서 이 시를 인용하면서, 사람마다 모두 벼슬에 나갈 필요는 없으니 때를 만나지 못했으면 벼슬에서 물러나 스스로 시대를 위하는 것도 또한 '불보지보(不報之報)'가 된다고 하였다.《晦庵集 卷36 答陳同甫》

55 저……근심했으나 : 자신이 나라 걱정을 주제넘게 많이 했다는 말이다. '주나라의 서울'은 《시경》 〈조풍(曹風) 하천(下泉)〉에 "잠에서 깨어 탄식하며 저 주나라의 서울을 생각하노라.〔愾我寤嘆, 念彼京周.〕"라고 한 데서 온 말로, 여기서는 한양을 의미하는

〈비풍(匪風)〉과 〈하천(下泉)〉에 대한 생각은 정말 수레를 얻은 군자에게 맡기지 않을 수 없습니다.[56]

근년 들어서는 온갖 생각이 모두 재가 되어, 단지 모친을 봉양하는 나머지에 몇 권의 읽던 책을 마쳐서 부처의 은혜에 보답할 계책으로 삼기를 바라고 있으나[57] 이곳은 군속(窘束)이 매우 심하여 도리어 서책을 마주할 시간에 문밖에서 아전을 마주하고 있으며, 또한 기장을 파종하는 종을 감독하는 날이 벗을 가까이하며 도움을 받는 날보다 도리어

말로 사용되었다. '기나라의 하늘을 근심한다'는 말은, 기나라의 어떤 사람이 하늘이 무너지면 피신할 곳이 없을까 염려하느라 침식을 폐하였다는 기우(杞憂)의 고사를 인용한 것으로, 주제넘은 걱정을 한다는 뜻이다. 《列子 天瑞》

56 비풍(匪風)과……없습니다 : 쇠미한 나라를 근심하고 현명한 군주를 그리워하는 마음을 공적을 이룬 군자에게 의탁한다는 말이다. 〈비풍〉과 〈하천〉은 모두 《시경》의 편명이다. 〈비풍〉은 주나라 왕실이 쇠미해지자 이를 근심해서 지은 시이고, 〈하천〉은 나라를 근심하면서 현명한 군주와 어진 방백(方伯)을 그리워한 시이다. 수레를 얻은 군자라는 것은 공적을 이루어 포상을 받은 군자를 뜻한다. 《주역》 〈박괘(剝卦) 상구(上九)〉에 "큰 과일이 먹히지 않음이니, 군자는 수레를 얻고 소인은 집을 허물리라.〔碩果不食, 君子得輿, 小人剝廬.〕"라고 하고, 그 〈상전(象傳)〉에 "군자가 수레를 얻음은 백성에게 떠받들리는 바이며, 소인이 집을 허무는 것은 끝내 쓸 수 없는 것이다.〔君子得輿, 民所載也; 小人剝廬, 終不可用也.〕"라고 한 데서 온 말이다.

57 모친을……있으나 : 은혜를 갚기 위해 벼슬에 나갔다가 비방을 받고 일을 그르쳐 임금에게 심려를 끼치는 것보다는 차라리 벼슬에서 물러나 모친을 봉양하며 읽던 책을 마저 읽으며 소란을 야기하지 않는 것으로 임금의 은혜에 보답하는 계책을 삼으려 했다는 뜻이다. 《능엄경(楞嚴經)》에 "이 몸과 마음을 가지고 세상의 모든 중생을 받드는 것이 바로 부처의 은혜에 보답하는 것이 된다.〔將此身心奉塵刹, 是則名爲報佛恩.〕"라고 하였는데, 그 주석에서 말하기를 "성과(聖果)를 얻어 중생을 구제하는 것이 부처의 은혜에 보답하는 것과 상관이 없으나, 이것을 은혜에 대한 보답 아닌 보답으로 삼는 것이다."라고 하였다. 《朱書講錄刊補 卷2》

많습니다. 그러므로 이전의 공부는 황폐해지고 날로 비루해집니다. 지금 서로 모여 절차탁마하고 있느냐는 물음을 받드니, 저도 모르게 얼굴에 땀이 납니다. 어느 때에야 조용히 이 뜻을 넓힐 수 있을지 모르겠습니다.

계랍(癸臘)[58]에 멀리서 혼미한 저를 도와주는 음식을 보내 주시어, 높은 의리를 듬뿍 받았습니다. 즉시 한 통의 편지로 사례했는데 어떤 이유로 편지가 유실되었는지 모르겠습니다. 이번에 주신 붓과 먹과 달력과 부채는 모두 시골집의 구전(九轉)[59]이니, 감사한 마음 한량없습니다.

끝으로 언제나 더욱 몸을 보중하여 우러르는 마음을 위로해 주시기만을 축원합니다. 이만 줄입니다.

58 계랍(癸臘) : 계미년 섣달로 볼 수도 있겠으나, 정확한 것은 미상이다.

59 구전(九轉) : 구전단(九轉丹) 즉 단사(丹砂)를 아홉 번 제련(製鍊)해서 만든다는 도가(道家)의 선약(仙藥)으로, 이것을 복용하면 신선이 되어 장생불사한다고 한다. 여기서는 귀중한 것이라는 뜻으로 쓰였다.

이사심에게 답함 을유년(1645, 인조23) 3월 22일
答李士深 乙酉三月二十二日

일찍이 한 통의 편지를 보내어, 중문(仲文)[60]이 전한 두 통의 편지에 우러러 사례하였습니다. 이번 답청일(踏靑日)[61]에 보내신 은혜로운 서한을 받아, 받들어 읊조리는 동안 깊은 병조차 홀연 사라질 정도로 매우 위로되고 근심이 풀렸습니다. 소식 전한 뒤에 합하(閤下)의 건강이 더욱 건강하신지 알지 못하여, 그리워하며 내달리는 마음 날로 더욱 부지런합니다.

제가 사는 농가의 여러 근황은 모두 그런대로 유지되고 있습니다. 어제 소명(召命)이 다시 이르렀는데 영광이 오히려 두렵게만 느껴지니, 큰 죄를 지은 외에도 도저히 어떻게 하지 못할 것이 있는 듯합니다. 나아가자니 전혀 어울리지 않는 몸이 위로 성조(聖朝)에 누를 끼치고 아래로 남의 비난을 부를 것이기에, 또한 작은 일이 아닙니다. 집에서 굳게 버티자니 거듭 내린 은혜로운 유지(有旨)를 절대로 저버려서는 안 되는 점이 걸립니다. 더구나 양전(兩殿)이 새로 돌아오셨는데, 이미 교외의 반열에 달려가지 못했습니다.[62] 이를 계기로 올라가서 미천한

60 중문(仲文) : 김익희(金益熙, 1610~1656)의 자이다. 본관은 광산(光山), 호는 창주(滄洲)이며, 할아버지는 김장생(金長生)이다.

61 답청일(踏靑日) : 음력 3월 3일을 말한다. 이날 들에 나가 파랗게 난 풀을 밟는 풍속이 있었다.

62 양전(兩殿)이……못했습니다 : 소현세자(昭顯世子)와 세자빈이 9년간의 인질 생활 끝에 1645년 2월 18일에 돌아왔는데, 환영보다는 냉대를 받으며 군신의 진하(進賀)

신의 작은 성의도 아울러 바치는 것이 실로 신자(臣子)의 지극한 정입니다. 구구한 이 마음이 단사(丹砂)와 같이 빛나나 한번 나가기 어려움은 실로 전에 말씀드린 바와 같으며, 밤낮으로 헤아려 봐도 끝내 그 이유를 알지 못했습니다. 그러나 들어간 뒤에 헤아리는 것은 옛 성인이 경계한 바이고,[63] "길(吉)은 하나일 뿐이다."[64]라고 한 교훈도 역시 변화를 관찰하고 점괘를 음미하여 큰 재앙을 받는 일이 없다면 도에 가까울 것임을 밝혔습니다. 그러나 혹시 빈객들 틈에 끼어 직접 이 말씀을 아뢴다면, 모르겠습니다만 장차 무어라 일러 주시겠습니까? 아니면, 다만 "물을 마시라."[65]라는 말로 물리치실 것입니까?

은혜롭게 보내 주신 두 종류 물고기 70마리는 노인께 반 달 동안 반찬으로 드리기에 충분하니, 감사한 마음을 어찌 다 말할 수 있겠습니까. 나머지는 종이가 부족하여 이만 줄입니다.

도 받지 못한 것을 말한다.

63 들어간……바이고 : 《예기》〈소의(少儀)〉에 "임금을 섬길 때는 헤아려 본 뒤에 들어가야 하고, 들어간 뒤에는 헤아려서는 안 된다."라고 하였다.

64 길(吉)은 하나일 뿐이다 : 주돈이(周敦頤)가 "길흉과 회린(悔吝)이 동(動)에서 생겨나는데, 아, 길(吉)은 하나일 뿐이니, 동을 삼가지 않아서야 되겠는가."라고 하였다. 《周元公集 卷1 通書 乾損益動》《近思錄 卷5 克己》

65 물을 마시라 : 직접 경험해 보고 실상을 알아내라는 뜻이다. 《전등록(傳燈錄)》 권4 몽산도명조(蒙山道明條)에 "지금 가르침을 받아들이는 경지가 마치 물을 마셔 본 사람이 차고 다스운 걸 스스로 알게 되는 것과 같다."라고 한 데서 온 말로, 본래는 불가(佛家)에서 증오(證悟)의 경계(境界)에 대한 비유로 쓰인다.

이사심에게 답함 을유년(1645, 인조23) 11월 23일

答李士深 乙酉十一月二十三日

천상(天上)에서 편지가 달력과 함께 빈산 초동과 목동의 마을에 왔습니다. 비록 말씀이 실상에 맞지는 않으나, 제 마음에 간직한 속내는 그저 형언하기 어렵습니다.

이곳은 다른 일은 없으나, 한편으로는 남에게 빚을 지고 한편으로는 사직을 청하고 있으니, 한 몸의 궁달(窮達)이 참으로 두 사람의 일 같습니다. 그러나 부름을 받으면 감당할 수 없고, 부르지 말라고 하시면 편히 있지 못합니다. 어느 곳에 극락세계가 있어서 운수에 맡기고 느긋하게 살 수 있겠습니까. 껄껄대고 웃습니다.

그러나 일찍이 주서(朱書)의 〈상서 한원길에게 답하는 편지〔答韓元吉尙書書〕〉를 보지 못하셨습니까?[66] 자기의 몸과 마음을 마음대로 하지 못하여 타인에게 힘을 빌리고자 하니, 옛날에 "남의 세력을 잊었다."[67] 라고 한 것이 진실로 이와 같은 것입니까. 매우 우습습니다.

천 리 밖에 보내는 편지에 할 말이 없어서 단지 쓸데없는 이야기만

66 주서(朱書)의……못하셨습니까 : 주희(朱熹)가 〈상서(尙書) 한원길(韓元吉)에게 답하는 편지〉에서 "사대부의 출처와 사수(辭受)는 또한 그 자신의 일일 뿐만 아니라 그가 처신한 결과의 득실이 풍속의 성쇠에 관계되므로 더욱 살피지 않을 수 없다."라고 하였다. 《晦庵集 卷25》

67 남의 세력을 잊었다 : 《맹자》 〈진심 상(盡心上)〉에, 맹자가 "옛날 어진 군왕들은 선을 좋아하고 세력을 잊었으니, 옛 현사가 어찌 홀로 그렇지 않았겠는가. 그 도를 즐거워하고 남의 세력을 잊었다."라고 한 것을 말한다.

했는데, 양해해 주시겠지요. 다만 새해를 맞이하여 더욱 복되시기를 축원합니다.

이사심에게 보냄 병술년(1646, 인조24) 1월 10일
與李士深 丙戌正月十日

일찍이 답장을 올리며 한장(韓丈)을 통해 전달되기를 바랐는데, 이미 받아 보셨습니까? 요즘 봄추위가 여전히 괴로운데, 대감의 체후와 동정이 어떠한지 모르고 있으니, 우러러 그립다는 말은 빈말이 아닙니다. 저의 근황은 모두 전과 같으니 귀찮게 해 드릴 말씀이 없습니다. 다만 일은 알기 쉽지 않고 의(義)는 정밀히 하기 쉽지 않으며 출처는 자기 한 몸의 큰일인데, 마치 무인(武人)이 제 마음대로 한번 시작하면 돌이키려 하지 않는 것처럼 합니다. 비록 함부로 나아가는 자와는 혹 다르나 시의(時宜)에 알맞지 못한 것은 똑같습니다. 늘 스스로 부끄럽고 두렵습니다.

세 번째 상소에 대해서는 이미 성상의 비지(批旨)를 받으셨습니까? 미천한 작은 정성으로 누차 천위(天威)를 범하고 조정의 명을 어긴 지 또한 이미 몇 달째입니다. 혹 이로 인하여 견척(譴斥)을 받는다면 사의(私義)에 있어서 매우 편안할 것이나 혹 요량한 바대로 되지 않으면 어떻게 국면을 벗어날 수 있을지 모르겠습니다. 백구(白駒)[68] 등의 말로 조롱을 받지 마시고, 부지하며 서로 보호할 계책을 깊이 생각하십

68 백구(白駒) : 현자(賢者)나 은사(隱士)가 타고 다니는 말인데, 상대방을 현자나 은사로 여길 때 가져다 쓴다. 《시경》 〈소아(小雅) 백구〉에 "깨끗한 흰 망아지가 내 밭곡식 먹었다 핑계 대고, 발을 동여매고 고삐를 묶어서 오늘 아침 더 오래 있게 하여, 귀한 이 손님을 더 놀다 가게 하리라.〔皎皎白駒, 食我場苗, 縶之維之, 以永今朝, 所謂伊人, 於焉逍遙.〕"라고 한 데서 온 말이다.

시오.

요즘 명을 받은 이래로 괴로이 붕우들의 염려를 듣고 있는데, 조정 안에 있는 자들은 잡아당기려 하고 밖에 있는 자들은 끌어내려 하여 중간에서 발을 붙일 수 없게 합니다. 저는 남몰래 스스로 웃으며 '은혜를 받기는 쉬우나 은혜를 갚기는 어려우며, 군부(君父)의 권명(眷命)을 사양하기는 쉬우나 붕우의 손아귀에서 벗어나기는 어렵구나.'라고 생각했습니다. 영자(令慈)께서는 옳다 그르다는 말씀이 조금도 없었으나 사우(沙友)[69]에게 보낸 편지의 별지(別紙)에서 잠시 이에 대해 좋은 말씀을 해 주시니, 깊이 아껴 주는 마음을 받았습니다. 그러나 다만 한스러운 것은 "스스로 시운(時運)을 만들 수 없다."라고 한 말에 대한 경계[70]입니다. 어떻게 생각하십니까?

저의 아우 시도(時燾)가 일찍이 후손이 없는 종모(從母)를 모시고 봉양했는데, 이제 갑자기 종모의 상사를 당하여 그 집안 종족의 일을 의탁할 곳이 없습니다. 주자(朱子)의 학설에 의거하여 저 사람을 위하여 후손을 세우는 계책을 써야 하나 심상하게 전례(前例)를 원용하는 일에 비할 바가 아니니 지체되거나 장애가 생길 걱정이 있을까 염려됩니다. 바라건대 굽어살펴 주선하며 힘이 닿는 한 아끼지 말고 신경을 써 주시는 것이 어떻겠습니까?

69 사우(沙友) : 당시에 공주(公州)의 사산(沙山)에 우거한 송준길을 가리킨다. 사산에는 송준길의 선영(先塋)이 있다.

70 스스로……경계 : "스스로 시운을 만들 수 없다.〔不能自爲時〕"라고 하면서 시세(時勢)에 따라 신념을 바꾸며 처세하자고 주장한 진량(陳亮)에게 주희(朱熹)가 공자(孔子)의 사지구속(仕止久速)의 처세를 배워 신념을 지키며 시세에 대응해야 한다고 경계한 것을 말한다. 《晦庵集 卷36 答陳同甫》

무엇보다 상소문을 쓸 종이를 마련하기 어렵습니다. 은혜를 베풀어 주신다면 더욱 다행이겠습니다. 말이 지루하게 길어졌습니다. 이만 줄입니다.

이사심에게 보냄 병술년(1646, 인조24) 4월 3일

與李士深 丙戌四月三日

지난날 노 저어 멀리 찾아 주시고, 이어서 배 안 한가로운 곳을 허락해 주시어 한나절 동안 태을진인(太乙眞人)[71]이 되게 해 주셨으니, 실로 작은 인연(夤緣)이 아닙니다. 감사한 마음을 잊을 수 없습니다.

요즘 댁내 두루 평안하십니까? 저는 어제 아침에 석실(石室)로 돌아왔습니다. 조만간에 돌아갈 계획이니, 한번 모일 기약을 만들기 바랍니다. 예전에 약속을 지키지 못한 것은 단지 동풍(東風)이 편리를 봐주지 않았기 때문이니, 위험한데 어찌하겠습니까. 단지 강 하나를 사이에 두고 있는데 소식을 듣기 어려우니 사람을 우울하게 합니다. 한두 가지 소식을 알려 주시기 바랍니다.

근일의 제배(除拜)는 사람 눈을 번쩍 뜨이게 하니, 조야의 경사입니다. 이어서 기억하건대, 경신년(1620, 광해군12)에 말을 듣고 납갑(納甲)[72]한 일이 지금 과연 징험이 되었습니다. 그렇다면 만사는 참으로

71 태을진인(太乙眞人) : 천신(天神)의 이름이다. 송나라의 화가 이공린(李公麟)의 〈태을진인연엽도(太乙眞人蓮葉圖)〉에 한구(韓駒)가 제(題)한 시에 "태을진인이 연잎 배를 탔는데, 두건 벗고 머리털 내놓아 찬 바람에 날리네. 가벼운 바람을 돛으로 삼고 물결을 노로 삼아, 누워서 옥자를 보며 중류에 둥둥 떠 있구나.〔太乙眞人蓮葉舟, 脫巾露髮寒颼颼. 輕風爲帆浪爲楫, 臥看玉字浮中流.〕"라고 하였다. 《古文眞寶 前集 卷5》 송시열이 배를 타고 노닐었기 때문에 태을진인을 끌어온 것이다.

72 납갑(納甲) : 한대(漢代)의 역학(易學)에서 육갑 중의 십간(十干)을 《주역》 팔괘에 분납(分納)시킨 것을 말한다. 즉 건(乾)은 갑임(甲壬)에, 곤(坤)은 을계(乙癸)에, 진(震)은 경(庚)에, 손(巽)은 신(辛)에, 감(坎)은 무(戊)에, 이(離)는 기(己)에, 간

미리 정해진 것인데 인생이 그저 혼자 분분할 따름입니다. 단지 애석한 것은, 동강(東岡)의 비탈을 지키므로[73] 움직이기 어려움이 있다는 것입니다. 그러나 역시 편지를 전하는 자가 어떻게 혀를 놀릴지 예측할 수 없으니 고려함이 있어야 할 듯합니다. 출처에 대한 고금의 차이가 이와 같습니다.

전에 정서(淨書)해 주기로 하신 것을 이 종에게 부쳐 보내는 것이 어떻겠습니까? 다시 만날 약속이 틀어지면 이 편지가 그대로 파릉(灞陵)의 긴 가지[74]가 될 것입니다. 이만 줄입니다.

(艮)은 병(丙)에, 태(兌)는 정(丁)에 각각 분납시켰는데, 이 법은 경방(京房)에게서 비롯되었다고 한다. 여기서는 주역 점을 치는 것을 말한다.

73 동강(東岡)의 비탈을 지키므로 : 벼슬에 나가지 않고 고향에 물러나 은거하는 것을 뜻한다. 《후한서(後漢書)》 〈주섭열전(周燮列傳)〉에 "선대로부터 훈총이 계속 이어져 왔는데 그대만 어찌 유독 동강의 비탈을 지키는가.〔自先世以來, 勳寵相承, 君獨何爲守東岡之陂乎?〕"라고 한 데서 유래하였다.

74 파릉(灞陵)의 긴 가지 : 이별의 정표를 뜻한다. 파릉은 옛 지명으로, 본디는 패릉(霸陵)이라고 하는데, 옛터가 지금의 섬서성(陝西省) 서안(西安)의 동쪽에 있다. 한 문제(漢文帝)를 장사 지낸 곳이다. 그곳을 흐르는 파수(灞水)는 버드나무가 많고 경치가 아름다우며 파교(灞橋)가 있다. 한(漢)나라 사람들이 전별할 때 이 파교에 이르러 버들가지를 꺾어 주던 고사가 있다.

이사심에게 답함 병술년(1646, 인조24) 4월 5일

答李士深 丙戌四月五日

갈대를 타고 건널 만한 물이 약수(弱水)[75]처럼 험합니다. 벽을 사이에 두고 그저 코 고는 소리만 듣는 것 같으니, 매일 애가 탑니다. 뜻밖에 사람을 보내어 내려 주신 편지를 삼가 받고 여러 가지 드러내신 뜻을 잘 보았습니다. 열 번을 받들고 읽노라니 나그네 시름에 잠긴 신세를 문득 잊었습니다.

명문(銘文)[76]이 이미 완성되어, 오늘 깨끗하게 베껴 써 주실 것을 약속하셨습니다. 이것은 조금도 늦춰서는 안 되는 일입니다. 내일 한번 노를 저어 두둥실 떠나가면 곧 천 리 밖의 사람이 되어 더욱 망연자실할 것입니다.

정사가 황폐해지고 민심이 흩어져서 오늘의 변고가 일어났습니다. 혹 인자하고 현명한 군자를 얻어서 백성을 적자(赤子)로 대하거나 용사(龍蛇)로 취급한다면[77] 어찌 나라를 안정시키고 백성을 편안케 하는

75 약수(弱水) : 서해(西海) 가운데 위치한 선경 봉린주(鳳麟洲)를 둘러싸고 있다는 전설상의 강 이름으로, 기러기 털도 뜨지 않아 도저히 건너갈 수 없다고 한다. 《海內十洲記》 소식(蘇軾)의 〈금산묘고대(金山妙高臺)〉 시에 "봉래산은 이르러 갈 수 없거니와, 약수는 삼만 리나 떨어져 있도다.〔蓬萊不可到, 弱水三萬里.〕" 하였다.

76 명문(銘文) : 송시열의 부친 송갑조에 대하여 청음 김상헌이 찬술한 〈사옹원봉사송군묘갈명(司饔院奉事宋君墓碣銘)〉이다. 《清陰集 卷31》

77 백성을……취급한다면 : 다스리기 어려운 무지한 백성을 위엄과 은혜로 잘 다스린다는 뜻이다. 한유(韓愈)가 운조복절도관찰등사(鄆曹濮節度觀察等使) 마공(馬公)을

요긴한 도리가 아니겠습니까. 임장(臨漳) 천 리의 백성으로 하여금 낭패하여 피를 흘리게 하는 것은 어진 이의 마음 씀이 아닌 것 같다는 것을 애오라지 말씀드립니다.

석실(石室)의 노야(老爺)께서는 보시고 "체차되면 또한 달려가 위로를 드리고, 체차되지 않으면 즉시 조정에 나아가 잇달아 소장을 올려 기필코 직임에서 벗어나 돌아와야 한다. 오늘의 도리는 단지 이와 같이 해야 할 뿐이다. 비록 청의(清議)의 기롱과 의심이 있더라도 다만 마음에 부끄러움이 없으면 된다."라고 하셨습니다.

듣건대 한 무리의 도적이 양서(梁西)에 주둔하고 있다고 하는데,[78] 이곳은 외성(外城)과 매우 가깝습니다. 모르겠습니다만, 문장(文丈)께서는 어떠한 거조를 하려 하십니까? 염려됨이 끝이 없습니다. 선비 중에 세상에 쓸모없는 이는 산림(山林)입니다. 지금은 산림을 죽은 자를 보내는 땅으로 먼저 만들었으니, 참으로 "물고기가 못에 있으니 또한 즐거울 수가 없네."[79]라는 격입니다.

보내 주신 육색(六色) 종이, 부채, 말쌀〔斗米〕, 생선을 받고 감사한

칭송한 〈운주계당시서(鄆州谿堂詩序)〉에 "공(公)이 고을에 처음 이르렀을 적에는 백성들이 교화되지 못하여 무(武)로 다스리면 분개하여 원망을 품고 은혜로 다스리면 방자해지므로, 한편으로는 적자로 취급하고 한편으로는 용사로 취급하여, 오랜 세월 동안 노심초사를 거듭하고 나서 교화가 크게 행해진 다음에는 백성들이 모두 공을 친부모처럼 떠받들었다."라고 한 데서 온 말이다. 《韓昌黎集 補遺》

78 한……하는데 : 당시에 호남 지방에 토적(土賊)이 크게 일어나서 충청도와 전라도의 백성이 놀랐다고 한다. 양서는 연산(連山)과 고산(高山)의 경계에 있는 지역이다.

79 물고기가……없네 : 《시경》 〈소아(小雅) 정월(正月)〉에 "물고기가 못에 있으니 또한 즐거울 수가 없구나. 비록 깊이 잠겨 있으나 또한 환히 다 보이네.〔魚在于沼, 亦匪克樂. 潛雖伏矣, 亦孔之炤.〕"라고 하였다.

마음 한량없습니다. 육색 종이는 쓰고도 남을 것이니, 용면(龍眠)[80]에게 부탁하여 광릉(廣陵)[81]으로 돌아가는 배를 그려 내게 하여, 멈추어 있는 구름을 생각하는 마음[82]을 위로해야겠습니다.

지리산 앞에서 먼지와 더러움을 말끔히 씻으시면, 제가 비록 용기는 없지만 마땅히 붓을 잡고 길 앞에서 계당(谿堂)의 시[83]를 바치겠습니다. 이것으로 서로 만날 기약을 삼을 뿐입니다. 드릴 말씀은 많으나 감히 다 드리지 못합니다.

별지

근일에 세 가지 크게 이상한 일이 있었습니다. 석야(石爺)께서 재상이 되시고,[84] 원령공(遠令公)이 아 대부(阿大夫)를 위하여 견(鄄) 지역과 설릉(薛陵)의 일을 지적하였으며,[85] 여망(汝望)이 역모를 고

80 용면(龍眠) : 송(宋)나라 때의 유명한 화가 이공린(李公麟)의 호이다. 여기서는 뛰어난 화가를 뜻한다.

81 광릉(廣陵) : 한성(漢城)의 옛 이름이다.

82 멈추어……마음 : 벗을 그리워하는 마음이다. 진(晉)나라 도잠(陶潛)의 〈정운(停雲)〉 시에 "뭉게뭉게 떠올라 멈추어 있는 구름이요, 부슬부슬 내리는 제철의 비로다.〔靄靄停雲, 濛濛時雨.〕"라고 하였는데, 자서(自序)에 "정운은 친구를 생각한 것이다."라고 하였다. 《陶淵明集 卷1》

83 계당(谿堂)의 시 : 한유의 〈운주계당시(鄆州谿堂詩)〉를 말하는데, 지방관이 백성을 잘 교화한 것을 칭송하는 시이다. 당시에 호남에 토적이 일어나 조정에서 이후원을 선발하여 내려보내려고 했기 때문에 이런 표현을 끌어온 것이다.

84 석야(石爺)께서 재상이 되시고 : 석실(石室) 김상헌(金尙憲)이 1645년에 특별히 좌의정에 제수된 것을 말한다.

85 원령공(遠令公)이……지적하였으며 : 원령공은 자가 원백(遠伯)인 홍중보(洪重普)이다. 권세에 아첨하는 지방의 수령이 도적에게 침공받은 이웃 고을을 구제하지

발한 것입니다.[86]

자미(子美 두보(杜甫))의 시에 "인생 만사에는 일어나지 않는 일이 없도다."라고 했는데, 참된 말입니다. 이번 걸음에 유독 중문(仲文 김익희(金益熙))을 보지 못하고 돌아왔습니다. 그가 일락(逸樂)에 빠져 있어도, 염려해 줄 겨를이 없는데 이 사람에게 어찌 정(情)이 없을 수 있겠습니까.

않았던 일을 홍중보가 지적한 일이 있었던 것으로 보이나 구체적인 사건은 미상이다. 제(齊)나라 위왕(威王)이 즉묵 대부(卽墨大夫)를 불러서 말하기를 "그대가 즉묵에 부임하면서부터 그대를 헐뜯는 말이 날마다 들려오므로 사람을 시켜 즉묵에 가서 살펴보게 하니, 전야(田野)는 개간되었고 주민들의 생활은 넉넉하며 관청에는 처리할 일이 없어 동방이 편안하였다. 이것은 그대가 나의 좌우에 있는 사람을 섬겨서 도움을 구하지 않은 것이다." 하고, 1만 호(戶)를 봉하여 주었으며, 아 대부를 불러 말하기를 "그대가 아(阿)를 다스리면서부터 칭찬하는 말이 날마다 들려오므로 사람을 시켜 살펴보게 하니, 전야는 개간되지 않았고 인민들은 가난하여 굶주리며, 조(趙)나라가 견 지역을 침공했는데도 그대가 구원하지 못했고 위(衛)나라에서 설릉을 취했는데도 그대가 몰랐으니, 이는 그대가 후한 선물로 나의 좌우를 섬겨 칭찬을 구한 것이다." 하고, 그날로 아 대부를 삶아 죽인 고사가 있다. 《史記 田敬仲完世家》

86 여망(汝望)이……것입니다 : 자가 여망(汝望)인 윤문거(尹文擧)가 1646년 3월에 향인 김충립(金忠立)이란 자를 통해, 역모를 꾀하는 자들이 있다는 말을 듣고 고발한 것을 말한다. 《仁祖實錄 24年 8月 9日》

이사심에게 보냄 병술년(1646, 인조24) 4월 7일

與李士深 丙戌四月七日

저녁에 비가 내리고 아침에 갰습니다. 닻줄을 풀고 배에 오르니 반돛에 서풍이 불어 이미 도봉산과 삼각산이 보이지 않습니다. 이른바 "높은 성 바라봐도 보이지 않는데, 하물며 다시 성중 사람이 보이랴.〔高城望不見, 況復城中人?〕"라고 한 것은 곧 오늘날과 꼭 맞는 풍경입니다. 강산이 참으로 아름다우나 또한 이별한 뒤의 기분이 매우 서운할 뿐입니다.

며칠 전에 보낸 답장은 바로 받아 보셨습니까? 선인(先人)의 문자[87]에 온당치 못한 바가 있다고 하셨는데, 하나하나 지적하셔도 괜찮으니 마땅히 함께 수정하겠습니다. 그러나 저는 매우 거칠고 졸렬하여 숨겨진 허물이 있음을 아득히 알지 못합니다. 붕우 간에 문자를 보더라도 영감처럼 세밀하게 보는 이가 없다고 매번 생각했습니다. 감히 한 본(本)을 베껴 정숙(靜叔 이태연(李泰淵))을 통해 보내 드리니, 한가로이 쉬시는 겨를에 혹 펼쳐 보고 차례차례 표시하고 기록해서 인편을 통해 회답하시면 마땅히 여기 노야(老爺 김상헌)께 다시 여쭙겠습니다. 여기 노야는 기공(畸公 정홍명(鄭弘溟))에 비할 바는 아니지만 논의를 많이 제기하면 문득 진노하십니다. 그러므로 서운하심이 없기를 바랄 뿐입니다. 이 외에는 댁내 두루 건승하시기를 축원합니다. 이만 줄입니다.

87 선인(先人)의 문자 : 송시열의 부친 송갑조에 대하여 청음 김상헌이 찬술한 〈사옹원봉사송군묘갈명(司饔院奉事宋君墓碣銘)〉이다. 《淸陰集 卷31》

이사심에게 답함 병술년(1646, 인조24) 4월 16일

答李士深 丙戌四月十六日

배 안에서 편지 한 장을 쓰고, 이어 자세한 이야기를 나누었습니다. 살펴보셨을 줄 아는데, 과연 그렇습니까?

요즘 댁내 모두 편안하십니까? 저는 도중에 말이 지치고 마부도 발병이 나서, 13일에야 비로소 집에 돌아올 수 있었습니다. 처자식이 굶어 죽는 것을 면했으니, 다행입니다. 어제 옥장(沃丈)이 편지를 전해 왔는데, 월일을 적지 않아서 언제 보낸 것인지 모르겠습니다. 그러나 이것은 처음 추부(秋部)에 들어가셨을 때[88] 보낸 듯합니다. 편지를 받은 것은 비록 늦었지만 이별한 뒤의 그리움을 위로하기에 충분하였습니다.

현재 서울의 상황은 어떻습니까? 향곡(鄕曲)은 그저 기찰 때문에 어수선할 뿐 다른 소식은 없습니다. 유무중(兪武仲)[89] 등 약간의 사람이 뜻밖에 가솔을 이끌고 창황히 골짜기를 나갔다고 합니다. 호남의 치승(治繩)에서 끝내 면제되셨으니,[90] 어진 사람은 진실로 이와 같습니

88 추부(秋部)에 들어가셨을 때 : 이후원은 1646년 3월 4일에 형조 참판에 임명되었다. 추부는 형조이다.

89 유무중(兪武仲) : 송시열의 친구였던 유계(兪棨)를 가리킨다. 무중은 그의 자이다. 그는 1646년 4월 12일에 무안 현감(務安縣監)에 임명되었다.

90 호남의……면제되셨으니 : 이후원이 전라도 관찰사의 물망에 올랐는데, 그의 병을 말하는 자가 있어서 임명되지 못한 것을 말한다. 치승은, 발해 태수(渤海太守) 공수(龔遂)가 한 선제(漢宣帝)의 물음에 "저는 들으니 '난민(亂民)을 다스리는 것은 헝클어진

까. 진실로 아쉽습니다. 중문(仲文 김익희(金益熙))은 지금 어떤 형편에 있습니까? 편지를 쓰고 싶지만 바빠서 하지 못했습니다. 그에게만 너무 후하게 한다는 남들의 책망을 피하려는 것 같지만 감히 그렇게 하는 것이 아닙니다. 이것을 그에게 말해 주기를 바라는데, 어떻게 생각하십니까?

어제 명보(明甫)의 편지를 받았는데, 그가 현재 사산(沙山)에 들어가 있다고 하니, 어찌 사마공(司馬公)이 얻은 독서의 힘을 믿기 때문이 아니겠습니까.[91] 정숙(靜叔)에게는 근일에 돌아가는 인편이 이어서 있을 것입니다. 지난번 편지에서 여쭌 바에 답해 주실 것을 지극히 바랍니다. 나머지는 바빠서 매우 많이 빠뜨렸습니다.

○ 석로(石老 김상헌)께서 이별할 때 말씀해 주시기를 "옛날 사마(司馬)가 고향으로 돌아가는데, 어떤 이가 그를 말리면서 '그 지역은 도적이 많다. 혹 핍박을 당하면 어찌하려는가.'라고 하자, 사마공이 '평생의 독서는 어디에 쓰려 하는가.'라고 하였으니, 그런 일을 만나면 마땅히 죽어야 한다는 뜻이다."라고 하였습니다. 이 말이 참으로 재미있습니다. 그러나 또한 송강(松江)이 "괴로운 일이 있다."라고 한 것이니, 우습습니다.

실을 푸는 것과 같아서 서두를 수 없다.'라고 하였으니 오직 천천히 한 뒤에야 다스릴 수 있습니다."라고 한 데서 온 말로, 여기서는 관찰사를 뜻한다. 《漢書 循吏傳 龔遂》

91 어찌……아니겠습니까 : 송(宋)나라 때의 정치가이자 대학자인 사마광(司馬光)은 너무 깊이 잠이 드는 것을 막기 위해서 '경침(警枕)'이라는 베개를 사용하면서까지 독서를 했다고 한다. 《范太史集 卷36 司馬溫公布衾銘記》

이사심에게 답함 병술년(1646, 인조24) 5월 15일

答李士深 丙戌五月十五日

지난달에 보내신 두 통의 편지는 모두 받았습니다. 종횡으로 쓰신 여러 종이에 정(情)이 언표(言表)에 넘쳤습니다. 받들어 읽는 여러 날 동안 실로 마음에 맞는 말씀을 직접 듣는 듯하여 서울이 멀리 있음을 깨닫지 못했습니다.

요즘 가뭄이 심한데, 영감의 체후는 신령이 도와주며 가족이 모두 편안하십니까? 저는 그럭저럭 별일 없이 지내고 있으며 노인 또한 건강하시니, 멀리서 돌봐 주시는 은혜를 입었음을 알았습니다. 다만 가뭄이 더 혹독해지면 가을에 풍년 들 가망이 없습니다.

영감은 비록 태평의 도(道)로써 바꾸고 싶어하지만, 저는 도리어 또한 근심으로 애를 태울 수 없으니 어찌하겠습니까.[92] 단지 체포를 정지하고 처자를 연좌시키지 않으면 성상의 측달(惻怛)한 마음이 하늘의 뜻을 감동시켜 되돌리기에 충분할 테니, 오직 이것을 믿을 따름입니다.

정정하여 보여 주신 명문(銘文)은 정밀함 위에 다시 정밀함을 더하였으니 물 샐 틈 없다고 할 만합니다. 감사하는 마음 한량없습니다. 마땅히 외성(外城)[93] 및 여러 벗의 의논을 합하여 저쪽과 의견을 주고

92 영감은……어찌하겠습니까 : 이후원이 이전 편지에서 송시열에게 세상을 도(道)로 태평하게 만들 것을 바랐으나, 송시열은 근심으로 애를 태울 수 없다며 거절한 것이다.

93 외성(外城) : 충청남도 논산을 가리킨다. 김집(金集)이 살던 지역이다.

받을 따름입니다. 여기 노야(老爺 김상헌)는 재차 벼슬길에 나가는 것을 면치 못했으니, 어떻게 된 것인지 모르겠습니다. 결말에 만약 대단한 변화가 없다면 굳게 누워 있음이 나은 것만 못할 듯합니다. 삼가 상상하건대 모시고 문안을 드리는 즈음에 그 실망하지 않은 생각을 은연히 언급하지 않으셨습니까.

보내 주신 편지에서 "진(晉) 땅의 시골 사람을 감화시켰다."[94]라고 하신 것은 사람으로 하여금 포복절도하게 합니다. 사마공(司馬公)의 고향인데 "도적이 많다."라고 했으니, 어찌 군실(君實 사마광(司馬光))이 양자(陽子 양성(陽城))에 미치지 못한 것이 아니겠습니까. 독서를 시험해 보고 싶다는 가르침은 참으로 맞는 말씀입니다. 이 형(송준길)은 산에 들어온 지 오래지 않아 구토증을 앓아 도로 나갔습니다. 대개 약한 위장으로 나물 뿌리를 맛보았기 때문이니, 전에 이른 바와 다를 것이 없는 자입니다. 우습습니다.

근래 새로 귀양 간 자[95]의 글을 읽었는데, 이런 사람을 어디에서 얻겠습니까. 존경하고 탄복합니다. 인헌(隣憲)[96]이 벼슬에 나간 것이 마침 이때를 당했으니, 혹 귀양 간 자를 구제할 수 있으면 붕우도 함께

94 진(晉)……감화시켰다 : 한유(韓愈)의 〈쟁신론(爭臣論)〉에 "양성은 옛사람의 도를 행하며 진 땅의 시골에 거처하는데, 진 땅의 시골 사람들이 그의 덕교(德敎)에 감화되어 선량해진 자가 천여 명이었다."라고 하였다. 《韓昌黎集 卷14》

95 근래……자 : 당시에 제주도로 귀양 간 홍무적(洪茂績)을 가리키는 듯하다. 강빈(姜嬪)의 옥사에, 그는 대사헌으로서, "강빈을 폐위할 수는 있으나 죽일 수는 없으니, 전하께서 강빈을 죽이고자 하신다면 먼저 신을 죽이소서."라고 아뢰어 제주도로 귀양 갔다. 《仁祖實錄 24年 2月 7日, 3月 13日・14日》

96 인헌(隣憲) : 송애(松崖) 김경여(金慶餘)인 듯하다. 《宋子大全隨箚 卷3》

영광일 것입니다. 한가한 곳에 오래 거처하여 비록 공적인 논의에는 막혀 있으나, 좋은 벼슬 얻기만을 바라면서 좋은 사람이 되기를 바라지 않는 자와는 절로 상반될 뿐만이 아닙니다. 이것이 붕우가 영감을 따르기를 바라는 까닭입니다.

나머지는 번거로워 다 말씀드리지 못하고, 다만 마음으로 이해해 주시기를 바랍니다.

이사심에게 보냄

與李士深

모(某 김상헌) 재상(宰相)이 지위에 나가지 않으신다면 아주 잘 처신하는 것입니다. 부득이 나오신다면 다만 은명(恩命)에 사은하고 곧 도성문을 나가되, 한편으로는 길을 가고 한편으로는 사직하기를 옛사람처럼 하는 것이 그다음입니다. 그래도 어쩔 수 없다면 성패(成敗)와 이둔(利鈍)을 가리지 않고 남들이 우활하다고 하거나 우활하지 않다고 하거나 간직한 포부를 다 말하신다면 조금 유쾌할 듯합니다. 지금 처신하신 바는 중간 정도 사람의 일인 듯합니다. 이 때문에 의아함이 없을 수 없습니다.

일찍이 모 재상의 글을 읽어 보니 "위태하고 우려되는 때를 당하여 이미 담장을 넘거나 문을 닫아건 사람[97]이 아니니, 나가서 성은에 사은하는 것은 그렇게 하지 않을 수 없다. 본래 사우들이 바라던 적임자가 아니니, 어찌하겠는가. ……"라고 하였습니다. 제 생각에는, 전날 처신한 바로 살펴본다면 어찌 탁월할 뿐이겠습니까마는 지금은 또 일반적으로 조용(調用)된 것처럼 처신하니, 이것을 이해할 수 없습니다. 옛사람이 "사대부의 출처는 시운(時運)의 성쇠에 관계된다."[98]라고 말했는

97 담장을……사람 : 신하가 되어 임금을 섬기려 하지 않는 사람을 뜻한다. 《맹자》 〈등문공 하(滕文公下)〉에 "옛날에 신하가 되지 않았으면 군주를 만나 보지 않았다. 단간목(段干木)은 담장을 넘어 피하였고, 설류(泄柳)는 문을 닫고 받아들이지 않았으니, 이는 모두 너무 심하다. 만나 보려는 정성이 절박하면 만나 볼 수 있는 것이다."라고 한 것을 인용하였다.

데, 대운(大運)과 함께 돌아가서 사람으로 하여금 거센 물살 속 지주(砥柱)[99]를 보지 못하게 하는 것이 아니겠습니까.

이 편지는 즉시 찢어 버리신다면 매우 다행이겠습니다.

98 사대부의……관계된다 : 주희(朱熹)가 〈상서(尙書) 한원길(韓元吉)에게 답한 편지〔答韓尙書書〕〉에서 한 말이다. 《晦庵集 卷25》

99 지주(砥柱) : 중국의 황하(黃河)의 거센 물살 가운데 우뚝 서 있는 바위산으로, 혼탁한 세속에 휩쓸리지 않고 꿋꿋하게 자신의 절조를 지키는 군자에 비유된다.

이사심에게 답함 병술년(1646, 인조24) 7월 17일

答李士深 丙戌七月十七日

한 달 넘게 소식이 막혀 그리운 마음 심했는데, 진중(珍重)한 두 통의 편지를 한꺼번에 받았습니다. 소식을 자세히 안 나머지 맑은 향기를 마신 것 같았으니, 감동하여 탄복하는 마음 참으로 깊습니다. 전과 같이 병이 악화되는 것을 면하였으며 시장 바닥에 은거한 자가 된 지 오래라는 것을 알고 더욱더 기뻤습니다.

저는 일찍이 책을 함께 보자는 외성(外城)의 요청을 받고 산당(山堂)에서 6월을 보냈는데, 돌아오는 길에 더위를 먹어 반달을 신음했으나 아직도 증세가 남아 있습니다. 만약 북창 아래 누워 맑은 바람을 쐬며 희황씨(羲皇氏)에게 높이 읍했다면 어찌 이런 괴로움이 있었겠습니까. 이에 스승을 찾아 묻고 배운다는 말은 단지 썩은 유생들을 그르치는 것임을 알았을 뿐입니다.

석상(石相)께서 새장에서 벗어나셨으니,[100] 상쾌하고 즐거운 기분이 어떠하겠습니까. 편지에서 별도로 관직을 설치했다고 하셨는데, 세상에는 절로 적임자가 있을 것이니, 용렬한 이 몸을 위하여 걱정하지 마십시오.[101] 정숙(靜叔 이태연(李泰淵))이 늙으신 부모님을 영화롭게

100 석상(石相)께서 새장에서 벗어나셨으니 : 석상은 청음 김상헌을 가리킨다. 그가 재상에 임명된 뒤에 한 번 나가 사은숙배하고 즉시 석실(石室)로 돌아왔으므로 '새장에서 벗어났다'고 한 것이다.

101 편지에서……마십시오 : 당시에 김상헌이 동궁을 보익하는 방도를 진언하여 별도로 찬선(贊善)과 진선(眞善)을 설치하였다. 이후원이 그 자리에 송시열을 의망했으

봉양하려는 뜻을 이루어 사람으로 하여금 흠모하게 합니다. 멀리서 들은 만 리 밖의 소식이 사람의 마음을 심히 위로하는데, 사실인지는 알 수가 없습니다.[102]

굴 삼려(屈三閭)가 오래 살아서 세상을 벗어나기를 원한 것은 대개 당시 사람들의 일이 어떻게 결말이 나는지 보고 싶었던 것입니다.[103] 오늘의 이러한 뜻은 역시 우연한 것은 아니나 단지 솥과 그릇이 이미 깨져 용과 호랑이를 기를 인연이 없으니,[104] 어떻게 얼어 죽음을 면하여 내년에 큰 사발에 담은 수제비를 먹을 수 있겠습니까.

부채와 붓을 은혜롭게 보내 주시니 깊이 감사하는 마음 그지없습니다. 정숙이 이미 부모님을 봉양하고 있어 소식을 전할 길이 더욱 없으니, 더욱 서글퍼집니다.

끝으로, 시대를 위해 보중하시기를 바랍니다.

므로 송시열의 대답이 이와 같았던 것이다.

102 만……없습니다 : 명나라의 마지막 황제 영명왕(永明王)이 1646년에 황제로 즉위하고, 연호를 영력(永曆)이라 한 소식을 들은 것으로 보인다.

103 굴……것입니다 : 굴 삼려는 삼려대부(三閭大夫) 굴원(屈原)을 말한다. 주희(朱熹)가 유덕수(劉德修)에게 답한 편지에서 "굴원이 지나간 일은 미칠 수 없고 앞으로 올 일은 알 수 없기 때문에 오래 살아서 세상을 벗어나기를 원함이 있었으니, 이 또한 당시 사람들의 망녕된 일을 견디지 못하여 그들이 마침내 어떻게 되는지 보려고 한 것일 뿐입니다."라고 한 말이 있다. 《晦庵集 續集 卷6 答劉德修》

104 솥과……없으니 : 나빠진 건강을 회복할 수 없다는 뜻이다. 주희의 시 〈봉동공제제형……인차기운(奉同公濟諸兄……因次其韻)〉에 "솥 속 용호는 응당 함부로 한 말이고, 종이 위 효와 단은 진전이 아니네.〔鼎中龍虎應浪語, 紙上爻彖非眞傳.〕"라고 했는데, 솥 속 용호는 선가의 연단술을 가리켜 말한 것이다. 도가에서는 건곤(乾坤)으로 노정(爐鼎)을 삼고, 감리(坎離)로 수화(水火)를 삼으니, 용호(龍虎)는 곧 수화이다. 대개 사람 몸속의 음양을 가리켜 말한 것이다. 《晦庵集 卷9》

이사심에게 답함 병술년(1646, 인조24) 7월 24일

答李士深 丙戌七月二十四日

방금 답장을 썼는데, 곧 옥장(沃丈)을 통하여 만 리 길을 떠나신다는 소식을 들었습니다. 축하드리자니 주(周)나라를 관광한다[105]고 말할 수 없고, 위로를 드리자니 아녀자의 태도에 가깝습니다. 서쪽을 바라보고 우두커니 섰으니, 어떻게 마음을 가눌 수 있겠습니까.

가만히 생각해 보면, 영감의 체후는 원래 건강하지 않은 데다가 평소 병환이 있어서 풍토병과 상로(霜露)를 접촉해서는 안 됩니다. 신하의 충절은 본래 험난함을 감당해야 하나 우정은 오직 진중하시기를 바랄 뿐입니다. 이 밖에 다시 무슨 말을 하겠습니까. 그러나 한 가지 꼭 드릴 말씀이 있습니다. 저들에게서 얻은 바[106]를 처리하는 데 올바른 도리가 있으니, 병자년(1636)과 정축년(1637) 이전처럼 거들떠보지 않는다면 붕우에게도 영광일 것입니다. 저들 가운데 행여 문산(文山)・육상(陸相)[107]과 같은 이가 있다면 반드시 찾아가 만나 보고, 저

105 주(周)나라를 관광한다 : 춘추 시대 오(吳)나라 공자 계찰(季札)이 노(魯)나라에 사신으로 왔다가, 주대(周代) 각국의 음악을 모두 듣고는 하나하나 품평을 하였던 고사가 있다. 《史記 吳太伯世家》

106 저들에게서 얻은 바 : 청나라에서 받아 누린 것이나 상(賞)을 말한다. 《宋子大全隨箚 卷3》

107 문산(文山)・육상(陸相) : 송(宋)나라의 충신 문천상(文天祥)과 육수부(陸秀夫)이다. 문천상은 원(元)나라가 침입하자 호걸을 모아 근왕병(勤王兵)을 조직하고 우승상으로서 원나라에 화친을 의논하러 갔다가 붙잡혔으나 빠져나왔으며, 그 뒤에

들의 형세를 아울러 기록하여 은밀하게 알려 주시는 것이 어떻습니까?

다만 부디 보중하고 진중하시어 멀리 있는 사람의 정성을 위로해 주시기를 바랍니다.

○ 혹 몇 글자를 남겨 주시어 작별 후 얼굴을 대하듯이 해 주시겠습니까?

다시 전투에 패해 3년 동안 연경(燕京)에 붙잡혀 있다가 끝내 굴복하지 않고 죽음을 맞이하였다. 육수부는 송나라가 패망하자 복주(福州)에서 익왕(益王)을 세웠으며, 익왕이 죽자 다시 위왕(衛王)을 세우고 좌승상이 되었는데, 원나라 군사가 송의 최후 보루이던 애산(厓山)을 격파하자, 벗어날 수 없음을 알고는 처자를 바다에 빠져 죽게 한 다음 위왕을 등에 업고 함께 바다에 빠져 죽었다. 《宋史 文天祥列傳, 陸秀夫列傳》

이사심에게 보냄 병술년(1646, 인조24) 8월 3일

與李士深 丙戌八月三日

일찍이 옥천(沃川)의 인편을 통하여 한 통의 서신을 올렸는데, 받아 보셨습니까? 행장(行裝)은 어떻게 조처하여 마련하셨습니까? 어제 옥장(沃丈)이 자기가 받은 편지를 보여 주었는데, 가난하고 군색한 상황을 족히 알겠기에 곱절 더욱 염려됩니다. 출발 날짜는 틀림없이 이달을 벗어나지 않습니까? 서생(書生)의 제비턱[108]은 또한 통쾌한 일이라 하니, 다만 일찍 하지 못한 것이 한스럽습니다.

○ "한 가지 일도 천지를 속인 적 없으니, 삼신이 생명을 보호해 주길 바라네.〔曾無一事欺天地, 幸有三辰護死生.〕"[109]라고 한 구절을 들어 보신 적 있습니까?

108 서생(書生)의 제비턱 : 서생이 귀인의 골상(骨相)을 가진 것을 말한다. 서역(西域)에 종군(從軍)하여 정원후(定遠侯)로 봉해진 후한(後漢)의 반초(班超)가 소싯적에 관상을 보았는데, 관상을 보는 사람이 "제비턱에 범의 목을 하고 있으니, 이는 만리후(萬里侯)의 상이다."라고 하였다. 《後漢書 班超列傳》

109 한……바라네 : 동악(東岳) 이안눌(李安訥)이 명나라에 사신을 가서 지은 시 〈구월초팔일출주입영원위(九月初八日出舟入寧遠衛)〉에 있는 구절이다. 《東岳集》

이사심에게 보냄 병술년(1646, 인조24) 11월 23일

與李士深 丙戌十一月二十三日

눈보라가 매섭게 몰아치니, 멀리 연(燕) 땅 변경을 염려하지 않은 적이 없습니다. 군자가 직무를 수행하러 가는 것이 어찌 그렇게 지극하였단 말입니까. 영감이 북쪽으로 가고부터 초가집에서 꾸는 꿈이 때로 요수(遼水)를 건너갔으니, 이것이 어찌 의기(義氣)가 끝내 사정(私情)을 이기지 못한 때문이겠습니까. 우습고도 우습습니다.

지금 영감의 수레가 일양(一陽)과 함께 돌아오고 있으며,[110] 고생을 실컷 한 나머지에 영감의 건강이 신의 도움을 받고 있을 것을 상상하니, 위안되고 그리운 마음 한량없습니다. 저는 모친을 봉양하며 깊이 칩거하여 구차하게나마 기뻐하는 얼굴을 짓고 있으나 사채를 빌려 관청에 갚는 것이 근래에 할 수 있는 일일 따름입니다.

한가로운 중에 그리움을 견디지 못하다가 평양으로 가는 인편이 있다는 말을 듣고 감히 이렇게 마중하는 안부를 여쭈지만, 중간에 유실되지 않으리라고 보장하지는 못합니다. 이에 감히 자세히 쓰지 못하고 "돌아오기를 게을리하지 말라.〔歸莫懶〕"[111]라는 한 마디 말로 그저 정을 담아 축원할 뿐입니다.

110 지금……있으며 : 청나라에 사신으로 간 이후원의 수레가 동지(冬至) 무렵에 귀국하고 있다는 말이다. 일양은 음이 극성(極盛)한 중에 다시 밑에서 일양이 자라나는 복괘(復卦)의 초효(初爻)로, 11월을 뜻한다.

111 돌아오기를 게을리하지 말라 : 두보(杜甫)의 〈세병마행(洗兵馬行)〉에 "기수 가의 건장한 병사들 돌아오기를 게을리하지 말라.〔淇上健兒歸莫懶.〕"라고 하였다.

이사심에게 보냄 정해년(1647, 인조25) 4월 17일

與李士深 丁亥四月十七日

전후로 보내신 정겨운 편지는 차례로 받아 읽었습니다. 다만 〈비풍(匪風)〉의 생각[112]이 간절하여 눈물이 떨어졌습니다. 요즘 청화절(淸和節)[113]의 동정이 절서를 따라 심신을 수양하며 형통하고 길하시리라 생각합니다.

저는 모친을 모시고 칩거하고 있으며 콩죽과 물로 간신히 입맛을 맞춰 드리고 있습니다.[114] 일찍이 유행병에 전염되어 몇 달을 괴로워하며 어수선하게 지내다가 요즘 겨우 편안해졌을 뿐입니다. 저들의 형세는 분개하고 탄식한들 어찌하겠습니까. 굴자(屈子 굴원(屈原))가 오래 살아서 속세에서 벗어나기를 원한 것은 당시 사람들이 어떻게 결말이 나는지 보고 싶었던 것입니다.[115]

이제 우리가 이미 반평생을 살았는데, 황하가 맑아지기[116]를 기다릴

112 비풍(匪風)의 생각 : 〈비풍〉은 《시경》의 편명으로, 주(周)나라 왕실이 쇠미하게 되자 문왕, 무왕, 주공의 정치를 그리워하며 지은 시이다. 여기에서는 명나라의 멸망을 슬퍼하는 것으로 보인다.

113 청화절(淸和節) : 음력 4월의 이칭이다.

114 콩죽과……있습니다 : 콩죽과 물은 소박한 음식을 뜻하는데, 《예기》 〈단궁 하(檀弓下)〉에, 공자(孔子)가 자로(子路)에게 "콩죽을 먹고 물을 마셔도 그 즐거움을 다하면 이를 효(孝)라 한다."라고 한 데서 온 말이다.

115 굴자(屈子)가……것입니다 : 158쪽 주103참조.

116 황하가 맑아지기 : 탁하기만 한 황하의 물이 맑아진다는 말인데, 옛사람은 이것을 태평한 시대의 상서로 여겼다. 삼국 시대 위(魏)나라의 이강(李康)은 〈운명론(運命

수 있겠습니까. 송산(松山)과 행산(杏山)에 관한 논의[117]는 비록 다시 발언해서는 안 되지만 심광체반(心廣體胖)의 기는 또한 조금 숨기기를 바랍니다. 우습습니다.

북쪽 골짜기를 겨우 채웠는데 남쪽의 으름장이 이어서 이르렀습니다.[118] 당국자의 근심을 삼가 살펴보건대 분명히 강호(江湖)보다 심함이 있을 것입니다. 한 봉의 당전(唐牋)[119]에 사산(沙山 송준길)이 간담을 떨었으니, 선비가 이 세상에서 살아가는 것은 어렵다고 할 만합니다. 황토(黃菟)의 세대에 진중하신 상공(相公)께서 크게 공을 세웠습니다.[120] 오늘 이 책임을 맡는 것은 아마도 다른 사람에게 있지 않을

論)〉에서 "무릇 황하가 맑아지면 성인이 난다.〔夫黃河淸而聖人生〕"라고 하였는데 그 주석에 "황하는 천 년에 한 번 맑아지는데, 맑아지면 성인이 그때에 난다.〔黃河千年一淸, 淸則聖人生於時也.〕"라고 하였다.《文選 卷53》 여기서는 중국이 오랑캐의 지배에서 벗어난다는 의미로 썼다.

117 송산(松山)과……논의 : 송산과 행산은 지금의 요령성(遼寧省) 금주(錦州) 일대에 있다. 송산에서 행산에 이르는 일대는 청나라와 명나라가 국가의 명운을 걸고 일대 결전을 벌였던 곳이다.

118 북쪽……이르렀습니다 : 북쪽에 있는 청나라의 가렴주구를 겨우 채워 주자, 남쪽에 있는 왜국(倭國)의 위협이 이어서 이르렀다는 말이다.

119 한 봉의 당전(唐牋) : 이후원이 청나라의 상황을 기록하여 보고한 문서를 가리키는 것으로 보인다.《宋子大全隨箚 卷3》

120 황토(黃菟)의……세웠습니다. 기묘사화(己卯士禍) 당시에 정광필(鄭光弼)이 조광조(趙光祖)와 김정(金淨) 등 현인을 구원한 것을 말한다. 여기서 '진중하신'이라고 한 것은 주희의 시 〈재거감흥이십수(齋居感興二十首)〉에서 "진중하신 무극옹〔珍重無極翁〕"이라 한 데서 온 말로, 무극옹은 염계(濂溪) 주돈이(周敦頤)를 가리킨다.《宋子大全隨箚 卷3》 황토는 오행상 황색인 십간의 기(己)와 십이지 중 토(菟)인 묘(卯)가 합쳐진 기묘년을 이르는 말이다.

것입니다. 어떻게 생각하십니까?

확실한 인편을 우연히 만나 입에서 나오는 대로 써서 올립니다. 바라건대 밝게 헤아려 주시면 매우 다행이겠습니다.

이사심에게 보냄 정해년(1647, 인조25) 5월 25일
與李士深 丁亥五月二十五日

벌겋게 타들어 가는 대지에 무더운 먼지 날리니, 매일 근심하고 탄식합니다. 이런 때에 멀리 계신 영감을 생각하는 마음이 실로 평소보다 갑절은 더합니다.

목로(牧老)의 부지인(不知人)[121]이 제가 올린 서찰을 전했습니까? 이 서찰은 은청(銀靑)[122]이 전한 서신에 답한 것이나 그 서신이 이미 먼저 아무개 벗의 손을 거쳐 오면서 문드러져 글자가 분명하지 않았습니다. 저는 그 벗이 얻은 편지를 저에게 돌려 보여 주는 것이라고 여겼으므로 전의 답장이 견강부회하는 잘못을 면치 못했습니다. 그에게 면전에서 질책을 당하고서야 비로소 그 잘못을 알았으니, 지금 생각하면 우스운 일입니다.

그러나 그 별도로 하신 말씀은 그에게 있어서나 저에게 있어서나 다만 수사(收司)[123]에 해당하니 어찌 차이가 있겠습니까. 이른바 "사습

121 목로(牧老)의 부지인(不知人) : 목은(牧隱) 이색(李穡)의 먼 후손을 가리킨다. 《宋子大全隨箚 卷3》

122 은청(銀靑) : 《송자대전수차》 권3에서는 지명(地名)일 것이라고 했다. 그러나 은청이라는 지명이 어디인지 확인하기 어려운 것으로 보아, 은청은 은인청수(銀印靑綬) 즉 은인장과 푸른 인끈이라는 뜻으로, 고위 관직에 있던 어떤 사람을 가리키는 것이 아닌가 생각된다.

123 수사(收司) : 서로 규찰하여 고발하게 하는 것으로, 전국 시대 진(秦)나라 공손앙(公孫鞅)이 제정한 법이다. 10가구가 1보(保)가 되니, 1가구가 죄가 있으면 9가구가

이 산림을 뛰어다니지만 결국은 푸줏간에 걸린다."[124]라는 격입니다. 그러나 다만 영형(令兄)의 관음보살 같은 성품을 배워야 할 뿐입니다. 곧 바람 부는 대로 움직이면서 뻔뻔스러운 얼굴로 염라노자(閻羅老子)에게 죄를 없애고 복을 주기를 빌어서는 안 됩니다. 우습습니다.

가만히 들으니, 요즘 독서에 힘쓰고 계시며 보는 책은 오랑캐가 올린 것이라고 하던데, 어떤 문자인지 모르겠습니다. 가르침을 주시기 바랍니다. 포도와 구장(枸醬)[125]은 비록 총령(葱嶺) 너머에서 나지만, 어찌 좋아하지 않는 사람이 있다는 소리가 들리겠습니까.

제가 올린 면직을 청하는 글은 어떻게 마무리될지 모르겠습니다. 옛사람은 이런 경우를 당하면 반드시 먼저 재상에게 간절한 사정을 알렸습니다. 오늘 영형이 있는데도 힘을 얻지 못하니 또한 괴이한 일입니다. 다만 견줄 만한 한 가지 좋은 일이 있습니다. 숲에 있는 새가 뭇 새들이 그물에 걸린 것을 보고 흘겨보며 비웃다가 잠시 뒤에 그 녀석도 갑자기 그물에 걸렸는데, 먼저 걸렸던 새들은 그물에서 벗어나 숲으로 돌아가 반대로 비웃기를 그치지 않는다는 것입니다. 어딘가 구름 사이로 날아오르는 날개를 가진 붕새가 있어서 굽어보며 모두를

연대로 고발하고, 만약 고발하지 않으면 10가구가 연좌된다. 《史記 商君列傳》 여기서는 연좌법을 말한다.

124 사슴이……걸린다 : 운명은 정해져 있다는 말이다. 당(唐)나라 서유공(徐有功)에게 시어사(侍御史)의 벼슬이 내려지자 그가 땅에 엎드려 눈물을 흘리고 사양하며 말하기를 "신이 듣건대 사슴이 산림을 뛰어다니지만 결국 푸줏간에 걸린다고 하니, 형세가 그렇게 만드는 것입니다."라고 하였다. 《新唐書 徐有功列傳》

125 구장(枸醬) : 촉(蜀) 지방에서 생산되는 구목(枸木)의 열매를 담가서 만든 조미료인 초장을 가리키는데, 촉인들이 이것을 매우 진미(珍味)로 여겼다고 한다.

비웃을지 모르겠습니다. 때때로 개탄합니다.

나머지는 멀리 보내는 편지라 감히 많은 이야기를 쓸 수 없으니, 삼가 마음으로 이해해 주시기를 바랍니다.

이사심에게 보냄 정해년(1647, 인조25) 7월 19일

與李士深 丁亥七月十九日

가뭄과 비가 연달아 극심하여 다 참담한 가운데 있습니다. 이런 때 서로 염려하는 마음에 어찌 다함이 있겠습니까.

두 폭의 편지가 부채 2자루, 붓 31자루와 함께 사산(沙山)에서 왔습니다. 받들어 완상하기를 열 차례 하자 문득 두 겨드랑이에서 바람이 일어나는 느낌이 들었으니, 위안되는 것이 어떻겠습니까. 산사람에게는 변변한 물건이 없으나 다만 계산(溪山)의 고요한 정취는 사람들에게 자랑할 만합니다. 지금 높은 벼슬에 오른 분이 그 고요한 정취마저 다 가졌으니, 산사람은 무색하다고 할 만합니다. 이 사람은 말할 만한 것이 없고, 그저 보리를 비비고 조를 떨어서 목전의 서리 내린 후까지 연명한다면 다만 구렁을 영원한 유택(幽宅)으로 삼을 것입니다. 초야에 있는 이들도 모두 이와 같으니, 집안 형편이 윤택한 사람이 어찌 홀로 부유할 수 있겠습니까. 조금도 다르게 볼 필요가 없을 듯합니다.

추단(推壇)의 설은 어찌 그리도 상서롭지 못합니까. 옛날에 사마(司馬)의 독서 이야기를 종이 위 우스갯거리로 삼고, 부질없이 다시 당전(唐牋)에 청나라의 상황을 기록하여 보고할 것을 받들어 아뢰었는데, 이내 그 망녕됨을 깨달았습니다.

유두절(流頭節)에 한 통의 편지를 지방관이 사례하러 올라가는 행차에 부탁했는데, 혹 이미 받아 보셨습니까? 풍년이 드는 것은 산사람도 함께 자기 집을 위해 원하지만, 세도가 태평해지는 것은 스스로 도를 지닌 자가 아니면 바랄 줄을 모르니, 이는 심광체반(心廣體胖)한 사람의 일이 아니겠습니까. 우습습니다.

일찍이 장자(長者)를 모실 적에 말이 시사에 미치자 눈물을 빗줄기처럼 흘리셨으니, 어찌 그 충의(忠義)의 마음이 늙을수록 더욱 도타운 것이 아니겠습니까. 아니면 또한 쇠한 세상의 기상입니까? 이것으로 성문을 지키는 자가 공씨(孔氏)의 마음을 알지 못했음을 알았습니다.[126] 그러나 반드시 없었어야 할 황토(黃兎)에 의당 있어야 할 문익(文翼)이 있었으니, 어찌 부지(扶持)하는 상이 되지 않겠습니까.[127] 그러나 다른 사람에게 양보할 필요는 없을 듯합니다. 어떻게 생각하십니까?

할 말은 많지만 인편이 매우 바삐 떠나므로 이만 줄입니다.

126 성문을……알았습니다 : '성문을 지키는 자'는 어진 덕을 가졌으면서도 아침에 성문 여는 미천한 일을 맡아보던 사람으로, 공자 당시의 은자(隱者)이다. 성문을 지키는 문지기가 묻기를 "어디에서 왔는가?"라고 하자 자로가 "공씨에게서 왔소."라고 대답하니, 그는 "바로 불가한 줄 알면서도 하는 자 말인가."라고 하였다. 《論語 憲問》

127 반드시……않겠습니까 : 기묘사화 때 정광필(鄭光弼)이 조광조(趙光祖)와 김정(金淨) 등을 구원하려 노력했던 것은 시대를 부지하는 상이 된다는 말이다. 황토(黃兎)는 오행상 황색인 십간의 기(己)와 십이지 중 토(兎)인 묘(卯)가 합쳐진 기묘년을 이르는 말로, 여기서는 1519년(중종14)에 발생한 기묘사화를 이른다. 문익(文翼)은 정광필의 시호이다.

이사심에게 보냄 정해년(1647, 인조25) 11월 24일

與李士深 丁亥十一月二十四日

매번 '종남산(終南山)에 눈 내려 한 길이나 깊어도 편안하게 거처하며 외물에 초연해야 한다.'라고 생각했습니다. 멀리서 듣건대, 북계(北棨)가 장차 길에 오를 것이라고 합니다.[128] 이로부터 소식이 더욱 뜸해질 것이니, 서글픈 회포가 어찌 다만 도성 문에서 헤어지는 정도뿐이겠습니까. 더구나 이 시절은 다시 멀리 작별할 때가 아닙니다.

다만 생각건대 북방 지역은 깊고 궁벽한 곳이고 사무가 간소하고 한가로우니, 예전 거마(車馬)의 소리에 괴로워 남산에서도 오히려 귀를 가리고 싶었던 때에 비하면, 이번 행차에 반은 신선이 되지 않을 수 있겠습니까. 더구나 그곳은 가는 곳마다 정성을 다하면 임금에게 보답하고 만물에 은혜를 베푸는 곳으로 삼기에 충분합니다. 잘 보중하십시오.

저는 숙수(菽水)로 봉양하는 나머지에 아침저녁으로 글을 보며, 단지 이것을 본분으로 삼고 있으나 허물과 후회가 날로 쌓여 다 회상하지도 못합니다. 이로부터 수습하여 만년의 공효를 도모하기를 간절히 바라는데, 하늘의 신령함에 힘입어 혹 이 뜻을 이룰 수 있을지 모르겠습니다.

128 북계(北棨)가……합니다 : 이후원이 1647년 10월 22일에 함경도 관찰사에 임명되었는데, 곧 출발할 것이라는 뜻이다. 계(棨)는 비단을 씌운 창으로, 관리들이 외출할 때 앞에서 인도하는 데 쓰는 의장의 하나이다.

풍토가 남쪽[129]과는 다르니, 갑절 더 보중하여 멀리 있는 사람의 정성을 위로해 주시기를 삼가 바랍니다.

129 남쪽 : 대본에는 '北'으로 되어 있다. 두주(頭註)에 근거하여 '南'으로 바로잡아 번역하였다.

이사심에게 보냄 무자년(1648, 인조26) 담오일[130]

與李士深 戊子啖烏日

영형(令兄)이 가신 뒤로 안중(眼中)에 다시는 옛 벗의 정다운 편지가 없으니 어찌 그립지 않았겠습니까. 크게 탄식합니다.

해가 바뀌었는데, 도민(道民)을 보호하고 안정시켜 위성(威聲)과 덕화(德化)를 떨친 나머지에 온 가족의 건강은 어떠하십니까? 풍토가 남쪽과 같지 않으니, 비록 털옷을 껴입고 진한 술을 마시더라도 한바탕 따뜻한 바람만 같지 못하니, 보중하는 방도로는 두루 신중한 것이 가장 좋습니다.

저는 노인을 모시고 나이를 먹으니 기쁨과 두려움이 더욱 깊습니다. 단지 콩죽과 물이나 거친 밥으로 분수에 따라 지내고 있으니, 이 외에는 다시 드릴 말씀이 없습니다. 지난해 섣달에 보내 주신 편지를 받고 아울러 달력과 붓을 받았으며, 깊이 감사하며 간직하고 있습니다. 일찍이 한 통의 서찰을 써서 우편에 부쳤는데 중도에 돌아왔습니다. 전송하는 말이 홀로 뒤처진 것을 의아하게 여기지 않으실 수 있겠습니까.

올해의 우레는 다만 일어날 만한 데서 일어난다[131]고 들었으니, 무슨

130 담오일(啖烏日) : 1월 15일이다. 488년 1월 15일에 신라 소지왕(炤智王)이 천천정(天泉亭)에 행차하여, 까마귀가 물고 온 편지를 보고 그 편지에 적힌 대로 거문고갑〔琴匣〕을 활로 쏘아, 왕비와 사통하던 내전(內殿) 분수승(焚修僧)과 왕비를 잡아서 처형한 뒤로, 그 은혜를 갚기 위해 해마다 이날에 찹쌀밥을 지어 까마귀에게 제사하는 것이 풍속이 되었다고 한다. 《三國遺事 卷1 射琴匣》

131 일어날……일어난다 : 송(宋)나라 소옹(邵雍)이 정이(程頤)와 천하의 일에 대해

허물 때문에 일어날지 모르겠습니다. 올해 근심에 어찌 끝이 있겠습니까. 시사(時事)는 사슴과 노니는 사람이 아는 바가 아니며, 오직 교외에 계신 어른[132]이 우뚝이 지주(砥柱)가 되시니, 사림이 의지하여 근심하지 않을 뿐입니다.

접때 구차하게 한번 벼슬길에 나갔다가 이미 중망(衆望)을 만족시키지 못했는데, 지금 또 인륜을 넘어뜨리는 일을 만들어 지우(知友)로 하여금 함께 책임을 지게 한다면 장차 어디를 우러르겠습니까. 매우 한탄스럽습니다. 그때 영형이 그 성(城)에 있으면서 이미 그의 이웃과 담소를 나누었는데, 중지시킬 수 없었습니까?

회덕(懷德)의 종가가 큰 가문과 혼인 약속을 맺었으나 예물이 온 것을 물리쳐서 연루된 사안이 멀리 냉천(冷泉) 가까지 미쳤습니다. 근래의 일은 잘 알 수가 있으니, 횡액을 크게 만난 것입니다. 사생(沙甥)[133]은, 그 장인이 그를 매우 아끼니, 곁에서 보기에도 기쁩니다. 금리(錦里)[134]도 편안합니다만 그의 아우 넷이 병을 앓아 심신이 불안할 뿐입니다.

할 말은 많지만 멀리 보내는 편지라 많은 이야기를 쓸 수 없으니, 그저 마음으로 이해해 주시기를 바랍니다.

이야기하고 있는데 마침 우레가 일어나자, 소옹이 정이에게 "그대는 우레가 어느 곳에서 일어난다고 생각하는가?"라고 묻자, 정이는 "일어날 만한 데서 일어납니다."라고 하였다. 《二程遺書 卷21 上》

132 교외에 계신 어른 : 청음 김상헌을 가리킨다.

133 사생(沙甥) : 민유중(閔維重)을 가리킨다. 당시에 사산(沙山)에 우거한 동춘당 송준길의 사위이다.

134 금리(錦里) : 금산(錦山)에 살던 초려(草廬) 이유태(李惟泰)를 가리키는 것으로 보인다.

이사심에게 답함 기축년(1649, 인조27) 1월 19일

答李士深 己丑元月十九日

한 해가 가고 편지가 왔습니다. 마치 천 리 밖에서 얼굴을 보는 듯하여 기쁘고 시원함을 말할 수 없습니다.

일찍이 황산(黃山) 사람이 그곳으로 간다는 말을 듣고 한 통의 편지를 보내며 전달되기를 바랐는데, 가까운 거리의 지역에서 유실될 줄은 생각지도 못했으니, 이상하다는 꾸짖음은 진실로 달게 여겨야 할 바입니다. 그 편지에는 다른 말은 없고, 단지 "어찌하면 낙민루[135] 위의 달을 얻어서, 군과 함께 길게 휘파람 불며 초연히 앉을까. 유독 지은 자만이 이 마음을 가진 것이 아니니, 듣는 자는 더욱 이별의 한 일으키네.〔安得樂民樓上月, 與君長嘯坐超然? 不獨作者有是心, 聞者益惹離恨.〕"라고 했는데, 이 한 구절이 있기 때문에 귀신이 아끼어 물결을 뒤집으려 하지 않았을 것입니다.[136]

135 낙민루(樂民樓) : 1607년(선조40)에 함경도 관찰사 장만(張晩)이 지은 누대이다.

136 귀신이……것입니다 : 편지에 적힌 시를 귀신이 좋아하여, 편지를 강물에 던져 넣자 귀신이 물결을 뒤집지 않았다는 말로, 편지가 유실되었다는 뜻이다. 왕영로(王榮老)가 관주(觀州)에서 벼슬을 하고 있었는데, 하루는 관강(觀江)을 건너려고 하자 7일 동안이나 바람이 불어 건널 수가 없었다. 그 고을의 원로가 "공께서는 상자 속에 반드시 보물을 감추고 계실 것입니다. 이 강의 신은 지극히 신령하니 마땅히 그것을 바쳐야 건널 수 있을 것입니다." 하였다. 왕영로는 특별히 갖고 있는 보물이 없었지만 옥과 벼루 등을 바쳤는데 바람이 그치지 않았다. 그러다가 황정견(黃庭堅)의 글씨로 위응물(韋應物)의 시 〈저주서간(滁州西澗)〉을 쓴 부채가 있음을 알고 그것을 바쳤더니, 바람이 멎어서 강을 건널 수 있었다고 한다.《冷齋夜話 卷1 江神嗜黃魯直書韋詩》

저는 어머니를 모시고 그럭저럭 지내고 있습니다. 요즘 들어 걱정스럽고 고통스러움이 사람 마음을 가장 괴롭게 합니다. 올해 수염과 모습이 10년은 늙은 것 같습니다. 그러나 곡식을 꾸고 빚을 지며 구차하게나마 살고 있는데, 이는 충분히 형통하고 태평한 것입니다.

두 마리 생선은 몇 개의 성읍을 거쳐서 산골 마을에 들어왔단 말입니까. 감격이 실로 마음에 남아 있습니다. 근년에 사산(沙山)은 벼슬길이 끊어졌으니, 금리(錦里) 한 사람뿐입니다.[137] 저는 유독 불행하여 혹 익선(翊善)을 하고 혹 진선(進善)을 하며[138] 거의 벼슬에 임명되지 않은 해가 없으나, 깊은 숲에 은거하고부터 성과 이름을 그저 사슴에게 주었으니, 아는 사람의 처지에서 보면 어찌 빙그레 웃지 않겠습니까.

임기 만료일이 점점 다가옵니다. 다시 모시고 담소를 나눌 기회는 혹 있겠지만, 천재(天災)와 시변(時變)은 사람이 감히 말할 수 없습니다. 하늘이 모두의 성명(性命)을 온전하게 하여 서로 마주할 때가 있게 할지 모르겠습니다. 날씨가 따뜻해지고 있습니다. 다시 바라건대 시대를 위하여 더욱 보중하여 멀리 있는 사람의 정성에 부응해 주십시오.

137 사산(沙山)은……사람뿐입니다. 사산은 사산에 우거한 동춘당 송준길을 가리킨다. 효종이 세자로 책봉되었을 때 송준길이 소현세자의 아들을 세자로 세워야 한다고 주장했는데, 이것이 인조의 뜻을 거슬러, 그를 부르지 말라는 분부가 있었다.《宋子大全隨箚 卷3》 금리는 금산에 살았던 초려 이유태를 가리킨다. 이유태는 1648년 7월 22일에 대군사부(大君師傅)에 제수되었다.

138 익선(翊善)을……하며 : 송시열은 1647년 6월 9일에 세자시강원 익선에 임명되고, 1648년 10월 13일에 세자시강원 진선에 임명되었으나 모두 사직하였다.

이사심에게 보냄 기축년(1649, 효종 즉위년) 6월 29일

與李士深 己丑六月二十九日

하늘이 불쌍히 여기지 않아 성주(聖主)께서 승하하셨습니다. 온 세상이 슬픔에 휩싸였으나 녹을 먹은 사람의 슬픔은 한층 더합니다.

삼가 생각건대 영형(令兄)은 빈전(殯殿)과 멀리 떨어져 있어서 활을 안고 부르짖는 곡[139]을 쏟아 내지 못했으니, 애통한 심정을 어떻게 참아 내고 계십니까? 새 성상께서 대를 이어 즉위하시어 만물이 기뻐하며 우러러보고 있습니다. 성상의 효성이 사람들을 크게 기뻐하게 할 뿐만 아니라 크고 작은 정령(政令)은 내기만 하면 의리에 합치하니 실로 우리 동방의 만세의 복입니다.

저는 가장 뒤에 소명을 받들고 입조하여 곡을 하고 거듭 제배(除拜)를 받았으며, 생각하기를 '이미 그 직위에 있으니 하루의 책임을 다해야 한다. 그러므로 한번 천안(天顔)을 뵙고 면전에서 소회를 다 아뢰기를 간절히 바란다. 그런 뒤에 물러나 초야에서 죽는다면 소원을 다 이룬 것이다.' 하였습니다. 일이 도리어 크게 잘못되어 그렇게 되지 않아서, 창황히 서울을 떠나[140] 성조(聖朝)를 저버렸으니, 한을 머금고

139 활을……곡 : 임금의 죽음을 슬퍼할 때 쓰는 말이다. 황제(黃帝)가 형산(荊山) 아래 정호(鼎湖)에서 솥을 만들어 연단(鍊丹)을 하다가 그 일을 끝내고서 용을 타고 승천할 적에 신하와 후궁 70여 인을 함께 데리고 갔는데, 여기에 참여하지 못한 소신(小臣)들이 용의 수염을 잡고 있다가 용의 수염이 빠지는 바람에 모두 떨어졌고, 이때 황제의 활도 함께 떨어졌으므로, 백성들이 그 활을 안고 부르짖으면서 울었다고 하여 그 활을 오호궁(嗚號弓)이라고 했다는 전설에서 유래한 것이다. 《史記 封禪書》

끙끙 신음하며 몸 둘 바를 모르겠습니다. 저보(邸報)를 보고 이미 대략을 아셨으리라 생각합니다. 그러므로 다시 번거롭게 아뢰지 않겠습니다. 그러나 그사이의 곡절은 멀리 보내는 편지라 다 쓸 수 있는 것이 아닙니다.

성서(城西)에 있던 날에는 날마다 함장(函丈)과 함께 마주하여 토론하였습니다. 영형의 셋째 아드님[141]이 날마다 와서 글자를 묻는데, 그 영특한 속을 보니 도리어 어질고 선한 마음이 있어 매우 사랑스러웠습니다. 둘째 아드님[142]의 통증은 다행히 조금 줄어들었습니다.

성(城)에 있을 때 묵묵히 시사(時事)를 점쳐 보니, 고질병을 앓는 사람이 한 가닥 모발마저 모두 가늘어져서 빠져 버리는 것과 똑같았습니다. 그러나 이것은 걱정할 만한 것이 아니고, 그저 맥이 서로 이어지지 않고 몸 안에 믿을 만한 것이 없는 상태인데 의료(醫療)에 조예가 깊은 사람이 도망가는 데 겨를이 없을 뿐입니다.[143] 또한 이훈(二勳)은

140 창황히 서울을 떠나 : 1649년 5월 23일 시남(市南) 유계(兪棨)가 홍문관 부수찬으로 있으면서 인조의 묘호(廟號)에 대해 조(祖)의 사용을 반대하고 종(宗)을 사용할 것을 주장한 일이 있었는데, 효종이 크게 진노하였다. 6월 29일 송시열이 입대(入對)를 청하였으나, 효종은 송시열 또한 그 일을 논의할 것으로 생각하고 병을 핑계로 송시열을 만나 보지 않았다. 송시열은 결국 뜻을 정하고 물러나 고향으로 돌아갔다.

141 영형의 셋째 아드님 : 이후원의 아들 이선(李選, 1632～1692)을 가리킨다. 자는 택지(擇之), 호는 지호(芝湖)·소백산인(小白山人)이고, 시호는 정간(正簡)이다. 저서로는 《지호집(芝湖集)》이 있다. 이후원은 원래 아들 셋을 두었으나 둘째 아들 운(運)이 일찍 죽었다. 그래서 그 뒤에는 이선이 둘째 아들이 되었다.

142 둘째 아드님 : 이후원의 아들 이운(李運)을 가리킨다. 그는 뛰어난 재능이 있었으나 약관이 되기 전에 요절하였다.

143 의료(醫療)에……뿐입니다 : 주나라 때 명의(名醫)로 이름난 편작(扁鵲)이 제

이미 패망했고[144] 그 잔당들은 아직도 마찰을 빚고 있어, 어부가 이미 양쪽을 얻을 조짐을 차지했으니,[145] 걱정되고 두렵습니다.

명형(明兄 송준길)은 이달 초에 저와 함께 서쪽으로 갈 것을 약속했으나 병으로 뒤에 떨어졌는데 아직도 이렇게 걸음이 더디니, 혹 앞일을 염려하는 뜻이 아니겠습니까. 그러나 끝내는 마땅히 올라올 것입니다. 태지(泰之 이유태)가 내왕(來往)을 매우 순조롭게 하니, 이 벗의 운명에는 미칠 수가 없습니다. 저는 영형이 조정으로 돌아가서 지체 없이 성상을 도우시기를 날마다 바랄 뿐입니다. 이만 줄입니다.

(齊)나라 환후(桓侯)를 보고 "병이 살결에 있으므로 치료하지 않으면 장차 깊어질 것입니다."라고 하니, 환후가 기뻐하지 않으며 "의원이 이익만 좋아한다."라고 하면서 치료하지 않았으며, 병이 장위(腸胃) 안에 들어가 있을 때에도 환후는 편작의 말을 믿지 않았다. 그 뒤에 병이 골수(骨髓)에까지 파고들자 편작이 멀리서 환후의 얼굴을 바라보고 도망쳤다. 《史記 扁鵲列傳》

144 이훈(二勳)은 이미 패망했고 : 김자점(金自點)과 그의 아들 김식(金鉽)이 1649년, 효종이 즉위하자 송준길 등의 탄핵으로 파직된 것을 가리킨다. 김자점은 인조반정에 적극 참여하여 정사 공신(靖社功臣) 1등에 녹훈되었다.

145 어부가……차지했으니 : 쌍방이 양보하지 않고 버티다가 제삼자가 이득을 얻게 된다는 어부지리(漁夫之利)의 고사를 언급한 것이다.

이사심에게 보냄 기축년(1649, 효종 즉위년) 9월 12일
與李士深 己丑九月十二日

나를 범속한 사람이라 부르고 자신은 한가로운 사람이라 일컬으니, 군자의 보복은 이렇게 매우 정교합니까? 우습습니다. 저의 거취는, 바람이 불어 물결을 만들면 그에 따라 소용돌이치는 것과 같습니다. 고고하게 군다고 말하든 거만하게 군다고 말하든 남이 어떻게 말하든 내버려 둘 뿐입니다.

국장(國葬)에 나아갔다가 끌려 들어왔으나 곧바로 쫓겨났으니, 누가 참으로 한가로운 사람인지 모르겠습니다. 저보(邸報)를 통해 근일의 소식을 다 아셨을 것인데, 벗들의 일은 각각 어떠합니까? 별지(別紙)의 뜻은 심히 우스우니, 어찌 작은 일을 요리하는 데에도 이렇게 서투를 줄 알았겠습니까. 지금 살펴보건대, 시중 가격을 아는 것도 쉬운 일이 아닌데, 왕연(王掾)은 어찌하여 눈을 부릅뜨는 데 이르렀습니까?[146] 후한 선물에 감사하는 마음 그지없습니다. 심의(深衣)는 전에

146 시중……이르렀습니까 : 민생(民生)의 실태를 파악하는 것이 쉽지 않으나 이미 잘 알고 있다는 뜻이다. 왕연은 왕술(王述)로, 사람들이 그를 어리석다고 하였으나 사도(司徒)인 왕도(王導)가 문벌(門閥)로 그를 불러 중병속(中兵屬)으로 삼고는 그를 대면하여 강동(江東)의 쌀값만을 물었다. 왕술이 눈만 부릅뜨고 대답을 하지 않자, 왕도가 "왕연은 어리석지 않다. 사람들이 어째서 그를 어리석다고 하는가."라고 하였다. 왕도가 쌀값에 대한 질문을 통해서 왕술이 민생의 실정을 어느 정도 파악하고 있는지 엿보려 하였는데, 왕술이 눈만 부릅뜨고 대답하지 않음으로써 알고 있다는 것을 증명해 보였다. 《晉書 王湛列傳》

쓰던 것이 있으므로 다시 번거롭게 하지 않은 것이니, 어찌 감히 '빌다〔乞〕'라는 글자를 꺼리겠습니까.

멀리 보내는 편지라 감히 많은 이야기를 쓰지 못합니다.

이사심에게 답함 기축년(1649, 효종 즉위년) 10월 21일
答李士深 己丑十月二十一日

세모에 그리운 생각 정말 괴로운데, 갑자기 멀리서 보내신 편지를 받으니, 마치 천 리 밖에서 얼굴을 마주한 듯합니다.

저는 일찍이 성상의 비답을 받았는데, 귀향을 허락하는 뜻이 있는 듯하였습니다. 6일에 어전에 나아가니, 머물러 있도록 권면하시는 것이 간절하였습니다. 재삼 물러가기를 청했으나 말씀이 은근하여 어쩔 수 없이 다시 이렇게 시간을 끌고 있습니다. 그저께와 어제도 사직하는 글을 연이어 올려서, 바야흐로 해당 조(曹)로 하여금 의논하여 처리하게 하였으나 대신(大臣)이 지레 먼저 틀어막았으니, 또한 순조롭지 않을 듯합니다. 어찌 조물주가 비난의 말이 북쪽 관문을 넘어가지 못하는 것을 미워하여 북쪽 사절이 돌아오기를 기다려서 반드시 그들을 물들이려 하는 것이 아니겠습니까. 이런 시절에 이르렀으니, 도리어 남을 꼬드긴 자취가 타인에게 있지 않을까 두렵습니다. 우습습니다.

저는 여관에서 병이 날로 심해져, 보는 사람이 제가 죽지나 않을까 염려하고 있습니다. 만약 윤허를 받고 물러난다면 돌아가는 소맷자락에 틀림없이 오리가 먼저 놀랄 것인데, 어느 날에 이런 경계를 얻을지 모르겠습니다. 밤낮으로 마음속으로 기도합니다.

후한 예물은, 염려해 주심이 이에 이르렀으니 감격한 마음 형용하기 어렵습니다. 그러나 헌부(憲府)[147]가 이것을 받았으니, 뇌물죄를 탄핵할 때 장차 적발하지 못할 것입니다. 우습습니다.

147 헌부(憲府) : 송시열은 1649년 10월 11일에 사헌부 장령에 제수되었다.

이사심에게 보냄 경인년(1650, 효종1) 1월

與李士深 庚寅正月

오늘의 일[148]은 크게 풍랑을 일으키는 데 이르지 않고 그저 한편으로 조용하게 하는 효과를 냈으니, 얼마나 다행입니까.

경연(經筵) 석상의 대화 내용은 매우 많아서 다 기록할 수 없습니다. 대개 청문(靑門)의 일을 간절하게 힘써 간쟁했으며, 백성의 수고를 덜어 줄 몇 가지 일은, 어떤 것은 윤허하고 어떤 것은 윤허하지 않으셨습니다.[149] 함장(函丈)의 거취에 대해 자못 성의를 다해 진달했고, 무중(武仲)의 일은 그 말이 끝나기도 전에 곧 사기(辭氣)가 있으셨습니다.[150]

148 오늘의 일 : 당시 우의정이었던 김육(金堉)이 대동법(大同法)을 시행하려 했으나 김집(金集)이 이를 중난하게 여기자, 김육이 동대문 밖 교외에 물러가 있으면서 치사(致仕)할 뜻으로 상소하였는데, 그 상소 가운데 불평하는 말이 많았다. 김집이 결국 자핵(自劾)하고 향리로 내려가자, 송시열이 진강(進講)에 입시하였을 때 그 일을 진달하고, 이어서 자신도 의리상 혼자 머물러 있기 어려운 뜻을 아뢰었다. 《宋子大全隨箚 卷3》

149 청문(靑門)의……않으셨습니다 : 청문의 일은 김자점(金自點)을 멀리 귀양 보내기를 청하는 일이다. 청문은 동문(東門)을 뜻한다. 여기서는 동문 안에 살던 김자점을 가리킨다. 송시열은 1650년 1월 21일 주강(晝講)에 입시하여, 공론대로 김자점을 멀리 귀양 보내기를 청했으나 효종이 끝내 윤허하지 않았다. 그 자리에서 송시열은 능군(陵軍)의 역가(役價)를 처음에는 감한다고 영을 내렸다가 곧 이전대로 받는다고 명한 것과 포척(布尺)의 길이를 처음에는 35척으로 정하였다가 오래지 않아 40척으로 고친 것이 부당하다고 제기하였다.

150 무중(武仲)의……있으셨습니다 : 무중은 유계(兪棨)의 자이다. 송시열은 1650년

피혐한 뒤에 다른 사람의 집에 들른 것은 진실로 법례를 어긴 일[151]임을 알지만, 저는 이미 집이 없으니 어딘들 집이 아니겠습니까. 그러므로 이렇게 한 것입니다. 그러나 하교를 받들고는 자못 뉘우치는 마음이 있었으나 어쩔 수 없는 일입니다.

청음(淸陰) 노야(老爺)가 쓰신 차자의 초안[152]을 보내 올리니, 읽어 본 뒤에 곧 굳게 봉하시고, 저의 말로 노야의 장손(長孫)에게 도로 돌려보내시되, 절대로 남에게 보여 주지 마십시오.

1월 21일 주강에 입시하여 여러 가지를 건의할 때, 유계를 임용해야 한다는 뜻도 상신하였으나 효종이 윤허하지 않았다.

151 피혐한……일 : 대개 양사(兩司)의 관원은 법례상 다른 사람의 집에 들를 수 없으므로, 법례를 어겼다고 말한 것이다. 당시에 김집이 서울을 떠나갔으므로 송시열이 집의로서 인피하고 사직을 청하였다.

152 청음(淸陰)……초안 : 잠곡 김육이 1650년 1월 14일에 네 번째로 올린 〈우의정을 사직하는 소〔辭右議政疏〕〉에서 "자신에게 국가의 안위가 걸려 있어서 국가의 존망이 관계된다."라고 한 것이 있고, "산림에서 와서 덕망이 세상을 덮는다."라고 한 것이 있는데, 위 구절은 청음 김상헌을 가리키고, 아래 구절은 신독재 김집을 가리킨다. 이에 김상헌이 〈실정을 진달하고 물러나게 해 주기를 청하는 차자〔陳情乞退箚〕〉를 올려, 스스로 편안하지 못한 의리를 대략 진달하고, 덕이 높은 어진 보필과 선비들의 여망을 짊어진 중신(重臣)을 불러 돌아오게 할 것을 청하였다.

이사심에게 보냄 경인년(1650, 효종1) 2월 18일

與李士深 庚寅二月十八日

돌아올 때 매우 바쁜 가운데 형의 편지를 받아서 답장을 쓰지 못했으니, 지금까지 한스럽습니다. 요즘 벼슬하며 지내는 기거가 어떠십니까?

저는 돌아온 뒤에 곧 얼굴에 종기가 나서 바야흐로 생사의 갈림길에 있습니다. 생각건대 조물주가 지레 먼저 저를 처분하여 호랑이 입[153]에 먹히게 하려 하지 않는 것 같습니다. 오늘 한양의 모모(某某)의 편지를 얻어 보았는데, 큰 화가 장차 진신(縉紳)들에게만 그치지 않을 것이라고 하였습니다. 그렇다면 조정은 무엇 때문에 태연히 깊은 잠에 빠졌단 말입니까. 통탄스럽습니다.

제 병이 치료하기 어려워 결국 천고의 이별을 하고 말 것이므로 병을 무릅쓰고 이 편지를 씁니다. 나머지는 다 말씀드리지 못합니다.

153 호랑이 입 : 청나라를 가리킨다. 당시에 김자점이 청나라에 참언을 행하여 청나라에서 여섯 사신을 파견하여 엄하게 조사하는 일이 있었기 때문에 한 말이다.

이사심에게 보냄 경인년(1650, 효종1) 3월 16일

與李士深 庚寅三月十六日

시열은 아룁니다. 합부인(閤夫人)의 병환이 진실로 이미 위중한 줄 알았으나 오히려 만에 하나라도 쾌차하기를 바랐는데, 갑자기 부음을 받고는 경악을 그칠 수 없었습니다. 삼가 생각건대 부부의 의리가 중한데 부인을 잃은 슬픔을 어떻게 견디고 계십니까? 운세가 좋지 못하여 군자의 도가 소멸할 뿐만이 아니라 규문의 범절 또한 보존하지 못했으니 세도(世道)가 또한 한탄스럽습니다.

이리 떼[154]가 도성에 들어왔는데, 마침 이런 때를 당하여 초종(初終)의 예가 혹 공무(公務)로 방해받는 일이 없지는 않은지요? 모든 것이 마음에 걸려 스스로 그칠 수 없습니다. 옛사람 중에는 배우자에 대해 정(情)이 예(禮)보다 지나쳐서 조롱을 받은 자가 있습니다. 이것은 영형(令兄)에 대해 염려할 바가 아니나 또한 말하지 않을 수 없으니, 서로 간에 사랑하는 마음이 지나쳐서 그런 것입니다. 둘째 아드님은 평소 여위었으니, 조섭을 반드시 열 배는 더 적합하게 해야 한다고 생각합니다. 그러나 그저 천지신명을 믿을 뿐입니다. 괴이한 것은 문령(文令 김익희(金益熙))의 집은 선을 쌓은 끝에 화고(禍故)가 거듭 이어지니, 무슨 까닭인지 모르겠습니다. 옛사람이 "거실(巨室)의 쇠퇴는 나라의 상서로운 징조가 아니다."라고 했는데, 어찌 그렇지 않겠습니까.

저는 원래의 증상은 비록 덜하나 나머지 병이 여러 가지로 많이 생겼

154 이리 떼 : 청나라에서 온 사신들을 뜻한다. 《宋子大全隨箚 卷3》

습니다. 지금은 이미 뼈만 남아서 늠연히 죽음을 염려하는 마음이 있으니, 호랑이가 그 밖의 몸뚱이를 먹을 뿐만이 아닙니다.[155] 삼가 인편을 통하여 이런 애달픈 마음을 펴니, 조만간에 전달되지 않겠습니까.

155 호랑이가……아닙니다 : 밖의 몸뚱이뿐만 아니라 평생 기르던 안의 정신까지 죽게 되었다는 말이다. 《장자(莊子)》 〈달생(達生)〉에서, 전개지(田開之)란 사람이 말하기를 "노나라에는 단표(單豹)란 자가 있어 바위 굴에 은거하면서 물만 마시고 속세의 이끗을 다투지 않아서, 그는 나이가 칠십이 되어도 마치 어린애 같았는데, 불행히 굶주린 호랑이를 만나서 호랑이가 그를 잡아먹었다. ……단표는 안의 정신만 기름으로써 호랑이가 그 밖의 몸뚱이를 잡아먹은 것이다."라고 하였다.

이사심에게 답함 경인년(1650, 효종1) 7월 8일

答李士深 庚寅七月八日

눌쉬(訥倅)가 약과 부채와 편지를 전해 주어 바야흐로 위로되고 안심되었습니다. 호백(湖伯)이 이어서 6월 28일에 보내신 편지를 전해 주어 보았으며, 또 수십 일 치 조보(朝報)를 보았습니다. 봄단장을 했는데 가을 기운이 불어와 저로 하여금 아끼면서도 두렵게 합니다. 그러나 이는 본래 형이 완염(琬琰)을 보배로 여기고 아껴 양피(羊皮)와 바꾸지 않은 것이니[156] 저희와 무슨 관계가 있겠습니까. 형을 위해 심히 경하합니다. 그러나 임금을 사랑하는 일념은 반드시 벗을 사랑하는 마음보다 많은 법입니다. 생각이 날 때마다 저도 모르게 들보를 쳐다보며 길게 탄식합니다.

저는 지난달 그믐께부터 부창증(浮脹症)이 갑자기 발작하여 며칠 사이에 사지의 말단까지 두루 전이되고 머리와 얼굴에도 모두 종기가 났습니다. 길어야 불과 한두 달 만에 이 몸이 없어지고 나라 걱정과

156 이는……것이니 : 완염은 주(周)나라 때 홍벽(弘璧)과 함께 서서(西序)에 보관되어 있던 진귀한 보옥으로 귀한 물건을 뜻하고, 양피는 보잘것없는 물건을 뜻한다. 당시에 김자점(金自點)의 무리로 청류의 비판을 받은 신면(申冕)이 사직 상소를 올리자, 정언(正言) 이상진(李尙眞)이 신면이 올린 상소의 내용을 문제 삼아 신면을 탄핵하였다. 대사간(大司諫) 민응형(閔應亨)과 정언 유도삼(柳道三)이 신면을 두둔하였는데, 이후원(李厚源)이 이상진을 옳게 여기고 민응형과 유도삼을 체차시키기를 청했다. 완염을 양피와 바꾸지 않았다는 것은 이후원의 이 행위를 두고 한 말이다. 《宋子大全隨箚 卷3》

시대 근심도 지하에 이를 것입니다.

○ 우리가 세상에 한번 나가자, 일번인(一番人)[157]이 모두 우리를 지적할 만한 흠이 없는 사람이라고 했습니다. 이른바 불인(不仁)한 자들이 멀어졌다[158]는 것이니, 누가 산사람은 경제에 졸렬하다[159] 했습니까. 우습습니다.

157 일번인(一番人) : 당파나 이념을 달리하는 쪽의 사람을 구체적으로 지칭하지 않고자 할 때 쓰는 말이다.

158 불인(不仁)한 자들이 멀어졌다 : 《논어》 〈안연(顔淵)〉에 "순(舜) 임금이 천하를 차지하였을 때 여러 사람 중에서 인재를 선발하여 고요(皐陶)를 들어 쓰자 불인한 자들이 멀어졌고, 탕(湯) 임금이 천하를 차지하였을 때 여러 사람 중에서 인재를 선발하여 이윤(伊尹)을 들어 쓰자 불인한 자들이 멀어졌다."라고 하였다.

159 산사람은 경제에 졸렬하다 : 북송(北宋)의 소옹(邵雍)이 〈임하오음(林下五吟)〉에서 "누가 산 늙은이가 쓸모가 없다고 말하는가. 또한 자기 한 몸은 편안하게 지내게 할 수 있다네.〔誰道山翁拙於用? 也能康濟自家身.〕"라고 하였다. 《擊壤集》

이사심에게 보냄 경인년(1650, 효종1) 10월 8일
與李士深 庚寅十月八日

계절이 급히 저물고 있습니다. 벼슬하는 일상이 진중하시며, 여러 애자(哀子)도 모두 잘 견디고 있는지 모르겠습니다. 우러러 사모하는 정성이 밤낮으로 더욱 은근합니다.

근래 간혹 북쪽에서 온 한두 사람에게 소식을 듣고, 보복의 이치는 어긋난 적이 없음을 몰래 탄식했습니다. 지난번에 우리는 참으로 화를 끼쳤습니다. 그러나 우리가 세상을 피해 숨은 뒤부터 분노와 원망이 절로 점점 사라질 만하였는데 형들이 차마 소인으로 지칭하지 못하여 분노를 돋우었습니다. 이것은 제가 앞에서 화를 끼치고 형이 뒤에서 분노를 조장하였으니, 이치상 어쩔 수 없었던 것입니다. 저는 병중에 묵묵히 보고는 몰래 웃었습니다. 지난번 편지에서는 허물을 돌리시는 뜻이 있는 듯했으므로 부질없이 이것으로 해명합니다. 그러나 저희가 화를 끼친 것은 작고 형들이 분노를 조장한 것은 크니, 그 이치는 또한 틀리지 않다고 말할 수 없습니다.

저는 고질병을 앓는 중에 처의 병이 갑자기 심해져 수명이 다하기를 기다리고 있으니, 이것은 또 다른 하나의 액운입니다. 여러 벗이 저에게 한양 부근에 가서 의원을 만나 볼 것을 강권했습니다. 그러나 멀리서 국가의 권한을 잡은 것[160]도 그 죄가 오히려 무거운데, 더구나 근교

160 멀리서……것 : 이때 김상헌(金尚憲)과 김집(金集)이 사림의 우두머리가 되고 또 송시열, 송준길(宋浚吉) 등의 발언이 한창 세차게 일어나고 있었으므로, 영남 사람

에 숨어서 간교하게 술수를 부리면 나라에 얼마나 화를 끼치겠습니까.

약물을 보내 주시니 감사한 마음을 무어라 말할 수 없습니다. 그 귀중함은 금(金)과 같으며 항상 쓸 수 없는 것도 금과 같으므로 우리가 이제야 그것을 볼 수 있었던 것입니다. 이것은 알기 어려운 것이 아닌데 형은 어찌 따지십니까. 우습습니다.

멀리 보내는 편지라 감히 많은 이야기를 쓸 수 없습니다.

들이 송시열을 미워한 나머지 "멀리서 국가의 권한을 잡고 있다."라고 비방한 일이 있었다.《宋子大全隨箚 卷3》

이사심에게 보냄 경인년(1650, 효종1) 윤달[161] 14일

與李士深 庚寅閏月十四日

하늘의 마음이 이미 드러나 여분(餘分)[162]이 되었습니다. 삼가 영감의 안부는 신이 돕고 기거는 만복하실 줄 압니다. 병으로 망가져 가는 저의 몸 상태는 추위를 만나 갑절이나 심해졌습니다. 마음과 정신이 떨리고 생기가 모두 사라졌으니, 스스로 가련히 여기고 한탄할 뿐입니다.

온객(穩客)[163]은 얼어 죽지 않고 배소(配所)에 도착했습니까? 거센 바람이 북쪽에서 불어올 때마다 저도 모르게 눈물이 줄줄 흐릅니다. 중명(仲明)의 내상(內喪)은 또한 몹시 가슴이 아프고 참혹합니다.[164] 사문(師門)의 재앙이 한결같이 이에까지 이르렀으니, 또한 이상합니다.

영남에서 나온 위비(僞批)[165]는, 제가 비록 한가한 위치에 있으나

161 윤달 : 1650년 윤11월이다.

162 여분(餘分) : 지구가 태양을 한 바퀴 도는 시간을 기년(紀年)의 시간과 비교하여 남는 나머지로, 여기서는 윤달을 뜻한다.

163 온객(穩客) : 온성(穩城)으로 유배 간 시남(市南) 유계(兪棨)를 가리킨다.

164 중명(仲明)의……참혹합니다 : 중명은 김장생의 손자 김익후(金益煦)의 자이다. 김익후가 1649년 12월 23일 사망하자, 부인 청송 심씨(靑松沈氏)는 지하에서 남편을 따를 것을 스스로 맹세하여 결국 다음 해 11월에 사망하였다. 《宋子大全 卷192 承文院正字金君墓表》

165 위비(僞批) : 거짓 비답(批答)이다. 이도장(李道長) 등이 유직(柳稷) 등을 사주하여 성혼과 이이를 무욕(誣辱)할 적에 추종하는 사람이 적을까 우려한 나머지 비답을 조작하여 성혼과 이이를 배척하였는데, 그 내용이 차마 들을 수 없는 것이었다. 이어 이 사실이 탄로 나자 모두 응분의 조처를 받았다.

또한 간담이 떨림을 느낍니다. 국정을 담당한 여러 공이 도리어 이에 대해 한마디 말도 없으니, 정말 양현(兩賢 성혼(成渾)과 이이(李珥))을 시역(弑逆)한 자로 여기는 것 같아 또한 몹시 한심합니다.

드릴 말씀은 많지만 병으로 혼미하여 쓰지 못합니다.

이사심에게 답함 신묘년(1651, 효종2) 4월 18일

答李士深 辛卯四月十八日

서울로 보내는 편지를 쓰는 데 게으른 것은 원래 야인의 정상적인 행태이나, 천상의 아름다운 편지도 요즘 드물게 이르니, 병들어 근심하는 회포가 배나 더 괴롭습니다.

어제 저에게 들른 퇴지(退之)[166]를 만나서 삼가 친필 서한을 받았습니다. 위안을 받은 나머지에, 밤새도록 물어본 것은 모두 댁내의 안부와 언론이었습니다. 다만 지위와 명망은 점점 높아지고 시사(時事)는 더욱 어려워지니 장차 어떻게 성은에 보답하고 사림의 기대에 부응하시겠습니까. 놀라 돌아보는 마음은 실로 저도 마찬가지이나 중산보(仲山甫)만이 능히 덕을 거행할 수 있으니, 사랑하여도 도와줄 수가 없는 것입니다.[167]

저는 올봄에 다행히 굶어 죽는 것을 면했고 노인 역시 아직 평안하십니다. 그러나 날씨가 조금씩 더워져 전에 앓던 창증(脹症)이 점점 기세

166 퇴지(退之) : 초려(草廬) 이유태(李惟泰)의 아우 이유겸(李惟謙)의 자이다.

167 중산보(仲山甫)만이……것입니다 : 중산보는 주 선왕(周宣王)의 대신 번목중(樊穆仲)의 자이다. 선왕을 보좌하여 치적을 크게 이루었으므로 윤길보(尹吉甫)가 〈증민(烝民)〉 시를 지어 그의 덕을 칭송하였다. 그 시에 "사람들이 또한 말하되, 덕의 가볍기가 터럭과 같으나, 능히 덕을 행하는 사람이 적다 하네. 내가 헤아려 보고 도모해 보건대 중산보만이 덕을 거행하노니, 사랑하여도 도와줄 수가 없도다.〔人亦有言, 德輶如毛, 民鮮克擧之. 我儀圖之, 惟仲山甫擧之, 愛莫助之.〕" 하였다. 《詩經 大雅 烝民》 '사랑하여도 도와줄 수가 없다'는 것은, 임무를 잘 수행함이 중산보에게 달려 있어 윤길보가 중산보를 사랑하여도 그를 도와줄 수 없다는 말이다.

를 부리는데, 만약 지난해처럼 자주 아프고 상태가 심하면 얼른 죽는 것이 낫습니다. 죽는 것은 아깝지 않으나 어머니를 버리고 죽는 것이 한스러울 뿐입니다.

전에 옥향(沃鄕)에 있었는데, 재앙의 빌미가 열리려 하여 기미를 보고 잠시 옮겨 왔습니다. 오늘 금형(錦兄)의 재앙[168]은 또한 을(乙)에게 분풀이하는 일[169]을 당하여 그런 것이니, 애통하고 슬퍼서 마음 구석이 다 썩습니다. 이것은 실로 두 글자[170]가 빌미가 된 것이니, 심(沈 심의겸)과 김(金 김효원)은 후손이 없게 될 것입니다. 국상(國祥)에 조정에 들어가 곡하고 싶지 않은 것은 아니나 저의 병세가 이와 같으니 길을 갈 근력이 전혀 없습니다. 또한 보건대, 이천(伊川)은 전후의 군상(君喪)에 모두 조정에 들어가 곡림(哭臨)하지 않았고, 퇴도(退陶 이황)는 관정(官庭)에 들어가서 곡하거나 서당에서 곡을 했으며 최후에는 그대로 대청에서 예를 행했습니다.

지난날 우리들이 가볍게 움직인 것은 이에 바로 신재(愼齋)가 나를 속인 것[171] 때문이니, 재차 그르칠 수 있겠습니까. 우습습니다. 나머지

168 금형(錦兄)의 재앙 : 금형은 금산에 살던 초려 이유태를 가리키니, 이유태가 만난 재앙을 뜻한다. 금산의 향인 박정(朴珽)이란 자가 김자점 당의 의도를 받들어 이유태를 무고하고 욕보여, 금산의 유자들이 일제히 분개하여 박정을 배척하려 하였다. 신면(申冕)이 또 여러 사람을 사주하여 사류(士流)를 모함하고 유자들을 고문하여 장차 큰 재앙이 일어나게 되었다. 이에 송광식(宋光栻)이 소를 올려 변론하고 신원하였다.

169 을(乙)에게 분풀이하는 일 : 갑에게서 성난 것을 을에게 분풀이한다는 노갑이을(怒甲移乙)에서 온 말이다.

170 두 글자 : '동서(東西)'이니, 동인과 서인이라는 붕당을 말한다.

171 신재(愼齋)가……것 : 스승인 김집이 옳지 못한 사람들을 제자로 받아들여서 문제가 생겼다는 뜻으로 한 말인 듯하다.

드릴 말씀은 많지만, 그저 더욱 자애하고 더위에 몸조심하시어 멀리 있는 사람의 마음에 부응해 주시기를 축원합니다.

이사심에게 답함 신묘년(1651, 효종2) 5월 16일

答李士深 辛卯五月十六日

답서가 뜻밖에 들어오자 아프던 눈이 씻은 듯이 통쾌하게 나았습니다. 소식 전한 뒤에도 기거가 더욱 평안하신지요? 우러러보는 마음 간절합니다. 저는 창증(脹症)의 증세가 요사이 심해져 자못 살맛이 없습니다. 다만 팔짱을 끼고서 천명을 기다릴 뿐인데 오직 형을 다시 보지 못하게 될 것이 길이 한스럽습니다.

성상께서 그리워하고 계신다는 것은 실로 대감의 말씀대로입니다. 그러나 진찰(塵刹)을 받드는 것이 부처의 은혜에 보답하는 것이 된다고 한 것에 대해 혹시 아직 회옹(晦翁)의 교훈을 듣지 못했습니까.[172] 반드시 능력을 펼치는 것을 현명한 것으로 여긴다면, 기축년(1649) 9, 10월에 있었던 전감(前鑑)[173]이 멀지도 않거니와 비록 아홉 번 죽을

172 진찰(塵刹)을……못했습니까 : 불서(佛書)에 "이 몸과 마음을 가지고 진찰을 받드는 것이 바로 부처의 은혜에 보답하는 것이 된다.〔將此身心奉塵刹, 是則名爲報佛恩.〕"라고 하였는데, 《능엄경(楞嚴經)》 주석에서 말하기를 "성과(聖果)를 얻어 중생을 구제하는 것이 부처의 은혜에 보답하는 것과 상관이 없으나, 이것으로 은혜에 보답 아닌 보답을 삼는 것이다."라고 하였다. 《朱書講錄刊補 卷2》 두보(杜甫)도 〈대우(大雨)〉에서 "사방의 이웃이 쟁기와 보습을 들고 나간다고 해서 어찌 구태여 내 집에서까지 그것을 잡을 필요가 있겠는가.〔四隣耒耜出, 何必吾家操?〕"라고 하였는데, 주희(朱熹)가 진동보(陳同甫)에게 보낸 편지에서 이 글들을 인용하면서, 사람마다 모두 벼슬에 나갈 필요는 없으니 때를 만나지 못했으면 벼슬에서 물러나 스스로 시대를 위하는 것도 또한 '보답하지 않는 보답〔不報之報〕'이 된다고 하였다. 여기서 말하는 '회옹의 교훈'은 '보답하지 않는 보답'을 가리키는 것으로 보인다. 《晦庵集 卷36 答陳同甫》

지라도 후회하지 않았을 것이니, 도리어 배를 잡고 웃을 일입니다.

그리고 제가 빨리 결정하지 못하고 머뭇거리는 것은 거취(去就)의 의리에 맞게 하려는 것인데, 지금 하신 말씀에, 사람들을 위해 폐단을 제거하는 일이라고 하였으니, 이는 참으로 이른바 "나의 본의를 잃었다."라는 것입니다. 가령 올라간다 하더라도 권세 있는 가문에 쏘다니느라 다리가 피곤할 텐데 어느 겨를에 세상 동태를 살피겠습니까. 참 우습습니다.

요사이 어떤 사람이 저에게 들러 형의 불운함이 사암(思菴 박순(朴淳)) 상공(相公)과 똑같다고 했는데, 이것은 그러합니다. 알 수 없지만 배견와(拜鵑窩)[174]를 어디다 지으시렵니까. 포은(圃隱) 노인의 이른바 '늦었도다'란 것[175]이 진실로 한탄스럽기만 합니다.

가까스로 병을 참고 아무렇게나 쓰다 보니 말이 두서가 없습니다. 다만 참작하여 보시기 바랍니다.

○ 우(迂) 자가 들어간 호(號)는 참으로 사랑스럽고 존경할 만합니

173 기축년……전감(前鑑) : 전감은 거울로 삼을 만한 이전 일을 뜻한다. 1649년 즉 효종 즉위년인 기축년에 송시열 등에게 임금의 예우가 매우 후하였는데, 이때 김자점(金自點) 등이 반목하며 원성을 조작하므로 조정이 매우 소란해졌던 일을 말한다.《宋子大全隨箚 卷3》

174 배견와(拜鵑窩) : 박순이 벼슬을 떠난 뒤 영평(永平)의 백운산(白雲山)에 은거하면서 배견와를 짓고 살았으므로, 전하여 은거할 집을 뜻한다.

175 포은(圃隱)……것 : 포은은 정몽주(鄭夢周)의 호이다. 어떤 중이 정몽주에게 "강남 만리의 들판에 꽃이 만발했는데, 어느 곳엔들 봄바람에 좋은 강산 없을꼬.〔江南萬里野花發, 何處春風無好山?〕"라는 시를 지어 주자, 정몽주가 "아, 늦었도다." 한 것을 가리키는데, 대체로 국가의 형편이 위태롭게 되어 차마 이대로 가 버릴 수가 없다고 여긴 것이다.《宋子大全隨箚 卷3》

다. 장의(張儀)·소진(蘇秦) 때에는 추성(鄒聖 맹자)이 우활(迂闊)한 것 때문에 쓰이지 못하였고, 건도(乾道)·순희(淳熙)[176] 시대에는 둔옹(遯翁 주희)이 우활한 것 때문에 절로 소외되었으며, 사마공(司馬公 사마광(司馬光))은 우수(迂叟)라 자호하였고, 조이도(晁以道)[177]는 경우(景迂)라 자호하였습니다.

이 한 글자의 내력이 매우 고상한데, 노형이 어떻게 성명(聖明)께 이를 얻게 되었는지 모르겠습니다.[178] 삼공(三公)에 임명하는 은총도 이와 바꿀 수는 없을 것이니, 화정(和靖)이란 조칙(詔勅)[179]과 거의 비슷한 일입니다. 다만 세상길은 평탄하지 않고 시세의 변천은 더욱 새로워지므로 경험이 많고 사리에 숙달된 다음에는 이 한 글자가 절로 싫어지기만 하고 그다지 사랑스럽지 않게 되리니, 그때는 또한 콧물이나 침을 뱉어 버리듯 천시하게 될까 염려됩니다.

그런데 그동안에 스스로 평온한 좋은 경지(境地)가 있으므로 남들은 모두 저자에 가듯이 그곳으로 달려가는데도 노형은 유독 저들을 따르지 않았습니다. 오직 크게 세상과 어긋나고 운명이 매우 기구하여 한가

176 건도(乾道)·순희(淳熙) : 모두 남송 효종(南宋孝宗)의 연호이다.

177 조이도(晁以道) : 송대의 학자인 조열지(晁說之)를 가리킨다. 이도는 그의 자이다. 일찍이 사마광의 사람됨을 사모하여 사마광의 호 '우수'에 따라 '경우(景迂)'라고 자호했다.

178 노형이……모르겠습니다 : 《송자대전》 권140 〈우재기(迂齋記)〉에 이후원이 호를 '우재'라고 칭하게 된 내력과 그 의미가 상세히 실려 있다.

179 화정(和靖)이란 조칙(詔勅) : 송 인종(宋仁宗)은 은사(隱士)였던 임포(林逋)에게 화정선생(和靖先生)이란 시호를 내려 주었고, 송 흠종(宋欽宗)은 학자인 윤돈(尹焞)에게 화정처사(和靖處士)란 호를 내려 주었다. 《宋史 隱逸列傳 林逋, 道學列傳 尹焞》

하고 느긋한 무리만을 사랑하고 반가워하였으니, 노형의 성격이 우활함을 충분히 알 수 있습니다. 비록 백번을 엎어지고 자빠지더라도 그 뜻을 꼭 지키며 일생을 마치리라는 것을 나는 알고 있습니다. 그러나 또한 오늘에는 우활하지만 훗날에는 우활하지 않을 줄 어찌 알겠습니까. 짐짓 그렇게 하는 것이라면 이는 참으로 우활하지 않은 것이니, 그렇다면 도리어 형에게 맞지 않는 것이 아니겠습니까. 우활한지 우활하지 않은지 절로 아는 사람이 있어서 그것을 알게 될 것입니다. 참 우습습니다.

이사심에게 답함 신묘년(1651, 효종2) 8월 13일

答李士深 辛卯八月十三日

지난달 28일에 보내신 답장을 삼가 받았는데, 종이에 가득한 슬픈 말씀이 사람으로 하여금 코가 시큰거리고 목이 메게 합니다.

이어서 또 듣건대, 형께서 장차 연행(燕行)을 가실 것이며 부사(副使)가 된 자[180]도 심상치 않다고 하니, 탄식하면서도 한편으로는 실소를 금치 못합니다. 제(齊)나라와 등(滕)나라의 길은 멀지 않다고 할 수 없고 태산(泰山)의 기상은 따라가기 어려운 점이 있습니다.[181] 다만 모르겠지만 음애(陰崖)와 송재(松齋)[182] 중에서 형은 누구를 따르시렵

180 부사(副使)가 된 자 : 1651년 7월에 이후원이 동지 상사(冬至上使)에 차임되었을 때 신면(申冕)이 부사가 되었다. 《宋子大全隨箚 卷3》

181 제(齊)나라와……있습니다 : 이후원이 청나라에 사행(使行)을 갔다 오는 동안 부사인 신면을 외면하기 어려울 것이라는 뜻이다. 맹자가 제나라에서 경(卿)이 되어 등나라에 조문 사절로 갈 때, 왕이 합(闔) 땅의 대부(大夫)인 왕환(王驩)을 부사로 삼았다. 사행 기간 내내 왕환이 아침저녁으로 맹자를 뵙는데도 맹자는 제나라와 등나라의 길을 왕복하도록 그와 사행의 일에 대해 한마디도 하지 않았다. 《孟子 公孫丑下》 '태산의 기상'이란, 송나라 정이(程頤)가 "맹자는 태산처럼 드높은 기상을 지닌 분이었다."라고 한 데서 가져온 말이다. 《二程遺書 卷5》 여기서는 부사 왕환과 사행의 일에 대해 한마디도 하지 않은 맹자의 기상을 뜻한다.

182 음애(陰崖)와 송재(松齋) : 이자(李耔)와 한충(韓忠)이다. 이들은 1518년(중종13) 종계변무(宗系辨誣)를 위한 주청사(奏請使) 남곤(南袞)과 함께 명나라에 갔는데, 이자는 마침 병에 걸린 남곤을 치료해 주었고, 한충은 남곤과 의견이 충돌하여 그의 미움을 받았다. 훗날 한충은 남곤에 의해 살해되었다. 여기서 음애는 부당한 권력자에게 추종하는 사람을 뜻하고, 송재는 대의를 지키며 부당한 권력자를 따르지 않는 사람을

니까? 석실산인(石室山人 김상헌)께서 일찍이 "설교(雪窖)[183]는 그다지 괴롭지 않다. 그저 신모(申某)[184]와 상대하는 것이 매우 괴롭다."라고 말씀하셨는데, 이 기상이 또한 어떻습니까? 이번 사행에는 눈을 비비고 기대할 것이 있어 또 사람으로 하여금 한번 생각을 하게 합니다.

약물을 보내 주시니 감사한 마음 이루 말할 수 없습니다. 저의 병은 한 가지 증상을 덜면 반드시 한 가지 증상이 더 생깁니다. 요컨대 죽는 날에나 그칠 것이니, 어이하겠습니까.

나머지는 마침 어수선하여 갖추지 못합니다.

뜻한다.

183 설교(雪窖) : 타국에 억류되어 추운 겨울 눈 덮인 움막에서 고생하는 것을 뜻한다. 한(漢)나라 소무(蘇武)가 무제(武帝) 때 중랑장(中郎將)으로서 흉노(匈奴)에 사신 가서 19년 동안 억류되었는데, 그동안 땅속의 움집에 갇혀서 눈이 내리면 먹을 것이 없어서 눈과 함께 부절(符節)의 수술인 털을 씹어 먹었다 한다.《漢書 蘇武傳》여기서는 김상헌이 청나라에 억류되어 고생스럽게 생활하던 것을 가리킨다.

184 신모(申某) : 신득연(申得淵)이다. 1640년(인조18) 겨울에 용골대(龍骨大)와 오목도(梧木道) 등이 의주(義州)에 와서 도승지 신득연 등을 불러다가 온갖 공갈과 위협을 하며 척화(斥和)를 주장한 신하가 누구냐고 하면서 위협이 그치지 않자, 그가 김상헌, 조한영(曺漢英), 채이항(蔡以恒)의 이름을 써서 보여 주었다고 한다.《燃藜室記述 卷26 仁祖朝故事本末》

이사심에게 보냄 신묘년(1651, 효종2) 12월 2일

與李士深 辛卯十二月二日

요하(遼河)의 풍설(風雪)을 면하셨으니, 늘 기쁘고 다행스럽게 여기고 있습니다. 근래에 저보(邸報)를 보았는데, 요즘 당한 바는 또한 바라던 바가 아닙니다. 이것으로 저것을 바꾸었으니, 누가 득(得)이고 누가 실(失)입니까? 그러나 참으로 〈박괘(剝卦) 상구(上九)〉와 같은 상황에 처했으니 마지막에 수레를 얻는 경사가 있겠습니까.[185] 전에 친서를 받고 또 약재를 받았으니 깊이 감사하는 마음 그지없습니다.

저는 초겨울에 속리산 깊은 골짜기에 들어왔습니다. 대개 모친께 문안드리기 편해서이나 겸하여 병든 몸을 조섭하며 서책을 보고 싶어서입니다.

금산(錦山)의 세 사람은 갈수록 점점 더 격렬하여,[186] 끝내 투비(投畀)되는 데 이르렀으니 참혹하여 차마 말할 수 없습니다. 저 지경에 이르렀으니 누가 돌아보고 가엾게 여기겠습니까. 주 부자(朱夫子)가 읍재(邑宰)에게 부탁하여, 위학당(僞學黨)[187]으로 몰려 유배된 이들을

185 박괘(剝卦)……있겠습니까 : 어려운 상황에 처했는데, 종국에 좋은 결과를 얻을 수 있겠느냐는 말이다. 《주역》〈박괘(剝卦) 상구(上九)〉에 대해서는 134쪽 주56 참조.

186 금산(錦山)의……격렬하여 : 금산의 향인 박정(朴珽), 신면(申冕), 송광식(宋光栻)의 다툼이 갈수록 격렬하다는 뜻이다. 박정이 김자점 당의 의도를 받들어 이유태를 무고하고 욕보이자, 금산의 유자들이 일제히 분개하여 박정을 배척하려 하였다. 신면이 또 여러 사람을 사주하여 사류(士流)를 모함하고 유자들을 고문하여 장차 큰 재앙이 일어나게 되었다. 이에 송광식이 소를 올려 변론하고 신원하였다.《宋子大全隨箚 卷3》

몰래 보호하게 했는데, 지금 이것을 바라는 사람은 오직 태자(台慈 재상(宰相)) 한 사람뿐입니다. 만약 금우(錦友 이유태)로 하여금 소인이 되지 않게 한다면, 이 무리가 끝내 원망하는 말을 하지 않을 줄 어찌 알겠습니까. 우습습니다.

187 위학당(僞學黨) : 송 영종(宋寧宗) 때 한탁주(韓侂胄)가 정권을 잡고 자기에게 반대하는 자들을 제거하려고 하면서 도학(道學)을 위학으로 지목하여 금지시키고, 도학의 주요 인물인 주희(朱熹)의 관작을 삭탈하고, 채원정(蔡元定)을 좌천시키는 등 조정의 정사(正士)들을 모두 축출했던 사건이 있었다.《宋史 儒林列傳 蔡元定》

이사심에게 답함 신묘년(1651, 효종2) 12월 20일

答李士深 辛卯十二月二十日

지난달 23일에 등불 아래서 쓰신 편지를 사인(沙人 송준길)을 통해 받으니 기쁘고 위안됨이 한량없습니다. 요즘 서울 소식을 들었는데, 놀라지 않을 수 없습니다. 빙후(氷侯)는 귀양 갔으나 창주(滄洲)는 외직으로 나갔습니다.[188] 이런 제회(際會)를 만났으니 참으로 다행입니다. 그러나 대감 혼자 이런 일을 당했으니 더욱 극히 염려됩니다.

회재(晦齋)와 퇴계(退溪)는 사람들을 잘못 얻었으니, 오히려 진 선생(眞先生)에게 오해를 받는 것만 못합니다.[189] 요즘 송강(松江 정철(鄭

188 빙후(氷侯)는……나갔습니다 : 빙후는 상례와 제사에 얼음을 쓰는 집안의 벼슬이 높은 사람을 뜻하는데, 여기서 구체적으로 누구를 지칭하는지는 알 수 없다. 창주는 1651년 10월 19일에 강원 감사에 제수된 김익희(金益熙)를 가리키는 듯하다. 《宋子大全隨箚 卷3》

189 회재(晦齋)와……못합니다 : 이언적(李彦迪)과 이황(李滉)처럼 간사한 사람들의 꾀임에 넘어가 이용당하지 말고, 죄에 빠진 사람의 목숨을 살려 줄 것을 청한 송(宋)나라의 진덕수(陳德秀)처럼 행하는 것이 낫다는 뜻이다. 을사년(1545, 명종 즉위년)에 윤원형(尹元衡) 등이, 윤임(尹任)이 봉성군(鳳城君) 이완(李岏)을 세우려고 한다고 무고하여 사화(士禍)를 일으켰는데, 이언적은 권간(權奸)에게 핍박을 당하여 위관(委官)이 되어 위훈(僞勳)에 참여하였고, 이황도 봉성군의 처형을 주청한 대신들의 계사에 참여하였다. 진덕수는 송 이종(宋理宗)이 제왕(濟王) 횡(竑)을 죽이자 입대하여 제왕의 고아를 추봉(追封)하라고 하였다. 대개 이때에 인조의 후궁 조 귀인(趙貴人)의 소생인 숭선군(崇善君) 이징(李澂)과 낙선군(樂善君) 이숙(李潚)의 옥사가 있었는데 송시열은 그들의 목숨을 살려 주는 은전을 베풀어야 한다고 생각한 것이다. 《宋子大全隨箚 卷3》

澈)) 노인의 문자를 정리할 때 개연히 붓을 던진 곳이 있었는데, 제가 다시 그렇게 하지 않게 해 주십시오. 우습습니다.

자식의 마음에는 노모께 드리고 싶은 것이 매우 많지만 못 드리니 매우 근심스러울 뿐이었습니다. 향(香), 달력, 전약(煎藥)을 보내 주시니 깊이 감사드립니다. 노모가 마침 한질(寒疾)을 앓고 계신데, 전약을 입술에 대어 드리자 입을 열고 드셨으니, 더욱 감동했습니다.

이사심에게 보냄 임진년(1652, 효종3)

與李士深 壬辰

소의(疏議)[190]에 관해서는 일찍이 명보(明甫 송준길)의 별지(別紙)에서 삼가 훌륭하신 뜻을 알게 되었습니다마는, 세밀한 의리야 누군들 분명하게 알겠습니까. 다만 성현들의 정론(定論)이 있으니 거기에 따라서 해야만 거의 두찬(杜撰)을 면할 수 있을 것입니다.

김세룡(金世龍)의 아내[191]가 흉악한 짓을 한 것이 어찌 회남왕(淮南王)[192]이 모반(謀叛)한 것과 같겠습니까. 이선(二善)[193]이 모의에 가담하지 않았음은 봉성군(鳳城君)과 계성군(桂城君)이 죄를 저지르지 않은 것과 다를 것이 없습니다.

주자(朱子)가 회남왕의 일에 대해 오히려 파촉(巴蜀)에 옮겨 놓음으로써 죽게 된 것을 기롱하였습니다. 통천(通川)[194]과 파촉이 비록 멀고

190 소의(疏議) : 인조의 후궁 조 귀인(趙貴人)이 며느리 신씨(申氏)를 저주한 사건에 대해 대간이 "김세룡과 숭선군(崇善君)과 낙선군(樂善君)을 절도(絶島)에 유배하여 난(亂)을 근절해야 한다."라고 논계하자, 이후원이 상소하여 대간의 의론에 찬동한 것을 말한다. 《宋子大全隨箚 卷3》

191 김세룡(金世龍)의 아내 : 조 귀인의 딸 효명옹주(孝明翁主)이다.

192 회남왕(淮南王) : 한 고조(漢高祖)의 여섯째 아들 유장(劉長)이다. 일찍 어머니를 여의고 평소 여후(呂后)를 따랐는데, 자주 글을 올려 불손한 짓을 하는 일이 많았기 때문에 마침내 어떤 사건에 연좌, 폐출(廢黜)되어 촉(蜀)의 엄도(嚴道)에 안치되었다가 먹지 않고 죽었다. 《漢書 淮南厲王劉長傳》

193 이선(二善) : 조 귀인에게서 출생한 숭선군 이징(李澂)과 낙선군 이숙(李潚) 형제를 말한다.

가까움의 차이는 있지만, 옮겨 놓는 것이나 장독(瘴毒)을 입게 하는 것이나 해독을 입은 것은 마찬가지입니다. 회남왕은 죽었으나 김세룡의 아내는 죽지 않았으니 다만 다행함과 불행함의 차이가 있을 뿐입니다. 만일 김세룡의 아내도 불행하였다면 어찌 주자의 비난을 면할 수 있겠습니까. 주자의 의론을 가지고 헤아려 본다면 김세룡의 아내도 옮겨 놓을 수 없는데 더구나 이선이야 말할 나위가 있겠습니까. 가담하지도 않은 이선을 은덕을 잃은 회남왕의 예에 따라서 처리한다면, 후세에 주자와 같은 현인이 의당 어떻다고 하겠습니까.

"자전(慈殿)의 원수니 군부(君父)의 원수니 ……" 한 것도 그렇지 않은 점이 있습니다. 그의 죄는 비록 천만번 죽어야 하겠지만 자전의 입장으로 말하자면 그들을 온전하게 하려는 것이 곧 천리와 인정에 그만둘 수 없는 것입니다. 진실로 자전의 도리가 그러하다면 그대로 순종하여 받드는 것이 곧 주상의 도리이고, 주상의 도리가 그러하다면 이를 받들어 순종하는 것이 곧 조정 신하들의 도리인 것입니다. 자전과 주상께서 가장 좋은 도리를 행하려고 하는데 어찌 신자(臣子)들이 가장 낮은 도리를 가지고 다툴 수 있겠습니까.

세상에서 모두 '고수(瞽瞍)가 사람을 죽이면 고요(皐陶)가 체포했을 것'[195]이란 말을 가지고 오늘날의 단안(斷案)으로 삼고 말하기를 "신자

194 통천(通川) : 의금부에서 효명옹주의 배소를 진도(珍島)로 정하였는데 효종이 통천으로 고치라고 명하였다. 《承政院日記 孝宗 2年 12月 21日》

195 고수(瞽瞍)가……것 : 고수는 순(舜) 임금의 아버지이고, 고요는 순의 신하로 법관(法官)이었다. 맹자의 제자가 "순은 천자이고 고요는 법관인데, 고수가 사람을 죽였다면 어떻게 하였겠습니까?" 하니, 맹자가 "체포하였을 것이다." 한 내용을 인용한 것이다. 《孟子 盡心下》

로서 법을 지키는 도리가 의당 이렇게 해야 한다."라고 하는데, 여기에도 할 말이 있습니다. 주 세종(周世宗)의 아버지가 사람을 죽이자 주 세종이 좋게 처리하였는데, 여기에 대해 또한 주자의 정론이 있었습니다. 시험 삼아 그것을 보니, 신자가 군부의 사은(私恩)을 위해 법을 굽히는 것은 곧 굽히는 것이 아니라 이것이 바로 의리를 펴는 것이었습니다.[196]

"군부의 원수는 놓아두고 묻지 않는다. ……" 한 데에 대해서도 또한 할 말이 있습니다. 주자가, 이미 반역한 것〔已叛〕과 반역을 꾀한 것〔謀叛〕을 둘로 나누어서 논했습니다. 그러므로 혹자가 관숙(管叔)과 채숙(蔡叔)[197]에 대해 묻자, 주자가 말하기를 "관숙은 이미 반역하였으니 주공(周公)이 또한 어찌할 수 있었겠는가. 그러나 채숙과 곽숙(霍叔)[198] 또한 이미 군대를 일으켰는데도 주공이 그들을 죽이지 않은 것은 그들이 악의 괴수가 아니었기 때문이니, 온전하게 한 것은 이 역시 의리이다." 하였습니다.

그렇다면 이미 시역(弑逆)을 저지른 자가 한 단계이니 이른바 불공

196 주 세종(周世宗)의……것이었습니다 : 주 세종은 후주(後周)의 시조 시영(柴榮)이다. 그의 아버지 시수례(柴守禮)가 사람을 죽이고 무사한 데 대해, 구양수(歐陽脩)가 "시수례의 살인을 주 세종이 불문에 부친 것은, 차라리 법을 굽히는 과오를 범할지언정 부자간의 도리를 펴려 한 것이다."라고 논한 것을 주희가 《자치통감강목(資治通鑑綱目)》에 수록했기 때문에 한 말이다.

197 관숙(管叔)과 채숙(蔡叔) : 모두 주 무왕(周武王)의 아우로, 무왕이 죽은 뒤 성왕(成王)이 아직 어려 주공(周公)이 섭정할 적에 함께 난을 일으켰다가 관숙은 죽고 채숙은 추방되었다. 《史記 管蔡世家》

198 곽숙(霍叔) : 주 무왕의 일곱째 아우로, 그 역시 형인 관숙·채숙의 역모에 동조했다가 잡혀 서민으로 강등되었다.

대천의 원수라는 것입니다. 이미 반역을 한 자가 또한 한 단계이니 관숙과 채숙이 바로 그 사람입니다. 그 가운데서도 또한 구분해야 합니다. 맨 먼저 모반을 따른 자가 한 단계이니 회남왕과 김세룡의 아내가 바로 그 사람입니다. 역적의 초사(招辭)에만 나오고 역모에는 가담하지 않은 자가 또 한 단계이니 이선(二善)이 바로 그 사람입니다. 시험 삼아 주자의 의론을 가져다가 반복해서 상량하고 고찰해 보면, 의리가 비록 세밀하다 하지만 마치 파죽지세와 같이 경위가 환할 것입니다.

오늘날의 의론은 비록 자리를 같이했던 벗들도 모두가 서로 다르고 나와 꼭 맞는 사람은 오직 동백(東伯)[199] 한 사람뿐입니다. 그러나 나의 의론으로 말하면, 주자의 분명한 정설(定說)이 없었다면 감히 말하지 못하지만, 이미 정설을 얻었으면 설령 온 세상이 그르게 여긴다 하더라도 돌아보지 않아야 합니다. 그러므로 내가 늘 외람되게 말하기를 "나를 알아줄 분도 오직 주자이고 나를 죄줄 분도 오직 주자이다."라고 한 것입니다. 이른바 나를 죄준다는 말은, 내가 그러한 덕도 없으면서 망녕되이 주자를 본받으려 하기 때문입니다.

세상의 분분한 논의는 이루 감당할 수 없이 많지만, 오직 형만이 의리를 매우 정밀하게 보고 말을 매우 분명하게 하여, 내 말이 형과 합치되지 않으면 형의 말이 더러 저에게 합치되기 때문에 감히 극력 말하여 지당하게 되기를 바라는 것입니다. 그러니 비록 맞지 않더라도 '공(公)이 나를 공과 같이 되게 하지 못함은 역시 내가 공을 나와 같이 되게 하지 못하는 것과 같다.'라고 하여 갑자기 그만두지 말았으면 합니다. 하하.

199 동백(東伯) : 강원도 관찰사 김익희(金益熙)를 가리킨다. 《宋子大全隨箚 卷3》

서로 주고받고 한다는 의론은 참으로 우습습니다. 옛날 뱃사공의 시에 "네가 날 건네주나 내가 널 건네주지, 삐걱삐걱 노 젓는 소리가을 강에 그득하네.〔爾濟我耶吾濟爾, 櫓聲鴉軋滿江秋.〕"라고 하였는데, 이는 곧 오늘날과 꼭 맞는 풍경입니다.

임의백(任義伯)과 홍무적(洪茂績)에 대한 의론[200]은 여전히 잘못되었으니, 대개 성패(成敗)와 시비(是非)가 본래 두 가지 길이기 때문입니다. 일 만들기 좋아하는 사람들이 홍무적에 대해 논한 것이 너무 심하지 않습니까. "신면(申冕)을 구한다. ……"라는 것[201]은 이제야 비로소 분명히 알게 되었습니다.

송상(松相 송강(松江) 정철(鄭澈))은 마음은 부드럽지만 말이 과격하여 허다한 사건을 야기했는데, 형은 마음이나 말이나 모두 과격하지 않으니 도리어 더 낫지 않겠습니까. 하하.

이선(二善)을 위해 죽고 싶어 한 사람은 마음 씀이 음흉하고 험악하

200 임의백(任義伯)과……의론 : 일찍이 임의백과 홍무적이 김자점과 그의 당여를 탄핵하다가 배척받았는데, 김자점이 처형된 뒤, 이후원이 그 두 사람에게 의당 포양하는 특전이 있어야 한다고 논하였으나, 여러 의견이 일치하지 않았다.

201 신면(申冕)을……것 : 이후원이 젊었을 때 신흠(申欽)에게 찾아가 자기 아버지의 비문을 지어 줄 것을 부탁하자, 신흠이 흔연히 맞으면서 "모레 오게. 비문을 지어 놓고 기다리겠네." 하므로, 이상하게 여기며 그날 가니, 과연 지어 놓았다면서 하는 말이 "자네가 뒷날 재상이 될 것인데, 나의 손자 신면의 생명이 자네에게 달렸기에 감히 부탁하네." 하였다. 이후원은 그 말을 듣고 더욱 이상하게 여겼는데, 그 후 1651년에 김자점이 반역죄로 처형되고 신면이 거기에 연루되어 과연 죽게 되었다. 그러자 이후원이 그 옥사(獄事) 처리에 참여하게 되어, 신흠이 부탁한 말을 상주하고 그를 풀어 주자고 청하니, 효종도 사람 잘 알아보는 신흠의 안목을 매우 탄복하면서 사형을 감해 주려고 하였으나 반대하는 의론이 강경하여 끝내 그는 죽고 말았다.《宋子大全隨箚 卷3》

기는 하지만, 그가 그 사람들을 어질고 착한 일로 깨우친 말을 내가 일찍이 들어 보았기 때문에 사돈을 삼았던 것인데,[202] 오늘날에는 내가 늘 마음속으로 농담하기를 '아무 분의 총명으로도 오히려 알아보지 못하였으니 모름지기 대현(大賢) 이상이어야 사람을 알아보겠구나.' 하였습니다. 이 편지는 보고 찢어 버리시는 것이 어떻겠습니까?

202 이선(二善)을……것인데 : 탄옹(炭翁) 권시(權諰)가 이선을 위해 죽고 싶다는 말을 했던 것으로 보인다. 《宋子大全隨箚 卷3》 송시열의 딸이 권시의 아들 권유(權惟)에게 시집갔다.

이사심에게 답함 임진년(1652, 효종3) 3월 11일

答李士深 壬辰三月十一日

우러러 사모하던 중에 지난달에 보내 주신 친서를 삼가 받드니, 마치 담소를 나누는 듯하여 위로됨을 말로 할 수 없습니다. 소식 전한 뒤에 기미는 더욱 좋아지셨습니까?

저는 옥향(沃鄕)의 길가에 있어서 늙고 병든 정력이 손님 응접에 지쳤습니다. 지난달 회향(懷鄕)으로 옮겨 와 우거하고 있는데, 비록 송리(宋里)와 멀지 않지만 본래 산속 외딴 마을이니 병든 몸을 요양하며 책을 볼 겨를이 조금 있습니다. 또 선영(先塋) 근처라서 추모하는 정성을 때때로 올리는데, 다만 부평초 같은 신세가 또 언제 바람 부는 대로 나부끼어 갈지 모르겠습니다.

역관(譯官)이 죽음을 당하여[203] 중외가 서로 축하하고 있는데, 아무도 모르는 가운데 화와 복이 순환하는 단서가 있지나 않을지 모르겠습니다. 실로 근심을 감당하지 못합니다. 호조의 번거로운 업무는 형의 여위고 병든 몸으로 감당할 수 있는 바가 아닙니다. 만약 마음과 성의를 다하지 않으면 그 해를 받는 것이 깊고도 클 것이니, 또한 노형이 감히 편안하게 여길 수 있는 바가 아닙니다. 공사(公私)에 대한 걱정이 간절하여 견딜 수 없습니다.

나머지 드릴 말씀은 많지만 마침 바쁜 일이 생겨서 이만 줄입니다.

203 역관(譯官)이 죽음을 당하여 : 죽음을 당한 역관은 이형장(李馨長)이다. 그는 1651년 신면(申冕)의 역모 사건이 청을 배후로 하였다는 고변이 있자, 그 중재인으로 지목되어 참형을 당하였다.

이사심에게 보냄 임진년(1652, 효종3) 12월 6일

與李士深 壬辰十二月六日

소식이 자못 막히니, 덕을 연모하는 마음이 목이 마른 듯합니다. 날씨가 오랫동안 따듯하다가 갑자기 추워졌는데 대감의 기거는 신이 돕고 있습니까?

듣건대, 요옹(了翁)처럼 재취(再娶)의 계획을 이미 이루었다고 하는데, 그 집안이 선을 좋아하고 그 사람이 연장(年長)인 것이 과연 요옹이 뜻한 바와 같습니까?[204] 다만 서노(瑞奴)의 무리가 의지하는 바입니까?[205] 한번 축하한 끝에 망녕되이 다시 운운하였습니다. 꾸짖지 마십시오.

저는 가난과 병이 본래 정해진 분수이고 몸단속에도 힘쓰지 않았습니다. 저 자신을 돌아볼 때면 부끄러운 점이 많아 스스로 용납하지 못할 듯합니다. 〈재기(齋記)〉[206]는 속되고 졸렬하여 가소롭습니다. 그

204 요옹(了翁)처럼……같습니까 : 이후원이 재취를 했으므로 한 말이다. 요옹은 북송(北宋)의 문신인 진관(陳瓘)의 호이다. 그가 재취를 의논하며 자신의 형에게 보낸 편지에서 "그 집안은 청빈하고 그 사람은 연장입니다. 청빈하면 교만하지 않고, 연장이면 사리를 잘 압니다. 또한 주씨(周氏)는 온 집안이 선을 좋아하므로 그 여인을 취했습니다."라고 하였는데, 주희가 그 편지의 발문에서 "진공의 글은 자기의 뜻을 서술하고 남의 선함을 칭송하며, 의(義)를 취하고 이(利)를 버리는 것을 결단하지 않은 적이 없다. 이에서 공의 흉중이 늘 호연했음을 알 수 있다."라고 하였다. 《晦庵集 卷81 跋陳了翁與兄書》

205 서노(瑞奴)의……바입니까 : 전 부인의 자녀를 양육하기 위해 재취를 하게 된 것이냐는 뜻이다. 서노는 진관의 전 부인의 아들이다.

러나 쓸쓸한 짧은 서찰보다 나으니, 한가할 때 졸음을 막는 도구로 쓰시도록 드리고 싶어서 이미 사인(沙人 송준길)에게 부탁하여 깨끗하게 베끼게 하였으니, 조만간에 보여 드릴 예정입니다.

그 외 드릴 말씀은 많지만 언 붓을 호호 부느라 갖추지 못합니다.

○ 서노는 요옹의 전 부인의 소생입니다.

206 재기(齋記) : 〈우재기(迂齋記)〉이다. 《송자대전》 권140에 실려 있다.

이사심에게 보냄 계사년(1653, 효종4) 2월

與李士深 癸巳二月

불초한 저는 일찍이 슬프고 한스러웠습니다. 선인(先人 송갑조(宋甲祚))은 평생 남이 알아주기를 구하지 않으셨으나 또한 세상 사람이 벼슬을 구하는 사람에게는 주고 구하지 않는 사람에게는 주지 않는 것[207]으로 말미암아 끝내 불우하셨습니다.

돌아가신 후에는, 사람들이 힘 있는 많은 사람의 억울함을 풀어 주고자 비로소 선인을 증거로 끌어댔습니다.[208] 그중에서 "특별히 참봉을 제수하여 그 절의를 포양(褒揚)하였다."라고 한 것은 더욱 이해할 수 없습니다. 대저 선인이 비록 정사년(1617, 광해군9)의 일[209]이 아니었더라도 어찌 한낱 능참봉이 되기에 부족하였겠습니까. 그런데 도리어 그것을 특별히 포양하는 은전으로 여기니, 이것이 어찌 합당한 논의이

207 세상……것 : 정이(程頤)가 만년에 한유(韓維), 범이수(范夷叟) 등과 영창(穎昌)에서 배를 띄우고 놀 때 객장(客將)이 와서 어떤 관원이 글을 올려 한유에게 인사를 드린다고 여쭈었다. 이때 정이는 급한 공무가 있는 줄로 짐작했는데, 관원의 글을 보니 고작 자신을 천거해 달라고 부탁하는 내용이었다. 이에 정이가 한유를 나무라며 "이는 찾지 않은 사람에게는 벼슬을 주지 않고, 와서 찾은 사람에게는 벼슬을 주었기 때문에 사람들이 이렇게 하게 된 것이다."라고 하였더니 한유가 그 자리에서 자복(自服)했다고 한다. 《二程遺書 卷19》《近思錄 卷10》

208 사람들이……끌어댔습니다 : 1634년(인조12)에 심지원(沈之源) 등이 억울함을 신원할 때 송갑조를 끌어와 증거로 삼은 일이 있다. 《宋子大全隨箚 卷3》

209 정사년의 일 : 송갑조가 1617년 생원시와 진사시에 합격하였으나, 반대를 무릅쓰고 서궁(西宮)에 유폐된 인목대비를 배알하였다가 유적(儒籍)에서 삭제된 일을 말한다.

겠습니까. 다행스럽게도 공의(公議)가 없어지지 않고 붓을 잡은 사람이 그 선행을 매몰하지 않았으니, 이것은 불초한 저의 한을 위로하기에 충분하였습니다. 그러나 말세의 사필(史筆)이 공정하지 못하여 허와 실이 서로 반반이니, 이 일까지 아울러 애매모호한 것으로 되어 버리지 않을 줄 어찌 알겠습니까. 만약 그렇다면 불초한 저의 천고의 한은 풀기 어려울 것입니다.

요사이 혼자 생각건대 지금 청의(淸議)를 주관하며 성대히 사류(士類)를 신복(信服)케 하는 사람은 오직 집사 한 사람뿐입니다. 삼가 바라건대 시험 삼아 사실을 살펴보시고 만약 혹 포양하는 사례에 두는 것이 합당하다면 연석(筵席)에서 한번 아뢰어 주십시오. 만약 성상께서 기꺼이 받아들이신다면 진실로 다행이고, 비록 윤허하지 않으시더라도 집사의 한마디 말은 저승에 계신 분을 중하게 하기에 충분하니, 또한 어찌 세도(世道)를 위하여 절의(節義)를 숭상하고 장려하는 데 일조하는 것이 아니겠습니까.

회옹(晦翁)이 굴 좌도(屈左徒)[210]를 논하며 이르기를 "그를 우울하게 만들어 당시에 등용되지 못하게 한 것이 또 매몰되어 후세에 밝혀지지 않았다."[211]라고 하였습니다. 불초한 제가 깊이 마음 아파하는 것은 실로 여기에 있습니다. 또 일찍이 보건대, 회옹은 정권을 잡은 제현에게 청하여 선친인 위재(韋齋)[212]의 사적을 표장(表章)하였습니다. 그렇다

210 굴 좌도(屈左徒) : 초 회왕(楚懷王)의 좌도로 있었던 굴원(屈原)을 가리킨다.

211 그를……않았다 : 주희(朱熹)의 《초사집주(楚辭集註)》 목록(目錄)에 보이는데, 주희가 《초사》를 집주한 취지를 밝히면서 한 말이다.

212 위재(韋齋) : 주희의 아버지 주송(朱松)의 호이다.

면 단지 "선친께서는 알아주기를 구한 적이 없으시다."라고 말하면서 사적이 없어져 버리게 놔두는 것은 또한 자식의 올바른 태도가 아닙니다. 그러므로 감히 우매함을 무릅쓰고 간절하게 아뢰었습니다.

또한 사마천(司馬遷)이 이르기를 "아는 사람과만 이야기할 수 있고 속인(俗人)과는 이야기할 수 없다."라고 했는데, 구구한 저의 깊은 속마음은 집사를 만나지 못했다면 누구를 향해 입을 열겠습니까. 만약 일의 체모로 보아 편치 않다면 또한 다시 가르치고 타일러 주시기 바랍니다. 그렇게 해 주신다면 삼가 흔쾌히 뜻을 돌려 감히 다시 한스러워하지 않겠습니다. 아울러 묵묵히 헤아려 주시기를 바라며, 절대로 남에게 말하지 말기를 또한 천만 바랍니다.

이사심에게 답함 계사년(1653, 효종4) 2월 14일

答李士深 癸巳二月小望

사형(舍兄)이 가는 편에 한 통의 서신을 올렸습니다. 살펴보셨을 줄 아는데, 과연 그렇습니까? 섣달에 보내신 서신을 삼가 받들고 공경히 가르침을 받드니, 깊이 감사하는 마음 간절합니다. 저는 모친을 봉양하며 그럭저럭 지내고 있습니다만 형제가 멀리 떨어진 적이 없었는지라 못가의 그리움이 봄을 만나 더욱 심합니다.[213]

호(濠)[214]가 이르기를 "편지를 받아 안부를 듣고 기뻤다."라고 하였습니다. 다만 듣건대, 한 글자도 저에 대해 언급하지 않으셨다고 하는데, 어찌하여 질책을 당한 사람을 곧 증거로 삼지 않으셨습니까. 후사를 세우라는 가르침은 참으로 옳습니다. 다만 이해(利害)로써 그것을 말하자면 집착함이 없는 것만 못한 듯합니다. 천리(天理)로 헤아려 보아도 진짜와 가짜는 또한 현격합니다. 《의례(儀禮)》에서도 지자(支子)를 후사로 세우는 것을 허락하지 않았으니, 성인의 말씀을 업신여길 수 없습니다.

별록(別錄)은 읽고 나서 감읍함을 견딜 수 없었습니다. 여쭌 내용을

213 못가의……심합니다 : 형제를 그리워하는 마음이 깊다는 뜻이다. 남조 송나라의 시인 사영운(謝靈運)이 영가(永嘉)의 서당(西堂)에서 온종일 시를 생각했으나 이루지 못하다가, 꿈에 족제(族弟)인 사혜련(謝惠連)을 만나서 "못가에 봄풀이 난다.〔池塘生春草〕"라는 시구를 얻고 나서 대단히 만족스러워했다고 한다. 《南史 謝惠連列傳》

214 호(濠) : 송준길을 가리킨다. 그가 호음천(好音川)에 살았는데 호(好)와 호(濠)는 음이 서로 비슷하므로 호(濠)라 한 것이다. 《宋子大全隨箚 卷3》

헤아려 본 뒤 가르쳐 주시는 것이 어떻겠습니까? 어렴풋이 듣건대, 소간(小諫) 여근(汝近)이 멀리 외직으로 나갔다고 하니,[215] 부정(副正) 어른[216]께서 어떻게 노년의 심회를 견디시겠습니까. 그러나 손주를 많이 두셨으니 기쁩니다.

현재 옥향(沃鄕)이 마침 어수선하니, 다 말씀드리지 못합니다.

주자가 이계장에게 답한 편지 朱子答李季章書

어제 편지 및 선군(先君)[217]의 주소(奏疏)를 받아서 사서(史書)의 편말에 붙일 수 있었으니, 매우 다행입니다. 애통해하며 생각해 보니, 선군은 어린 나이에 곧 가륙(賈陸)의 학문을 했으며,[218] 어려운 시대를 만났으나 저절로 드러나기를 깊이 바랐는데 불행하게도 얻은 바를 시험하지 못하여, 정권을 잡은 사람에게 아뢴 것이 여기에 그치고 만 것입니다. 지금 이에 사관의 붓에 의탁하여 길이 전해지게 되었으니, 어찌 매우 다행스럽지 않겠습니까. 다만 현자가 조정을 떠나신 뒤에 혹 불초고(不肖孤)가 누(累)를 끼쳐 삭제당할까 두려운

215 소간(小諫)……하니 : 소간은 송(宋)나라 때 감찰어사(監察御史)의 다른 이름이니, 여기서는 조선의 헌납(獻納)을 뜻한다. 여근은 이후원의 종자(從子) 이형(李逈)의 자이다. 이형은 헌납으로서 1653년에 임금의 뜻을 거역하여 중앙에서 쫓겨나 경성 판관(鏡城判官)이 되었다. 《宋子大全隨箚 卷3》

216 부정(副正) 어른 : 이형의 부친 이후재(李厚載)를 가리킨다. 이후재는 이후원의 큰형이고, 관직은 부정에 이르렀다.

217 선군(先君) : 주희(朱熹)의 아버지 주송(朱松)을 가리킨다.

218 선군은……했으며 : 주송은 일찍이 "논의를 발하거나 그것을 사업에 시행하는 것은 마치 가의(賈誼)와 육지(陸贄)가 한 것처럼 하겠다."라고 말한 적이 있다. 《新安文獻志 皇考左承議郎……通議大夫朱公行狀》 가륙은 가의와 육지를 합쳐 부른 것이다.

데, 이 또한 알 수 없습니다.

이 편지는 오늘날의 상황과 꼭 들어맞으므로 부질없이 기록하여 올립니다. 맨 끝에서 염려한 바는 반드시 없으리라 보장할 수 있겠습니까. 편지에서 언급하신 것은 매우 다행입니다. 조정을 떠난 사람[219]은 현재 금포(衿浦)에 있습니까? 차후의 진퇴는 더욱 어려울 것이니, 깊이 염려됩니다.

219 조정을 떠난 사람 : 낙정재(樂靜齋) 조석윤(趙錫胤)을 가리킨다. 1651년 이조참판에 제수되었는데, 판서인 정세규(鄭世規)를 비방하다가 호당(護黨)의 혐의로 영암으로 귀양갔다가 뒤에 강계로 옮겨졌으나 이듬해 풀려났다. 조정에서 그를 여러 차례 벼슬에 임명했으나 그는 모두 나아가지 않았고, 금천(衿川)으로 물러났다. 1649년 양관대제학이 되어 《인조실록》 편찬의 책임을 맡았으므로 송시열이 일찍이 송갑조의 일을 편지로 부탁하였다.

이사심에게 답함 계사년(1653, 효종4) 3월 14일

答李士深 癸巳三月十四日

지난달 26일에 보내신 편지를 어제 받았습니다. 간청한 것에 대하여 가엾게 여기며 부응하려는 뜻이 있으심을 삼가 알고 서쪽을 향해 백번 절하며 허리를 굽혀 매우 감사를 표합니다. 어찌 혹시라도 신임을 받아서, 말한 바를 무고한 것으로 여기지 않는 것이 아니겠습니까. 삼가 재숙(齋宿)하고 묵묵히 기도하며 일이 이루어지기를 공손히 기다립니다.

재기(齋記)에 대한 깨우침에는 저도 모르게 부끄러워 사과하였습니다. 게다가 천하의 일은 예로부터 완벽하기 어려웠으니, 회옹(晦翁)은 물러나지 않은 것이 아닌데도 "시는 이루어졌으나 집은 완공하지 못했네."[220]라는 탄식을 하였습니다. 또한 오늘의 일과는 차이가 있으나 감개함은 똑같습니다. 또 훗날 수초(遂初)의 뜻[221]을 이루고 역시 "어느덧 나의 천석(泉石)이로다."[222]라는 구절을 바칠 줄 어찌 알겠습니까.

220 시는……못했네 : 주희가 진량(陳亮)에게 답한 편지에, 무이구곡(武夷九曲) 사이에 집을 짓고 싶으나 몹시 궁핍하다면서 이렇게 말하였다. 《晦庵集 卷36 答陳同甫》

221 수초(遂初)의 뜻 : 벼슬을 그만두고 은거하려고 했던 본래의 뜻이라는 말이다. 진(晉)나라 손작(孫綽)이 〈수초부(遂初賦)〉를 지어 산림에 숨어 살려는 자신의 뜻을 서술한 고사가 있다. 《晉書 孫楚列傳 孫綽》

222 어느덧 나의 천석(泉石)이로다 : 주희(朱熹)가 복건성(福建省) 무이산(武夷山)에 무이정사를 이루고 나서 지은 시 〈무이정사잡영(武夷精舍雜詠)〉 가운데 〈정사(精舍)〉라는 제목으로 "거문고와 책을 벗한 사십 년에, 몇 번이나 산중 객이 되었던고. 하루에 띳집이 이루어지니, 어느덧 나의 천석이로다.〔琴書四十年, 幾作山中客? 一日茅棟成, 居然我泉石.〕"라고 읊은 것이 있다

적상(赤裳)[223]에 관한 말씀에 뛸 듯이 매우 기뻐서 거의 침식을 잊었습니다. 그러나 분명히 형에게는 신선의 연분이 있고, 저는 액운을 벗은 다음에야 이것을 얻을 수 있습니다. 양쪽 모두 쉽지 않으니 도리어 몹시 근심스럽습니다.

편지를 본 뒤에 찢어 버리라는 분부는 일찍이 따르지 않은 적이 없으나, 지금 받은 편지는 삼가 이조의 계사[224] 및 석실(石室)의 명문(銘文)[225]과 함께 한 장의 종이에 다시 썼습니다. 이 일의 시말이라고 여기므로 말씀하신 대로 하지 못한 것입니다.

금리(錦里)에 보내시는 편지[226]는 어제 이미 받들어 전했습니다. 이 벗은 근래의 운수가 매우 험난한데,[227] 근자에 "모기와 등에까지 모두

223 적상(赤裳) : 전라도 무주(茂朱)에 있는 적상산(赤裳山)을 말한다. 적상산에는 사고(史庫)가 있다.

224 이조의 계사 : 1634년(인조12) 6월 8일에 영천 군수(永川郡守) 심지원(沈之源)이 상소하여, 1617년(광해군9)에 올린 흉소에 송갑조가 참여하지 않았다는 뜻을 밝혔는데, 이조가 회계(回啓)하며 "흉소 가운데 몰래 이름을 기록하였다는 것에 이르러서는 이른바 횡역에 걸려든 것입니다."라고 하였다. 1617년에 올린 흉소는, 그해 송갑조와 함께 입격한 이영구(李榮久) 등이 서궁(西宮) 즉 인목대비에게 인사드리지 않겠다고 진달한 상소를 말한다. 이영구 등은 여러 유생에게 상소에 서명(署名)하도록 위협했는데, 송갑조는 이에 강하게 반대하며 혼자 서궁에 가서 배은(拜恩)했다. 그런데 이영구 등이 송갑조의 이름을 상소에 써넣었던 것이다. 《宋子大全 卷20 辨訾毁牛溪之謗仍白先誣疏》《仁祖實錄 12年 6月 8日》

225 석실(石室)의 명문(銘文) : 석실산인(石室山人) 김상헌이 찬술한 송갑조의 명문을 가리킨다. 《淸陰集 卷31 司饔院奉事宋君墓碣銘》

226 금리(錦里)에 보내시는 편지 : 이후원이 금산(錦山)에 거주하는 초려 이유태에게 보내는 편지이다.

227 이……험난한데 : '이 벗'은 초려 이유태를 가리킨다. '근래의 운수'라는 것은 이유

나를 침범해 핍박하려 한다."라고 하였습니다. 그렇다면 실로 조화(造化)와 관계된 것이니, 참으로 장자후(章子厚)가 한 짓이 아닙니다.[228]

전날에는 정신이 혼몽하다는 말을 형에게서 들어 본 적이 없습니다. 동년배가 특히 정신이 좋은 것으로 형을 추대하고, 계방(季方)[229]이 이야기를 전하기를 "등불 아래 한 장(丈)쯤 떨어진 곳에서도 서경 단자(署經單子)를 잘 읽으신다."라고 했습니다. 요즘 누차 정신이 희미하다고 말씀하시는데, 아마도 겸양에서 하신 말씀일 것입니다. 아니면 진실로 이와 같은 것입니까? 그러나 저는 그 병이 참으로 병든 몸을 치료하는 약임을 깨달았습니다. 이천(伊川)은 타고난 기질이 매우 약했으나 4, 5십에 점점 성해졌는데 이 교훈을 애오라지 외워 드립니다.

봄이 또 저물고 있습니다. 부디 보중하십시오. 이만 줄입니다.

태가 당시에 금산의 향인 박정(朴珽)이란 자에게 무고를 당한 사건을 두고 한 말이다.

228 장자후(章子厚)가……아닙니다 : 장자후는 송나라 때의 문신 장돈(章惇)으로, 자가 자후이다. 그는 사마광(司馬光), 소식(蘇軾), 정이(程頤) 등 왕안석(王安石)의 신법(新法)을 반대하는 사람들을 채경(蔡京), 채변(蔡卞)과 함께 몰아냈다. 범순인(范純仁)은 영주(永州)로 폄적되어 아들들이 장돈을 원망할 때마다 반드시 그들을 저지하였으며, 영주로 가는 배가 뒤집혀 부축 받고 나올 때도 옷이 다 젖은 채로 아들들을 돌아보며 "이것이 어찌 장자후가 한 짓이겠느냐."라고 하여 넓은 도량을 보였다. 《宋史 范純仁列傳》 여기서 장자후는 이유태를 무고하고 욕보인 박정과 그를 사주한 김자점 일당을 빗대어 말한 것이다.

229 계방(季方) : 임의백(任義伯, 1605~1667)의 자이다. 그의 본관은 풍천(豐川), 호는 금시당(今是堂)이다. 김장생(金長生)의 문인으로, 송시열·송준길 등과 교의가 깊었다.

이사심에게 답함 계사년(1653, 효종4) 4월 14일

答李士深 癸巳四月十四日

이달 3일의 편지는 어디를 통해 전하여 이르렀습니까? 삼가 마음에 새기고 편한 때를 기다리고 있다는 말씀을 받았으니, 감격하여 눈물을 흘린 나머지 묵묵히 기도하는 마음을 참을 수 없었습니다. 만약 이 소원을 이룬다면 비록 온 집안이 부서져 가루가 되더라도 어찌 은혜를 다 갚을 수 있겠습니까.

소식 전한 뒤에 대감의 기거는 원기를 회복하여 건강하십니까? 회옹(晦翁)은 제갈공명(諸葛孔明)이 장가들 때 추녀를 맞이한 것을 논했습니다. 저는 매번 '태형(台兄)은 충청도 관찰사로 재직하는 두 해 동안 철석간장(鐵石肝腸)이 변하지 않았는데, 하필 추녀를 맞이한 뒤에야 자신을 다스리랴.'라고 생각했습니다. 그렇다면 태형이 도리어 제갈공명보다 현명한 것입니까? 그러나 쟁반의 물은 유지하기 어렵고 기가 쇠한 뒤에는 객기(客氣)가 쉬 오릅니다. 삼가 바라건대 곧고 강함만을 믿지 마시고 굳게 지키는 데 더 공을 들이십시오. 어떻게 생각하십니까? 오만함에 대한 경계는 대순(大舜)에게 올려도 해가 되지 않으므로[230] 주제넘게 언급했으니, 심하게 나무라지 않으실 줄로 압니다.

전상(銓相)은 권생(權甥)의 매형입니다.[231] 권생이 오늘 한양에서

230 오만함에……않으므로 : 《서경》 〈익직(益稷)〉에, 우(禹)가 순 임금에게 경계하기를 "단주(丹朱)처럼 오만하지 마소서. 그는 오로지 태만하게 노는 것만 좋아하였으며, 오만하고 포악한 짓을 저지르기만 하였습니다."라고 하였다.

돌아와서, 전상에게 들은 경연에서 있었던 이야기를 말해 주었습니다. 그런 다음에야 비로소 중원(中原)의 곡절[232]을 자세히 알았습니다. 만약 성상의 분부와 같다면 포부가 있는 사람이 아니면 감당할 수 없습니다. 그렇다면 동쪽 언덕의 비탈밭은 참으로 죽을 때까지 굳게 지켜야 할 물건입니다.[233] 심황(沈黃)이 본말을 진술하여 아뢸 것이니, 바라건대 다시 자세히 알려 주시는 게 어떻겠습니까?

충주(忠州) 사람이 많이 몰려왔기에 물리쳐 사양했으나 가지 않았습니다. 농사를 버려두어 빈 그릇을 안는 것이 어찌 충주 사람의 액운이 아니겠습니까. 해당 조(曹)에서 혹시라도 뜻밖에 어물어물 넘기려 한다면, 삼가 바라건대 힘써 함께 주선하여 그들로 하여금 속히 끝맺게 해 주십시오. 그리해 주시면 천만다행이겠습니다.

바라건대 적상산(赤裳山)의 신령이 사신의 수레를 잡아끌어 태형을 잠시 산중의 재상(宰相)[234]으로 만들기를 축원합니다. 이만 줄입니다.

231 전상(銓相)은 권생(權甥)의 매형입니다 : 전상은 심지원(沈之源)을 가리키는데, 그는 탄옹(炭翁) 권시(權諰)의 매서(妹壻)이다.

232 중원(中原)의 곡절 : 중원은 충주의 다른 이름이다. 기축년(1649) 이래로 청나라의 노여움에 얽매여 송시열을 등용하지 못했는데, 이때에 이르러 특명으로 웅부(雄府)에 제수하여 재능을 펼치게 하려고 1653년 3월 21일에 송시열을 충주 목사에 제수한 일이 있었다. 《宋子大全隨箚 卷3》《孝宗實錄 4年 3月 19日, 21日》

233 동쪽……물건입니다 : 벼슬에 나가지 않고 물러난다는 뜻이다. 동쪽 언덕의 비탈밭은 고향의 농지(農地)를 비유한 말이다.

234 산중의 재상(宰相) : 남조(南朝) 제(齊)나라의 고사(高士) 도홍경(陶弘景)이 관복을 벗어서 신무문(神武門)에 걸어 놓고 사직소를 남긴 뒤에 구용(句容)의 구곡산(句曲山)에 은거하였는데, 양 무제(梁武帝)가 즉위하여 나라에 큰일이 있을 때마다 그에게 자문을 구하였으므로 산중 재상이라고 일컬어졌다. 《南史 隱逸列傳下 陶弘景》

이사심에게 답함 계사년(1653, 효종4) 4월 22일

答李士深 癸巳四月二十二日

지난달 21일 편지와 이달 16일 편지를 어제 한꺼번에 받고, 자세히 보여 주신 뜻을 삼가 잘 알았습니다. 이미 깊이 위안이 되었는데 아울러 스스로 실소(失笑)했습니다. 모르겠지만, 누가 가로막아서 서로 마주하여 한번 담소를 나누는 참맛을 보지 못하게 한 것입니까. 소식 전한 뒤에 태형(台兄)의 기거는 더욱 건강하시며 병 걱정도 다 사라졌습니까? 저는 변변찮은 음식으로 모친을 봉양하며 그럭저럭 보내고 있으니, 또한 일이 한결 줄어들었습니다.

뜻밖에 이런 낭패 중의 낭패를 당했으니, 참으로 운명이 기박한 사람은 한 가지 일도 조용하고 편안한 것이 없습니다. 지금 소를 써서 성상께 올리고 싶지만 어떻게 결말이 날지 모르겠습니다. 일찍이 회옹(晦翁)이 관직을 사양하기 위해 여러 공에게 많이 간청한 것을 보았습니다. 오늘 혹시라도 태형에게 덕을 본다면 한량없는 은혜를 받았다고 할 것입니다.

○ 지난번 편지의 별지에 대해 이제 답장을 올리려고 하나 번거롭게 할 수 없습니다. 그러나 "대강(大江)으로 소준(蘇峻)을 막지 못했는데, 어찌 면수(沔水)로 석호(石虎)를 막을 수 있겠는가."[235]라고 한 것은

235 대강(大江)으로……있겠는가 : 상대방의 세력이 매우 강성하여 방어하기 어렵다는 뜻이다. 대강은 양자강이고 면수는 양자강의 지류이다. 소준은 서진(西晉) 때 반역을 일으키다가 도간(陶侃)에게 죽은 역적이다. 석호는 후조(後趙)의 석륵(石勒)의 종

참으로 오늘의 풍경을 그려 낸 말입니다. 전날 오대(烏臺 사헌부)의 형세가 어찌 대강이 아니겠습니까.

자(從子)인데, 석륵이 죽자 석륵의 아들 석홍(石弘)을 폐위하고 자신이 즉위하여 후조의 왕이 되었다. 진(晉)의 정서장군(征西將軍) 유량(庾亮)이 후조의 석륵이 죽자마자 석성(石城)으로 진을 옮겨 후조를 섬멸하는 바탕으로 삼으려 하며 공경(公卿)에게 일을 의논하게 했는데, 채모(蔡謨)가 "소준의 강함은 계룡(季龍)에 미치지 못하고, 면수의 험준함은 대강에 미치지 못한다. 대강으로 소준을 막지 못하는데 면수로 계룡을 막으려 하는 것을 또한 내가 의아하게 여기는 바이다."라고 하였다. 《晉書 蔡謨列傳》 계룡은 석호의 자이다.

이사심에게 보냄 계사년(1653, 효종4) 6월 23일

與李士深 癸巳六月二十三日

낙양의 제자(諸子)가 노공(潞公)을 높이 받들어 명도(明道)의 묘(墓)에 제호(題號)를 쓰기에 이르렀으나,[236] 노공은 도리어 등롱(燈籠)의 논평[237]을 면치 못했습니다. 노형(老兄)의 오늘의 일은 백대 전과 서로 부합하고 논평한 글에도 노(潞) 자가 있으며 더욱이 말 없는 가운데 그것과 일치하는 점이 있으니,[238] 역시 이상한 일입니다. 또한 우리의 운명이 기박하여 서로 더불어 연루된 것이 아니겠습니까.

다만 고금의 인물을 보건대, 순조로운 상황에서는 처신이 참으로

236 낙양의……이르렀으나 : 송(宋)나라 인종(仁宗) 때의 현신 문언박(文彦博)이 정호(程顥)의 묘에 '명도선생(明道先生)'이라 쓴 것을 말한다. 《宋史 程顥列傳》 노공(潞公)은 노국공(潞國公)에 봉해진 문언박이다.

237 등롱(燈籠)의 논평 : 뇌물을 바쳤다고 문언박을 탄핵한 글이다. 송 인종의 장귀비(張貴妃)가 상원연(上元宴) 때 등롱의 형상을 수놓은 비단옷을 입고 말하기를 "이것은 문언박이 바친 것이다." 하였고, 이 말을 들은 어사 당개(唐介)가 상소하여 문언박이 장 귀비에게 뇌물을 바치고 집정(執政)이 되었다고 탄핵하였다. 《宋史 文彦博列傳, 唐介列傳》

238 오늘의……있으니 : 오늘의 일이 문언박이 오해받아 탄핵을 당한 일과 같다는 말이다. 당시에 예조의 예인(隷人)이 붙잡혔는데, 그가 신분에 맞지 않는 옷을 금리(禁吏)에게 뇌물로 주고 죄를 면할 수 있었다. 이후원이 우연히 대사헌 이일상(李一相)을 만났을 때 말이 금리의 작폐(作弊)에 미쳤다. 대사헌이 드디어 금리를 가두고 치죄하려는데, 장령 서원리(徐元履)가 의도적으로 헌관(憲官)에게 부탁하여 금리를 치죄할 것을 청하면서 이후원을 논핵하게 하였다. 여기서 '논평한 글'이란 바로 이후원을 논핵한 헌관의 글을 가리킨다. 《宋子大全隨箚 卷3》

좋았지만, 뜻밖의 상황을 만나서도 천리(天理)에 맡기고 처한 분수를 따른 자는 대개 드물었습니다. 어찌 정자(程子)가 "강하(江河)의 국량으로도 넘칠 때가 있다."[239]라고 한 것이 아니겠습니까. 지금 이것으로 형께 염려를 끼칠 수 없고 지론(至論)은 누차 들어도 질리지 않으므로 감히 공(公)을 위하여 들려드렸습니다.

아직 추고(推考) 함사(緘辭)를 보지 못하여 매우 답답합니다. 그러나 저의 뜻은 다만 바라건대 자복(自服)하고 공론을 기다리는 것이 좋을 듯한데, 어떨지 모르겠습니다. 대개 아침저녁에 생긴 일이 아니니 또한 어찌할 수 없습니다. 이런 한가한 날에 옛글을 밝히고 서술하여 스스로 진보한다면 이것은 실로 옥성(玉成)의 시기입니다. 하늘의 뜻은 참으로 우연한 게 아니니, 깊이 축원합니다.

무엇보다 저의 집안이 진심으로 바라던 바[240]가 결국 헛된 데로 돌아갔으니 망연자실한 마음이 어떠하겠습니까. 유비(柳妣)의 일[241]이 겨우 이루어졌는데, 일에는 대개 행과 불행이 있는 것입니다. 듣건대 이미 분암(墳菴)으로 나가셨다 하니, 참으로 우재옹(迂齋翁)이 되셨습니다. "나에게도 청산(靑山)이란 것이 있다."라고 저에게 자랑하실 만합니다. 우습습니다.

239 강하(江河)의……있다 : 정자가 사람의 국량에는 두소(斗筲), 종정(鍾鼎), 강하, 천지(天地)와 같은 종류가 있다고 하면서 "강하의 국량도 이미 큰 것이다. 그러나 차면 넘친다. 오직 천지의 국량은 덜 수도 보탤 수도 없다. 진실로 성인이 아니면 누가 그것을 담당할 수 있겠는가."라고 한 데서 온 말이다. 《二程遺書 卷9》

240 저의……바 : 송갑조를 포양(褒揚)하는 일이다. 《宋子大全隨箚 卷3》

241 유비(柳妣)의 일 : 유비는 송시열의 9대 조비(祖妣) 유씨이다. 정려(旌閭)할 때 이후원이 예조 판서로서 회계(回啓)하였다.

마침 바쁜 중에 택편(澤便)[242]이 있다는 말을 듣고 서둘러 쓰느라 두서가 없습니다. 날씨가 무더우니, 더욱 보중하여 멀리 있는 사람의 정성에 부응해 주시기를 멀리서 축원합니다.

242 택편(澤便) : 지명이나 인명에 택 자가 들어 있는 곳으로 가는 인편을 뜻하는데, 평택(平澤)으로 가는 인편이 아닌가 한다.

이사심에게 보냄 계사년(1653, 효종4) 7월 28일
與李士深 癸巳七月二十八日

다섯 글자[243]의 글은 호(濠 송준길)가 보내온 것입니다. 당시에 어떤 사람이 -원문 결락- 곡절을 묻고, 또 대략 풍자하는 뜻을 보냈습니다. 저는 장난삼아 써서 답하려 했는데, 그 잘못 올린 다섯 글자는 대개 그 글의 첫머리였습니다. 이것은 대개 송(宋)나라 처사 위야(魏野)가 구래공(寇萊公 구준(寇準))을 사랑하여 칭송하고 찬미한 시입니다. 구래공은 나중에 매우 위급한 상황에 처했으나 구래공의 성대한 덕에는 흠이 하나도 없었으며, 위야와 구래공의 교분도 어그러지지 않았습니다. 처음에는 이런 내용으로 글을 짓고 싶었습니다. 그러고 나서 다시 생각하기를 '구래공을 낭패하게 만든 사람은 곧 정위(丁謂)[244]이다. 오늘의 군자가 어찌 이에 이르겠는가.' 하고, 드디어 이것으로 글을 지을 생각을 버리고 다른 것으로 바꾸었는데, 또 글이 바뀌어서 잘못 올린 것입니다.

지금 답장을 받은 것이 이와 같으니, 참으로 이른바 '영서연설(郢書燕說)'이란 것입니다. 영 땅에 사는 사람이 연나라에 국서(國書)를 보

243 다섯 글자 : '무지기누대(無地起樓臺)'인 듯하다. 북송 때의 구준이 재상으로 있던 30년 동안 사저(私邸)를 짓지 않았는데, 처사 위야가 구준에게 지어 준 시 〈상지부구상공(上知府寇相公)〉에 "벼슬은 삼공의 자리 앉았는데 누대 하나 지을 땅이 없구나.〔有官居鼎鼐, 無地起樓臺.〕" 하였다. 《國老談苑 卷2》

244 정위(丁謂) : 기민(機敏)하고 교활한 사람으로서 구준을 무함하여 해강(海康)으로 귀양 가게 하였다. 《宋史 丁謂列傳》

내려고 하는데, 촛불이 밝지 않으므로 촛불을 잡은 사람에게 "촛불을 들라."라고 명하자, 붓을 잡은 사람이 마침내 편지에 "촛불을 들라."라고 썼습니다. 연나라 사람이 편지에서 그 글을 보더니 "이것은 나로 하여금 현자를 들어 쓰게 하려는 뜻이다."라고 하였고, 이에 연나라가 크게 다스려졌습니다. 이제 형이 이로 인하여 또한 구래공의 덕업을 짓는다면 실로 하늘이 미천한 충정을 꾀어서 성대한 아름다움을 도와 이루게 하는 것입니다. 이 말이 근래 가장 재미있습니다. 그러나 스스로 어리석은 정성을 부쳤으니, 한번 웃으시고 나서 너그러이 살펴 주시면 매우 다행이겠습니다.

요즘 늦더위에 한가로이 지내는 정취는 어떠하십니까? 그리워하는 마음이 전보다 갑절입니다. 저는 전에 서리(暑痢)를 앓았는데 아직도 음식을 먹지 못하니 답답하고 괴롭습니다. 다행인 것은 노모께 병이 없는 것일 뿐입니다.

인편이 있다는 말을 듣고 등불 아래서 급히 썼습니다. 이 편지는 다 보시고 나서 즉시 없애는 것이 어떻습니까? 자세히 쓰지 못합니다.

이사심에게 보냄 계사년(1653, 효종4) 8월 21일

與李士深 癸巳八月二十一日

물러갈 길을 찾아도 길이 없다가 우연히 은일재(恩逸齋)[245]를 이루었습니다. 삼가 듣건대 다시 특별한 예우를 입어 형세상 다시 조정에 들어가셔야 하고, 입각(入閣)이 또한 머지않았다고 하니, 매양 벗들과 "눈을 비비고 어떻게 뜻을 펼치실지 보자."라고 말하고 있습니다. 그 하시는 일이 과연 쓸모없는 선비와는 다를 것이나, 과연 그럴지 그렇지 않을지는 모르겠습니다.

요즘 댁내 모든 일이 다 평안할 줄로 압니다. 저는 모친을 봉양하며 그럭저럭 지내고 있습니다. 어제 주령(洲令)[246]과 복림동(福林洞)[247]의 천석(泉石)에서 이틀 동안 노닐었습니다. 바야흐로 그와 헤어져서 조금 조용한 곳에 도착했는데, 즐거운 일을 어찌 형에게 이야기하지 않은 적이 있었습니까.

금리(錦里)를 함께 만나 보았을 줄로 아는데, 과연 그랬습니까? 혹 서로 어긋나지 않았습니까? 셋이서 둘러앉아 이야기를 나누지 못한 것이 한스럽습니다. 예로부터 어떤 사람에게 장차 큰 사명을 내리려

245 은일재(恩逸齋) : 모재(慕齋) 김안국(金安國)이 이천(利川)에 물러나 살 때 작은 집을 지어서 날마다 여러 학생과 강학하던 서재이다. 여기서는 송시열이 김안국처럼 서재에서 학생들과 강학하였다는 뜻으로 쓰였다.

246 주령(洲令) : 창주(滄洲) 김익희(金益熙)를 가리킨다. 《宋子大全隨箚 卷3》

247 복림동(福林洞) : 계룡산에 있는 계곡이다.

할 때는 반드시 먼저 그를 궁핍하고 고통스럽게 하며 위기 속에 있게 하여서 더욱 잘할 수 있게 했습니다. 지금 형께도 그런 일이 있는데, 더욱 잘할 수 있게 된 것이 무엇인지 모르겠습니다. 잠깐만 하고 오래 하지 못하여 서미(胥靡)와 어염(魚鹽)[248]처럼 하시지 못한 것이 한스럽습니다. 그러나 간절하게 드릴 말씀이 있습니다. 우활하고 진부한 것이나 천박하고 박절한 것은 모두 군자의 사업이 아닙니다.

근세에 좇을 만한 사람을 찾아보면 송조(宋朝)의 제현(諸賢)만 한 이들이 없습니다. 바라건대 한가로이 지내는 여가에 《명신언행록(名臣言行錄)》을 펼쳐 보면서 그 의리를 가슴에 담는다면 태형(台兄)의 총명과 정민(精敏)으로 어찌 크게 유익하지 않겠습니까. 만약 여기에서 힘을 얻는다면 비록 꼭 들어맞지는 않더라도 그리 멀리 떨어지지는 않을 것입니다.

종전에 편지로 하문하신 것은 단지 뒤섞이고 잡되며 실제가 없는 말을 진술한 것일 뿐입니다. 이와 같다면 그저 일개 오성(鰲城)[249]이 될 뿐입니다. 이에 붉은 정성을 펼쳤습니다. 원컨대, 한번 웃고 말 이야기는 서로 하지 않는 것이 어떻겠습니까? 할 말이 많은데 직접 만나지 않고 어찌 다 하겠습니까.

248 서미(胥靡)와 어염(魚鹽) : 서미는 고대에 노역(勞役)을 하던 노예로, 여기서는 죄수로 제방을 쌓는 노역에 종사했던 부열(傅說)을 가리킨다. 어염은 은(殷)나라의 현인으로 어물과 소금을 팔다가 주 문왕(周文王)에게 등용된 교격(膠鬲)을 가리킨다.

249 오성(鰲城) : 오성부원군(鰲城府院君) 이항복(李恒福)을 이른다. 농담을 잘하였다.

이사심에게 보냄 갑오년(1654, 효종5) 2월 24일

與李士深 甲午二月二十四日

얼핏 풍문으로 듣건대 둘째 아드님이 상처(喪妻)하였다고 하니, 매우 놀랍고 애처롭습니다. 망인(亡人)의 부덕(婦德)과 현숙함을 잘 알기에 매양 덕문(德門)의 경사가 다하지 않음을 칭송했는데, 어찌 갑자기 이 지경에 이를 줄 생각이나 했겠습니까.

삼가 봄장마가 달포나 이어지는데 대감의 기거는 신이 도울 줄로 생각됩니다만 망자를 추모하고 어린것들을 어루만지며 매우 상심하셨을 줄로 압니다.

저는 모친을 봉양하며 궁하게 살고 있습니다. 비록 변변찮은 음식으로 봉양하는 것이 정해진 분수라고는 하나, "모친의 연세는 날로 늘어가는데 생계는 갈수록 어려워진다."[250]라고 한 탄식은 회옹(晦翁)도 면치 못한 것입니다. 이번에 가중(家仲)이 문득 원님 자리를 얻었으니[251] 우러러 덕의(德義)에 감격하여 눈물이 흘러 떨어졌습니다.

또 생각건대 이 몸은 노모를 뵙고 나서 고란사(皐蘭寺)에 깃들어 있어서 양식을 싸서 가지고 가는 어려움은 없습니다. 그리고 한 권이나 반 권의 남은 책을 다 읽는다면 참으로 편안하고 좋은 일이나 단지

250 모친의……쓸쓸해진다 : 주희가 가한(柯翰)에게 답하는 편지에 "어버이의 연세는 날로 늘어가는데 생계는 갈수록 어려워진다.〔親年日老, 生事益聊落.〕"라고 하였다. 《晦庵集 卷39 答柯國材》

251 가중(家仲)이……얻었으니 : 송시열의 둘째 형 송시묵(宋時默)이 당시에 부여현감(扶餘縣監)을 맡았다.

조물주가 시기심이 많은 것이 두려울 뿐입니다.

형께서 오래도록 짐을 벗어 버리지 못하여[252] 옆에서 보기에도 오히려 깊이 우려되었는데, 큰 공을 양보하고 나서 공경하고 두려워하는 마음이 어떠신지 모르겠습니다.[253]

봄철도 벌써 다 갔습니다. 삼가 축원하건대, 시대를 위하여 더욱 보중하여 멀리 있는 사람의 정성에 부응해 주십시오.

252 짐을……못하여 : 의정(議政)의 자리에서 물러나지 못함을 뜻한다.

253 큰……모르겠습니다 : 이상진(李尙眞)이 상소하여 대신과 연회를 벌여 술을 마신 이후원을 규탄하자, 이후원이 상소를 올려 이조 판서에서 면직해 줄 것을 청한 일이 있는데, 이 때문에 여기서 이렇게 말한 것으로 보인다. 그러나 효종은 이후원의 면직을 윤허하지 않았다. 《孝宗實錄 5年 2月 13日》

이사심에게 보냄 갑오년(1654, 효종5) 12월 16일
與李士深 甲午十二月十六日

모친의 병환으로 분주히 뛰어다니느라 오래 안부를 여쭙지 못했습니다. 비록 대략 시의(時義)에 부합하기는 하나 그리움과 한스러움은 깊습니다. 올해의 추위는 예전의 추위가 아닙니다. 삼가 댁내 모두 건승하신지 모르겠습니다. 저는 우환을 오래 겪으면서 몸과 마음이 시달려 앞으로도 세월을 기약하기 어려우니, 부서져 죽지 않을 가망이 얼마나 되겠습니까.

근래 조정 소식을 전혀 듣지 못했습니다. 이부(嫠婦)의 걱정[254]을 하지 말아야 하나 또한 걱정하지 않은 적이 없으니, 어찌 정신병자가 아니겠습니까.

가형(家兄)이 얼마 전에 이미 사직하고 돌아와서 탕약을 달이며 함께 있어 병든 모친의 마음을 조금이나마 위로하였습니다. 이 외에는 말씀드릴 만한 것이 없습니다. 청리내금(靑李來禽)[255]을 이야기하고 싶으나 그럴 때가 아니므로 그저 〈백설곡(白雪曲)〉[256]을 읊조릴 뿐입

254 이부(嫠婦)의 걱정 : 자신의 분수를 넘어 나라를 걱정하는 마음을 말한다. 《춘추좌씨전(春秋左氏傳)》 소공(昭公) 24년에 "과부가 베 짜는 북실이 끊어질 것은 걱정하지 않고 천자의 나라인 주(周)나라가 망할 것을 걱정한다."라는 말이 있다.

255 청리내금(靑李來禽) : 청리는 오얏 즉 자두를 말하고, 내금은 능금 즉 사과를 말한다. 곧 한가한 이야기를 뜻한다. 진(晉)나라 왕희지(王羲之)가 쓴 글씨 465첩(帖) 중의 하나로, 〈여촉군수주서첩(與蜀郡守朱書帖)〉의 제일 첫머리에 있는 말이다.

256 백설곡(白雪曲) : 초(楚)나라의 명곡으로 내용이 너무도 고상하여 예로부터 창

니다. 한 해가 또 다 가고 있으니, 그저 아울러 상서로운 복을 받으시어 멀리 있는 사람의 정성을 위로해 주시기를 축원합니다.

별지

옥관자(玉貫子)에 대해 오래도록 보답하지 못했습니다. 본래 대감의 성의(盛意)가 어디에 있는지 알지만 가르침을 따르기에 어려운 점이 있으며, "그 복장에 걸맞지 않네."[257]라고 한 시를 가슴에 새긴 지 오래입니다. 지금 이 명덕(命德)[258]의 복장은 원래 저에게 걸맞지 않으며 포립(布笠)과 개가죽 이엄(耳掩)과 거친 베옷 사이에서 이 빛나고 윤택한 것을 착용하면 걸맞지 않은 것 중에 더욱 걸맞지 않을 것이므로 감히 착용하지 못합니다. 그러나 감히 받들어 돌려드리지 않는 것은 성심(盛心)을 저버리지 못해서일 뿐만이 아닙니다. 성상이 신무(神武)를 세차게 떨치는 날을 기다려 조정을 드나들며 우러러 계책을 돕고 싶을 때 이것으로 자신을 드러내려 하기 때문입니다. 말이 이에 이르니 애오라지 다시 평일의 씩씩한 마음을 가지게 됩니다.

그러나 허리에 찬 작은 주머니에 그것을 늘 넣어 두었다가 혹시라도 모함하는 자가 있어 명복(命服)[259]을 멸시하여 버렸다고 저를 비

화(唱和)하기 어려운 곡으로 일컬어진다. 《宋玉 對楚王問》

257 그……않네 : 자격도 없는 사람이 외람되게 고위 관직을 차지한 데 따른 비난을 말한다. 《시경》 〈조풍(曹風) 후인(候人)〉에 "저기 저 사람이여, 복장에 걸맞지 않네. 〔彼其之子, 不稱其服.〕"라고 하였다.

258 명덕(命德) : 덕이 있는 자에게 내리는 벼슬이란 뜻으로 2품 이상을 말한다.

259 명복(命服) : 관원이 신분에 따라 입는 공식 복장인데, 여기서는 옥관자를 뜻한다.

난한다면 저는 옥관자를 꺼내서 그에게 보여 주며 "허리에 차든 귀에 걸든 간에 어찌 모두 임금의 신하가 되지 않겠는가."라고 말하려 합니다. 이것이 또한 저의 졸렬한 꾀입니다. 우습습니다.

이사심에게 보냄 을미년(1655, 효종6) 1월 2일

與李士深 乙未正月二日

새해에 계책을 세워 태평을 이루면 만물이 복을 받아 한량없이 기뻐하며 축하할 것입니다. 단지 유연(幽燕)[260]을 쓸어버리는 날에는 약간의 노고가 없지 않을 것이 염려될 뿐입니다.

저는 올해 49세입니다. 오늘의 잘못을 내년을 기다려 알 필요가 없으나 그 잘못을 알기가 매우 어렵고,[261] 고치는 것은 더 어렵습니다. 그저 이렇게 살다가 죽을 뿐이니, 어쩌면 좋단 말입니까.

《석의(釋疑)》[262]는 아무개 벗이 저에게 넘겨 보냈습니다. 모친의 병을 근심하느라 혼란스러워 《석의》를 이해할 겨를이 없습니다. 그러나 서둘러 일을 마쳐서 남의 눈을 가릴 바탕으로 삼지 않을 수 없습니다.

설자(說者)들은 지난겨울을 매우 걱정했는데, 지난겨울은 이미 갔습니다. 올봄은 다시 어떠하다 하겠습니까? 제가 망녕되이 여쭙자 형도 망녕되이 말씀하셨습니다.

부디 그저 더욱 보중하시기를 축원합니다. 이만 줄입니다.

260 유연(幽燕) : 청(淸)나라의 수도인 연경(燕京)을 가리키는 말로, 이 일대의 땅이 전국 시대에는 연(燕)나라에 속하고 당(唐)나라 이전에는 유주(幽州)에 속하였기 때문에 생긴 명칭이다.

261 저는……어렵고 : 춘추 시대 위(衛)나라 대부(大夫) 거백옥(蘧伯玉)이 "50세에 지난 사십구 년이 모두 잘못되었음을 알았다."라고 말한 고사에서 유래하였다. 《淮南子 原道訓》

262 석의(釋疑) : 《근사록석의(近思錄釋疑)》인 듯하다. 《宋子大全隨箚 卷3》

별지

아무 수령의 시행 계획[263]은 참으로 세상에 드문 일입니다. 그러나 단지 웃음거리가 되어 버린다면 차라리 하지 않는 것이 낫습니다. 다만 그가 인용한 명도(明道)와 이천(伊川)의 설[264]은 비록 와신상담(臥薪嘗膽)하는 날에는 맞지 않더라도 또한 그것이 끝내 시행할 만한 것임에는 해가 되지 않습니다. 우리 집의 가법(家法)은 비록 경솔하게 남에게 말하지 않더라도 남이 혹시라도 자신의 가법을 말할 때 공격하거나 배척해서는 안 됩니다. 저쪽에는 진실로 해로움이 없으나 공격하고 배척하는 사람은 절로 병들 것입니다. 듣건대 형도 이것을 면치 못했다고 하던데, 어찌 그렇게 할 필요가 있겠습니까. 이 도(道)가 혹시 훗날의 원우(元祐) 연간을 만나더라도 장자후(章

263 아무……계획 : 아무 수령은 창주(滄洲) 김익희(金益熙)를 가리킨다. 당시 김익희가 봉사(封事)를 올렸는데, 처음에는 천덕(天德)과 왕도(王道)를 말하고, 그다음에는 시행하는 방도를 언급하였다. 대개 그는 궁제(宮制)와 병제(兵制)를 변통하려 했던 것이다. 《宋子大全隨箚 卷3》

264 그가……설 : 김익희의 소에서, 명도 정호(程顥)의 "근시(近侍)와 어진 선비에게 예(禮)를 갖추어 명하여 마음을 다해 찾아서 해마다 조정에서 현능을 논해야 한다."라는 말과 이천 정이(程頤)의 《간상학제(看詳學制)》의 '천하의 선비를 맞이한다.'라는 등의 설을 인용하고, 이어서 청하기를 "근신은 자신이 아는 인재를 천거하고 관찰사는 그 도의 현량을 천거하게 하기를 한결같이 명도의 주장처럼 할 것이며, 또 태학(太學)에 연영원(延英院)을 열어서 재능과 품행이 있는 사람들을 초빙하여, 그들이 그 가운데 거처하며 본관의 당상에서 날마다 함께 토론하게 하며, 그들의 학식과 재능이 통달하기를 기다려 특별히 관직을 제수한다면 흥기하는 데 도움이 있을 것입니다."라고 하였다. 《宋子大全隨箚 卷3》《간상학제》는 정이가 숭정전 설서(崇政殿說書)로 있으면서 당시 국자감(國子監)의 제도를 검토하여 원우(元祐) 5년(1090) 5월에 올린 글이다. 《二程文集 卷8 三學看詳文》

子厚)의 무리를 만나지 않는다면[265] 그것이 끝내 행해지지 않을 줄 어떻게 알겠습니까.

이런 때를 당하였으니, 공의(公議)가 취사선택한 데에는 반드시 까닭이 있을 것입니다. 시세(時勢)로 헤아려 보건대, 이 일은 절로 행할 수 없으며 후세에 논하는 자는 "한때의 낮은 식견으로 인하여 행하지 못했으니, 그저 이 수령의 행장(行狀)에 좋은 제목만 되었을 뿐이다."라고 말할 것입니다. 저의 어리석은 견해는 이와 같은데, 어떨지 모르겠습니다.

저는 눈앞에 그저 작은딸이 낳은 새 손자가 있어 매우 사랑했는데, 어제 갑자기 어린 나이에 죽었으니, 슬픔을 견디기 어렵습니다. 오래 사는 고통이 한결같이 이에 이르렀으니 어쩌면 좋단 말입니까.

사형(舍兄)은 모친의 병으로 직무에 태만한 것이 불안하여 결국 사직하는 데 이르렀습니다. 모친을 여전히 변변찮은 음식으로 봉양해도 가슴 아파 탄식하는 데는 이르지 않았으나 역시 한탄스러운 마음이 없을 수 없습니다.

북관(北關)이 소환(召還)되니[266] 사람들이 양(陽)이 회복되는 징조라고 하는데, 과연 그런지는 모르겠습니다. 들어온 뒤에 도로 나가게 하면 어떻게 되겠습니까? 나간 것을 말미암아 들어오게 하지 않으면 오히려 오고 가는 수고가 없습니다. 며칠 전에 한양 선비

265 훗날의……않는다면 : '훗날 혼란한 시대를 만나더라도 악법을 다시 시행하는 소인배를 만나지 않는다면'이라는 뜻이다. 224쪽 주228 참조.

266 북관(北關)이 소환(召還)되니 : 북관은 종성 부사(鍾城府使) 조석윤(趙錫胤)을 가리키는 것으로 보인다. 그는 이해에 방환(放還)되었다.《宋子大全隨箚 卷3》

한 사람이 들러서 말하기를 "아무 사람이 죽었는데[267] 아무 재상도 한마디 말을 내지 못했습니다. 가령 북관이 조정에 있었다면 그냥 있지만은 않았을 것 같습니다. ……"라고 하였습니다. 형이 사대부에게 기대하는 것이 매우 가볍지 않으니, 모든 것을 그냥 지나치지 마시어 시대의 여망(輿望)에 부응하기를 바라는데, 어떻게 생각하십니까?

267 아무 사람이 죽었는데 : 학주(鶴洲) 김홍욱(金弘郁)이 죽은 것을 가리킨다. 그는 1654년 황해도 관찰사를 지낼 때, 천재(天災)로 효종이 구언(求言)하자, 8년 전 사사(賜死)된 민회빈(愍懷嬪) 강씨(姜氏)의 억울함을 풀어 줄 것을 상소하였다. 이에 효종이 격노하여 친국(親鞫)을 했는데, 그는 장살(杖殺)되었다.

이사심에게 답함 을미년(1655, 효종6) 3월 20일
答李士深 乙未三月二十日

죄역(罪逆)[268]이 죽지 않고 오히려 이렇게 살아 있습니다. 홀연히 위로하는 편지를 받드니 더욱 목숨이 끊어지는 듯합니다.

사람의 자식이 부모를 여의는 것은 대개 늘 있는 일이나 죄역의 지극한 애통함은 유독 차마 말 못할 바가 있으니, 천지의 끝에서 다만 빨리 죽지 못하는 것이 한스럽습니다.

이미 어찌할 수 없게 되었으니, 그저 장사(葬事)를 지내는 한 가지 일이 있을 뿐입니다. 어제 모처로 반 교수(潘敎授) 호의(好義)[269]를 찾아가 보았습니다. 그가 비록 와서 묏자리를 봐 주기로 허락했으나 맡은 일의 책임으로 어렵게 여겼습니다. 그는 기한을 늦출 수 있게 공문을 내려보내 주기를 원했으나 제가 그것을 도모하기는 쉽지 않습니다. 형이 만약 급히 주선해 주신다면 얼마나 감사하고 얼마나 다행이겠습니까. 감히 정분을 믿고 직접 이렇게 호소하니, 예(禮)를 아는 군자에게 죄를 얻지는 않겠습니까.

부의(賻儀)를 보내 주시니, 슬프고 감격함을 면치 못합니다. 별지는 말씀하신 대로 없애 버렸습니다. 이 외에는 그저 피눈물을 흘리는 것뿐입니다. 이만 줄입니다.

268 죄역(罪逆) : 부모의 상(喪)을 당한 사람이 자신을 일컫는 말이다. 송시열은 이해 3월 9일에 어머니 곽 부인(郭夫人)의 상사를 당하였다.

269 반 교수(潘敎授) 호의(好義) : 반호의는 묏자리를 보는 지관(地官)의 일을 하기도 하였다.

이사심에게 답함 을미년(1655, 효종6) 6월 1일

答李士深 乙未六月一日

전날 길을 가는 중에 편지와 약물을 받았습니다. 슬프고 감격하여 인편을 통해 예를 어기고 답장을 보냈습니다. 그저께 5월 21일에 보내신 편지를 삼가 받들고 비로소 전날 올린 답장이 전해지지 않았음을 알았으니, 한탄스러운 마음 그지없습니다. 가르치고 타이르신 것에 대해 말씀드리자면, 감히 마음 내키는 대로 세상일을 바로잡으려 하는 것이 아닙니다.

고애자(孤哀子)는 평소에 본래 위증(胃症)이 있어 여러 날을 연이어 밥을 먹지 못했고 밥을 먹고 싶은 생각도 없는 사람이었습니다. 이것은 기축년(1649) 한양에 있을 때 같이 지냈던 사람들이 함께 아는 바입니다. 지금은 더 심합니다. 비록 혹 억지로 먹더라도 종일 가슴이 괴로우니 도리어 먹지 않는 것만 못합니다. 며칠 전에 외성(外城)의 사람들이 장자(長者)의 명으로 와서[270] 물만밥을 권했습니다. 힘써 뜻에 따라 물만밥을 먹었는데, 물만밥이 더욱 소화에 좋지 않아 답답하고 괴로우니 어쩌면 좋단 말입니까.

그러나 죽은 사람은 날로 멀어지고 산 사람은 날로 잊습니다. 고금 천하에 상중의 슬픔으로 죽은 자가 많이 있습니까. 지금까지 4개월 동안 날마다 궤전(饋奠)[271]을 올렸으나 망친(亡親)이 한 숟가락의 밥을

270 외성(外城)의……와서 : 외성은 신독재(愼獨齋) 김집(金集)의 집이고, 장자는 김집을 가리킨다.

드시는 것을 보지 못했지만 고애자는 이미 얼마나 죽과 쌀을 소비했겠습니까. 스스로 질긴 목숨을 애통해해도 미칠 수가 없습니다. 자애로운 대감께서 지나치게 염려하여 훈계하고 꾸짖어 주시니, 감읍하는 것 외에 뭐라고 말씀을 드려야 할지 모르겠습니다. 너무나 애통하여 예를 갖추지 못했습니다.

○ 부채 세 자루를 삼가 받았습니다. 지난번에는 주신 부채를 이웃에 사는 외족(外族)들에게 나누어 주어 모친의 마음을 위로해 드렸습니다. 오늘은 기뻐하시는 모친의 얼굴을 다시 볼 수 없으니, 더욱 애통하고 사모하는 마음 간절합니다.

271 궤전(饋奠) : 장례 동안에 제수를 올리는 일을 말한다.

이사심에게 보냄 을미년(1655, 효종6) 7월 19일

與李士深 乙未七月十九日

상사를 당한 지 4개월이 되었는데도 장지(葬地)를 아직 정하지 못한 것은, 감히 망녕되이 길조(吉兆)를 찾아서 복리(福利)를 구하려는 것이 아니라, 단지 오늘 어찌할 방법이 없기 때문입니다. 단지 안장하는 한 가지 일이 있으니, 그저 물이 없고 흙이 두터우며 조용하고 편안한 곳을 얻어서 체백(體魄)이 편안하시기를 바랄 뿐입니다

일찍이 공주(公州) 땅에 한 곳을 점쳤는데, 일가(日家)[272]가 연운(年運)이 이롭지 않은 것을 가지고 제지했습니다. 이것은 믿지 말아야 할 것이나, 기억하건대 옛날 주 부자(朱夫子)는 큰아들 숙(塾)을 잃었을 적에 연월(年月)이 이롭지 않은 것 때문에 오랫동안 장사를 지내지 않다가 남헌(南軒 장식(張栻))의 충고와 책망을 받는 데 이르렀습니다.

고애자(孤哀子)는 '일월(日月)의 흉허물은 진실로 망인(亡人)에게 해가 되지 않는데, 주 부자는 어찌하여 그런 일을 했는가? 성인이 이미 그것을 자식에게 시행했는데, 오늘 부모에게 시행해서는 안 되는가?' 라고 생각했습니다. 그러므로 감히 이 일을 털어 버릴 수 없습니다. 그러나 그 설을 따라 해를 넘기려 한다면 예법을 크게 어기게 되고, 풍속을 따라 임시로 매장하려 한다면 예(禮)에 근거할 바가 없고 정(情)에 편안하기 어려운 점이 있습니다. 그러므로 올해의 연운에 맞는

272 일가(日家) : 연월일시(年月日時)의 간지(干支)에 따라 운명을 점치는 복술가(卜術家)나 지관(地官)을 말한다.

다른 곳을 얻으려는 것입니다.

얼마 전에 자장(子章)[273]이 와서 말하기를, 그가 상사를 당했을 때에 이인(利仁)[274] 옆 봉북리(蓬北里)를 점쳐 얻었는데, 수해로 파손될 것을 꺼려서 쓰지 않았으나, 볕이 많이 들고 바람이 없는 땅을 찾으려 한다면 이보다 더 좋은 곳은 없다고 하였습니다. 이어서 함께 그곳에 가 보았는데, 본래의 주인은 한마디에 매각을 허락했으나, 단지 전에 이미 참판 신유(申濡)[275] 씨 집안에 매각을 허락했다고 하니 중간에 빼앗아 점유해서는 안 될 듯합니다. 다만 듣건대, 신 참판은 매각을 허락하는 다짐만 받고 아직 값을 지급하지 않은 채 이미 한 해를 넘겼다고 하니, 또한 수해로 파손될 것에 구애되어 땅을 쓰지 않은 것 같습니다. 만약 그렇다면 신 참판의 한마디 말을 얻어서 그 땅을 쓰고 싶은 마음 간절하나 그를 만날 인연이 없습니다. 부디 잘 주선해 주시어 한마디 말을 듣건 듣지 못하건 간에 빨리 회답을 주시는 것이 어떻겠습니까? 신로(愼老 김집)께서도 편지로 이렇게 하라고 분부하셨습니다.

이 땅은 올해의 연운이 매우 길하다고 합니다. 그러므로 더욱 그 땅을 얻고 싶을 뿐입니다. 역시 이것을 또 성서(城西)에게 부탁했으나 패배한 군대의 장수는 믿을 수 없으니, 어찌하겠습니까.

273 자장(子章) : 김익렬(金益烈)이다. 김장생의 손자로 부친은 김반(金槃)이다.

274 이인(利仁) : 충청남도 공주시 이인면에 속한 지역이다.

275 신유(申濡) : 1610~1665. 본관은 고령(高靈), 자는 군택(君澤), 호는 죽당(竹堂)·이옹(泥翁)이다. 1636년(인조14) 별시 문과에 장원하였다. 1643년에 통신사(通信使)의 종사관(從事官)으로 일본에 다녀왔고, 1665년(현종6) 예조 참판이 되었다. 글씨를 잘 썼으며 저서에 《죽당집(竹堂集)》이 있다.

이사심에게 답함 을미년(1655, 효종6) 11월 7일

答李士深 乙未十一月七日

둔옹(遯翁)이 "일찍 시력을 잃지 않은 것이 한스러웠다."라고 했습니다.[276] 이 노인이 가슴속에서 즐기는 바에는 다른 사람이 미처 알지 못하는 점이 있다고 생각합니다. 지금 편지의 말씀이 어찌 둔옹의 말과 은연중에 부합하지 않겠습니까. 이 노인은 일찍이 굴원(屈原)의 뜻에 감동하여 "그가 오래 살기를 소원한 것은 당시 사람들의 결말을 보고 싶어서이다."라고 했습니다.[277] 그렇다면 이 노인이 어찌 참으로 시력 잃기를 바란 것이겠습니까. 자애로운 대감 역시 어찌 이런 생각이 없겠습니까. 그러나 이 노인은 타인의 결말을 보고 싶었던 것이니, 지금 자애로운 대감께서 반드시 잘 결말을 지어 타인이 그것을 보게 하셔야 합니다. 그렇게 하지 않는다면 일찍 시력을 잃지 않은 것이 참으로 한스러울 수 있습니다.

오늘의 일은 누란(累卵)의 위태로움보다 심합니다. 위태로운 상황에서 도망가지 못한다면 모름지기 기운과 정성을 다해야 합니다. 비록 학업에 열중할 때 종일 머리를 들지 못하고 한쪽 눈이 멀어도 그만두지 않은 둔옹과 같더라도 오히려 미치지 못할까 두려우니, 이것이 어찌

276 둔옹(遯翁)이……했습니다 : 둔옹은 주희의 호이다. 주희가 반숙도(潘叔度)에게 답한 편지에서, 노쇠하여 시력이 흐려졌지만 밖으로 치달리던 마음을 수습할 수 있게 되었다며 한 말이다. 《晦庵集 卷46》

277 이 노인은……했습니다 : 158쪽 주103 참조.

몸서리나도록 한심하지 않겠습니까. 매번 위로 우리 성주(聖主)를 생각하고, 그다음으로 평소 교류한 사우(師友)의 집안을 생각하셨으니 비록 이러한 때일지라도 천장을 보고 마음 아파하지 않은 적이 없으실 것입니다.

○ 아무 사람의 일에 대하여 예전에 안부 편지를 받았는데 "이 사람은 장년(壯年) 시절부터 산마루에 앉아 있으면서 인홍(仁弘)을 통렬히 꾸짖고, 율곡(栗谷)과 중봉(重峯)을 힘써 높였다. 아무리 곤궁함이 심해도 후회하지 않으니, 사체(事體)에 있어서 갚아야 할 것이 있어서 그렇게 말한 것 같다. 그에게는 득실(得失)이 그다지 긴요할 것이 없다. 대개 평생 산골에 은거한 노옹(老翁)이 공사(公私)에 무슨 도움되는 바가 있겠는가. 일의 형편상 문제가 생기는 것은 비록 남을 귀하게도 만들고 천하게도 만드는 사람일지라도 또한 어찌할 수 없으니, 어찌하겠는가."라고 했습니다. 그러나 잊어버린 지 이미 오래인데 갑자기 이렇게 가르침을 받았으니 남들이 혹 이로 인하여 말을 하지 않겠습니까? 알려 주시면 매우 다행이겠습니다.

이사심에게 보냄 병신년(1656, 효종7) 5월 26일

與李士深 丙申五月二十六日

대감께서 앞뒤로 보내신 편지에 대해 끝내 모두 답장이 늦었습니다. 대개 장례를 모시고 소상(小祥)을 지내고 나서 이어서 병을 앓았기 때문입니다.[278] 비록 대감이 괴이하게 여기지 않더라도 송구한 마음 절로 간절합니다.

고애자(孤哀子)는 원통한 마음 머금고 죽지 못하는데, 날짜는 빨리도 지나갑니다. 애통한 심정을 더 이상 하소연할 데가 없으니, 그저 남은 목숨이 오랫동안 이 세상에 머물러 있는 것이 한스럽습니다.

보내신 편지에서 심화(心畫)를 보지 못한 지 오래니,[279] 어찌 침침한 눈병이 낫지 않은 것이 아니겠습니까. 주상의 지우(知遇)와 사람들의 기대가 더욱더 융숭하고 깊어졌으나 마침 많은 일을 만나 이에 이런 병에 걸리셨으니, 어찌 운기(運氣)와 관계된 바가 아니겠습니까. 우러러 관찰하고 굽어 살펴보건대, 초야에 있는 사람도 기가 막힐 노릇인데 매번 아무개 형[280]이 얻은 편지를 보니, 한가로이 지내며 해학을 잘하려는 뜻이 예사로 하는 사람 같았습니다. 어찌 어쩔 수 없는 것으로 귀결되어 그렇게 한 것이 아니겠습니까.

278 장례를……때문입니다 : 송시열은 1655년 3월 9일에 모친상을 당했다.

279 보내신……오래니 : 이후원이 침침해진 눈 때문에 남에게 대신 글을 쓰게 하여 편지를 보냈기 때문에 한 말이다.

280 아무개 형 : 동춘당 송준길을 가리키는 듯하다. 《宋子大全隨箚 卷3》

지난번 한 친구가 찾아와서 "시사(時事)가 날로[281] 잘못되어 가니, 형세상 시배(時輩)가 담당해야 합니다."라고 하였습니다. '시배'라고 한 것은 어찌 아무개 아무개가 아니겠습니까. 삼가 여러 공(公)도 연좌법을 면치 못할까 두렵습니다. 고애자가 매우 오래 깊이 생각했으나 결국 스스로 해명할 말을 찾지 못하여 단지 "그렇다."라고 말했습니다. 이 이야기에 대해 어떻게 생각하십니까?

관직이 높으면 책임이 무거우니 나라가 위태로우면 목숨을 바쳐야 합니다. 오직 바라건대 정성을 다하고 몸을 바쳐 어려운 시국을 구제한다면 붕우도 영광스러울 것입니다. 외성(外城)의 함장(函丈)[282]은 병세가 날로 나빠지니 애타고 답답한 마음이 어찌 끝이 있겠습니까.

직접 뵙고 다 말씀드릴 수 있는 길이 없습니다. 그저 갑절 더욱 진중하시기를 축원합니다. 예를 갖추지 못했습니다.

281 날로 : 대본에는 '之'로 되어 있다. 두주(頭註)와 문맥에 근거하여 '日'로 바로잡아 번역하였다.

282 외성(外城)의 함장(函丈) : 신독재(愼獨齋) 김집(金集)을 가리킨다.

이사심에게 답함 병신년(1656, 효종7) 윤월[283] 27일

答李士深 丙申閏月二十七日

저는 이마를 조아리며 두 번 절하고 아룁니다. 일찍이 편지와 필묵을 받았으니, 상중에 감사한 마음 그지없습니다. 어제 호상(濠上 송준길)으로부터 부채 세 자루가 전해 왔으며, 또한 편안하시다는 소식을 받았다는 것도 얘기해 주었으니, 위로됨이 그지없습니다.

사문(師門)이 불행하여 신로(愼老 김집) 함장(函丈)께서 갑자기 세상을 버리셨습니다. 재앙을 당하고 남은 인생이 바라보고 의지할 분을 영영 잃었으니 오장이 찢어지는 슬픔이 끝없습니다. 노선생이 돌아가실 때 저는 더욱 일을 제대로 살피지 못하고 망녕되이 "강한추양(江漢秋陽)이니 더할 나위가 없으시다."[284]라고 말했습니다. 근년 들어 이 노선생을 좇아서 섬겼는데, 존경하고 믿는 마음이 날로 더했습니다. 이 노선생께서도 그다지 죄를 지어 끊어 버릴 만한 일이 고애자(孤哀子)에게 없다고 생각하여 외람되게도 깊이 신임하셨습니다. 이제부터 외로이 홀로된 저는 인간 세상에 더욱 뜻이 없어질 것이니, 어이하겠습니까.

고애자는 매번 무덥고 습한 계절이 오면 산 사람인지 죽은 사람인지

283 윤월 : 1656년 윤5월이다.

284 강한추양(江漢秋陽)이니……없으시다 : 《맹자》 〈등문공 상(滕文公上)〉에, 증자(曾子)가 공자의 도덕을 칭송하면서 "강수(江水)와 한수(漢水)에 씻고 가을볕에 말린 것처럼 깨끗하여 더할 나위 없으시다."라고 한 데서 나온 말로, 훌륭한 스승의 도덕이 순수함을 칭송한 말이다.

분간이 안 갈 정도로 근근이 지내곤 하였습니다. 올해는 특히 심해서 정신이 들락날락하고 골격이 몸집을 감당하지 못하니, 얼마 동안이나 죽지 않고 살 수 있겠습니까.

함장이 무탈하실 적에 생강과 계피를 먹는 식생활로 바꿀 것[285]을 힘써 권하셨으나 제 마음에 차마 할 수 없었습니다. 지금은 기혈(氣血)이 이러하니, 바꾸거나 바꾸지 않거나 별 이해(利害)가 없으므로 우선 다시 천명에 맡길 뿐입니다.

일찍이 듣건대 약간의 비방을 입고 창황히 교외로 나가셨다고 하던데, 사직한 뒤에 그대로 분암(墳菴)[286]에 계십니까? 혹 이미 조정으로 돌아가셨습니까? 서로 멀리 떨어져 살고 있어서 만날 수가 없으니 그리움만 더할 뿐입니다. 이만 줄입니다.

285 생강과……것 : 증자가 이르기를 "거상(居喪) 중에 병이 들면 고기도 먹고 술도 마셔야 하는데, 이때 반드시 초목의 맛있는 음식을 곁들여야 한다." 하였는데, 그 하문(下文)에서 초목의 맛있는 음식이란 바로 생강과 계피를 말한 것이라고 한 데서 온 말이니, 전하여 주육(酒肉)을 의미한다. 《禮記 檀弓上》

286 분암(墳菴) : 분묘를 수호하기 위한 암자나 분묘 아래에 지은 재실(齋室)을 말한다.

이사심에게 보냄 병신년(1656, 효종7) 12월 15일

與李士深 丙申十二月十五日

저는 이마를 조아려 두 번 절하고 아룁니다. 신문(新門)[287]이 끝내 질병으로 일어나지 못했습니다. 그가 장차 그렇게 될 것이라는 말을 들은 지 오래이나 애통한 마음을 견딜 수 없습니다. 지난해에 궁벽한 골짜기에 와서 조문하며 탈진한 저를 보았으며, 떠날 때는 제 손을 잡고 눈물을 쏟았는데, 그가 저를 앞서갈 줄 어찌 생각했겠습니까.

그러나 먼저 가는 것이 복이 되지 않을 줄 어찌 알겠습니까. 저의 병은 날로 고질이 되어 오래 살기 어려움을 스스로 아니, 그의 죽음을 슬퍼할 시간도 얼마 남지 않았습니다. 한스러운 것은 저의 미천한 종적이 또한 일찍이 그에게 누를 끼쳐 그가 잔뜩 성난 눈으로 괴로워하며 생을 마친 것입니다. 지금 또 죽은 사람은 다시는 말을 하지 못한다고 하면서 그를 달가워하지 않던 사람은 비방을 더하며, 깊이 미워하지 않던 사람은 안면을 바꾸어 그로 하여금 두꺼운 땅속에서 더욱 원통하게 하니, 제가 또 어떻게 마음을 가누겠습니까. 생각이 이에 이르자 어느새 눈물이 흐릅니다.

또한 생각건대 여러 고아는 나이가 그다지 많지 않으니, 모든 일의 사의(事宜)는 모름지기 집사의 지시와 가르침을 거쳐 오점을 면해야 합니다. 뒷일을 경영하시는 두터운 정의(情誼)가 부지런하실 줄로 압니다.

287 신문(新門) : 창주(滄洲) 김익희(金益熙)를 가리킨다. 《宋子大全隨箚 卷3》

가노(家奴)가 마침 일로 도성에 들어가니 이 편지가 유실되지 않을 듯합니다. 저의 정성을 다 말씀드리고 싶지만 기력이 달려 자세히 쓰지 못하니, 한탄한들 어찌하겠습니까. 이만 줄입니다.

이사심에게 보냄 정유년(1657, 효종8) 2월 6일

與李士深 丁酉二月六日

저는 이마를 조아리며 두 번 절하고 아룁니다. 얼마 전 회덕(懷德)의 재실에 있을 때 삼가 편지를 받고 병중의 심회가 갑절 위로되었습니다. 연락을 주신 뒤에 이미 많은 날이 지나갔는데 대감의 기거는 어떠하십니까?

고애자(孤哀子)는 지난겨울에 걸린 한질(寒疾)에 대해 처음에는 우연히 걸렸다고 생각했는데, 뜻밖에 갈수록 악화되었습니다. 지금은 더부룩한 기운에 배가 부르고 두 발에 부기(浮氣)가 생겨서 음식을 못 먹은 지가 이미 달포이니, 이것은 전혀 요행을 바랄 수 없게 되었습니다. 평소의 정의(情義)가 태형(台兄)과 같은 이와 다시 마주할 날이 없을 것이니, 생각하면 처량하고 그립습니다.

또한 군주와 재상에게 살려 주는 은혜를 입고 외람되이 특별한 대우를 받았으니, 옛날에 "두려움으로 병이 더한다."[288]라고 한 것은 실로 옛사람이 제 마음을 먼저 드러낸 말입니다. 어제 상소에 대한 비답을 공경히 받들고 더욱 감동의 눈물을 견딜 수 없었습니다. 노선생(老先生 김집(金集))의 시호(諡號)에 대해 이미 공안(公案)을 완료했습니까?

중문(仲文 김익희(金益熙)) 대감의 관이 돌아올 것인데 큰 소란이 있

288 두려움으로 병이 더한다 : 주희가 "지금까지 두 달 동안 처분을 받지 못하니 근심과 두려움이 날로 쌓여 질병이 더한다."라고 하였다. 《晦庵集 卷22 自劾不合致人戶逃移狀二》

다고 들었습니다. 이 형은 평소 말을 많이 했는데, 죽어서 지하에 들어가자 비방이 모이니, 더욱 슬프고 마음이 아픕니다. 이 지역에는 또한 다툼의 실마리가 있어 무고와 모독이 신로(愼老)에게까지 미쳤으니, 어떤 고통이 이만하겠습니까. 문호가 한번 기울자 온갖 괴이한 일이 무더기로 모여드는 것은 또한 이치상 당연한 형세이니, 어찌하겠습니까.

매우 속이 더부룩하고 답답한데, 죽을 고통을 참고 겨우 편지를 씁니다. 아마도 이것은 대감에게 보내는 마지막 편지가 될 듯합니다. 모름지기 몇 글자를 돌아오는 인편에 부쳐서 저로 하여금 받아 보게 하시는 것이 어떻습니까? 별지에 유념하시어 지극한 억울함을 펴게 해 주시기를 바랍니다. 또한 서원(書院)의 일이 있어서 원유(院儒)가 이미 갔습니다. 바라건대 요청에 따라 글을 써 주시어 여망(輿望)을 위로해 주십시오. 간절히 바랍니다. 자세히 쓰지 못합니다.

이사심에게 답함 정유년(1657, 효종8) 5월 27일

答李士深 丁酉五月二十七日

다시 보통 사람의 축에 끼게 되어[289] 지난번에 항식(恒式)의 편지를 받을 수 있었으니, 또한 슬픕니다. 요즘 무더위가 찌는 듯한데 대감의 체후는 신이 도우며 기거는 만복하십니까?

저는 위장병이 다시 심해져 단지 맑은 탕 서너 모금을 마시면서 아침 저녁을 지내고 있는데, 가령 밥과 국을 입에 가까이하면 번번이 입맛을 다십니다. 그러나 아직 약간의 행운을 기대하는 것은 정월을 넘겼기 때문입니다.[290] 일찍이 초분(草墳)[291]에 가서 목 놓아 한 번 곡하고 그대로 앉아서 한나절 있었으나 담소를 나눌 이가 없었습니다. 주인이 걱정하며 나왔다가 그대로 조금 성내는 말을 했으나 저는 또한 묵묵히 다투지 않았습니다.

인생이 이에 이르렀으니 다시 무엇을 하겠습니까. 살려서 함께 돌아오고 싶었으나 끝내 살리지 못했으니, 숙예(叔譽)의 말은 참으로 나를 속였습니다.[292] 슬프고 슬픕니다. 괴롭고 괴로운 일입니다.

289 다시……되어 : 모친의 상기(喪期)를 마쳤으므로 한 말이다.

290 약간의……때문입니다 : 앞의 편지 내용으로 볼 때, 지난겨울 위태로운 증상이 정월을 넘긴 것을 약간의 다행으로 여긴 것이다. 《宋子大全隨箚 卷3》

291 초분(草墳) : 창주 김익희의 묘가 사오(沙塢)에 있는데, 사호는 혹 초오(草塢)라고 불렀으므로 초분이라 한 것이다. 《宋子大全隨箚 卷3》

292 살려서……속였습니다 : 《예기》〈단궁 하(檀弓下)〉에 "진(晉)나라 대부 조 문자(趙文子)가 숙예와 함께 구원(九原)을 구경하였는데, 조 문자가 '여기 죽은 자들을

노선생의 시호는 마침내 처음 바라던 대로 되었으니, 얼마나 다행입니까. 다만 한 번 통쾌하게 된 뒤에 다시 낭패하는 일이 없겠습니까? 그 뒤에는 이 일을 다시 어떻게 처리해야 합니까? 부채, 붓, 먹, 삼을 보내 주시니 참으로 감사함을 감당하기 어렵습니다. 얼굴을 뵐 길이 없어 그저 애타게 그리워할 뿐입니다.

가까스로 병을 참고 썼습니다. 이만 줄입니다.

만일 살릴 수 있다면 내 누구와 더불어 돌아갈꼬.'라고 하니, 숙예가 양처보(陽處父)와 구범(舅犯)이라고 하였다. 그러자 조 문자는 이들의 결점을 열거하고 '나는 수무자(隨武子)를 따르겠다. 그는 군주를 이롭게 하면서도 자기 몸을 잊지 않았고, 자기 몸을 돌보면서도 친구를 버리지 않았다.'라고 했다."라는 말이 있다.

이사심에게 답함 정유년(1657, 효종8) 7월 25일

答李士深 丁酉七月二十五日

삼가 이달 11일에 보내신 편지를 받았습니다. 별지에서 또 "걱정거리가 심히 사라졌다."라고 하시니 기쁘고 위안되는 마음을 어찌 다 말할 수 있겠습니까. 한 그루 나무가 좀먹지 않아서 큰 집을 짓는 데 쓰이니 또한 어찌 하늘의 뜻이 아니겠습니까. 매우 다행입니다.

노성한 이의 순후하고 신중함이 어찌 아름다운 덕이 아니겠습니까마는 회옹(晦翁)은 이런 사람을 극히 좋아하지 않았으니, 어찌 어렵고 위태로운 시기에는 진심 어린 정성으로 국사를 담당한 사람이 오히려 만에 하나라도 사태를 구제할 수 있어서가 아니겠습니까. 이런 시절을 당하여 유독 우리 임금으로 하여금 위에서 걱정하시게 하니, 밤중에 생각하면 어느새 길게 탄식합니다.

형이 이미 공명(孔明)의 묘법으로 병을 고쳤으니[293] 분명히 공명의 좋은 생각을 겸하여 가졌을 것입니다. 그러므로 애오라지 이 말씀을 아뢴 것이지, 감히 해학을 하려는 뜻이 있었던 것은 아닙니다.

저는 처음 상복을 벗을 적에는 오히려 몸을 지탱할 수 있었는데, 이달 보름께부터 줄곧 기력이 떨어지고 피곤하더니, 지금은 오로지 침석에 몸을 맡긴 채 머리 빗기와 낯 씻기를 모두 그만두었습니다.

293 공명(孔明)의……고쳤으니 : 제갈공명이 추녀를 부인으로 맞이하여 욕심을 절제했는데, 이후원이 그것을 배워서 추녀를 후실로 맞이하였다는 말이다. 《宋子大全 卷28 答李士深(癸巳四月十四日)》

죽을 때가 머지않았음을 스스로 알고 수명의 장단에는 정해진 숙명이 있으니 생각할 게 뭐 있겠습니까.

오직 죽은 뒤의 일을 분부할 곳이 없습니다. 당질(堂姪) 기태(基泰)[294]를 어릴 적부터 주의하여 보았으며, 또한 일찍이 집에서 길렀습니다. 지금 그의 두 명의 어머니가 거절하여 그 명호(名號)를 바로잡지 못했습니다.[295] 형세상 아들과 조카의 사이로 처우하여 그가 관리하게 해야 할 뿐입니다.

편지에서 "반드시 오게 한다."[296] 운운하셨는데, 그다지 놀라거나 두려워하지 않았습니다. 이내 몸은 확실히 오래 살지 못할 물건입니다. 가령 쓸 곳이 있더라도 밝은 조정은 반드시 염라대왕과 이 하나의 외나무다리[297]를 다투어야 합니다. 하물며 매우 쓸모가 없으니 말해 무엇하겠습니까. 매우 우습습니다.

보내 주신 관(冠) 및 세 개의 향(香)은 매우 보배롭고 사랑스럽습니다. 마침 서가(書架)를 새로 만들어 놓고 베개에 기대 관을 벗고 한두 가닥 향을 사르고 손을 놀려 선천(先天)을 헤아리니 의연히 한 사람의

294 기태(基泰) : 송기태(宋基泰, 1629~1711)로, 본관은 은진(恩津), 자는 내백(來伯)이다. 금산 군수(錦山郡守)를 지냈다. 친부는 송시형(宋時瑩)이다. 송시열은 오형제 중 셋째인데 형제 모두 아들이 없어 사촌 형 송시형의 아들을 후사로 들였다.

295 지금……못했습니다 : 송기태를 정식으로 입양하지 못했다는 뜻이다.

296 반드시 오게 한다 : 이후원이 송시열을 반드시 조정으로 오게 하려는 뜻을 편지에서 언급했던 것으로 보인다. 《宋子大全隨箚 卷3》

297 외나무다리 : 외나무다리는 한 사람이 먼저 선점하면 다른 사람이 쓸 수 없기 때문에 끌어온 것이다. 조정에서 송시열을 쓰면 염라대왕이 그를 못 쓰고, 염라대왕이 송시열을 데려가면 조정에서 그를 못 쓰기 때문에 서로 다툰다는 뜻이다.

소요부(邵堯夫)가 되었습니다.[298] 다만 낙양산(洛陽山)[299]이 심의공(深衣公)[300]을 잃게 될 것이 한스러울 뿐입니다.

가까스로 병을 참고 썼습니다. 이만 줄입니다.

○ 심의공 운운한 것은 명형(明兄 송준길)이 소명에 응할 것이므로 말했을 뿐입니다.

298 손을……되었습니다 : 산가지를 운용하면서 소옹(邵雍)의 선천학(先天學)을 연구하니, 마치 자신이 소옹이 된 것 같다는 뜻이다. 선천은 우주의 본체와 만물의 본원을 가리키는 말이다. 북송(北宋)의 소옹이 진단(陳摶)의 학문을 터득하여 《주역》을 설명하면서 복희(伏羲)의 역(易)을 선천, 문왕(文王)의 역을 후천(後天)이라 하였으며, 〈복희선천괘위도(伏羲先天卦位圖)〉를 만들었다. 그래서 소옹의 역학을 선천학이라 한다.

299 낙양산(洛陽山) : 충청북도 괴산군 화양동(華陽洞) 남쪽에 있는 산으로, 낙영산(落影山)이라고 부르기도 한다. 《宋子大全隨箚 卷1》

300 심의공(深衣公) : 송준길을 사마광(司馬光)에 비유한 말이다. 사마광은 《예기》에 의거해서 심의(深衣)를 만들어 입어 보곤 했는데, 소옹에게도 이를 입기를 권한 적이 있었다. 《宋名臣言行錄 外集 卷5》

이사심에게 보냄

與李士深

요즘 기거는 평안하십니까?

저는 반년 동안 간절히 기원하다가 그저 은총을 훔쳐서 한 번 망녕된 짓을 했으니, 벗들에게 누를 끼칠까 두렵습니다. 그래도 다행인 것은, 성상께서 《주자어류(朱子語類)》를 상으로 내리시니 근시가 와서 지키며 놓아주지 않고 있습니다. 그러므로 조만간 한가로이 보다가 마음속으로 이해한 곳이 있으면 나도 모르게 일어설 것이며,[301] 아마도 광기가 다시 일어나면 밝은 군주 앞에서 차마 숨기지 못할 것입니다. 여러 형은 일찌감치 혜강(嵇康)의 편지[302]를 쓰는 것만 못하니, 다시는 물들지 마십시오.

301 일어설 것이며 : 공경함을 표한다는 뜻이다.

302 혜강(嵇康)의 편지 : 절교의 편지를 뜻한다. 중국 삼국 시대 위(魏)나라의 산도(山濤)가 요직인 선조랑(選曹郎)에 자신의 후임으로 친구인 혜강을 추천하자, 혜강이 그에게 절교하는 편지를 보냈다는 고사가 있다. 《文選 卷43 與山巨源絶交書》

이사심에게 답함 정유년(1657, 효종8) 11월 28일

答李士深 丁酉十一月二十八日

8월에 댁내 경사가 넘친다는 말을 삼가 듣고 짧은 편지를 써 보내 우러러 경하하는 뜻을 폈습니다. 문득 듣건대 정승의 자리를 맡으셨다고 하여, 급히 다시 종이를 공경히 잘라서 문하에게 경하드리고 겸하여 이전 편지의 주제넘은 짓을 사죄하고 싶었습니다. 그러나 쇠약한 병과 나태함으로 우물쭈물 망설이다가 지금에 이르렀습니다. 뜻밖에 자애로운 대감께서 권념(眷念)해 주어 편지를 보내셨습니다. 삼가 읽고서 감격스럽고 송구하여 뭐라 해야 할지 모르겠습니다.

요즘 동지가 지난 지 이미 오래라 나날이 봄에 다가가고 있습니다. 삼가 원대한 계책을 세우는 겨를에 체후가 편안하실 줄로 압니다. 저의 하찮은 질병은 마침 일 년이 다 되었는데, 아직도 이렇게 지탱하고 있는 것은 참으로 큰 은덕을 입었기 때문입니다. 그러나 스스로 헤아리건대, 정신과 기력이 없어져 다하였으니 또한 죽음이 머지않았음을 압니다. 운명에 따라 죽는 것은 진실로 짧은 인생의 법칙이지만 주상의 은혜에 보답하지 못했으니 죽어도 여한이 있을 것입니다.

편지에서 "징사(徵士)가 모두 왔다."라고 하셨는데, 이것은 정말 우리 재상의 위대한 훈업(勳業)입니다. 재상은 인재를 알아보는 것을 직무로 삼고 선비를 초치하는 것을 공으로 삼습니다. 원우(元祐)와 소흥(紹興)의 성대함은 지금까지도 사마광(司馬光)과 조여우(趙汝愚) 두 재상에게 아름다움을 돌립니다. 오늘의 일은 국가를 위하여 기뻐할 뿐만 아니라 문하를 위하여 깊이 경하드립니다. 그중에 빠진 한 사람은 병으로 진실로 나아갈 수 없었고 나아가더라도 어리석고 망녕되고 편협하여 오늘날 사리에 맞는 많은 일을 해치기에 꼭 알맞습니다. 하물며 사방 이웃이 나가서 쟁기질하는데 어찌 반드시 나까지 쟁기를 잡은 연후에야 즐거움을 실컷 누리겠습니까.[303]

다만 서리가 내리고 땅이 어는 계절에 천둥이 매우 우렁차게 울리고 짙은 안개가 낮에도 어둡게 깔리며, 게다가 장맛비가 들을 채웠습니다. 지금은 참으로 대감이 더욱 충성을 펴서 섭리(燮理)[304]에 최선을 다해야 하는 때입니다.

시간의 순서가 한 해의 끝을 향하고 있습니다. 삼가 시대를 위하여 보중하시어 우러르는 사람의 마음을 위로해 주시기를 축원합니다.

303 하물며……누리겠습니까 : 133쪽 주54 참조.

304 섭리(燮理) : 음양(陰陽)을 조화롭게 다스려 화기(和氣)를 이끌어 내어 상서로운 일이 생기게 하고 천재지변이 발생하지 않게 하는 것으로, 보통 정승의 직무를 이른다.

이사심에게 답함 정유년(1657, 효종8) 12월 15일

答李士深 丁酉十二月十五日

한겨울에는 추위가 없었는데 근일에 자못 추우니, 섭리(燮理)의 효과를 보기에 족합니다. 저처럼 옷이 없는 사람은 참으로 얼어 죽을 걱정이 있으나 공을 위하여 심히 경하드립니다. 지난번에 초려(草廬 이유태(李惟泰))가 편지를 전해 주어, 반복하여 읽었는데, 기쁘고 위안됨을 뭐라 말로 다 할 수 없었습니다. 다만 편지의 "어찌 까닭이 있겠는가.〔寧有以〕" 세 글자는 어찌 또한 "어찌 까닭이 있어서 발했겠는가.〔寧有以而發〕"가 아니겠습니까.

대감에게는 종이도 있고 붓도 있으며, 또한 글 상자의 동계(董溪)[305]와 기실(記室)의 하손(何遜)[306]이 있으나 제가 감히 글이 없으신 것을 의아하게 여기지 못하는 것은 참으로 등설(滕薛)[307]의 정사가 번다하기

305 글 상자의 동계(董溪) : 이후원에게 아버지의 글을 잘 간직할 아들이 있음을 뜻한다. 당(唐)나라 때 한유(韓愈)가 동계라는 사람을 위해 지은 묘지명에 "동계의 부친인 태사가 그를 어질게 여기고 아껴 아버지와 아들이 절로 지기가 되니 다른 아들들이 비록 어질더라도 감히 그를 넘볼 수가 없었다."라고 하고, 이어서 "그 글 상자의 자잘한 글도 유실되지 않은 것은 오직 공의 공로이다."라고 하였다. 《韓昌黎集 卷29 唐故朝散大夫商州刺史除名徙封州董府君墓誌銘》

306 기실(記室)의 하손(何遜) : 하손은 대본에 '何顒'으로 되어 있다. 《송자대전수차》 권3에 근거하여 '顒'을 '遜'으로 바로잡아 번역하였다. 이후원의 보좌관 중에 글 잘 쓰는 문인이 있다는 뜻이다. 기실은 문서를 담당하는 보좌관으로, 지금의 비서와 같다. 하손은 남조 양(梁)나라의 시인으로 건안왕(建安王)의 기실이 되었다.

307 등설(滕薛) : 춘추 시대의 작은 나라인 등나라와 설나라이다. 두 나라는 대국의

때문이니, 촌음(寸陰)을 아끼셔야 합니다. 저 같은 사람은 두 더벅머리 아이[308]가 간격 없이 번갈아 침입하고, 겸하여 또 맑은 시내와 흰 돌[309]에 괴롭힘을 당하여 또한 붓을 잡을 겨를이 없습니다. 이 밖에 어찌 까닭이 있겠습니까. 우습습니다.

달력과 전약(煎藥)은 감사한 마음 그지없습니다. 단지 서문(西門)[310]에서 부쳐 온 것을 보지 못하여 저도 모르게 눈물을 흘렸습니다. 회경(懷慶)의 소(疏)[311]에 대해, 호형(濠兄 송준길)이 "여러 공이 몹시 괴로워한다."라고 알려 오니, 황송함을 견딜 수 없습니다. 그러나 여러 공은 참으로 부판(蝜蝂)[312]입니다. 만약 그것이 괴롭다면 어찌 저기에서 떠나지 않는단 말입니까. 이것은 일개 수복(守僕)의 일일 뿐이니, 어찌 족히 귀를 번거롭게 하겠습니까. 정말 우습습니다.

틈에 끼어 어렵게 지탱하였다. 여기서는 조선을 뜻한다.

308 두 더벅머리 아이 : 고질병을 말한다. 춘추 시대에 진(晉)나라 경공(景公)이 병이 들어 진(秦)나라의 명의(名醫)를 청하였는데, 경공의 꿈에 두 더벅머리 아이가 명의가 오기 전에 고황(膏肓) 사이에 숨자고 했다는 데서 나온 말이다. 《春秋左氏傳 成公10年》

309 맑은……돌 : 아름다운 산천을 유람하는 것을 뜻한다. 송시열은 몇 년 뒤인 1662년(현종3) 3월에 금강산을 유람할 때 만폭동 반석(盤石)에 주희의 "맑은 시내 흰 돌과 의취(意趣)를 함께하고, 갠 달 맑은 바람 특별히 전하리.〔淸溪白石要同趣, 霽月光風更別傳.〕"라는 시를 친필로 써서 새겨 두었다.

310 서문(西門) : 서문은 곧 신문(新門)이고, 신문은 창주 김익희를 가리킨다.

311 회경(懷慶)의 소(疏) : 허형(許衡)을 문묘에서 출향(黜享)해야 한다고 건의한 소이다. 회경은 허형이 살던 곳의 지명이다. 허형이 한족(漢族)이면서 오랑캐인 원나라에서 벼슬을 했는데, 송나라를 저버렸다는 이유로 송시열은 그를 문묘에서 출향할 것을 청하였다. 《孝宗實錄 8年 8月 16日》

312 부판(蝜蝂) : 부판(負販)으로도 쓴다. 물건을 잘 짊어지는 작은 벌레로, 욕심이 많다 하여 권력과 부귀를 탐하는 사람을 비유한다.

저의 병은 날로 깊어 가고 있습니다. 전날에는 그래도 한두 숟가락 밥을 먹었는데 며칠 전부터는 죽과 미음에만 의지하니 참으로 섣달 그믐날의 소식[313]입니다.

구습(舊習)을 고치지 못하여 이렇게 망녕된 말을 멋대로 써서 감히 대각(大閣) 어른의 존전(尊前)에 올렸으니, 이것도 세상과 어긋난, 산속의 취향입니다. 몹시 죄송합니다. 대감이 계신 쪽 하늘을 바라보니 달려가는 마음을 견딜 수 없습니다.

○ 일찍이 아무개 재상이 자못 글을 읽을 줄 안다고 생각했습니다. 이제 의론을 보면, 오랑캐 원(元)나라를 중국의 조정으로 여기며 공연히 높였으니, 그의 무식함이 심합니다. 매우 한심하고 한심합니다.

뒤에 올린 소장은 마음속에서 분격하여 나도 모르게 입에서 저절로 튀어나온 말입니다. 지금 와서 생각하니 몹시 후회될 뿐입니다. 형께서 저의 소장을 정대(正大)하다고 하시니, 저는 대인(大人)의 성대한 마음을 우러러보지만, 다른 사람들은 모두 그것을 괴로워한다고 합니다. 괴로운 것이 무슨 일인지 모르겠습니다. 이와 같다면 이 몸은 참으로 백척간두(百尺竿頭)에 있을 뿐입니다.

313 섣달 그믐날의 소식 : '섣달 그믐날'은 불교에서 온 말로, 다 끝나 희망이 없는 상태, 곧 다 죽게 된 것을 뜻한다. '소식'은 《주서차의(朱書箚疑)》에서 영향(影響)과 같은 뜻이라고 하였다. 《宋子大全隨箚 卷3》

송자대전

제29권

書서

이사심[1]에게 답함 무술년(1658, 효종9) 2월 7일

答李士深 戊戌二月七日

삼가 지난달 23일에 보내 주신 점휴당(漸休堂)[2]의 단지(短紙) 3장과 점휴당의 광어(廣魚) 3마리를 받았는데, 쇠한 생각과 상한 위장까지 아울러 소생하여 윤택해짐을 느끼니 감사한 마음을 어찌 말로 다 하겠습니까. 다만 치사(致仕)하기를 청하신 줄을 알게 되었으니, 상하가 형에게 바라는 바가 어찌 이와 같이 하고 마는 것이겠습니까. 실망스러운 마음을 금할 수 없습니다.

근래에 가만히 여러 사람의 이야기를 듣건대, 아무 어른이 재상이 되고 아무 유생[3]이 부름에 달려가서 조정의 풍경이 갑자기 이전과 달라졌다고 하니, 다 죽게 생긴 목숨이 다시 살고 싶은 마음이 들었습니다. 그런데 보내온 편지를 갑자기 접하니, 참으로 사람을 침식이 불안하게 합니다. 전날 긴 편지에 자세히 쓴 글에는 내력이 있었습니다. 진응구(陳應求)가 재상에 임명되었을 때 회옹(晦翁)이 말하기를 "정승은 지위가 아주 높으므로 다시는 편지를 올릴 수 없는 점이 있습니다."라고 했고, 조자직(趙子直 조여우(趙汝愚))에게는 "모월 모일에 아무개가 머

1 이사심(李士深) : 이후원(李厚源, 1598~1660)으로, 본관은 전주(全州), 자는 사심, 호는 우재(迂齋)이다. 유생 신분으로 인조반정에 참여하여 정사 공신(靖社功臣) 3등에 녹훈되고, 완남군(完南君)에 봉해졌다. 태인 현감 등을 거쳐 1635년(인조13) 문과에 급제하여 이조 판서, 한성부 판윤, 우의정 등을 역임하였다.

2 점휴당(漸休堂) : 이후원의 당호(堂號)이다.

3 아무 유생 : 동춘당 송준길(宋浚吉)을 가리키는 듯하다.

리를 조아리고 두 번 절하고 답장을 올립니다."라고 했습니다. 성현이 달존(達尊)에게 공경하고 삼간 것이 이와 같았으니, 저는 감히 이것을 버리고 중옥(仲玉)[4]을 배울 수 없습니다. 그러나 주자(朱子)의 말에도 때로는 그다지 공경하고 삼가지 않은 것이 있었습니다. 하나는 "명공(明公)이 나라를 걱정하는 생각은 자신을 사랑하는 절실함만 못합니다. 이 때문에 아부하여 뜻을 따르는 계책을 힘써 한 것입니다."라고 한 것이고, 다른 하나는 "오랑캐의 도로써 문하를 의심합니다."라고 한 것입니다. 대개 그 처한 바가 마땅히 이 예의와 공경에 합당해야 하므로 또한 이러한 책망을 불러온 것입니다. 형께서는 바라건대 "하나는 있고 다른 하나는 없어야 한다."[5]라고 말하지 마십시오.

말씀하신 정자(亭子)는, 한스럽게도 한번 가서 유람하지 못했습니다. 지명을 뭐라고 하는지 모르겠습니다. 그러나 만약 몸과 마음을 다 바쳐서 백성과 나라를 살리지 못한다면 비록 흥겨운 유람을 실컷 하며 맑은 기쁨을 즐기려 한들 할 수 없을 것입니다. 어찌 이 작은 시내의 물을 마셔 배고픔을 달래는 것만 하겠습니까. 우습습니다.

오랑캐를 물리치고 주(周)나라를 높이는 설에 관해 계산(溪山)에 여쭈었으나 계산이 답하지 않았으므로 임금과 격의 없이 정사를 논하는 대인군자께 여쭙고 싶었던 것인데, 지금 형도 다른 사람에게 미루려 하십니다. 그렇다면 이 설은 장차 쓸데없는 빈말이 될 것이고 공자(孔子)는 참으로 무익한 일을 했을 따름이니, 한바탕 크게 웃을 만합니다.

선친을 추증하는 은전은 삼가 형들의 은덕을 입어 잘 이루어졌으니,

4 중옥(仲玉) : 허후(許厚)인 듯하다. 《宋子大全隨箚 卷3》

5 하나는 있고……한다 : 공경은 받고 책망은 받지 않는다는 뜻이다.

마음속에 깊이깊이 새기지 않을 수 없습니다. 이 일은 갑술년(1634, 인조12) 5월 이조의 계사[6]에서 이미 공안(公案)을 이루었습니다. 만약 이것을 인용하여 청한다면 더욱 근거가 있게 될 것입니다.

가까스로 병을 참고 겨우 글을 지었습니다. 이만 줄입니다.

별지

선친이 벼슬에 나가신 것은 실로 계해년(1623) 5월 19일입니다. 지금 듣건대, 특별히 써 놓은 기록이 계해년 5월분에 있다고 합니다.

정사년(1617, 광해군9) 성은에 사례하던 날에 흉도들이 함께 급제한 이들을 불러 말하기를 "내일 알성(謁聖)하고 인하여 상소하는 일이 있을 텐데, 감히 뒤로 물러서는 자가 있다면 중률(重律)이 있을 것이다."라고 했습니다. 사람들은 혹 알성을 하지 않기도 하고 혹 알성을 하고 담을 넘어 도망간 자도 있었습니다. 선친은 궐 안에 편안히 계시면서 친한 이에게 말씀하시기를 "일에 임하여 구차스럽게 모면하는 것은 수치스러운 짓이다."라고 하고, 드디어 성균관으로 들어가셨습니다.[7]

6 이조의 계사 : 1634년 6월 8일에 영천 군수(永川郡守) 심지원(沈之源)이 상소하여, 1617년에 올린 흉소에 참여하지 않았다는 뜻을 밝혔는데, 이조가 회계(回啓)하며 "흉소 가운데 몰래 이름을 기록하였다는 것에 이르러서는 이른바 횡역에 걸려든 것입니다."라고 하였다. 1617년에 올린 흉소는, 그해 송갑조와 함께 입격한 이영구(李榮久) 등이 서궁(西宮) 즉 인목대비에게 인사드리지 않겠다고 진달한 상소를 말한다. 이영구 등은 여러 유생에게 상소에 서명하도록 위협했는데, 송갑조는 이에 강하게 반대하며 혼자 서궁에 가서 배은(拜恩)했다. 그런데 이영구 등이 송갑조의 이름을 상소에 써넣었던 것이다. 《宋子大全 卷20 辨訾毁牛溪之謗仍白先誣疏》《仁祖實錄 12年 6月 8日》

7 정사년……들어가셨습니다 : 송갑조가 1617년 사마시(司馬試)에 입격했는데, 함께

그 후 선친은 당시의 일을 스스로 말씀하신 적이 없었으므로 불초자들은 그 상세한 내용을 듣지 못했습니다. 선친이 돌아가신 뒤에 받은 제문(祭文)과 만사(挽詞)에 그 일이 비로소 드러났고, 이조의 계사에는 더욱 현저하였습니다. 그런 뒤에야 불초자들이 비로소 여쭐 수 있었으니, 대개 위에서 기록한 바와 같습니다. 이제 듣건대, 대감께서는 '서궁(西宮)에 배은(拜恩)한 것이 어째서 알성보다 뒤에 이루어졌는가?'라고 여기셨다고 합니다. 이것은 일찍이 생각하여 여쭙지 못한 것이고 그때의 일에 대해 고찰하여 검증해 줄 분들이 모두 이미 생존해 계시지 않으니, 너무나 한스럽습니다. 그러나 때의 선후는 일이 칭찬할 만한지 여부에 본래 관계가 없습니다. 삼가 헤아려 주시기를 바랍니다.

입격한 이영구 등이 상소하여 서궁에 인사드리지 않겠다고 스스로 진달하려 하면서 여러 유생에게 서명하도록 위협했다. 송갑조는 그들에게 "이 상소는 도대체 무슨 의리인가."라며 힐난하고, 혼자 서궁에 가서 배은했다.《仁祖實錄 1年 5月 19日》《英祖實錄 2年 5月 25日》

이사심에게 답함 무술년(1658, 효종9) 2월 12일

答李士深 戊戌二月十二日

일찍이 호(濠)[8]로 가는 인편을 통해 답장을 올렸는데, 지난달 그믐날에 보내신 편지를 또 받았습니다. 초동과 목동의 마을에 누차 대승상(大丞相)의 서찰이 내려오니, 큰 영광 같습니다. 다만 듣건대 계속해서 휴가를 청하셨다고 하니, 시사가 태평함을 알 수 있습니다. 그러나 그렇지 않다면 분명히 까닭이 있을 것입니다.

얼마 전에 이름난 관리 한두 명이 와서 말했는데, 이들은 내(萊), 원(原)[9]과 그 파란을 같이하기를 바라지 않았습니다. 모르겠습니다만 이것이 그 실정을 얻은 것입니까? 저 같은 사람은 배양해 주시는 은혜를 받아서 전원에서 편안히 지내고 싶습니다. 형이 인책(引責)하고 들어가셨으니 필부의 마음은 다시 호소할 곳이 없게 되었습니다. 저의 번민은 더욱 절실합니다.

편지에서 말씀하신 예서(禮書) 교정은, 실로 제가 하고 싶은 것을 먼저 말씀하신 것입니다. 다만 심력(心力)이 날로 혼미해지고 시력이 날이 갈수록 떨어지며, 또한 더구나 이 예서는 평소 냉담(冷淡)하다[10]

8 호(濠) : 송준길이 거처하는 곳을 가리킨다. 호는 호음천(好音川)일 것이다. 호(好)와 호(濠)는 음이 서로 비슷하므로 호(濠)라 한 것이다. 《宋子大全隨箚 卷3》

9 내(萊), 원(原) : 《송자대전수차(宋子大全隨箚)》 권3에서는 정태화(鄭太和)와 원두표(元斗杓)를 가리키는 것으로 보았다. 정태화는 본관이 동래(東萊)이고, 원두표는 인조반정에 참여한 공으로 원평부원군(原平府院君)에 봉해졌다.

10 냉담(冷淡)하다 : 경서의 내용이 차가우면서 담담하다는 말이다. 주희가 "사서(史

고 일컬어져 사람을 쉬 진력나게 합니다. 이 때문에 시작했다가 도리어 폐해 버렸습니다. 이제 편지의 가르침을 받들었으니, 다시 복습하고 정리하여 즉시 올려 여쭙겠습니다.

드릴 말씀은 많지만 우림(羽林)[11]이 바쁘다고 하여 이만 줄입니다.

○ 서식(書式)이 파격적인 것은 진실로 산속에서 세상과 어그러지는 일[12]을 한 것이나 대장군(大將軍)에게 읍객(揖客)이 있다면 도리어 대장군을 중하게 해 주는 것이 되지 않겠습니까.[13] 하하.

별지

사산(沙山 송준길)에게 보내신 편지에서 의아해하셨는데, 제가 오랫동안 편지를 쓰지 않은 일이 참으로 있습니다. 죄송하고 부끄럽습니다. 그러나 편지를 쓰지 않은 데에는 서너 가지 사정이 있습니다.

書)는 시끄럽게 마음을 들뜨게 하고, 경서는 차가우면서 담담하기만 하다."라고 말하였다. 《晦庵集 卷33 答呂伯恭》

11 우림(羽林) : 임금의 근위 금군(禁軍)을 말하는데, 여기서는 공무로 내려왔다가 올라가는 인편을 가리킨다.

12 세상과 어그러지는 일 : 송(宋)나라 소옹(邵雍)의 시 〈안락와중호타괴음(安樂窩中好打乖吟)〉에서, 자신이 세상과 어긋나는 삶을 살면서 유유자적한다는 뜻을 말한 데서 유래하였다. 《擊壤集 卷9》

13 대장군(大將軍)에게……않겠습니까 : 읍객은 읍만 할 뿐 절은 하지 않는 객이라는 말이다. 한(漢)나라의 대장군 위청(衛靑)이 막부를 열었을 적에, 급암(汲黯)이 읍만 하고 절을 하지 않자, 어떤 사람이 그 이유를 물으니 "대장군에게 읍객이 있다면 그것이 오히려 대장군을 중하게 해 주는 것이 되지 않겠는가." 하였는데, 위청이 그 말을 듣고는 더욱 그를 어질게 여겼다는 고사가 전한다. 《史記 汲黯列傳》 여기에서는 이후원이 송시열 자신을 잘 예우하였음을 말한 것이다.

옛사람은 서울에 보내는 편지 쓰기를 게을리한 것을 맑고 참된 일로 여겼습니다. 저는 그것을 배우고 싶습니다. 이것이 첫째 사정입니다. 외부인들이 이곳을 하나의 작은 조정이라 비방하는데, 대개 논의하여 서로 소통하지 않는 것이 없음을 이른 것입니다. 저는 이런 말을 조금이라도 피하고 싶습니다. 이것이 둘째 사정입니다. 글을 지어 속내를 토로하려 하면 모두 세상 사람들이 괴상하게 여기는 바이고, 그렇게 하지 않으면 또한 다른 사람에게 성실하지 못한 것을 부끄러워하게 되니, 글을 짓지 않는 것만 못합니다. 이것이 셋째 사정입니다.

동파(東坡)가 이르기를 "안부 편지 걸핏하면 상자에 가득하나 한 해 끝나도록 답장을 못 했다."라고 했는데, 저 사람의 풍부한 문장력으로도 오히려 이와 같았으니, 억지로 하는 것도 몹시 수고롭습니다. 저는 스스로 웃고 그만두었습니다. 이것이 넷째 사정입니다. 집안이 가난하고 종이가 부족하여 사방으로 갔던 노비들이 아침에 겨우 짧은 조각을 얻어 오는데, 그 뒤에는 다시 구하기도 어렵습니다. 이것이 다섯째 사정입니다. 형을 사랑하는 마음이 가슴속에 가득하여 저도 모르게 절로 흘러나와 이미 지묵(紙墨)에 나타나면 바로 또 후회하고, 살핌을 받지 못하면 거듭 후회합니다. 이 일은 처치하기가 몹시 어렵습니다. 이것이 여섯째 사정입니다.

회옹(晦翁)은 동보(同甫)[14]와 편지를 주고받으며 서로 해학을 했는데, 이것은 전수받은 바가 있는 것입니다. 그러나 성대한 덕이 아니면 지나침이 되지 않는 경우가 드물고, 매번 대감께 올리는 편지

14 동보(同甫) : 송(宋)나라 진량(陳亮)의 자이다. 주희와 사이가 가까웠다.

를 지을 때면 필로(筆路)가 이미 익어서 그만두고 싶어도 그만두지 못합니다. 삼가 두려운 것은, 드디어 무례한 습관을 이루어 엄숙한 선비와 단정한 사람에게 죄를 얻는 것입니다. 이것이 일곱 번째 사정입니다.

무릇 여러 가지 사정은 모두 저에게 붓을 놓고 벼루를 숨기고 걸핏하면 여러 달 동안 답장을 빠뜨리게 했으니, 정이 박하고 예가 간략하여 그런 것이 아닙니다. 지나간 일만 아니라 앞으로도 이와 같을 것이므로 감히 상세히 말씀드렸습니다. 웃고 이해해 주시기를 바랍니다.

이사심에게 답함 무술년(1658, 효종9) 4월

答李士深 戊戌四月

지난번 편지에 답장을 올리지 못했는데, 어제 현(縣)에서 오는 인편을 통해 보내 주신 편지를 또 받았으니, 기쁘고 위로됨이 지극하여 참으로 직접 뵙고 담소를 나누는 것 같았습니다.

앞뒤로 부름을 받았으나 한마디 말씀을 드리지 못했는데, 지금 도리어 '천거(薦擧)'라는 말씀을 받들었습니다. 형은 군실(君實), 백기(伯紀)가 되지 못하고 도리어 군방(君房), 언국(彦國)이 되고 싶습니까?[15] 어제 남궁(南宮)의 명을 듣고 매우 놀랐습니다. 그러나 사직 상소의 제목이 매우 좋으니 이것을 다행으로 여깁니다.[16]

명형(明兄 송준길)이 내려와서 안부를 묻는 외에 먼저 입암(立巖)의 형승을 물어보더니, 한번 궤석에 나아가 강산을 맑게 감상하시게 하지 못하는 것을 한스러워하였습니다. 이곳은 성시(城市)와 비슷하나 늘 그윽하고 고요하니 십분 더욱 사랑스럽습니다. 그러나 끝내 멀리 한가

15 형은……싶습니까 : 훌륭한 재상이 되지 못하고 인재를 천거하는 사람이 되려 하느냐는 말이다. 군실은 사마광(司馬光)의 자이고, 백기는 송나라의 충신 이강(李綱)의 자이다. 군방은 후한(後漢) 후패(侯霸)의 자로, 그는 편지로 엄광(嚴光)을 초빙했고, 언국은 송나라 부필(富弼)의 자로, 그는 소옹(邵雍)에게 출사(出仕)를 권하였다.

16 남궁(南宮)의……여깁니다 : 남궁은 예부(禮部)로, 여기서는 예조(禮曹)를 뜻한다. 당시 송시열이 예조 참판에 제수되었는데, 음직으로 예부에서 벼슬하는 것은 신독재 김집으로부터 시작했으나 김집이 격례(格例)를 인용하여 사직했으므로, 여기서 송시열이 사직 상소의 제목이 매우 좋다고 말한 것이다. 《宋子大全隨箚 卷3》

한 곳에 있으면서 그저 고인 일사(高人逸士)와 서로 사귀는 것만 같지 못합니다. 하하.

어떻게 하면 한번 얼굴을 뵙고 좋은 이야기를 나눌 수 있겠습니까. 긴 편지에 자세히 쓰셨으니, 가르침을 받들어 원고를 고쳤습니다. 중옥(仲玉)을 배울 수 있다면 비록 기쁘겠지만 갑자기 회옹의 법문(法門)을 버리는 것은 두려울 뿐입니다. 이만 줄입니다.

이사심에게 답함 무술년(1658, 효종9) 4월 20일

答李士深 戊戌四月二十日

손수 쓰신 글을 지아(地亞)[17]가 전해 왔는데 참으로 직접 웃으며 말씀하시는 모습을 접한 듯하여 몸소 점휴(漸休)[18]에 갈 필요가 없을 정도였으니, 반갑기만 합니다.

일찍이 기억하건대, 퇴도(退陶 이황(李滉))의 말에 "벼슬이 낮으면 힘써 일할 수 있지만 직임이 점점 무거워지면 결코 우매함을 무릅쓰고 있을 수 없다." 하였습니다. 그런데 이번에 내리신 그 말씀은 한결같이 어찌 그리도 이와 배치되는 것입니까. 내일 재차 글을 올려 체직을 윤허받고 병도 쾌유되면 한번 사례하러 갈 뜻도 없지 않습니다. 그러나 병이 좀처럼 쾌유될 것 같지 않습니다.

다만 일이 한 가지뿐이면 보는 눈이 집중되고 일이 두 가지가 되면 가리키는 손이 나뉘게 마련인데, 이번에 지부공(地部公 호조 참판 송준길)을 얻게 되어 제 마음이 조금 위로됩니다. 참 우습습니다.

보내신 부자(附子)에 대해서는 참으로 감사합니다. 듣건대 이 약은 병을 잘 물리친다고 하던데, 심장(心臟) 경락(經絡)의 편협증(偏狹症)과 체증(滯症)도 제거할 수 있는 것입니까? 요사이는 사람들과 이야기를 할 때면 기휘(忌諱)에 저촉되는 말이 갈수록 많아짐을 느끼니, 참으

17 지아(地亞) : 호조 참판의 별칭이다. 이때 호조 참판이 된 송준길(宋浚吉)을 가리키는 듯하다. 《宋子大全隨箚 卷3》

18 점휴(漸休) : 이후원의 당명(堂名)이다. 동대문 밖에 있었다.

로 기운만 쇠약해지고 병은 물러가지 않은 것입니다.

허형(許衡)에 관한 말[19]은 다 끝내지도 못했는데 무엇이 괴로워서 갑자기 그만두겠습니까. 반드시 혹독한 관리가 죄수를 모질게 다루듯이 하여 그가 거짓말을 못 하도록 해야 합니다. 또 철(鐵)과 금(金)처럼 이미 정해진 형태가 있으니 비록 자공(子貢)이 다시 태어나더라도 그것을 변화시키지 못할 것입니다.[20] 하하.

어찌하면 자리를 같이하여 저의 우매한 심정을 한번 털어놓을 수 있겠습니까. 이만 줄입니다.

19 허형(許衡)에 관한 말 : 허형을 문묘(文廟)에서 축출해야 한다는 논의이다. 《宋子大全隨箚 卷3》

20 철(鐵)과……것입니다 : 허형의 행적이 이미 금이나 철처럼 정해졌으므로 언변에 능했던 자공이 다시 태어나더라도 사실을 바꿀 수 없다는 뜻이다. 주희가 "옛사람의 지나간 행적에 비유하는 것으로 말하면 그것이 철과 금으로 이미 정해진 형태가 있어 뒷사람의 입으로 논의하여 바꿀 수 있는 것이 진작에 아니다."라고 하였다. 《晦庵集 卷36 答陳同甫》

이사심에게 보냄 무술년(1658, 효종9) 6월 3일

與李士深 戊戌六月三日

평중(平仲)의 일[21]은 논하지 않으면 그만이지만, 논한다면 어찌 사람을 죽이거나 쓰러뜨린 도적을 잡고서 그저 혁대 장식을 훔친 죄[22]만 심의하여 정할 수 있겠습니까. 당시에 오랑캐를 섬긴 그의 추함을 극진하게 논하고 그의 소견의 착오를 대략 거론하여 후학을 오도한 죄를 바로잡았을 뿐입니다. 이제 주의(主意)를 잘라 버리고 이 구절만을 고집하니 그것은 사실이 아닙니다. 대개 평중은 본래 호걸지사(豪傑之士)인데, 그 소견의 착오로 말미암아 드디어 이에 이른 것입니다. 바로 이적(李赤)이 스스로를 청련(靑蓮)에게 비긴 것과 같습니다. 자신을 이백(李白)에 견주었으나 끝내 변소를 상제(上帝)가 사는 청도(淸都)로 여기다가 스스로 투신하여 빠져 죽었을 뿐이니,[23] 몹시 애처롭습니다. 이것은 성인의 학문이 치지(致知)를 귀하게 여긴 이유입니다.

21 평중(平仲)의 일 : 평중은 원(元)나라 허형(許衡)의 자이다. 허형을 문묘에서 축출하는 일을 말한다.

22 혁대……죄 : 작은 죄를 말한다. 《장자》〈거협(胠篋)〉에 "혁대 장식을 훔친 자는 죽음을 당하지만 나라를 도둑질한 자는 제후가 된다.〔竊鉤者誅, 竊國者爲諸侯.〕"라고 한 데서 온 말이다.

23 이적(李赤)이……뿐이니 : 이적은 당나라 오군(吳郡) 사람으로 시를 잘하였는데, 자신을 청련거사(靑蓮居士) 이백에게 견주어 스스로 이적이라 이름 지었다. 이적은 측간의 귀신에게 홀려 변소를 상제가 사는 청도와 다름이 없다고 하였다. 뒤에 변소에 빠져 죽었다고 한다. 《柳河東集 卷17 李赤傳》

그러나 그의 학문을 논하자면 비록 선지후행(先知後行)을 말했으나, 그의 죄과를 논하자면 마땅히 먼저 그가 범한 바를 바로잡아야 하니, 그의 심술(心術)은 논해도 되고 논하지 않아도 됩니다. 이것은 고요(皐陶)를 기다리지 않아도 이 죄를 판결할 줄 안다는 것입니다.

형이 저 사람을 논한 말씀은 그 실정을 얻은 것 같습니다. 우연히 《주자어류(朱子語類)》를 보니, 주자도 '대금(大金)'이라고 한 말이 있었습니다. 그러나 이것이 이와 같을지라도 어째서 그의 〈총수(總數)〉 시에서 "요(堯)의 무진년(기원전 2333)에서 시작하여 금(金)나라의 계사년(1233)에 끝났네."라고 하였단 말입니까. 송나라를 버리고 금나라로 요의 정통(正統)을 이은 것은 그가 지조를 잃게 된 근본입니다. 어떻게 생각하십니까?

다음 편지에서 다시 말씀해 주시기를 바랍니다.

이사심에게 답함 무술년(1658, 효종9)

答李士深 戊戌

허형(許衡)에 관한 말은 비로소 망발한 것을 뉘우치게 되었고, 이에 따라 여러 차례 이끌어 가르쳐 주심을 받고서야 세상에는 또한 완전히 나쁘기만 한 사람은 없는 것을 비로소 알게 되었습니다.

그러나 보내신 글에 "허형이 어찌하여 이미 멸망한 금(金)나라는 버려두고 현재 존재하는 송(宋)나라를 논할 수 있겠는가."라고 한 말씀은 그렇지 않다고 여깁니다. 그때에 송나라 왕실이 근근이나마 보존하고 있었는데도 허형은 이미 멸망한 것으로 여긴 것입니다. 대개 덕우(德祐)[24]를 가리켜 말한 것이니, 그의 전후의 시(詩)를 보면 그의 뜻을 알 수 있습니다. 그러나 이런 지엽적인 말 때문에 그에게서 가장 문제시되는 실절(失節)[25]이 도리어 가리게 될까 싶습니다. 회답해 주시기를 우러러 바라 마지않습니다.

24 덕우(德祐) : 남송 공제(南宋恭帝)의 연호로, 여기서는 공제를 가리킨다. 그가 임안(臨安)에서 원(元)나라 군대에게 잡혀 북쪽으로 갔었다. 《宋史 瀛國公本紀》

25 실절(失節) : 절개를 잃음을 말한다. 원래는 송나라의 유민(遺民)이었던 허형이 오랑캐인 원나라에서 벼슬을 하였기 때문에 이르는 말이다.

이사심에게 답함

答李士深

지난번 글에, 허형(許衡)이 어찌 이미 멸망한 금나라를 버려두고 갑자기 현재 존재하는 송나라를 역대(歷代)에 잇대 놓았겠느냐고 하셨는데, 제가 앞서의 글에서 이에 대해 대략 답변하면서 상세하게 하지 못했습니다.

국호를 기록한 그의 시에 "효종 광종 영종 이종 도종 지나 끝이 되어 삼백여 년의 송나라 도가 멸망했도다.〔孝光寧理度及末, 三百餘年宋道滅.〕"라고 하였으니, '끝〔末〕'이니 '멸망〔滅〕'이니 한 것은 대개 공제(恭帝)가 원병(元兵)에게 잡혀간 것을 가리켜 말한 것입니다. 그렇다면 허형의 뜻이 어찌 송나라를 현재 존재하는 것으로 여긴 것이겠습니까. 저의 소견은 이러하니 다시 말씀을 해 주시면 다행이겠습니다.

그는 이미 죽었지만 그 사람을 논하는 것이 오히려 지금 사람을 논하다가 성내는 꼴을 당하는 것보다 낫습니다. 만일 도무지 말을 하지 않기로 한다면 처음부터 말할 것이 없으니, 다만 흰 종이에다 마음만 전해야 할 것입니다.

이사심에게 답함 무술년(1658, 효종9) 7월 9일

答李士深 戊戌七月九日

진위(振威) 경계에 이르러 삼가 내려 주신 편지를 받았습니다. 또 눌령(訥令)이 저를 맞이하려고 발 빠른 종을 보내왔는데, 이는 지신(知申 도승지)이 성상이 침을 맞을 때 하문하신 뜻을 따라 기백(畿伯)[26]으로 하여금 눌령에게 물어보게 하여, 저의 행동거지를 파악하여 회계(回啓)하려 한 것입니다. 말이 실상과 판이하여 사람으로 하여금 놀라고 미혹하여 다급하게 하였습니다. 이에 빨리 치달려 눌령의 관아에 들어갔다가 문상령(汶上令)[27]의 편지를 얻었고 아울러 짧은 저보(邸報)도 얻었는데, 내일 정사를 처리하겠다는 분부가 있어서 제 마음이 바로 놓였습니다. 다만 지신의 편지와 문상령의 편지 중 어떤 것이 먼저 보낸 것인지 모르겠습니다.

저는 감히 머물지 못하고, 지금 이미 사막(沙幕)[28]에 이르렀으나 기운이 몹시 편치 못합니다. 또한 지금까지 집의 아우가 이질을 앓고 있기에 오늘 저녁에 강촌에서 자고 싶습니다. 만약 성상의 체후가 점차 편안해진다는 소식을 들으면 자신의 몸조리를 살펴보고 서울에 들어가

26 기백(畿伯) : 이일상(李一相, 1612~1666)으로, 본관은 연안(延安), 자는 함경(咸卿), 호는 청호(青湖)이다. 할아버지 이정귀(李廷龜), 아버지 이명한(李明漢)을 이어 삼대가 연이어 대제학을 지냈다. 1658년 4월 23일 경기 감사에 제수되었다.

27 문상령(汶上令) : 노봉(老峯) 민정중(閔鼎重)을 가리킨다. 민자건(閔子騫)이 문수(汶水) 가에 살았으므로 민정중을 그에 빗대어 이렇게 부른 것이다.

28 사막(沙幕) : 사산(沙山)에 우거했던 송준길이 서울에 마련한 집을 말한다.

려 할 뿐입니다. 대개 목천(木川)의 절에서, 기백이 진잠(鎭岑)의 읍재에게 보낸 편지를 보았습니다. 듣건대 성상의 환후가 매우 가볍지 않다고 하여, 드디어 장마를 무릅쓰고 나아갔는데, 복마(僕馬)의 곤액[29]이 조금 있더니 빌린 말이 넘어져 죽기까지 하였습니다. 참으로 "임금 때문이 아니라면 어찌 진흙 속에 있으리오."라는 상황입니다.[30] 게다가 한양에 들어가도 말 머리를 향할 곳이 없으니, 장차 어디로 돌아가겠습니까. 오늘 저녁이나 내일 아침에 희랑(希郎)[31]을 나오게 한다면 모든 것을 상세히 말할 수 있을 것입니다.

○ 오늘의 이 걸음은 오로지 대감께서 한번 사례하지 않을 수 없다고 말씀하셨기 때문입니다. 만약 낭패를 본다면 허물이 돌아갈 데가 있으니, 일일이 가르쳐 주시기를 바랍니다. 희질(希姪)[32]에게는 바빠서 따로 편지를 쓰지 못합니다. 착용할 관디는 어디서 빌릴 수 있습니까?

29 복마(僕馬)의 곤액 : 마부나 말에 탈이 생긴 것을 뜻한다.

30 임금……상황입니다 : 《시경》 〈패풍(邶風) 식미(式微)〉의 시구를 인용하여, 상경할 수밖에 없는 상황을 비유적으로 진술한 것이다.

31 희랑(希郎) : 송준길의 아들 송희장(宋希張)을 가리킨다.

32 희질(希姪) : 위에서 말한 희랑, 곧 송희장을 가리킨다.

이사심에게 답함
答李士深

아침에 보내신 서신은 잘 받아 보았습니다.

봄을 생각하는 뜻은 다름이 아니라 성상의 환후 회복이 실로 쉽지 않기 때문입니다. 이미 길에 올랐으니 물러설 이치가 없습니다. 그러나 근래에 해역(海蜮)[33]을 추종하는 몇 사람은 서로 마주하기만 하면 반드시 이 일을 이야기한다고 하니, 제가 태연히 도성에 들어오는 것은 역시 미안한 일인 것 같습니다. 우선 근기 지역에 머물다가 다시 저들의 지난번 소(疏)나 이번 소의 대략을 인용하여 진정(陳情)하고 비답을 받은 뒤에 도성에 들어가는 것이 좋을 듯하므로 이것으로 답할 뿐입니다.

내일 면대를 허락하셨다는 말씀을 삼가 받드니, 매우 기쁩니다. 아마 저의 사적인 일[34]이 이루어지겠지요. 병으로 오래 머물기 어려운 실정을 대강 진달하고 뒤에 상소문에 넣는다면 이 일뿐만 아니라, 앞으로 귀향을 허락받는 데도 하나의 장본(張本)이 될 것입니다. 간절히 바라고 바랍니다. 함께 나란히 누워 자자는 말씀은 감히 사양할 수 없으니, 공경을 만나고 다닌다는 죄명도 물러가는 데 하나의 도움이 될 것입니다. 매우 우습습니다.

남궁(南宮)[35]에 보내는 편지에서, 춘궁(春宮)이 이런 때에 주연(胄

33 해역(海蜮) : 해남(海南)에 살던 윤선도(尹善道)를 가리킨다.

34 사적인 일 : 송시열 자신의 후사를 세우는 일인 듯하다. 《宋子大全隨箚 卷3》

筵)을 여는 것은 타당하지 않다고 했는데, 어떨지 모르겠습니다. 방금 또 내일 시행한다는 영이 내렸습니다. 다행히 이 집에 초상이 나지 않았으니[36] 내일 경연에 올라 진달하고 중지할 것을 주청하려 하는데, 어떨지 모르겠습니다. 이랑(吏郎)의 뜻도 일단 천천히 해도 괜찮다고 여기고 있습니다.

태자를 서무(庶務)에 참여시켜 결정하게 하는 것[37]은, 일전에 이미 주자의 설을 인용하여 진청(陳請)하며 특별히 힘썼으나 시행되지 않았습니다. 바라건대 다시 아뢰는 것이 어떻겠습니까? 부디 회답해 주십시오.

35 남궁(南宮) : 광성부원군(光城府院君) 김만기(金萬基)가 거처하는 남별궁동(南別宮洞)을 가리킨다. 《宋子大全隨箚 卷3》

36 다행히……않았으니 : 송시열 자신이 죽지 않았다는 뜻이다.

37 태자를……것 : 1658년(효종9) 7월 12일 조정으로 돌아온 송시열을 효종이 소견(召見)한 자리에서 송시열이 아뢴 것인데, 이 말은 옛날 송나라의 효종에게 주희가 "태자가 이미 장성하였으니 상 앞에 불러다 놓고 서무를 참결(參決)하게 하시면 나랏일을 분명하게 익힐 수 있을 것입니다."라고 한 데서 인용한 것이다. 《孝宗實錄 9年 7月 12日》

이사심에게 답함

答李士深

편지를 받고서 위안되고 기쁜 마음을 거의 진정하기 어려웠습니다. 종묘사직이 묵묵히 도와 마침내 편안하시다고 말한 경계[38]에 이르렀으니 매우 다행입니다. 지신(知申)에 관해 말씀하신 것은 마치 가려운 곳을 긁어 준 것 같습니다. 이제부터 분분한 자들이 잠잠해질 것입니다.

어제 얻은 것[39]은 비록 고신(告身)이 백 장일지라도 바꾸지 않을 것입니다. 그는 오늘 아침 복(服)이 이루어진 뒤에 스스로 감당하지 못할 상황이 있어서, 제가 그를 위해 고문(告文)을 짓고 그의 사당 및 궤연(几筵)에 고하였습니다. 강복(降服)[40]하고 인사하고 떠나는 뜻 때문에 그가 몹시 애통해하자 옆에 있던 사람들도 슬퍼했으며, 저도 슬픈 눈물을 금치 못했습니다. 그러나 또한 그가 저쪽에 이러하니 나에게도 어떻게 할지 알 만하여 기뻤습니다. 지금부터 그를 삼가 제가 낳은 자식처

38 편안하시다고 말한 경계 : 《예기》 〈문왕세자(文王世子)〉에 나오는 말이다. 세자는 하루 두 번 부모에게 문안하는 것이 예법이었는데, 문왕은 세자로 있을 때 하루에 세 번씩 왕계(王季)에게 문안하여 내시가 왕계가 편안하시다고 말한 뒤에야 기뻐하였다고 한다.

39 어제 얻은 것 : 송시열이 양자를 들일 때의 양자 허가 증명서인 예사(禮斜)를 얻은 것을 말한다. 송시열은 송기태(宋基泰)를 양자로 삼았다.

40 강복(降服) : 상복(喪服)을 한 등급 낮추는 것을 말한다. 예를 들면, 아들은 부모가 사망하면 삼년복을 입어야 하는데, 출계자(出系子)의 경우에는 본생부모(本生父母)를 위해서는 삼년복을 강등하여 일년복을 입는 경우와 같은 것이다.

럼 여기시고 어루만지고 가르쳐 주시기를 바랍니다.

아무 형은 지금 과천(果川) 경계의 상촌(霜村)에 머물고 있는데 내일 아침에는 들어올 것이라고 합니다. 이만 줄입니다.

이사심에게 답함 무술년(1658, 효종9) 8월

答李士深 戊戌八月

사람을 시켜 안부를 물어 주시니 감격한 마음 형언하기 어렵습니다. 방금 지신(知申)이 편지를 보내 말하기를, 오늘 아침 입시했을 때 상이 "지난번에 오만하게 장자(長者)를 대했으므로 아무 관원이 한 번 본 뒤에 다시 청견(請見)하지 못했다. 이제는 병세가 이와 같으니, 건강을 회복하기를 기다릴 수 없다. 내일 식후에 들어오라고 그에게 통지하라."라고 하셨다고 합니다. 송구한 마음 견딜 수 없습니다.

내일 면대한 뒤에는 다시 면대하기 어려울 듯하니, 마땅히 해야 할 말을 헤아려 가르쳐 주시기를 바랍니다. 어떻게 생각하십니까? 근일에 아이의 병 때문에 마음과 정신이 갈팡질팡하니, 두서가 없을까 두려울 따름입니다.

성상께서 스스로 건강을 회복하기 쉽지 않다고 생각하시는 듯하니, 생각하면 저도 모르게 목이 멥니다.

이사심에게 답함

答李士深

회신에 깊이 감사드립니다. 다만 절개를 지키는 일개 선비가 또한 장차 배움을 성취하지 못할 듯하였으므로 모인(某人)을 마주하여, 공자(孔子)의 집대성(集大成)을 배울 것을 장난으로 거론했던 것입니다. 지금 칭찬을 받았지만 이 사람이 과연 가한 것도 없고 불가한 것도 없는 자[41]이겠습니까. 비록 스스로 축하하더라도 또한 한단(邯鄲)에서 옛날 걸음걸이를 잊어버릴까[42] 두렵습니다.

그러나 그때 모인(某人)이 와서 전했는데, 단지 회재(晦齋)와 퇴계(退溪)는 거론하고 우계(牛溪)와 율곡(栗谷)은 거론하지 않았다고 합니다. 만약 우계와 율곡을 거론했다면 제가 응당 "율곡이 어찌 입 다물고 수수방관할 대상인가. ……"라고 대답했을 것입니다. 또한 공자를 배우려 한다는 것은 어떤 일을 배우려 하는 것이겠습니까? 존주양이(尊周攘夷)의 일은 공자가 그저 빈말로 간주했습니까, 아니면 마땅히

41 가한……자 : 가하다고 여겨 반드시 하거나 불가하다고 여겨 반드시 하지 않음이 없는 사람을 뜻한다. 여기서는 공자와 같은 수준의 사람이라는 뜻으로 쓰였다. 《논어》 〈미자(微子)〉에 "나는 7명의 일민(逸民)들과 달라서 가한 것도 없고 불가한 것도 없다." 라는 공자의 말이 보인다.

42 한단(邯鄲)에서……잊어버릴까 : 자기의 본분을 버리고 맹목적으로 남의 행위를 본뜨기만 하면 두 가지 모두를 잃고 실패한다는 뜻이다. 《장자(莊子)》 〈추수(秋水)〉에 나오는 고사로, 옛날 연(燕)나라 소년이 조(趙)나라의 서울 한단에 가서 그곳 사람들의 걸음걸이를 본받다가 충분히 배우지 못한 채 고향에 돌아와 보니 한단의 걸음걸이도 안 되고 원래의 걸음걸이도 잊어버리고 말았다는 이야기에서 유래한 말이다.

해야 할 일로 여겼습니까? 소정묘(少正卯)를 어째서 양관(兩觀) 사이에 내던졌습니까?[43] 공자를 배워서 만약 이러한 일을 본받는다면 나는 아마도 형이 매우 기뻐 놀라리라 생각합니다. 그러나 병이 이미 발작하여 고향 생각이 간절하니, 한 개나 반 개도 모두 생각에 들어오지 않을 따름입니다. 하하.

천아(天鵝)에 대한 의론[44]은, 이른 아침에 예랑(禮郞)이 왔을 때 저는 기운이 몹시 편치 못하여 이불을 안고 누워 있었으며, 또한 아이가 그 수의(收議)를 보고는 모두 변통할 뜻이 없다고 했으므로, 저는 그저 병으로 사양했습니다. 조만간에 입시하게 된다면 다 진달할 수 있을 것입니다.

공가(空家)[45]에서의 모임은 마땅히 아이의 병이 낫기를 기다린 뒤에 도모해야 할 것입니다. 헌계(憲啓)는 대략 범범하게 보았는데, 그것이 온당한지 모르겠습니다. 아무쪼록 직접 뵙고 일일이 말씀드릴 때를 기다립니다.

43 소정묘(少正卯)를……내던졌습니까 : 공자가 노(魯)나라의 사구(司寇)가 되어 정사를 문란하게 한 소정묘를 궁궐 문 양편에 세운 양관 아래에서 처형한 다음 3일 동안 그 시신을 진열하여 사람들에게 보인 것을 말한다. 《孔子家語 卷1 始誅》

44 천아(天鵝)에 대한 의론 : 천아는 제향(祭享)에 사용하는 백조(白鳥)로, 속명은 고니이다. 이후원은 동짓달 종묘 제향에 쓰는 천아를 《대명집례(大明集禮)》에 의거해서 두루미〔鶖鶬〕로 대용하여 백성의 고통과 구차스럽게 마련하는 폐단을 제거하려 하였다. 《宋子大全 卷204 迂齋李公諡狀》

45 공가(空家) : 빈집이니, 자신의 집을 겸손하게 말한 것이다.

이사심에게 보냄 무술년(1658, 효종9) 8월

與李士深 戊戌八月

스스로 헤아려 보건대, 머물 날이 많지 않습니다. 자주 찾아뵙고 싶으나 우환이 이러하니, 그저 아까운 날들이 일없이 근심 속에 지나가 버리고 말아 몹시 개탄스럽습니다.

양송(兩宋) 운운한 것은 처음에는 붕우들의 희담(戲談)에서 시작했으나 돌고 돌아 조정의 서경(署經) 문자에까지 실렸으니, 참으로 가짜가 진짜로 둔갑한 것입니다. 매우 부끄럽고 괴롭습니다. 하심(遐心)[46]은 아직 들어오기 전부터 이미 마음속에 넘쳤습니다. 오늘 여관의 고달픈 생활 중에 있으니 하심이 넘침을 또 알 수 있습니다.

46 하심(遐心) : 속세를 멀리 떠나 은거하고 싶어 하는 마음이다. 남조(南朝) 제(齊)나라 고제(高帝)의 〈새객음(塞客吟)〉에 "조롱이 혹 속박이 됨을 깨닫고, 서글피 하심을 가지고 먼 곳에 깃들어 산다.〔悟樊籠之或累, 悵遐心以棲遠.〕" 하였다.

이사심에게 답함 무술년(1658, 효종9) 8월 22일

答李士深 戊戌八月二十二日

답장에 깊이 감사드립니다. 소모(小帽)[47]가 조금 작습니다. 그러나 이 모자는 늘릴 수도 있고 좁힐 수도 있어서 모자의 머리 부분이 단단하여 원상태로 회복되지 않는 것과는 같지 않습니다. 하하.

이 사람이 도성에 들어온 지 이미 두 달이 되었습니다. 향론(鄕論)은 너무 늦다고 여기는 듯한데, 형은 도리어 조급하다고 말씀하십니까. 공가(空家)에서 모이기로 한 약속에 용감하게 달려가고 싶으나 오늘 새벽에 송 동래(宋東萊)[48]의 증손이 와서 명문(銘文)을 독촉하고 있습니다. 형세상 장차 이것을 마친 뒤에야 다시 모임을 의논할 수 있을 것입니다.

성상의 환후가 매양 이와 같은데, 이 사람이 더디 돌아가는 것이 어찌 족히 답답하지 않겠습니까. 애가 탑니다. 이만 줄입니다.

47 소모(小帽) : 관모(冠帽) 등과는 구별되는, 편하게 쓰는 모자를 말한다.

48 송 동래(宋東萊) : 송상현(宋象賢, 1551~1592)으로, 본관은 여산(礪山), 자는 덕구(德求), 호는 천곡(泉谷)이다. 임진왜란 때 동래 부사(東萊府使)로 순절하였다.

이사심에게 답함

答李士深

어제 병든 아이가 있는 곳에서 돌아와서야 편지를 볼 수 있었습니다. 바야흐로 답장을 쓰려고 우선 손님이 가기를 기다리는데, 서찰이 또 왔습니다. 기쁘고 위안됨이 그지없습니다.

병든 아이는 다시 침을 놓았으나 고름이 나오지 않아 팔짱을 끼고 목숨이 다하기를 기다리고 있는데, 한 시골 의원이 자기가 고칠 수 있다고 말하고 며칠 동안 지켜보다가 오늘 아침에 침을 놓아 고름을 터뜨리니 고름이 줄줄 나왔습니다. 아마도 살길이 생긴 것 같습니다. 비로소 명성은 숭상할 것이 못 된다는 것이 이와 같음을 알았습니다.

금지 물품을 감추었다고 한 말[49]에 대해 그것이 잘못이라는 것을 듣자마자 바야흐로 자핵(自劾)하려 했는데, 대신(大臣)이 차자를 올리기에 이르렀으니, 돌아갈 길이 평탄하여 매우 다행입니다. 그러나 '감추었다'고 했으니, 어찌 품속에 감춘 것인지 다른 곳에 감춘 것인지 묻겠습니까. 시행할 때 방계(防啓)[50]하지 못하고 이 일을 봉행하였으

49 금지……말 : 금지 물품은 먼 나라에서 가져온 값비싼 물건을 말한다. 《송자대전》 권8 〈상주한 말이 사실과 달라 대죄하는 소〔以奏語失實待罪疏〕〉에 "먼 나라에서 가져온 물건을 수색할 때 대신이 감추었다고 한 말에 대해서는 성명께서 이치에 가깝지 않은 것 같다고 하셨는데, 신 또한 전해 들은 것이 반드시 다 사실은 아닐 것이라고 여겼으며, 나와서 들으니 과연 잘못 전해 들은 것이었습니다."라는 내용이 나온다.

50 방계(防啓) : 상주(上奏)된 안건에 대하여 담당 부서에서 그 일의 부당성을 제시하여 아뢰는 것을 말한다.

니, 이미 대신의 체모를 잃은 것입니다. 비록 품속에 그것을 감추지 않았더라도 어찌 남들의 비난을 면할 수 있겠습니까. 오늘의 일은 대체에는 어둡고 지엽적인 데에는 꼼꼼한 것이니, 또한 우습습니다. 만약 그렇지 않다고 여기신다면 회신하여 의혹을 풀어 주십시오.

이사심에게 보냄 무술년(1658, 효종9) 9월
與李士深 戊戌九月

아들과 손자의 걱정을 마침 덜었을 때 영상 대감[51]의 일이 마침 났습니다. 이러하지 않았다면 어떻게 미세한 먼지에 머리를 묻는 고통[52]을 면했겠습니까.

개탄할 만한 것은 고인의 글을 망녕되이 읽고 대신이 임금을 올바른 도로 인도할 것이라 생각했던 것입니다. 또한 노공(潞公)의 경우에는 등롱(燈籠)의 논평이 있어도 개의치 않았으므로,[53] 제가 오늘날 바라는 바가 이와 같았던 것이며, 다른 것은 헤아리지 않았습니다. 그러나 이미 사실과 달랐으니 마땅히 허물을 저 자신에게 돌려야 하고, 이미 그것을 허물이라 했으니 영상에게 무슨 조그만 손상이라도 끼칠 것이 있겠습니까. 어떤 사람은 제게 먼저 자핵하여 영상이 차자를 올리지 않게 할 것을 강력하게 권하는데, 이 말은 어떻습니까?

51 영상 대감 : 양파(陽坡) 정태화(鄭太和)를 가리킨다. 금지된 물건을 감추었다는 말 때문에 정태화가 허물을 자신에게 돌린 일이 있다. 《宋子大全隨箚 卷3》

52 미세한……고통 : 도성의 거마가 일으키는 미세한 먼지를 뒤집어쓰는 고통을 말한다. 여기서는 도성에서 벼슬하는 고통을 뜻한다.

53 노공(潞公)의……않았으므로 : 노공은 노국공(潞國公)에 봉해진 문언박(文彦博)이다. '등롱의 논평'은 뇌물을 바쳤다며 문언박을 탄핵한 글을 말한다. 송 인종의 장귀비(張貴妃)가 상원연(上元宴) 때 등롱의 형상을 수놓은 비단옷을 입고 말하기를 "이것은 문언박이 바친 것이다." 하였는데, 어사 당개(唐介)가 문언박이 장 귀비에게 환관을 통해 뇌물을 바치고 집정(執政)이 되었다고 탄핵하였다. 《宋史 文彦博列傳, 唐介列傳》

잘 헤아려 가르쳐 주십시오. 직접 뵙고 말씀드릴 길이 없어 답답합니다. 이만 줄입니다.

이사심에게 답함 무술년(1658, 효종9) 9월 25일

答李士深 戊戌九月二十五日

방금 여쭈어볼 것이 조금 있었는데, 편지가 먼저 왔으니, 위안되고 감사함이 그지없습니다. 단공책(檀公策)[54]은 오늘의 위급함을 구원할 가장 좋은 묘법이나 중론이 모두 허락하지 않고 있습니다. 지금 듣건대, 권(權) 사돈[55]의 일은 매우 부러워 탄식하게 합니다.

반령(盤領)[56]은 분부에 따라 받았습니다. 이천(伊川)이 낙양에 있을 때에도 한두 집이 교화를 받았습니다.[57] 오늘 몇몇 분의 교화는 참으로 성대한 일입니다. 다만 상공(相公)의 교화가 또한 단지 이와 같다면 아랫사람 중에 누가 그것을 본받겠습니까. 사람들이 장차 "검소한 것이 아니라 가난한 것이다."라고 할 것입니다.

나머지는 이만 줄입니다.

54 단공책(檀公策) : 삼십육계 줄행랑을 놓는 것을 가리킨다. 단공은 남조 송나라 때의 장군 단도제(檀道濟)이다. 그가 위(魏)나라와 싸우다 불리하자 퇴군(退軍)을 주동한 사실이 있으므로, 왕경칙(王敬則)이 "단공의 삼십육계 가운데 달아나는 것이 상책이었다."라고 하였다. 《南齊書 王敬則列傳》

55 권(權) 사돈 : 탄옹(炭翁) 권시(權諰)를 가리킨다.

56 반령(盤領) : 목 부위에 둥근 깃을 단 관복으로, 단령(團領)이라고도 한다. 송시열이 이후원에게 단령을 빌린 것이다. 《宋子大全隨箚 卷3》

57 이천(伊川)이……받았습니다 : 이천 정이(程頤)가 초상을 치를 때 승려를 부르지 않았는데, 낙양에서도 한두 집안이 그 교화를 받은 일이 있다. 이후원이 목면(木綿) 재질의 공복(公服)을 착용했고, 송시열이 빌린 것도 이런 종류였을 것이므로 정이의 고사를 언급한 것이다. 《宋子大全隨箚 卷3》

이사심에게 보냄 무술년(1658, 효종9) 9월 그믐

與李士深 戊戌九月晦日

집사가 방금 새 소식을 전했습니다. 갑자기 새로운 소식 하나가 뜻밖에 나온 것은 대개 유소(儒疏)에서 매우 험하게 지적했기 때문입니다. 문밖으로 나가서 다섯 번째 상소의 비답을 기다렸다가 상소 한 통을 올려 하직 인사하고 돌아갈 계획입니다. 위로는 성은을 저버리고 아래로는 정승을 협력하여 돕지 못했습니다. 이것은 마음에 걸리지 않을 수 없습니다. 그러나 저는 이미 운산(雲山)으로 머리를 돌렸습니다. 회옹(晦翁)이 "돌아오니 좋아서 미치겠구나."[58]라고 말한 것은 참으로 제 마음을 먼저 읊은 것입니다. 이 뒤에 또 몇 개의 9년[59]이 있고 몇 번의 인사를 겪어야 하겠습니까.

드릴 말씀은 많지만 일일이 말씀드리지 않겠습니다.

58 돌아오니 좋아서 미치겠구나 : 주희가 시에서 "인끈 푼 지 얼마 되지 않았는데, 돌아오니 좋아서 미치겠구나.〔解組無多日, 歸哉喜欲狂.〕"라고 하였다. 《晦庵集 卷7 閏月十一日……浮以太白》

59 몇 개의 9년 : 1650년에 관직에서 물러나 돌아온 뒤 9년 만에 비로소 소명에 달려갔기 때문에 한 말이다. 《宋子大全隨箚 卷3》

이사심에게 답함 무술년(1658, 효종9) 9월
答李士深 戊戌九月

이렇게 하문하시니, 위안되고 감사함이 배는 더합니다.

어제 단자(單子)를 올린 뒤에 편지를 보내와 묻는 이가 사방에서 이르렀으나 아공(丫公)[60]은 까닭을 물을 겨를도 없이 그저 두려워하는 마음으로 와서 말했으니, 가소로움을 참을 수 없습니다. 저는 그저 대답하기를 "범맹박(范孟博)이 '내가 죽으면 화가 그칠 것이다.'라고 했는데,[61] 나도 '내가 가면 화란이 그칠 것이다.'라고 말한다."라고 했는데, 그가 어떻게 여길지는 모르겠습니다.

대저 말한 바에는 이보다 중대한 것이 있습니다. 이미 저 자신에게 허물을 돌렸으니 그것으로 그만인 것입니다. 그러나 그 영향이 친한

60 아공(丫公) : 김익렴(金益廉)을 가리킨다. 그가 거주하는 지명에 아(丫) 자가 들어가므로, 그를 아연(丫淵) 또는 아계(丫溪)라고 불렀다. 김익렴이 원평부원군(原平府院君) 원두표(元斗杓)를 배척하자, 원두표와 친한 이들은 김익렴이 송시열·송준길과 서로 친하다는 이유로 드디어 "김익렴이 송시열·송준길을 도와서 그 일을 하려 한다."라고 말했다고 한다. 《宋子大全隨箚 卷3》

61 범맹박(范孟博)이……했는데 : 범맹박은 후한(後漢) 때 범방(范滂)으로, 맹박은 그의 자이다. 이응(李膺), 두밀(杜密)과 함께 당시 청렴한 선비로 꼽혔다. 환제(桓帝) 연희(延熹) 9년(166) 환관당(宦官黨)의 부패를 공격하다가 당인(黨人)을 끌어모은다는 죄목으로 파직되었다. 그 뒤 영제(靈帝) 때 당인이 죽음을 당하자 범방은 스스로 옥(獄)에 나아갔다. 당시 현령 곽읍(郭揖)이 인수(印綬)를 풀고 함께 도망칠 것을 청하자, "내가 죽으면 화가 그칠 것인데, 어찌 감히 그대에게 죄를 연루시키겠는가."라고 했다. 《後漢書 黨錮列傳 范滂》

이들에게 미치고, 또 말의 근원을 뒤쫓아 가면 이르지 않는 데가 없으니, 제가 무슨 얼굴로 다시 대감을 뵙겠으며, 또 어찌 차마 다시 아공을 마주하겠습니까. 모름지기 하나의 갈 거(去) 자에 힘써야 합니다. 그런 뒤에야 영향이 미치는 이들에게 사죄할 수 있을 것입니다. 게다가 당초에 아공은 그 일을 대략만 말하고 그리 분명하게 말하지는 않았습니다. 어떤 족인(族人)은 그 모양이 매우 추하다고 말했습니다. 그러나 오히려 귀비(貴妃)의 등롱(燈籠)[62]보다는 못하니, 이것이 어찌 부풀려서 비교할 수 있는 것이겠습니까. 속담에 "울고 싶은 사람을 때리는데, 어찌 울지 않으랴."라고 했는데, 이 한 가지 일을 얻어서 가면 또한 할 말이 없지 않을 것입니다. 그러므로 먼저 장단자(長單子)를 올리고 내일 소를 이어서 올릴 것입니다. 그러나 저는 결코 잡다한 말을 하여서 친구에게 거듭 누를 끼치지는 않을 것입니다. 누차 올린 소를 윤허하지 않는 데 이르면 밝은 임금 앞에서 차마 말할 수 없는 바가 있을 것입니다. 대감과 같은 경우는 저를 미리 끊는 것만 못하니, 스스로 화를 자초하지 않는 것이 좋겠습니다.

아이의 병이 점점 호전되고 있으나 아직도 증상이 남아 있습니다. 이만 줄입니다.

62 귀비(貴妃)의 등롱(燈籠) : 302쪽 주53 참조.

이사심에게 보냄 무술년(1658, 효종9) 10월 7일

與李士深 戊戌十月七日

도리가 절박하고 사세가 극에 달하여 드디어 이미 대궐에 나와 사은숙배했습니다. 저를 알지 못하는 자는 "그 일을 담당한다."라고 말할 것입니다. 단지 사람들이 눈을 부릅뜨고 성낼 것이 두려운데, 어찌 기대할 일이 있겠습니까. 무엇보다 이공(貳公)[63]을 정하기 어려우니[64] 이는 대개 평일 자신하던 자가 갑자기 중론에 흔들렸기 때문입니다. 회옹(晦翁)이 "이에 이르러서 옛날 걸음걸이를 잃어버렸다."라고 한 것은 바로 오늘을 위해 한 말입니다.

며느리의 증세가 한창 심하여 손자를 염려할 겨를이 없습니다. 장공(張公)은 바다와 같은 은혜를 입었으나 아직도 한 고개가 있으므로 호백(湖伯 충청도 관찰사)이 오기를 기다렸다가 승낙을 받고 돌아가려 합니다.

63 이공(貳公) : 의정부 찬성(議政府贊成)의 별칭으로, 이상(貳相)이라고도 한다.

64 무엇보다……어려우니 : 송시열이 이해 9월 19일에 이조 판서에 임명되었기 때문에 직무에 관해 말한 것이다.

이사심에게 답함
答李士深

안부 편지에 깊이 감사드립니다. 저의 아픈 증세는 비록 진정되었으나 부기가 가라앉지 않아, 나가 직무를 수행하기 쉽지 않습니다. 어제 올린 차자에 대한 비답이 또 이와 같으니, 민망하여 어떻게 말해야 할지 모르겠습니다. 오늘날은 대소 신료와 중외(中外)가 감히 웃고 떠들거나 한가롭게 지낼 수 없으니, 한결같이 재앙을 걱정하고 빈민을 구휼할 것을 마음먹어야 합니다. 그런 뒤에야 만분의 일이라도 구제할 수 있으므로 함부로 망녕된 말을 올린 것입니다.

대감께서 오활하고 썩은 저를 물리치지 않고 재차 부지런히 가르쳐 주심이 이러한 데에 이르렀습니다. 이것으로 "극(極)에 합하지 않더라도 허물에 이르지 않거든 임금이 받아 주소서."[65]라고 한 성대한 뜻을 보았습니다. 조정에 매우 다행입니다.

드릴 말씀은 많지만 누워서 글을 쓰니 두서가 없습니다. 송구합니다.

65 극(極)에……주소서 : 선(善)에 합하지는 못하지만 악(惡)에는 빠지지 않는 중간 수준의 사람을 임금이 받아 주어야 한다는 뜻인데, 여기서는 송시열 자신이 그런 중간 수준의 사람으로서 용납된 것을 말한 것이다. 《서경》〈홍범(洪範)〉에 "무릇 백성 중 계책을 가지고 있거나 시행하거나 지조를 지키는 자가 있는 것을 임금이 생각하며, 극에 합하지 않더라도 허물에 걸리지 않거든 임금이 받아 주소서."라고 하였다.

이사심에게 답함 무술년(1658, 효종9) 11월

答李士深 戊戌十一月

한낮 무렵에 꿇어앉아 존명(尊命)을 받으니, 송구하고 불안합니다. 다만 이렇게 절하고 소리 높여 읽으니, 저의 비루하고 졸렬함이나마 다 바치고 싶을 뿐입니다.

바람이 귓구멍에 들어가면 귓병이 될 뿐이나 심중(心中)에 이르면 하루도 살지 못하는데 하물며 열흘이나 달포이겠습니까. 그러나 만약 당귀(當歸)를 복용하면 귓병도 나을 것이니 조만간에 장단(長單)과 단소(短疏)로 구중궁궐에 약물을 구걸하려 합니다.[66]

마침 관아에서 돌아온 터라 매우 바쁩니다. 이만 줄입니다.

66 당귀(當歸)를……합니다 : 당귀는 약초 이름이나 '응당 돌아올 것이다.'라는 중의적인 표현이다. 그러므로 구중궁궐에 당귀를 구걸하려 한다고 한 것이다.

이사심에게 보냄 무술년(1658, 효종9) 11월 1일

與李士深 戊戌十一月一日

이번 비는 마른 싹을 다시 살리지는 못하고 굶주린 백성만 얼려 죽일 것 같으니, 하늘의 뜻은 극히 알기 어렵습니다. 아무리 원망하지 않으려 한들 되겠습니까.

요즘 대감의 안부는 어떠하십니까? 이 사람은 며칠 동안 숙반(蓿盤)[67]을 먹고 갑자기 백오(百五)에 상하여[68] 늠연히 아침이나 저녁에 죽을 사람처럼 되었습니다. 고향 생각이 날로 간절한 것이 이와 같이 그치지 않으니, 사세가 장차 성주(聖主)께 하직하지 못하고 떠날 것입니다. 어떻게 생각하십니까?

소책자는 병중에 훑어보고 매우 애호하게 되었습니다. 접때 성상이 경연에 임하여 풍속의 아름답지 못함을 매우 탄식하셨습니다. 이 책이 간행되어 혹 만분의 일이라도 도움이 된다면 선현(先賢)이 이 책을 저술한 아름다운 뜻과 대감이 이 책을 진상한 정성스러운 마음이 깊은 우물에 떨어지지 않을 것입니다.

간신히 병을 무릅쓰고 겨우 글을 지었습니다. 이만 줄입니다.

67 숙반(蓿盤) : 목숙(苜蓿) 나물로 차린 밥상이라는 뜻으로, 교사(敎師)의 검소한 생활을 말한다. 목숙은 콩과에 속하는 일년초로 우마(牛馬)의 사료로 쓰인다.

68 백오(百五)에 상하여 : 며칠 동안 춘방(春坊)에서 직무를 보며 찬 음식을 먹어서 위장이 상했다는 뜻이다. 백오는 백오절(百五節)로 절기 한식(寒食)을 뜻하는데, 여기서는 찬 음식을 가리킨다. 옛 풍속에 동지로부터 103일 혹은 105일, 또 혹은 106일 만에 거센 비바람이 몰아치는 때를 한식이라 했다.

○ 비가 내리는 가운데 향을 사르고 말없이 앉아 있고 싶은 마음 지극합니다. 부용향(芙蓉香), 대월린패향(大越隣佩香), 청원향(淸遠香) 몇 가지를 나누어 주시는 것이 어떻습니까?

이사심에게 답함

答李士深

썰렁한 하늘에서 눈이 떨어집니다. 멀리서 상상컨대 산중은 온통 요대(瑤臺)[69]가 되었을 것입니다. 이렇게 강교(江郊)의 말씀을 받드니, 더욱 사람으로 하여금 훌훌 떠날 것을 생각하게 합니다. 어제 보내 주신 귤 한 물건으로 두 가지 경계를 얻었으니, 많다고 할 만합니다. 만약 동춘(同春 송준길)에게 방법을 묻고 팔짱을 끼고 돌아간다면 고통과 비난을 모두 받지 않을 것입니다.

오늘 듣건대 상소가 다시 이르렀다 하는데, 어떤 이야기가 있는지 모르겠습니다. 어제 소보(小報)에서 "부죄신(負罪臣 죄를 진 신하) 다무개에게 답하며 저쪽의 득실을 논하지 말라."라고 했는데, 승정원의 사체가 극히 놀랍고 의아합니다.

69 요대(瑤臺) : 신선들이 사는 곳을 말한다.

이사심에게 보냄

與李士深

저의 마음이 또한 산 위의 산[70]과 같으며 찾아뵐 길도 없으니, 졸렬한 선비의 성정이 너무나 가련합니다.

문 닫고 병을 앓으며 때때로 손자와 놀고 있습니다. 이것은 고통과 즐거움이 서로 뒤섞인 것이나 벽 너머로 가끔 시름겨운 탄식 소리가 들리니 약소국의 대부(大夫)와 같은 점이 있어[71] 불쌍하게 생각하는 마음이 없지 않습니다. 석씨(釋氏)가 업장(業障)이라 말한 것은 정말 제거하기 어렵습니다. 이만 줄입니다.

70 산 위의 산 : 《주역》의 간괘(艮卦)를 말한다. 간괘는 산이 겹쳐 있는 형상으로, 그칠 곳을 알아 그칠 곳에 그친다는 뜻을 가졌다.

71 벽……있어 : 송시열이 부인의 탄식 소리를 듣고 한 말이다. 《주역》〈곤괘(困卦) 구사(九四)〉에 대한 정이(程頤)의 전(傳)에, 처음에는 고생하지만 사필귀정(事必歸正)할 점괘이니 "가난한 선비의 아내와 약소국의 신하는 각자의 올바른 명분에 안주할 따름이다."라고 하였다.

이사심에게 보냄 무술년(1658, 효종9) 12월 2일

與李士深 戊戌十二月二日

방금 소보(小報)를 보고 직임에서 물러나신 것을 알았습니다. 무슨 방법으로 이렇게 쉽게 물러나셨는지 모르겠습니다. 사람으로 하여금 흠모하게 합니다. 그러나 성주(聖主)가 신하를 대하는 도리는 몹시 적막한 것 같으니, 관계된 바가 가볍지 않은 듯합니다. 이후에 서로 연루될 염려가 없다고 보장할 수 있겠습니까.

날씨가 이렇게 따뜻합니다. 또한 이런 때에 내려가서 얼마간의 시끄러운 상황에서 벗어나고 싶습니다. 바라건대 다른 방법이 있으면 가르쳐 주십시오. 어떻게 생각하십니까?

마땅히 틈이 나기를 기다려서 한번 나아갈 계획입니다. 우선 먼저 우러러 안부를 여쭙니다. 이만 줄입니다.

이사심에게 답함 무술년(1658, 효종9) 12월 2일

答李士深 戊戌十二月二日

이렇게 답장을 받으니 놀랍고 기쁩니다.

제가 만약 한쪽 발이 한강을 건너가게 되면 마땅히 대감의 쾌활함을 부러워하지 않을 것입니다. 지난번 편지에서 하문하신 바에는 절묘한 방법이 있다고 생각합니다. 편한 겨를을 얻기를 기다려서 한번 찾아뵙겠습니다. 만약 연루된다는 이유로 거절당하지 않는다면 마땅히 한강을 건너가기 전에 정담을 나누겠습니다. 어떤 사람이 "삼공의 직위를 헌신짝 벗듯 하실 줄은 자못 깨닫지 못했다. 이분은 얼마나 어진 재상이시며 또 어찌 이분이 양보할 만한 현자가 있겠는가."라고 하였습니다.

직접 뵙고 일일이 말씀드릴 때를 간절히 기다립니다. 이만 줄입니다.

이사심에게 답함 무술년(1658, 효종9) 12월 24일

答李士深 戊戌十二月二十四日

어제 손님이 많아서 즉시 답장을 쓰지 못했습니다. 송구합니다. 위양(渭陽)에 대한 생각[72]이 이렇게 절절한데 저에게 한마디 말을 아끼신 것이 이와 같았습니다. 관선(觀善)의 반열[73]에 있은 지도 오래되었으나 오히려 이러한 커다란 역량을 엿보지 못했으니, 부끄럽습니다.

장단(長單)은, 진실로 체례(體例)를 알지만 단지 조리(調理)하라시는 특별한 예우만을 탐하는 것이 두려웠으므로 올리지 않았습니다. 졸렬한 제가 조리하는 것에는 당초에 실로 걸맞지 않다는 의론이 있었으나 승출(陞出)[74]하는 차례가 마침 그 관직에 해당했습니다. 제가 만약 체직되지 않으면 직무를 낭패하게 하지 않더라도 타인을 위해 도모

72 위양(渭陽)에 대한 생각 : 이후원이 외숙인 황혁(黃赫)과 황석(黃奭)을 생각하는 것을 말한다. 위양은 외숙을 뜻한다. 황혁은 황정욱(黃廷彧)의 아들로, 승지를 지냈다. 예전에 이이첨(李爾瞻)을 시로써 풍자한 일 때문에 미움을 받다가, 순화군(順和君)의 아들 진릉군(晉陵君) 이태경(李泰慶)을 왕으로 추대하려 한다는 무고를 받고 투옥되어 고문을 받다 죽었다. 그의 아우 황석은 학유(學諭)를 지냈는데, 또한 유배 가서 죽었다. 인조반정 이후에 모두 신원하였다. 이후원이 그들을 포증하는 등의 일로 절절한 마음이 있어서 편지에서 언급했으므로 송시열이 이렇게 말한 것이다. 《宋子大全隨箚 卷3》

73 관선(觀善)의 반열 : 친구들끼리 서로 좋은 점을 보고 배우는 관계에 있는 것을 말한다. 《예기》 〈학기(學記)〉에 "서로 보고서 선해지는 것을 마(摩)라고 한다."라고 하였다.

74 승출(陞出) : 7품 이하의 벼슬아치가 6품에 오르는 것으로, 승륙(陞六)과 같은 말이다.

할 겨를이 없을 것입니다. 마음에 편치 못한 일이 있으면 그럴수록 "하루 종일 서로 속임을 당했네.〔終朝見相欺〕"[75]라는 구절을 외우니, 고향 생각이 더욱 간절합니다. 갖추지 못합니다.

75 아침이……보았네 : 당나라 한유(韓愈)의 시 〈귀팽성(歸彭城)〉에 나오는 구절이다. 《韓昌黎集 卷2》

이사심에게 보냄 기해년(1659, 효종10) 1월 6일

與李士深 己亥正月六日

며칠 동안 소식을 듣지 못하여 그리운 마음 견딜 수 없습니다. 백영감(伯令監)[76]께서 노인을 우대하는 은전을 받으셨는데, 이것은 사람마다 얻을 수 있는 바가 아닙니다. "공경하려고 한들 누구에게 하겠는가."[77]라는 말을 읽을 적마다 마음이 서글펐습니다. 오늘 대감을 위해 경하드리고, 또한 대감의 우애하는 정성에는 그렇게 된 까닭이 있음을 알았습니다.

조 간성(趙杆城)의 증전(贈典)[78]은 지난겨울에 이미 승지로서 계하(啓下)하였고, 어제 탑전(榻前)에서 곡절을 다 갖추어 아뢰니, 특명으로 전계(前啓)를 그대로 시행한 뒤에 의당 교지(敎旨)를 내야 한다고 하셨습니다. 이런 뜻으로 본가(本家)에 알리기를 바라는데, 어떻게 생각하십니까? 이만 줄입니다.

76 백영감(伯令監) : 이후원의 큰형 이후재(李厚載, 1580~1661)를 가리킨다. 자는 대유(大有)이다. 노년에 노인을 우대하는 은전으로 첨지중추부사가 되었다. 《宋子大全 卷175 僉樞李公墓碣銘》

77 공경하려고……하겠는가 : 증자(曾子)가 "부모가 죽고 나면 효도하려고 한들 누구에게 하며, 나이 들어 늙고 나면 공경하려고 한들 누구에게 하겠는가. 그러므로 '효도하려 해도 미치지 못하고 공경하려 해도 때가 맞지 않는다.'라는 말이 있으니, 바로 이를 두고 한 말이다."라고 한 데서 온 말이다. 《小學 明倫》

78 조 간성(趙杆城)의 증전(贈典) : 조 간성은 간성 군수를 지낸 조직(趙溭, 1592~1645)으로, 본관은 풍양(豐壤), 자는 지원(止源), 호는 지재(止齋)이다. 폐모론이 제기되자 약관의 나이로 항소(抗疏)를 올렸다가 남해에 유배되었다.

이사심에게 보냄 기해년(1659, 효종10) 1월 9일

與李士深 己亥正月九日

잠깐 소식이 막히니 하루가 참으로 1년 같습니다. 요즘 대감의 안부는 복이 더욱 많을 줄로 압니다.

저의 가형(家兄)이 혼사 때문에 갑자기 와서 객지의 회포가 몹시 위로되었습니다. 하리(下吏)가 감히 말할 수 없는 것은 참으로 편지에서 말씀하신 것과 같습니다. 그러나 처치할 줄을 몰라서 으레 하리에게 물은 것입니다. 오래 산속에 있어서 습관이 세상과 어긋나게 되어 태재(大宰)에게 허리를 꺾는 것도 오히려 마지못해 하는데 어찌 하리에게 읍을 하겠습니까. 이것은 염려를 놓을 수 있을 것입니다. 우습습니다.

조카의 혼사가 모레 있어 그릇을 대충 갖추었는데, 감독하는 아전이 와서 말하기를, 반드시 맹부(盟府 충훈부(忠勳府))에서 작은 그릇을 빌려야 한다고 합니다. 특별히 내려 주실 수 있으십니까?

소간(小諫)이, 새로 천거한 인물의 이름을 천망(薦望)에서 삭제한 것으로 인하여 말썽의 단서가 하나 생겼습니다.[79] 그 뿌리는 매우 작으나 가지와 마디가 점점 자라고 있으니, 어찌하겠습니까?

나머지는 이만 줄입니다.

79 소간(小諫)이……생겼습니다 : 광성부원군(光城府院君) 김만기(金萬基)가 정언으로서, 윤휴(尹鑴)를 상전처럼 섬긴 이류(李瀏)가 천거받은 것을 탄핵하였다. 《宋子大全隨箚 卷3》

이사심에게 답함 기해년(1659, 효종10) 1월 23일

答李士深 己亥正月二十三日

머리카락을 자른 사람[80]이 차가운 북풍을 끌고 오니 화창한 봄기운이 전부 쫓겨 갔습니다. 요즘의 추위는 한겨울 같습니다. 학질을 앓은 나머지 이불을 안고 혼자 차디찬 구들방에 앉았는데, 대감의 서한이 문득 이르니 추율(鄒律)을 불어 따뜻하게 한 것[81]과 같아 위안되고 기쁨이 매우 지극합니다.

또한 저를 초청해 주시니, 지극한 뜻에 더욱 감동했습니다. 모여서 이야기를 나누고 겸하여 우울한 마음을 풀고 싶지 않은 것은 아니나 얽매이는 바가 약간 있습니다. 저를 참석과 불참석의 사이에 두시기를 바라는데, 어떻게 생각하십니까?

근래 김 대언(金代言)이 사람의 이름을 삭제한 일[82]로 이 사람이 점점 의심과 노여움을 받는다고 하니, 의아합니다. 그러나 더욱 구설이

80 머리카락을 자른 사람 : 청나라에서 온 사신을 뜻한다.

81 추율(鄒律)을……것 : 추율은 추연(鄒衍)의 율관(律管)을 뜻한다. 진(晉)나라 장담(張湛)이 주석한《열자(列子)》〈탕문(湯問)〉에 연(燕)나라 사람 추연이 추워서 오곡이 자라지 못하는 북방의 땅에 율관을 불어 따뜻하게 하자 곡식이 잘 자라게 되었다는 고사가 전한다.

82 김……일 : 광성부원군(光城府院君) 김만기(金萬基)가 정언으로서 이류(李𣝯)의 이름을 천망에서 삭제한 일을 가리키는 듯하다. 다만 김만기를 대언이라 부른 것은 우연히 착오가 있었던 듯하다. 대언은 조선의 승지에 해당하는 고려의 관직이다.《宋子大全隨箚 卷3》

많아져서 선비라는 이름을 저버리지 않았으니,[83] 스스로 축하합니다.

할 말은 많으나 이만 줄입니다.

83 더욱……않았으니 : 송시열 자신에게 구설이 많은 것을 말한 것이다. 맥계(貉稽)란 사람이 일찍이 맹자에게 말하기를 "저는 남의 구설을 대단히 받습니다."라고 하자, 맹자가 이르기를 "해로울 것 없다. 선비는 더욱 구설이 많은 것이다."라고 한 데서 온 말이다. 《孟子 盡心上》

이사심에게 답함 기해년(1659, 효종10) 2월

答李士深 己亥二月

답장을 받고 깊이 위안되었습니다. 저의 병은 심히 가볍지 않습니다. 단지 세자(世子)께서 사람을 보내 장차 회강(會講) 날짜를 뒤로 미룰지 물으셨는데 결국 병을 무릅쓰고 달려가 참석하겠다고 대답하였으므로 어쩔 수 없이 내일 회강에 나가려 합니다.

아공(丫公)에 대한 비방[84]은, 그 효과가 전혀 없다고 말한 것이 아니고, 그저 이 일은 마땅히 정분(情分)의 깊이가 어느 정도이냐에 따라 비방을 받는 정도가 달라야 한다고 말한 것입니다. 저와 같은 자는 그 소(疏)가 있음을 까마득히 몰랐으니 또한 조금도 그 비방을 받지 않아야 옳을 것입니다. 그러나 대감의 지난번 편지에서 책임을 완전히 저에게 돌리는 것 같았으므로 어제 편지에서 그렇게 말씀드린 것입니다. 그러나 일이 끝난 뒤에 다투어 저쪽을 공격하며 형적(形迹)을 피하는 자가 매우 많으나 저는 차마 그런 짓을 하지 못합니다. 이것을 벗어나기 어려움을 스스로 안 지 오래되었습니다. 좌상의 차자[85]에도 이런 뜻이 있다는 것을 어렴풋이 들었습니다.

84 아공(丫公)에 대한 비방 : 아공은 아동(丫洞)에 거주하던 김익렴(金益廉)을 가리킨다. 그가 상소를 올리자 그에 대한 비방이 분분하였다.

85 좌상의 차자 : 좌의정 원두표(元斗杓)의 차자를 가리키는 듯하다. 《宋子大全隨箚 卷3》

이사심에게 답함 기해년(1659, 효종10) 2월 3일

答李士深 己亥二月三日

사람과 귀신의 갈림길이 오늘에 달려 있다고 하셨으나 편지의 필획이 이와 같으니 귀신이 아니고 사람임이 분명합니다. 친구의 기쁨이 어떠하겠습니까.

아무개 형은 힘이 약한데, 들어가면 안 되는 경계에 들어감을 면치 못하였으니, 오늘의 일이 어떻게 될지 모르겠습니다. 그러나 성상께서 어찌 안부를 물으시기야 하겠습니까.

저는 옹저(癰疽)의 복관(復官)[86]과 관망(館望)의 환하(還下)[87]를 하루에 아울러 만났습니다. 그러나 매우 온당하지 않은 계사가 또 그 뒤에 나와서 종적이 극히 불안하니, 장차 머리 깎은 사내들[88]이 돌아가기를 기다려 즉시 장단(長單)을 올리려 합니다. 만약 이로 인하여 사직하고 돌아간다면 얼마나 다행이겠습니까. 일이 거취에 관계되어 감히 고하지 않을 수 없습니다.

86 옹저(癰疽)의 복관(復官) : 내의(內醫) 조징규(趙徵奎)가 약물을 의논한 수고로 특명으로 사복시 주부에 제수되자, 송시열이 경연에서 그 불가함을 아뢰고, 송준길이 대사헌으로서 어명을 환수할 것을 계청한 일을 가리키는 듯하다. 《宋子大全隨箚 卷3》《孝宗實錄 10年 1月 27日》

87 관망(館望)의 환하(還下) : 송시열이 이조 판서로서 관각(館閣)의 망단자를 올렸는데, 효종이 계하하지 않고 도로 내리도록 한 것으로 보인다.

88 머리 깎은 사내들 : 청나라에서 온 사신들을 가리킨다.

이사심에게 답함 기해년(1659, 효종10) 2월 4일

答李士深 己亥二月四日

가르침을 받들고 삼가 잘 알았으니, 위안되고 감사함이 그지없습니다.

가리켜서 말할 만한 것이 있는 때에 일찍 결단하지 못하면, 가리켜서 말할 만한 것이 없는 때에 어떻게 하직하고 떠나가겠습니까. 여악(女樂)을 받고 정사에 태만한 것은 떠날 수 있는 의리이나 그 잘못을 드러내고 싶지 않았으므로 제사 고기의 이야기를 들은 뒤에 면류관을 벗지 않고 떠났습니다. 구차하게 떠나고 싶지 않은 것은 성인도 오히려 그러했는데, 하물며 이 평범한 사람이 어떻게 말 없는 날을 기다릴 수 있겠습니까.

더구나 어리석고 망녕된 종적의 저로서는 가리켜서 말할 것이 없는 날이 없을까 두렵습니다. 어떻게 생각하십니까?

이사심에게 보냄 기해년(1659, 효종10) 2월

與李士深 己亥二月

밤새 대감의 건강은 어떠십니까?

양선(兩善)의 복관(復官)[89]에 대해 뭇사람들의 마음은 어떻습니까? 이로 인하여 나에 대한 공격이 만약 일어난다면 관동(關東) 유람은 이루어질 것입니다. 다만 성덕(盛德)은 이전에도 없었고 앞으로도 없을 것이니, 이것은 온 세상을 고무할 수 있습니다.

듣건대 창평현(昌平縣)[90] 사람들이 송강(松江 정철(鄭澈))을 위하여 서원(書院)을 창립하려 한다는데, 이 일은 어떻게 생각하십니까? 이 노인에 대한 일은 한 향리의 논의가 잠시 일어났다 사라지는 것과는 비교가 안 됩니다. 만약 안정시키지 못하면 애초에 짐작했던 것보다 못하지 않겠습니까. 어떻게 생각하십니까?

춘방(春坊)의 소[91]에 대립하려는 자는 없습니까? 매우 수고했다는 가르침은 참으로 맞는 말씀입니다. 그다지 이해관계가 없는데 이렇게

89 양선(兩善)의 복관(復官) : 1659년 2월에 송시열이 숭선군(崇善君) 이징(李澂)과 낙선군(樂善君) 이숙(李潚)의 일을 누차 진달하여, 드디어 복작(復爵)의 명이 내렸다. 《宋子大全隨箚 卷3》

90 창평현(昌平縣) : 전라도에 있는 현이다. 정철은 창평현 지실〔芝谷〕로 여러 번 낙향하였다.

91 춘방(春坊)의 소 : 광성부원군(光城府院君) 김만기(金萬基)의 소를 가리키는 듯하다. 김만기가 당시 시강원 사서였으므로 춘방의 소라 하였다. 또 그를 춘방공(春坊公)이라 불렀다. 《宋子大全隨箚 卷3》

서로 겨루니 온당한 도리가 아닌 듯하므로 그것이 사라져 없어지기를 바랄 뿐입니다. 만약 그것을 북군(北軍)을 위한 일[92]이라고 한다면 심문(深文)[93]인 것 같습니다. 하하.

강릉(江陵)에서 온 상소[94]는 장차 어떻게 되겠습니까? 듣건대, 어제 포천(抱川)의 유생들이 오성부원군(鰲城府院君)을 위해 액호(額號)를 청했다[95]고 하니, 이 일은 매우 훌륭하지 않습니까. 어떻게 생각하십니까?

92 북군(北軍)을 위한 일 : 조정을 지키는 일이다. 북군은 원래 한(漢)나라의 금위군(禁衛軍)의 별칭이다. 《史記 呂太后本紀》

93 심문(深文) : 없는 죄를 꾸며 낸 뒤에 법률 조문을 억지로 끌어다 맞춰서 벌을 받게 하는 것을 말한다.

94 강릉(江陵)에서 온 상소 : 1630년(인조8) 유림의 공의로 강릉 학산리에 석천서원(石川書院)을 세워 율곡 이이의 위패를 모셨는데, 1659년에 유생들이 액호를 내려 줄 것을 청하여 1660년에 송담서원(松潭書院)이란 액호가 내렸다.

95 포천(抱川)의……청했다 : 포천 유생 박후망(朴後望) 등이 상소하여 문충공(文忠公) 이항복(李恒福)의 서원에 액호를 내려 주기를 청하였다. 《孝宗實錄 10年 2月 9日》

이사심에게 답함 기해년(1659, 효종10) 2월
答李士深 己亥二月

편지지 가득 쓰인 내용에 해학도 섞여서 외로운 나그네의 궁한 시름이 몹시 위안되었습니다. 초려(草廬 이유태(李惟泰)) 형의 거취는 전혀 듣거나 알지 못합니다. 찬지 따뜻한지는 그가 반드시 스스로 알 것입니다.[96]

이 사람은 한양에 올라온 뒤에 이미 허다한 사변을 겪으며 이미 허다한 세상맛을 보았습니다. 참으로 회옹(晦翁)이 "조정에 올라온 것을 스스로 후회하나 떠나기를 구해도 되지 않네."라고 했는데, 어찌 이것이 공연히 돌아갈 귀(歸) 자를 말한 것이겠습니까.

장자방(張子房 장량(張良)), 제갈공명(諸葛孔明), 이필(李泌)[97]의 일은, 힘쓸 수 있다면 힘쓰기를 바라지 않는 것이 아니나 힘쓰지 못한다면 그저 하나의 돌아갈 귀 자에 힘쓸 뿐입니다. 대감의 고명함으로 어찌하여 의심을 하십니까. 마음에 돌아갈 뜻이 없다는 가르침에서,

96 찬지……것입니다 : 《전등록(傳燈錄)》 권4 몽산도명조(蒙山道明條)에 "지금 가르침을 받아들이는 경지가 마치 물을 마셔 본 사람이 차고 다스운 걸 스스로 알게 되는 것과 같다."라고 한 데서 온 말로, 본래는 불가(佛家)에서 증오(證悟)의 경계(境界)에 대한 비유로 쓰이는데, 여기서는 곧 자기 자신에 대해서는 자기가 가장 잘 안다는 뜻으로 쓰였다.

97 이필(李泌) : 당나라 때의 충신으로 자는 장원(長源)이다. 현종(玄宗), 숙종(肅宗), 대종(代宗), 덕종(德宗) 등 네 조정에서 연이어 벼슬하며 국가의 정책을 입안하였고 재상까지 지냈으며, 업후(鄴侯)에 봉해졌다.

대감께서 이 말씀으로 저를 격동시켜 돌아가게 하려 하시는 것을 잘 알겠고, 또 깊이 사랑받고 있다는 것도 알았습니다. 그러나 대접받는 이에게는 또한 너무 박한 것입니다. 만약 태양(太陽)의 장부(臟腑)를 가진 사람이 이 일을 당한다면 발로 문을 차고 담장을 뛰어넘어 가지 않는 경우가 거의 드물 것입니다. 바라건대 이러한 화두를 자주 주시어 속히 스스로 깨우쳐 돌아보게 해 주시는 것이 어떻습니까? 매우 우습습니다.

보내 주신 약은 바빠서 아직 열어 보지 못했습니다. 만약 당귀환(當歸丸)이 있다면 더욱 좋을 것입니다. 할 말은 많지만 이만 줄입니다.

이사심에게 보냄 기해년(1659, 효종10) 2월 12일

與李士深 己亥二月十二日

지난밤에, 보내 주신 약봉지를 열어 살펴보니 과연 당귀환은 없었습니다. 어찌 저를 돌아가기에는 부족한 사람으로 여긴 것이 아니겠습니까. 그러나 고향이 하늘 위에 있지 않으니 가면 돌아갈 수 있습니다. 아직 지체하고 있는 것은 날이 따뜻하고 바람이 화창하여 꽃을 가까이할 만하고 버들을 찾을 만하기를 조금 기다리는 것입니다. 태재(大宰)의 체면이 중하므로 억양(抑揚)하는 글자를 놓지 못하신 듯합니다. 존안을 뵙고 이 얼마간의 심회를 토로하기를 간절히 바라지만 게으르고 또 타고 갈 말이 없어 뜻을 일찍 이루지 못했으나, 오래지 않아 마땅히 갈 것입니다.

손님을 마주하고 있어 이만 줄입니다.

이사심에게 답함

答李士深

편지에서 말씀하신 양선(兩善)의 일[98]은, 대감의 뜻이 이와 같다면 인심 또한 서로 멀지 않을 것이니, 무엇이 이보다 기쁘겠습니까.

무중(武仲 유계(兪棨))은, 몹시 염려되었으므로 지난번 글에서 감히 여쭈었을 따름입니다. 저의 즐겁지 않은 마음은 날마다 배로 증가하니 떠나가고 싶은 마음은 학문을 진보시키고 수명을 연장하기 위해서 나온 것이 아닙니다. 다만 생각건대 떠나갈 방법을 가르쳐 주시는 것이 어떻습니까?

춘방에서 올린 상소에는 과연 대립하는 자가 있습니다. 곧 전주(全州) 이 승선(李承宣)[99]의 글을 보건대 저쪽을 위하여 소를 올리고자 했으니, 몹시 해괴합니다. 처음에는 양쪽을 진정시키려고 말렸으나 말릴 수 없었으니 바야흐로 부끄럽게 여기고 있을 것입니다. 지금 이분은 한쪽을 돕고 한쪽을 공격하는 계책을 하였습니다. 듣건대 처음 왔을 때는 양쪽의 틈을 녹여 없애는 이야기를 극진하게 했다는데, 지금 도리어 이와 같이 말한 것은 분명히 저들에게 격동되어 그런 것입니다. 바로 이것이 두려운 점입니다.

98 양선(兩善)의 일 : 326쪽 주89 참조.

99 이 승선(李承宣) : 동부승지 이상진(李尙眞)을 가리킨다. 그의 상소는 이류(李㮨)를 신원하는 것이었다.

이사심에게 답함 기해년(1659, 효종10) 2월 14일

答李士深 己亥二月十四日

편지를 받고 깊이 감사드립니다.

무중(武仲 유계(兪棨))이 올린 상소의 주된 뜻은 온전히 양민의 남다른 괴로움을 위하여 발한 것이나 오늘날 비방하는 자들은 주된 뜻을 잘라 버리고 수포(收布) 한 조목을 집어내어 혹은 사대부를 침요(侵擾)한다고 하고 혹은 재용에 힘쓰는 소인이라고 하니, 참으로 탄식할 만합니다. 그러나 이것이 어찌 병폐 없이 오래 시행할 수 있는 일이겠습니까. 그저 눈앞의 위급함을 완화하려고 한 것일 따름입니다. 다만 대신(大臣)이 굳게 막아서 큰 비방이 사방에서 일어나는 상황이니 비록 《주관(周官)》[100]의 아름다운 정사일지라도 오히려 시행하지 못하는데, 하물며 오활한 일개 유생이 제안한 방법이겠습니까. 대감께서는 그것을 정지시키기 어려움을 염려하지 마시고 시험 삼아 소견을 헌의(獻議)하십시오. 저는 그저 끝을 맺기 쉽지 않아서 어지러운 상황이 더 연장될까 두려울 뿐입니다.

오늘 헌의한 여러 신하가 그저 수포 한 조목을 배척하는 것이라면 괜찮을 것입니다. 그러나 만약 양민의 남다른 괴로움이 아무개의 소에

100 주관(周官) : 주공(周公)이 지었다는 《주례(周禮)》를 가리키는 것으로, 주(周)나라 관제(官制)에 대한 규정집이다. 천지춘하추동(天地春夏秋冬)의 6상(像)에 따라 〈천관(天官)〉, 〈지관(地官)〉, 〈춘관(春官)〉, 〈하관(夏官)〉, 〈추관(秋官)〉, 〈동관(冬官)〉으로 나누어 관제를 세우고 관직과 직무를 기록하였다.

서 언급된 바와 같은 정도에 이르지 않는다고 말한다면 인심을 크게 잃을 것입니다. 이것은 몰라서는 안 됩니다. 어제 영의정의 뜻이 매우 편치 못함을 보았으므로 말씀드렸을 뿐입니다. 이만 줄입니다.

이사심에게 보냄 기해년(1659, 효종10) 2월

與李士深 己亥二月

밤새 기체후가 더욱 좋아지셨습니까? 저는 병이 줄곧 낫지 않아 오늘 소대(召對)에도 나아가지 못하니 형세상 차자를 올려 체직을 청해야 할 뿐입니다.

아침에, 수의(收議)한 문자를 보니, 대감은 보기 드문 광대함을 지녔다는 기롱을 받았습니다. 임금께 아뢰는 말이 이와 같아서는 안 될 뿐만 아니라, 천 리 밖에서 선비가 혹 멈추고 소견을 올리지 못할 것입니다. 어떻게 생각하십니까?

다만 듣건대 죽은 자와 약한 자는 공포(貢布)를 감하는 은혜를 입을 수 있다고 하니, 무중(武仲 유계(兪棨))도 입을 다물고 손을 움츠리는 것보다는 나을 것이나 그 흉흉함을 보완하기에는 부족합니다. 이후에는 그도 경계할 줄 알게 될 것입니다.

거두어 모으기 위해 아래에서 덜어 온다고 하신 것은, 비록 그 사람을 완전히 배척하지는 않더라도 또한 그 사람을 완전히 배척하지 않는 것도 아닐 것입니다. 오늘의 일은 그저 앉아서 엉성한 계책을 가볍게 시험한 것으로 말미암은 것입니다. 이와 같으니 그 역시 달게 받아들일 것입니다. 어떻게 생각하십니까?

옥당(玉堂)의 선발에 춘방공(春坊公 김만기(金萬基))이 홀로 참여하지 못했으니, 매우 이상한 일입니다.

할 말은 많지만 이만 줄입니다.

이사심에게 답함 기해년(1659, 효종10) 2월
答李士深 己亥二月

날씨는 음울하고 병세는 고질이 되었습니다. 대감의 서찰이 홀연히 이르러 간곡하게 깨우쳐 주시니, 재삼 받들어 완상하고 마음이 조금 위로되었습니다. 저의 병은 처음에는 우연히 생긴 것으로 여겼는데, 오래 앓으며 이 지경에 이르렀으니, 어찌 만적(萬適)의 귀신[101]이 붙은 것이 아니겠습니까.

무중(武仲 유계(兪棨))의 계책은 몹시 졸렬하고도 애처로운데 그것을 광대하다고 하시므로, 언뜻 보고 풍자하는 뜻을 약간 내비쳤다고 여겼으며, 드디어 이 때문에 선비가 천 리 밖에서 멈춘다는 말로 경계를 올렸으니 참으로 지나쳤습니다. 또 나라 안에서 함께 살 수 없다는 가르침을 받았으니 또한 한층 더 심해져서 양쪽 집안이 모두 불로 불을 끄려는 기세입니다. 어찌 이수(伊水)와 낙수(洛水)의 한 국자 물로 끌 수 있겠습니까.

저는 병중에 비방이 사방에서 이르고, 또 은연중에 투서하여 욕보이는 경우도 있어 병든 심회가 더욱 처량하나, 죽은 이와 유약한 이들의 공포(貢布)를 면제하라는 명을 듣고부터는 조금 살고 싶은 생각이 드는 것 같습니다. 혹시 체직의 은혜를 입는다면 또한 구름을 헤치고

101 만적(萬適)의 귀신 : 송 태종(宋太宗) 때에 진주(陳州)의 처사 만적이 임금의 부름을 받고는 병든 몸으로 길을 떠났다가 도성에 도착한 뒤에 여관에서 죽어 웃음거리가 되었다는 고사에서 온 말이다. 《宋史 隱逸列傳 萬適》

해를 보는 것과 같을 것입니다.

숙공(蓿公)[102]이 버림받은 것은 참으로 공의(公議)를 막았습니다. 그러나 영화롭게 후인을 진취시킨다는 말씀은 참으로 지당한 논설입니다. 일찍이 송나라 때 전배(前輩)의 논설을 보니 이와 같지 않음이 없었습니다. 이 공은 침착하니, 틀림없이 아무런 기미도 의중에서 일어나지 않을 것입니다.

102 숙공(蓿公) : 세자시강원 사서 김만기를 가리킨다. 숙(蓿)은 목숙(苜蓿)의 줄임말로 채소(菜蔬)의 일종인데, 당(唐)나라 때 설령지(薛令之)가 동궁 시독(東宮侍讀)으로 있을 적에 식생활이 하도 빈약하므로, 목숙에 관한 시를 지었다. 《山堂肆考 卷54》

이사심에게 답함

答李士深

안부 편지를 받고 매우 감사했습니다. 재용에 힘쓴다는 이야기는 아이(阿耳)[103]의 젊은 벗이 글로 자신이 들은 바를 전한 것입니다. 그렇지 않다면 누가 감히 까닭 없이 지어내겠습니까.

오늘 밤에 손님이 와서 묵으면서 밤새도록 말한 바는 모두 비방하는 말이었으니, 재용에 힘쓴다는 한 구절에 그치지 않았습니다. 이를 어쩌면 좋겠습니까. 대감께서는 그 말을 듣고서 그 근원을 찾아본 적이 없을 것이니, 지금 갑자기 운운하신 것이 어찌 들은 것을 또 전해 들은 것이 아니겠습니까. 한번 아이를 불러 물어보시면 그 출처를 아실 수 있을 것입니다.

"이중(李仲)" 운운하신 것은 매우 우습습니다. 그의 행한 바가 비록 사군자(士君子)의 일은 아니나 또한 재간 있는 자의 사업입니다. 저와 같은 자가 비록 이것에 힘쓰고자 한들 할 수 있겠습니까.

배리(陪吏)가 줄었으며, 또한 여러 관아에 보고하는 업무가 많아 잘못을 저지름이 한량없으며 여염의 아이들로 하여금 감히 책을 끼고 문을 나서지 못하게 하는 데 이르렀으므로[104] 그 폐단을 바꾸려 하였습

103 아이(阿耳) : 도성 밖에 아이현(阿耳峴)이 있는데, 아마도 이후원의 자질(子姪)이 살던 곳일 것이다. 《宋子大全隨箚 卷3》

104 여염의……이르렀으므로 : 매우 불합리한 조치들이 시행되고 있는 것을 협서율(挾書律)이 시행되고 있다고 표현한 것이다. 협서율은 서적을 사적으로 소장하는 것을 제한하는 율령으로, 진 시황(秦始皇)이 이사(李斯)의 말을 채택하여 민간에는 의약(醫

니다. 그런데 뜻밖에 여러 관원과 태거(汰去)당한 자들이 떠들썩하게 말을 지어냈습니다. 일찍이 저는 개연(慨然)히, 작은 일도 오히려 못할 것이라고 여겼는데, 하물며 큰일을 하겠습니까. 비록 그렇지만 이 몸이 관직에서 벗어나 돌아가면 이 어지러운 것들은 모두 한바탕 웃음 속에 부쳐질 것이니, 저에게 무슨 상관이 있겠습니까.

藥), 복서(卜筮), 종수(種樹) 등에 관한 서적 이외의 경서(經書) 등을 일절 소장하지 못하도록 금지한 것이다.《史記 秦始皇本紀》

이사심에게 보냄 기해년(1659, 효종10)

與李士深 己亥

대감의 말씀이 전부터 많이 적중했으므로 진실로 시귀(蓍龜)처럼 믿습니다. 이번의 일은 저의 미혹된 집착을 힘써 돌려야 할 것입니다. 다만 모르겠습니다만, 떠날 만한 이유가 장차 어디에 있겠으며, 과연 이번보다 큰 것이 있겠습니까.

이제 비국(備局)의 계사(啓辭)를 보면 다시 수령을 옮기는 잘못을 논했으니, 어찌 빨리 쫓아내고 싶지 않으시겠습니까. 그렇다면 웅크리고 앉아 있는 것은 몹시 구차하지 않겠습니까.

또한 듣건대, 이류(李瀏)를 신원하는 소가 도착하여 큰 소란이 일어날 것이라고 하니, 이 몸도 화를 면치 못할까 두렵습니다. 어찌하면 좋을지 가르쳐 주십시오. 이만 씁니다.

이사심에게 답함

答李士深

이 편지를 막 쓰고 있는데, 보내신 편지가 먼저 이르렀습니다.

강릉에서 올리는 소본(疏本)[105]에 망녕되이 첨지를 붙여 몇 군데 표시했습니다. 단지 이것으로도 지나치게 과시한다는 꾸지람을 범했는데, 어찌 감히 함부로 문장을 고칠 수 있겠습니까.

신원하는 소[106]는 참으로 괴이한 일입니다. 처음에는 그 무리가 조금 일을 해결할 듯하다고 생각했는데, 이렇게까지 어리석고 망녕될 줄 어찌 알았겠습니까. 그러나 책망받는 뜻에 대해서는 책임을 회피하시는 것이 좋겠습니다.

105 강릉에서 올리는 소본(疏本) : 강릉 송담서원(松潭書院)에서 액호를 청하는 소이다. 327쪽 주94 참조.

106 신원하는 소 : 이류(李瀏)를 신원하는 소이다.

이사심에게 보냄

與李士深

초동(草洞)[107]으로 가는 인편에 편지를 부쳤는데, 받아 보셨습니까? 대개 여러 왕손에게 작호(爵號)를 내리는 일[108]에 이견을 세우기만 하고 돕는 자는 한 사람도 없어서 이로 인하여 쌓인 것이 있었습니다. 서순(徐巡)이 역적을 살려 주려 한 상황[109]에 대해서도 깊이 생각한 것을 펴지 못했으며, 완사(莞査)[110]를 계기로 크게 공격하려 하였으나 또한 뜻대로 하지 못했습니다.

천신(賤臣)이 아뢰기를 "허(許) 아무개의 일은 그의 도에 있어서 참으로 미안한 일입니다. 그러나 그 근본을 따져 보면 이 이야기가 외간에 퍼지는 것도 성명께서 깊이 경계하셔야 할 점입니다. 선유(先儒 여조겸(呂祖謙))가 말하기를 '백이(伯夷)를 마주한 자는 감히 뇌물을 말하지 않고, 비간(比干)을 마주한 자는 감히 아첨을 말하지 않는다.' 했습니다. 전하께서 내치(內治)를 엄정하고 가지런하게 하여 작은 흠도 없게

107 초동(草洞) : 송준길이 거처하는 곳이다.

108 여러……일 : 소현세자(昭顯世子)의 자녀에게 작위를 내리는 일로, 송시열도 이 일을 왕에게 아뢴 적이 있다.

109 서순(徐巡)이……상황 : 전라 감사 서필원(徐必遠)이 1659년 진휼을 위해 속미(贖米)를 받고 중죄인을 석방할 것을 청한 일을 가리킨다. 《孝宗實錄 10年 閏3月 27日》

110 완사(莞查) : 어떤 사대부가 완도(莞島)에 농장을 설치했는지 조사하는 일을 가리킨다. 당시 완도에는 선박 제조용 목재를 길렀는데, 어떤 사대부가 나무를 베어 버리고 농장을 설치한 것이다. 《孝宗實錄 10年 3月 22日》

하셨다면 이 말이 어째서 나왔겠습니까."라고 하니, 상이 말하기를 "경의 말이 옳다. 나는 허적(許積)에게 다시 묻고 싶으나 중신(重臣)을 대하는 도는 이러해서는 안 된다. 또한 나는 스스로 반성할 겨를도 없는데 어찌 남을 탓할 수 있겠는가. 또 생각건대 오늘날 오직 허적의 일 때문에 이렇게 서두를 연 것이다. 이제 끝없이 따진다면 뒷날 누가 다시 말하겠는가." 하셨습니다. 천신이 대답하기를 "성상의 뜻이 매우 좋습니다."라고 하자, 상신(相臣)이 나아가 말하기를 "오늘의 조정은 시비가 분명하지 않고 한결같이 송(宋) 아무개처럼 서로 감싸 주는 것을 일삼고 있으며, 송 아무개도 시비를 분명히 말하지 못하고 있습니다."라고 했습니다. 이어서 서순의 일을 언급하며 분분하기 그지없었습니다. 그래서 헌장(憲長)과 간장(諫長)이 서로 이어서 인피하며 기다리지 않고 허(許)를 논박했으며, 옥당(玉堂)이 온건한 논설로 간원(諫院)을 논박하여 간장이 달려 나갔으니, 기상이 좋지 않았습니다.

저희가 오늘 자처하는 도리는 참으로 태연하게 있을 수 없습니다. 그래서 오늘 정사에도 달려가지 못합니다. 이후에는 또 어떻게 해야 할지 가르쳐 주십시오.

이사심에게 보냄 기해년(1659, 효종10) 3월 8일

與李士深 己亥三月八日

궂은비가 재앙을 일으키고 사람도 병이 들었습니다. 이때 대감의 건강은 어떠하십니까? 사모하여 달려가는 마음 구구합니다. 저의 우려하는 마음으로 초동(草洞)의 불안한 심정을 알 수 있습니다. 오늘 우리의 상황이 어떠한 운수이고 끝내 어떻게 결말이 날지 모르겠습니다.

드릴 말씀이 있습니다. 영남의 유생이 노옥계(盧玉溪)[111]를 위하여 서원의 액호를 청하려고 상소문의 초고를 가져와서 저에게 고쳐 줄 것을 청했습니다. 모르겠지만 노옥계는 평생토록 잘못이 없었는데 그에 관한 문장을 윤색해도 허물이 되지 않겠습니까? 월사(月沙 이정귀(李廷龜)) 상공이 그의 시장(諡狀)을 찬술하며 극진하게 그를 찬양했는데, 과연 시장의 내용과 같다면 다시 의심할 것이 없을 것입니다. 지도하여 깨우쳐 주시기를 바랍니다.

○ 상소문의 초고는 일두(一蠹 정여창(鄭汝昌))의 후손 정광연(鄭光淵)의 손에서 나온 것으로, 정광연은 을해년(1635, 인조13)에 관소(館疏)[112]에 참여하여 영남으로 쫓겨난 자입니다. 그렇다면 노옥계의 본말이 양현(兩賢 이이와 성혼)과 서로 불과 물의 관계에 있지는 않은 것입니다.

111 노옥계(盧玉溪) : 노진(盧禛, 1518~1578)으로, 본관은 풍천(豐川), 자는 자응(子膺), 호는 옥계이다. 1546년(명종1) 문과에 급제하여 대사헌, 예조 판서 등을 역임하였다.

112 관소(館疏) : 율곡(栗谷) 이이(李珥)와 우계(牛溪) 성혼(成渾)을 문묘에 종향(從享)할 것을 청한 소이다.

이사심에게 보냄 기해년(1659, 효종10) 3월 19일
與李士深 己亥三月十九日

며칠 동안 소식을 듣지 못하여 말할 수 없이 그립고 답답합니다. 초려(草廬 이유태(李惟泰))의 사람이 와서 태형(台兄)에게 한 가지 괴로운 일을 더했으니, 어찌합니까.

저는 먼 곳의 일을 듣고 싶어서 어제 아각(丫閣)에 갔다가[113] 바람을 쐬어 감기에 걸렸습니다. 바야흐로 이렇게 깊이 누워 땀을 내고 있으니 답답합니다.

어떤 사람이 글을 가지고 와서 말하기를 "고(故) 김 지헌(金持憲)[114]의 외손이 상소하여 변론하려 한다."라고 하며 저에게 힘을 써 줄 것을 부탁했습니다. 이 일의 본말이 어떠한지 모르겠으나 할 수 있는 일이었다면 어째서 지체하며 지금까지 기다렸단 말입니까. 기억하건대, 곤욕을 치르던 날[115]에 대감이 탄식하며 말하기를 "김명숙(金明叔 김원량)이

113 먼……갔다가 : 김익렴(金益廉)이 사행(使行)을 갔다가 연경에서 돌아왔기 때문에 송시열이 연경의 소식을 들으려고 김익렴의 집에 갔었다는 뜻이다. 아각은 아동(丫洞)에 있었던 김익렴의 집을 가리킨다.

114 김 지헌(金持憲) : 김원량(金元亮, 1589~1624)으로, 본관은 경주(慶州), 자는 명숙(明叔), 호는 미촌(蘪村)·율촌(栗村)이며, 김장생(金長生)의 문인이다. 유생의 몸으로서 인조반정의 모의에 참여하여 정사 공신(靖社功臣) 3등에 책봉되었고 지평(持平)의 벼슬을 지냈다. 이괄(李适)과 가까운 친척으로, 이괄의 모반에 대한 고변이 있자 이를 믿지 않고 백방으로 이괄의 무죄를 변호하다가 모반 사실이 분명해짐에 따라 승지 김자점(金自點)의 건의로 투옥되었고, 이어 반란군의 공격으로 조정이 피난할 때 적에게 이용될 염려가 있다는 김자점의 주장에 따라 옥중에서 참살당했다.

자신을 그르치고 나까지 그르쳤도다."라고 했는데, 이것에는 틀림없이 깊은 뜻이 있었을 것입니다. 아울러서 상세히 알려 주시기를 바랍니다. 어떻게 생각하십니까?

초려가 인리(仁里)에 들어가 거처하고 싶어 하였으니, 들어갔다면 둘러앉아 회포를 풀 수 있을 것입니다. 이만 줄입니다.

115 곤욕을 치르던 날 : 이괄의 난 때 인조(仁祖)가 공주로 파천했던 시기를 가리킨다.

이사심에게 보냄 기해년(1659, 효종10) 3월 20일
與李士深 己亥三月二十日

초려(草廬) 형과 만나서 무슨 말을 하셨습니까? 참석하여 듣지 못하니, 이내 마음은 훨훨 날아가고 싶습니다.

사행(使行)을 다녀온 사람에게 상을 주는 것을 논하라는 명[116]에 대해 예조 판서와 이조 참의는 반대하는 내용으로 아뢰어야 한다고 말하고, 무중(武仲 유계(兪棨))은 이 논의가 옳지 않다고 극력 주장하니, 어느 것을 좇아야 할지 모르겠습니다. 공로가 없는데 상을 주는 것을 참상(僭賞)이라 하지만 오히려 아까워하는 것은 상을 주는 데 인색하다고 할 것입니다. 지난번 아공(丫公 김익렴(金益廉))의 이야기를 대략 들으니 공로가 없다고 말할 수 없을 듯한데 사람들이 이렇게 상을 주기를 아까워하니 장차 어떻게 하는 것이 좋겠습니까? 만약 성상의 뜻을 따른다면 한 자급을 더해야 하지 않겠습니까? 그렇게 하지 않는다면 무슨 상을 써야 합니까? 헤아려 알려 주십시오. 드릴 말씀은 많지만 이만 줄입니다.

116 사행(使行)을……명 : 김익렴(金益廉)이 사행에서 돌아온 뒤에, 상을 논하라는 명이 있었다.

이사심에게 보냄

與李士深

오늘 상이 원임 대신(原任大臣)에게 말씀하시기를 "여러 경(卿)이 모두 들어왔으나 유독 완남부원군(完南府院君 이후원(李厚源))을 보지 못했다. 그의 병세는 어떠한가?"라고 하였습니다.

오늘의 일은 초동(草洞)의 사람을 통해 대신 여쭙게 했는데, 들으셨으리라 생각합니다. 시비를 밝히지 않는다고 대신(大臣)이 곧장 저를 드러내 놓고 배척했으니, 제가 귀를 막고 안심할 수 있겠습니까. 상소하여 간곡한 마음을 진달하고 싶지만 망발했다가 소란의 단서를 일으킬까 염려되고, 장단(長單)을 이어서 올리고 싶지만 또한 무익할까 염려되니, 어떻게 하면 좋을지 모르겠습니다. 가르쳐 주시기를 바랍니다.

군부(君父)에게 아름다운 덕이 있는데도 벌벌 떨며 혹 저지하지 못하고, 눈으로 이와 같은 것을 보고도 끝내 한마디 말이 없으니, 참으로 죄를 달게 받아야 합니다. 부끄러워 엎드립니다. 이만 줄입니다.

이사심에게 보냄 기해년(1659, 효종10) 3월

與李士深 己亥三月

어제 잠시 외출했다가 그사이에 편지가 왔는데 미처 답장하지 못했습니다. 감사한 마음과 송구한 마음이 아울러 지극합니다.

푸른 하늘에 뜬 해를 보고 온 세상 사람들이 기뻐합니다. 맑은 날씨가 10여 일 이어진다면 보리와 밀이 가망이 있을 것입니다. 호서(湖西)에 대한 물음이 또 저에게 미쳤습니다. "민(閔)의 사례가 있으니 끌어와 말을 할 수 있을 것입니다."라고 답했습니다. 모르겠지만 민의 사례가 경계 밖을 넘어갔습니까, 아니면 노친(老親)이 대략 그 경계에 도달했습니까?

제게 한 가지 일이 있어 우러러 여쭙니다. 저에게는 후사가 없는 숙부모(叔父母)의 묘소가 양근(楊根)에 있는데, 단지 묘지기 한 사람이 묘를 돌보며 제수를 진설했습니다. 그런데 그 묘지기가 갑자기 우역(郵驛)의 노적(奴籍)에 투신하여 향화(香火)가 오래 끊어졌을 뿐만 아니라, 분묘가 훼손되어 거의 알아볼 수 없게 되었다고 하니, 슬픕니다. 옛날에 주자(朱子)는 숙모가 죽었으나 장사 지낼 자제가 없어서, 소명(召命)을 받고도 사퇴하기를 청했습니다. 지금 저는 이 전례를 끌어와 사정을 진술하고, 잠시 양근으로 나가서 분묘에 흙을 더 얹고 돌아오고 싶은데, 어떻게 해야 할지 모르겠습니다. 법에 구애되는 바가 있으나 슬픈 마음을 가누기 어려우므로 이렇게 말씀드립니다.

초려(草廬 이유태(李惟泰))는 비 때문에 출발하지 않았거나, 출발했다가 다시 돌아갔거나, 마침내 들어오거나, 틀림없이 이 세 가지 중한 가지에 해당할 것입니다. 영남에서 올린 초고[117]는 매우 엉성하여 고치고 지우니 거의 면모가 바뀌었습니다. 이것 역시 고달팠습니다.

117 영남에서 올린 초고 : 옥계(玉溪) 노진(盧禛)을 위하여 서원의 액호를 청한 상소의 초고이다.

이사심에게 보냄 기해년(1659, 효종10) 3월 27일

與李士深 己亥三月二十七日

어제 뵙고 남은 회포가 잊히지 않습니다. 산속으로 돌아가는 나그네는 생각만 해도 상쾌합니다. 나에게도 산이 있어 가면 이를 수 있으니, 괴롭게 그를 부러워할 필요가 있겠습니까.

오늘 사력을 다해 억울함을 풀어 주어 조금 사람들의 마음에 흡족했습니다.[118] 저승에 계신 혼령이 스스로 위안 삼을 것이나, 그저 다시 살릴 수 없으니 사람을 눈물 흘리게 합니다. 양김(兩金)의 본지(本枝)에 대한 명은 삼가 받들겠습니다.

막 경연에서 돌아온 참이라 피곤하여 이만 줄입니다.

118 오늘……흡족했습니다 : 학주(鶴洲) 김홍욱(金弘郁)의 억울함을 풀어 준 것을 말한다.《孝宗實錄 10年 3月 27日》김홍욱은 1654년 황해 감사 시절 강빈(姜嬪)의 신원(伸冤)을 주장하다가 심문 도중 장살되었다.

이사심에게 답함 기해년(1659, 효종10) 3월 28일

答李士深 己亥三月二十八日

잇달아 서찰을 받드니 뵙고 이야기를 나누는 듯합니다. 어제의 일은 과연 사람들의 마음을 위로하였으니 땅속의 사람도 반드시 기뻐할 것입니다.

제갈무후(諸葛武侯)와 장량(張良)과 범려(范蠡)의 일은 모두 나약하고 용렬한 사람이 감히 알 수 있는 바가 아니니, 그저 회옹(晦翁)의 말을 전하고 싶어서 그 말을 다 했으나 효과가 없었습니다. 이것은 용렬한 의원이 옛 처방을 잘못 쓴 탓에 사람을 죽이는 데 미치지는 않았으나 도리어 주인의 금전이 빨리 사라진 것과 같을 뿐입니다. 이 밖에 또 무엇을 하겠습니까. 안판(安判)이 여러 관료와 약속하여 우선 낭관(郎官)이 돌아오기를 기다리기로 했는데, 어찌해야 할지 모르겠습니다.

일찍이 무중(武仲 유계(兪棨))을 보았는데 그가 말하기를 "대감이 초려(草廬 이유태)가 머무는 것을 바라지 않는다."라고 했고, 지금 동춘(同春 송준길)의 말도 이와 같습니다. 대감이 어찌 집집마다 찾아가서 해명할 수 있겠습니까.

저는 집 안에 있어 홀로 이런 일이 있었던 것을 듣지 못했으니, 참으로 귀머거리입니다. 귀머거리가 몽롱하게 사람들의 말을 대략 듣고 크고 기이한 일이라고 여기고 입으로 말한 것입니다. 그렇다면 준론(峻論)에서 말씀하신 것은 혹 있을 수는 있으나 있고 없음을 말할 것이 못 됩니다. 그러나 어떤 사람이 화재를 당하면 사람들은 반드시 말하기를 "불을 놓은 자는 죄가 가볍고 화재를 당한 자는 도리어 죄가 무겁다." 라고 할 것입니다. 이것으로 견주어 보면 의심하는 자와 의심받는 자는 절로 차등이 있는 것입니다. 게다가 이미 밀어 보내는 형세가 있으니 또한 만류하는 노력이 있어야 할 것입니다. 동춘의 의혹을 풀어 -원문 결락- 아무 일이 없게 하고 싶습니다. 이만 씁니다.

이사심에게 답함 기해년(1659, 효종10) 윤월[119] 23일

答李士深 己亥閏月二十三日

지난번 편지에 대해 지금까지 답을 하지 못했습니다. 대개 업무가 이어지고 병이 고통스러워 그렇게 되었습니다. 그러나 송구하고 불안한 마음은 가지고 있습니다.

아무개 형이 뜻밖에 관직에서 물러났는데, 어찌 저 사람이 할 수 있는 것을 내가 못 하겠습니까. 그때의 회계(回啓)는, 제가 어리석어 사리에 밝지 못하나 어찌 감히 스스로 주장하겠습니까. 참판 자리가 매우 좋게 처리되었으니, 기쁩니다.

아공(丫公 김익렴(金益廉))의 소는, 소식을 듣자마자 편지를 보냈는데, 입계했다는 소보(小報)가 이미 이르렀습니다. 다만 정분의 친밀함, 지위의 존귀함, 거처의 가까움 중에서 대감은 이 세 가지를 다 가지고 있으나 그의 소를 멈추지 못하시고, 도리어 이 세 가지가 모두 없는 이 사내에게서 멈추게 할 것을 요구하십니까. 받들어 대답할 길이 없습니다. 그저 절로 우울합니다.

119 윤월 : 1659년 윤3월이다.

이사심에게 답함 기해년(1659, 효종10) 4월 22일

答李士深 己亥四月二十二日

보내신 편지를 공경히 받들고 이미 강각(江閣)으로 나가 청복(淸福)을 혼자 누리심을 알게 되었으니, 저로 하여금 마음이 훌쩍 날아가 이미 수운(水雲)과 산람(山嵐) 속에 있게 합니다. 어찌 저만 홀로 이런 일을 하지 못한단 말입니까. 어제 정고(呈告)하니 벌써 한가하고 평안한 마음이 듭니다. 마침내 동쪽으로 나가서 풍악(楓岳)이라는 선산(仙山)에 오른다면 도리어 사람들에게 부러움을 받지 않을 줄 어찌 알겠습니까.

오늘 한 사람의 편지를 얻었는데, 내용 중에 "대감께서는 '인신(人臣)의 형세에 있을지라도 수도(隧道)[120]는 참람한 것이 아니다.'라고 주장하셨는데, 이것은 틀림없이 명문(明文)이 있으므로 이 어른이 이렇게 말씀하신 것입니다. 그 출처를 듣고 싶습니다."라는 말이 있습니다. 창졸간에 만난 일이라 뭐라고 답해야 할지 몰랐습니다. 모르겠지만, 이는 그럴 만한 단초가 있으나 과연 근거할 만한 문구가 있습니까? 나중의 인편에 알려 주시기를 삼가 바랍니다.

나머지는 다 말씀드리지 못합니다.

120 수도(隧道) : 천자(天子)의 무덤에 설치하는 묘도(墓道)이다. 즉 밖에서 내부에 이르기까지 땅을 파서 사람이 왕래할 수 있게 만든 지하도이다.

이사심에게 보냄 기해년(1659, 효종10) 4월 28일
與李士深 己亥四月二十八日

비가 무더위를 씻어 주니 한가로운 가운데 취미가 더욱 좋으실 줄로 압니다. 저는 두 간관(諫官) 대신 가만히 앉아 그 괴로움을 당하고,[121] 단자와 차자를 이어서 올렸으나 모두 체직의 명을 받지 못했습니다. 바야흐로 두 번째 차자를 짓고 있을 때 문득 성상의 체후가 평안치 못하다는 말을 들었습니다. 여러 공이 모두 문후하는 반열에 참여하지 않을 수 없다고 말하므로 오늘 나오지 않을 수 없었습니다. 모레쯤 두 번째 차자를 올려서 체직의 명을 반드시 받고자 합니다.

지평(持平)의 논박은 회옹(晦翁)이 매우 싫어했던 것인데, 대감께서 도리어 저를 위해 그것을 바라십니까. 그러나 이 논박은 절로 저에게 관계된 바가 없습니다. 듣건대 당초 민(閔)의 서간을 아무개 형이 찾아서 병조 판서에게 보냈다고 하니, 실상을 알 만합니다. 그러나 저에게 이것을 논하게 한다면 반드시 민(閔)과 이(李)처럼 두 가지의 말[122]을 하지는 않을 것입니다.

수도에 관한 설에 대해서는, 저의 어리석은 견해를 올리니 다시 가르쳐 주시는 것이 어떻겠습니까? 이만 줄입니다.

121 저는……당하고 : 민유중(閔維重)과 이익(李翊)이, 부친 김육(金堉)의 묘소에 수도(隧道)를 설치한 김좌명(金佐明)의 잘못을 논하여, 사람들의 노여움이 모두 송시열에게 돌아간 일을 말한다. 《宋子大全隨箚 卷3》《孝宗實錄 10年 4月 8日》

122 민(閔)과……말 : 민유중과 이익이 수도의 참람함을 논했는데, 오히려 준엄하게 배척한 흠이 있었다. 여기서 두 가지의 말이라고 한 것은 수도의 참람함을 논한 것과 준엄하게 배척한 것이다. 《宋子大全 卷11 擬疏》

이사심에게 답함 기해년(1659, 효종10) 5월 2일
答李士深 己亥五月二日

성상의 체후가 몹시 걱정되어 새벽에 일어나 반열에 달려갔습니다. 기운이 편치 못하여 누워서 낙숫물 떨어지는 소리를 듣고 있습니다. 이때에 보내온 서찰이 갑자기 이르니 마치 부르는 소리에 잠에서 깨듯 소생하였습니다.

북소(北疏)가 마침내 이르렀는데, 풍악(楓嶽)의 선인(仙人)이 이 풋내기를 시켜 이 사람에게 유람을 재촉하게 한 것이 아니겠습니까.[123] 근자에 또 노숙(露宿)을 한 지 오래되었으니, 또한 하나의 둔지(屯地)가 되지 않겠습니까. 노숙하는 장수는 반드시 병졸을 적에게 내주니, 함께 역경을 헤쳐 나가는 것이 제일인데 또한 장수가 교만하고 병졸이 태만하여 패배에 이를까 두렵습니다.

상소의 내용은 진실로 몇 줄로 자백하고 죄를 인정한 것에 지나지 않습니다. 내 몸도 주체하지 못하는데 남을 위해 도모할 겨를이 어디 있었겠습니까. 《파한집(破閑集)》은 어떤 내용인지 모르겠으나 다만 그 제목이 사랑스러워 일찍 이 책을 얻었습니다. 필시 태재(太宰)를 연루시켜 즉력(唧劣)이라는 이름을 듣게 하지 않을 것입니다.[124] 그러

123 북소(北疏)가……아니겠습니까 : 북소는 홍여하(洪汝河)가 경성 판관(鏡城判官)으로서 올린 상소를 뜻하는데, 이제 그의 상소가 올라왔으므로 이조 판서 송시열이 벼슬에서 물러날 때가 되었다는 뜻이다. 《宋子大全隨箚 卷3》 여기서 풋내기는 홍여하를 가리킨다.

124 필시……것입니다 : 홍여하는 1659년 5월에 올린 〈구언 교지에 응하는 소〔應求言

나 깨어진 솥 조각에 소리를 지르지 않으면 그만입니다.[125] 어떻게 생각하십니까?

누워서 편지를 쓰다 보니 글자가 모양을 이루지 못했습니다. 이만 줄입니다.

敎疏]〉에서, 이후원을 비난하기를 "사대부 중에서 강퍅하고 자기가 제일이며 그름을 알고서도 반드시 꾸미는 자는 완남부원군 이후원이 가장 심합니다. 의론(議論)은 편벽되거나 험함을 위주로 하고 일 처리는 즉력을 숭상하며, 자기 견해를 고집하면 오로지 꾸며 대기만 하고 허심으로 무엇이 지당한지를 구한 적이 없으니, 어찌 나라를 망치는 데 이르지 않겠습니까."라고 하였다. 《木齋集 卷3》 즉력은 산이 연이어 있는 모양으로, 이후원이 송시열·송준길 등과 연결하여 형세를 이룬 것을 비유한 말이다.

125 깨어진……그만입니다 : 작은 것에 연연하거나 하찮은 것에 놀라지 않으면 그만이라는 뜻이다. 소식(蘇軾)의 〈힐서부(黠鼠賦)〉에 "천금의 구슬을 부술 수 있어도 깨어진 솥 조각에 소리를 지르고, 맹호를 때려잡을 수 있어도 벌과 전갈에 놀란다.〔人能碎千金之璧, 不能無失聲於破釜; 能搏猛虎, 不能無變色於蜂蠆.〕"라고 하였다.

이사심에게 보냄

與李士深

어제 보내신 답장은 잘 받았습니다. 배의 키를 돌리면 배가 움직입니다. 이런 때는 서로 도모하기 정말 좋습니다. 발인을 기다리면 너무 늦고, 공제(公除)를 기다리면 너무 빠릅니다. 늦기보다는 차라리 빨라야 합니다. 다만 새 임금의 얼굴을 한번 뵙고 돌아가고 싶습니다. 공제 뒤에 이런 기회가 있을 듯합니다. 이런 기회를 얻고 곧 떠나가면 어떻겠습니까? 반드시 태형(台兄)이 그것을 주장한 뒤에야 제가 말을 할 수 있을 것입니다. 그러나 이런 일은 사전에 노출되면 불편할 뿐입니다.

어제 지문(誌文)을 찬술하라는 명을 사양했는데, 마땅히 다시 청해야 할 듯합니다. 그러나 조어(措語)가 매우 어려우니, 어찌하면 좋겠습니까? 유우(兪友 유계(兪棨))는 대행왕(大行王)의 성지(聖志)를 찬양하지 않을 수 없다고 말하는데, 찬양하면 좋아하지 않던 자들은 소득이 있음을 기뻐할 것이고, 끝내 감추면 결코 신자(臣子)의 정의(情義)가 아니니, 이것이 극히 난처한 것입니다. 살며시 이런 뜻으로 다시 청하고 싶은데 어떻게 생각하십니까? 헤아려서 알려 주시기를 삼가 바랍니다.

이사심에게 답함

答李士深

편지에서 하신 말씀을 삼가 따를 뿐입니다. 회옹(晦翁)은 효종(孝宗)의 만사를 지을 때 "성덕(成德)과 대업(大業)은 형용하기 쉽지 않다. 나의 생각을 모두 펼쳐서 겨우 4개의 구절을 얻었는데, 쫓겨나 동쪽으로 돌아와서 우러러 은우(恩遇)를 저버렸으니, 보익할 길이 없어 옛 시편을 따라 시를 이어서 이루어, 죽어도 임금을 잊지 못하는 외로운 신하의 뜻을 드러냈다."[126]라고 하였으며, 그 시에 "군신간에 뜻이 잘 맞을 듯하였으나, 도리어 슬프게도 참소를 만나 틀어졌네. 인산(因山)으로 한창 참담한데, 도성을 떠나 더욱 창황(愴惶)했네. 은총에 보답할 날 어찌 다시 있으랴, 죽지 않고 살아서 남은 글 이어 지었네."라고 했습니다. 오늘의 일이 우연히 그것과 같습니다. 다만 회옹의 필력이 없이 사적으로 찬술하니, 찬양하여 후세에 전하기에 부족할 따름입니다. 어찌하면 좋겠습니까? 이만 줄입니다.

126 성덕(成德)과……드러냈다 : 《회암집(晦庵集)》 권9 〈효종황제만가사(孝宗皇帝挽歌詞)〉의 서문에 나온다. 4개의 구절이란 〈효종황제만가사〉의 첫 부분에서 "정일함은 마음 전하는 묘법이고 문명함은 창성할 운수 만났네. 건곤을 홀로 다스리게 되니 일월이 거듭 빛나려 했네.〔精一傳心妙, 文明撫運昌. 乾坤歸獨御, 日月要重光.〕"라고 한 것을 가리킨다.

이사심에게 답함
答李士深

답장을 받고 깊이 위안되었습니다. 다시 사양하는 것은 참으로 말하기 어렵습니다. 단지 범범히 사양하는 말로는 허락받을 리가 없을 듯하니, 어쩌면 좋겠습니까?

가만히 듣건대, 북소(北疏)를 도로 돌려보내자는 의논이 있다고 합니다.[127] 이렇게 된다면 집사께서는 곧 탈이 없지 않겠습니까. 저는 이 일을 떠나야 하는 구실로 삼고 싶습니다

어제 한 무리의 젊은이들이 와서 말하기를 "여러 대가(大家)의 환심을 잃었으니 곤란하게 되었다."라고 했습니다.

127 북소(北疏)를……합니다 : 북소는 경성 판관(鏡城判官) 홍여하(洪汝河)가 올린 소를 말한다. 홍여하의 소가 마침 효종의 건강이 좋지 않을 때 올라와서, 미처 입계하지 못하였다. 공제(公除) 뒤에 정태화(鄭太和)가 계품하여 소를 홍여하에게 도로 돌려보내 글을 고쳐서 올리게 하였다. 《宋子大全隨箚 卷3》

이사심에게 보냄

與李士深

오랜 장마 중에 태형(台兄)은 잘 지내고 계십니까? 비루한 저는 잠시도 태형을 잊지 못하고 있습니다. 떠날지 머물지는 전의 계획에 변함이 없습니까?

어제 유우(兪友)를 만나 보니, 영의정의 말을 전하기 위하여 "북소(北疏)는 반드시 조목을 분명하게 열거하여 아뢰어야 한다. 모호하게 아뢰었다가 도로 돌려보내라는 분부가 있게 되면 틀림없이 어지럽게 될 것이다."라고 했습니다. 그렇게 되면 그 소는 들이지 않아도 들인 것과 같습니다. 그러나 입계 공사(入啓公事)는 적체된 것이 매우 많고 상의 체후도 평안치 못하여 하루에 스무 건을 보시는 데 지나지 않을 것이니, 이것을 여쭙는 것도 사나흘은 걸릴 듯하다고 합니다. 저는 그가 배척을 당하면서도 버젓이 정사(政事)에 나갈 것을 분명히 압니다. 어떻게 생각하십니까?

태형은 나가지 않더라도 저는 나가고 싶습니다. 대개 나가지 않으면 체직이 쉽지 않을 것이기 때문입니다. 여하튼 상세히 헤아려서 가르쳐 주시면 매우 다행이겠습니다.

이사심에게 답함

答李士深

오래 대감의 서찰을 보지 못하여 그립고 답답한 마음이 깊던 차에 오늘 자세한 가르침을 받고 또 소본(疏本)을 받드니 기쁘고 위안됨을 감당할 수 없습니다. 바야흐로 총부(摠府)에 들어가서 손자와 함께 있는데, 오로지 피서지(避暑地)로 삼았기 때문입니다.

소본에 대략 서너 군데 이상을 표시했습니다. 저의 오늘의 거취는 대감과 더불어, 형체와 그림자가 서로 따르는 것과 같습니다. 단지 바라는 것은 형의 견여(肩輿)가 교외로 나가면 저도 책을 지고 한강을 건너가 그대로 구불구불 남쪽으로 돌아가는 계획을 실행하는 것입니다.

듣건대 2일에 정사(政事)가 있을 것이라고 합니다. 참석과 불참석 중에 무엇이 득(得)이고 무엇이 실(失)입니까? 헤아려 알려 주시기를 바랍니다. 송 휘종(宋徽宗)이 즉위했을 적에 이천(伊川)이 관직을 받은 것에 대해 윤돈(尹焞)이 의문을 갖자 이천이 말하기를 "새 임금이 즉위하셨으니, 마땅히 한 달은 녹봉을 받아야 한다. 그런 뒤에는 내가 좋아하는 바를 할 것이다."라고 했으니, 그 뜻이 따로 있는 듯합니다. 지금 한번 정사에 참석하는 것을 이천의 일에 비기는 것도 혹 한 가지 방도가 되겠습니까?

다만 이 사람은 새 임금에게 또한 얕지 않은 은혜를 받았으니 공제(公除) 뒤에 인견(引見)하는 거조가 있다면 슬픔에 잠긴 임금의 얼굴을 한번 우러러뵌 뒤에 물러가고 싶습니다. 이것이 실로 마음속에서 떠나지 않으나 반드시 될 수 있는 것은 아니니, 떠나가야 하면 곧 떠나가야지 혹 머뭇거리면서 시기를 놓쳐서는 안 됩니다.

며칠 전에 하루는 밤에 며느리가 있는 곳에 가서 분부한 일이 있었습니다. 대개 대감의 상소문이 갑자기 조정에 들어가면 저의 자취가 창황할 것이 염려되었기 때문입니다. 그 뒤에 곧 송현(松峴)으로 돌아갔습니다. 이만 쓰고 줄입니다.

이사심에게 답함
答李士深

답장을 받고 깊이 위안되었으며, 또한 대감의 뜻에 감동하였습니다. 깊고 멀리 우려하시는 데서 어진 이의 마음을 볼 수 있었습니다. 다만 추성(鄒聖 맹자)의 뜻은, 자신의 몸을 잃으면 부모를 섬길 수 없고, 부모를 섬길 수도 없는데 하물며 임금을 섬길 수 있겠느냐고 한 것입니다. 탄핵을 견디고 공무를 집행하며 염치를 잃는다면 이것은 실로 알아주고 잘 대우해 주신 선왕의 뜻을 모욕하는 것이므로 그냥 지나치고 싶지 않습니다. 다만 산릉(山陵)의 일을 마무리하기 전에는 차마 하지 못할 바가 있으니, 체직한 뒤에 교외를 배회하면서 복토(復土)하기를 기다리는 것이 정리(情理)에 부합할 듯합니다. 그러나 이것은 사적인 계획으로, 양식 마련이나 공궤(供饋)에 불편합니다. 이것은 말씀드릴 것이 못 되나 또한 돌봐 주시지 않을 수 없습니다.

정사에 참석하는 여부는 보내온 편지에서 매우 정밀하게 말씀해 주셨습니다. 다만 정원(政院)이 저의 처신을 위하여 품처(稟處)를 조금 늦게 하고자 한다고 하는데, 이것은 새로 즉위한 임금의 첫 정사에 장관(長官)이 없어서는 안 되기 때문이라고 합니다. 이것은 어떻게 생각하십니까?

저와 대감은 일이 서로 관계되나 각자의 의리는 다릅니다. 대감은 크게 배척을 당하더라도 사직하고 한가로이 거처하거나 교외로 나가지 않더라도 무방할 듯합니다. 저의 경우는 직명이 몹시 예사롭지 않으니, 어찌 죄명이 작다 하여 자신을 면화(綿花)와 동일시할 수 있겠

습니까.[128]

나머지는 손님을 마주하고 있어 이만 줄입니다.

128 어찌……있겠습니까 : 자신은 유길(劉吉)과 같은 사람이 아니라는 말이다. 명나라의 유길이 임금의 총애를 받아, 번번이 탄핵을 받았지만 오히려 그때마다 관직이 더욱 높아졌다. 탄핵을 뜻하는 '탄(彈)' 자는 솜을 탄다는 뜻도 있는데, 유길이 탄핵을 받으면 오히려 관직이 높아지는 것을, 탈수록 더욱 풍성해지는 솜에 빗대어 유면화(劉綿花)라고 불렀다. 《御定淵鑑類函 卷274 羞恥2》

이사심에게 보냄

與李士深

사적인 계획이 이와 같으니 교외로 나가는 것은 참으로 어렵습니다. 그러나 국사를 그르친 것[129]은 작은 범죄가 아니니 교외로 나가는 것도 과중한 것은 아닐 것입니다. 그러나 대감의 경우는 집에서 석고대죄해도 좋을 것입니다. 저의 경우는 반드시 집에 돌아가서 해명한 뒤에야 괜찮을 것입니다. 대개 저의 종적은 홍여하(洪汝河)의 상소가 아니라도 저절로 머물러 있을 수 없습니다. 이로 인하여 돌아가겠다고 결정했으니 명분이 없지 않으며, 또한 시기하는 자들이 격노하여 소란을 조장하는 것을 면할 수 있습니다.

대개 일에는 반드시 상대편이 있습니다. 홍여하의 경우는 의도가 이 사람에게 있으나 대감을 배척한 것이고, 저의 경우는 그 빌미가 여러 사람에게 있으나 홍여하를 트집 잡는 것일 뿐입니다. 오늘 제 뜻을 유우(兪友)에게 물어보니, 먼저 계품하는 거조가 1일이나 2일에 있어야 할 듯하다고 답했습니다. 이만 줄입니다.

129 국사를 그르친 것 : 홍여하가 상소문 중에서 송시열이 국사를 그르쳤다고 말했기 때문에 한 말이다. 《宋子大全隨箚 卷3》 356쪽 주124 참조.

이사심에게 답함
答李士深

보내 주신 편지를 받았으니 감사한 마음 헤아릴 수 있겠습니까.

빗줄기가 이와 같으니 뒷날의 구징(咎徵)을 우려하지 않을 수 있겠습니까마는 지금의 물난리는 지극히 걱정스럽습니다. 지난번 상소문의 아래쪽에서 하신 말씀에 대해 태학사(太學士)[130]가 참 좋은 말씀이라며 힘껏 돕고, 시남공(市南公 유계(兪棨))의 경우는 "아무개 어른이 재차 소를 올리시기를 기다려서 해야 한다."라고 하였으며, 오직 초공(草公)[131]만이 힘써 저지하였습니다. 저는 곧 생각하기를 '이와 같다면 감히 대승상(大丞相)과 이 평판을 다투게 될 것 같다.'라고 여겼으므로 한결같이 모두 삭제했습니다. 조금이나마 애석한 마음이 드시지 않습니까? 매우 우습습니다.

수초(遂初)의 부(賦)를 밤낮으로 읊으며[132] 묵묵히 생각하기를 '마땅히 떠나야 할 때 떠나지 않으면 반드시 후회할 일이 있다.'라고 하였습니다. 또한 생각건대 기쁘지 않은 것은 빽빽이 서서 드나들며 뒤따라 모시는 사이에 사람들이 틀림없이 손가락질하며 비웃는 것이니, 이

130 태학사(太學士) : 대제학 청호(靑湖) 이일상(李一相)을 가리킨다.

131 초공(草公) : 대본에는 '草草'로 되어 있다. 두주(頭註)에 근거하여 뒤의 '草'를 '公'으로 바로잡아 번역하였다.

132 수초(遂初)의……읊으며 : 벼슬을 그만두고 은거하려고 한다는 말이다. 진(晉)나라 손작(孫綽)이 〈수초부(遂初賦)〉를 지어 산림에 숨어 살려는 자신의 뜻을 서술한 고사가 있다. 《晉書 孫綽列傳》

괴로움을 어떻게 참고 견디겠습니까.

주상이 체차를 허락하신다면 저는 서울 언저리에서 배회하다가 인산(因山)을 치른 뒤에 떠날 것이니, 의리와 정리에 있어서 극히 순편(順便)할 것입니다. 그러므로 체차를 힘껏 청하여 반드시 허락받기를 기약하고 있어서 번거롭게 하는 죄를 돌아볼 겨를이 없습니다.

오늘 세 번째 상소가 들어갔는데, 지휘가 다시 어떻게 내릴지 모르겠습니다. 교외에 와 있는 초려(草廬 이유태)는 개울물이 조금 줄어들면 곧 떠날 것으로 생각됩니다. 이만 줄입니다.

이사심에게 보냄 기해년(1659, 현종 즉위년) 6월 4일

與李士深 己亥六月四日

성상의 뜻이 어디에 있는지 어찌 감히 헤아릴 수 있겠습니까.

대감은 그저 한가한 직책에 있으면서 한번 소를 올리는 것 외에 다시 할 만한 일이 없는데, 꼭 교외로 나가고 싶으시면 대략 남은 뜻을 진달해도 혹 안 될 것이 없습니다. 저와 같은 경우는 띤 직명이 아주 쓸데없지 않으니, 어찌 감히 염치없이 그대로 지나칠 수 있겠습니까. 형세상 잇달아 한 통의 소를 올릴 것입니다. 긴박하기가 마치 한 통의 소의 끝에 있는 내용과 같다면 마땅히 할 일이 있을 것입니다. 그러나 지레 발설하고 싶지 않으니, 묵묵히 이해할 수 있을 것입니다.

《역(易)》에 "신하가 비밀을 지키지 않으면 몸을 잃는다."라는 경계가 있는데, 평상시에는 뜻을 이해하지 못했습니다. 오늘 그런 일을 경험하고 난 뒤에야 비로소 그 말이 나를 속이지 않았음을 알았습니다. 그러나 미리 "인끈 풀 날 얼마 남지 않았으니, 돌아가자! 미칠 듯 좋구나."[133] 라는 구절을 읊으니, 저도 모르게 시원하게 정신이 흥기합니다. 어제의 소본(疏本)은 고친 곳이 자못 많으니, 마땅히 다시 바치겠습니다. 이만 씁니다.

133 인끈……좋구나 : 305쪽 주58 참조.

이사심에게 답함

答李士深

어제 답장을 받들고 위안되었습니다. 막 사람을 보내 안부를 여쭈려고 하였는데 대감의 서찰이 또 이르렀으니, 참으로 불민함이 부끄럽습니다.

듣건대 소본(疏本)이 들어갔다고 하는데, 어떻게 지휘하실지 모르겠습니다. 옛사람이 이르기를 "자신이 일으킨 재앙이 부질없이 양선(良善)한 사람을 더럽힌다."라고 했는데, 바로 오늘의 일을 두고 한 말입니다.

일찍이 듣건대 은진(恩津) 김 좌랑(金佐郎)은 절의를 위해 죽는 것을 서운하게 여기지 않고 대신(大臣)과 같이 죽는 것을 영광으로 여겼다고 하는데,[134] 하물며 지금은 연좌된 것이 죽음에 이르지 않는 데도 영화롭고 영광스러우니 미천한 몸이 감당할 수 있는 바가 아닌 데이겠습니까. 저는 상소문을 이때까지 완성하지 못했으나 내일은 마땅히 바칠 것입니다.

이다음의 일은 정한 바가 없지 않으나 다만 좋은 일은 사전에 누설하면 귀신이 전파하여 성취하는 데 해로움이 있으므로 말하고 싶지 않을

134 은진(恩津)……하는데 : 병조 좌랑을 지낸 김수남(金秀南)은 고향이 은진현이다. 그는 병자호란 때 묘사(廟社)를 따라 강화도로 피란하였다. 적군이 침입하자 그는 김상용(金尙容)을 따라 남루(南樓)에 올라 분사(焚死)하였다. 순절에 앞서 김상용이 그에게 말하기를 "내가 그대와 같이 죽으면 유감이 없겠다."라고 하자, 그는 "나라를 위해 죽는 것은 남아로서 정해진 바이니, 나라의 일이 이에 이르렀는데 살기를 원하지 않는다."라고 쓴 유서를 남겼다. 은진의 금곡사(金谷祠)에 제향되었다.

뿐입니다. 상소문의 초고는 불리합니다. 그러나 과감하게 처리했으니 어려울 것이 없을 것입니다. "어찌 다른 사람은 할 수 있고 나는 홀로 할 수 없겠는가."라고 한 것은 회옹(晦翁)의 말입니다. 비가 내리는 가운데 애오라지 한 번의 웃음거리를 부칩니다. 이만 씁니다.

이사심에게 답함 기해년(1659, 현종 즉위년) 6월 7일

答李士深 己亥六月七日

회답의 서찰을 또 받았습니다. 대감은 그저 산반(散班)에 있으면서 한 통의 소를 올리는 것 외에는 굳이 청하기 어려울 듯합니다. 오직 보름이 되는 날을 기다려 다시 대략 진달할 수 있지 않겠습니까.

"빽빽이 서서 ……"라고 한 것은 제가 한 말이 아니고 조정의 한 관리가 공공연히 한 말입니다. 아무개의 경우는 멀리 있고 관계도 소원하여 그 논의에 함께 참여하지 않았으며 공격을 고집스럽게 했습니다. 그중에 가깝고도 친한 이들은 깊게, 그리고 힘껏 공격했습니다. 아무개가 만약 아무개를 핑계 대고 떠나간다면 아무개는 실로 원통할 것입니다.[135]

이 이야기를 듣고서 떠나가고 싶은 마음이 더욱 왕성하였습니다. 대개 제사 고기를 보내 주는 것을 예(禮)로 여기는 것은 저에게 있어 모두 해로울 것이 없기 때문입니다. 만일 심한 말을 그치지 않으며 한마디 한마디씩 더해 가기만 하면 일신의 손해일 뿐만이 아니므로 다시 늦추고 싶은 것입니다. 어떻게 생각하십니까?

나머지는 자세히 쓰지 않습니다.

135 아무개의……것입니다 : 홍여하(洪汝河)는 송시열과 멀리 있고 관계도 소원하며 송시열에 대한 공격을 고집스럽게 했다. 그러나 가까운 거리에 있으면서 친한 이들도 송시열을 힘껏 공격하였다. 송시열이 홍여하를 핑계 대고 떠나간다면 홍여하가 책임을 다 떠안아 실로 억울할 것이라는 말이다. 《宋子大全隨箚 卷3》

이사심에게 답함
答李士深

편지를 받들고 이질을 앓으신다는 것을 알았으니, 참으로 깊이 걱정됩니다. 저의 낭패함은 네댓새를 기다릴 것도 없이 지금 분분하니, 어찌 불에 덴 고통 정도일 뿐이겠습니까. 여러 공이 글로나 직접 만나서나 모두 하는 말도 그 말입니다.

지금 진퇴유곡에 처한 꼴을 안타까워하며 탄탄한 길을 가리켜 보여주시니, 정신이 깨끗이 씻은 듯하여 다시는 근심하며 망설이는 뜻이 없게 되었습니다. 아마도 몹시 사랑하므로 깊이 생각하신 것입니까, 아니면 배를 같이 탔기 때문입니까? 경계하신 바를 감히 비밀로 하지 않을 수 없습니다.

드릴 말씀은 많으나 자세히 쓰지 못합니다.

이사심에게 보냄

與李士深

체직해 줄 것을 요청하여 체직되었으니, 하늘에 오르는 상쾌함을 이것과 비교하면 어떨지 모르겠습니다.

요즘의 대화 내용은 태반이 '나라를 그르쳤다'는 것을 좋은 평판으로 삼고 있을 뿐입니다. 단지 삼가 천안(天顔)을 우러르고 저도 모르게 놀라고 애통했습니다. 하늘이 어질지 못하니, 어쩌면 좋단 말입니까. 이만 씁니다.

이사심에게 답함

答李士深

저는 그런 뜻이 없지 않았습니다. 그러나 주저하며 오늘에 이른 것은, 처음에 의관(醫官)을 용서하기 어렵다는 말을 진달했으나 받아들이지 않으셨고, 이어서 산릉(山陵)에 관한 이야기를 극히 간절하게 진달했으나 또한 유념하지 않으셨기 때문입니다. 다시 글로 쉴 새 없이 떠드는 것이 어묵(語默)의 절도에 어떠할지 모르겠습니다. 다만 일이 선왕의 종사(終事)에 관계되므로 번거롭게 아뢰더라도 이치에 해로울 것이 없겠습니까? 다시 헤아려 가르쳐 주십시오.

서경(署經)에 관한 말씀은 매우 우습습니다. 일체(一體)가 된 사람들인데, 어찌 반쪽은 서경하고 반쪽은 서경을 하지 않을 이치가 있겠습니까. 백사(白沙 이항복(李恒福))의 원고는 그대로 두고 있습니다. 이만 씁니다.

이사심에게 답함

答李士深

삼가 답장을 받드니 감사한 마음 참으로 깊습니다.

체직된 뒤에 다시 제수되었으니,[136] 어찌 다른 사람과 차이가 없어 그 사람으로 그 사람을 대신할 줄 생각했겠습니까. 그대로 관직에 웅크리고 있는 괴로움은 과격한 비방을 받는 고통보다 심하니 마침내 내려가는 것을 그만둘 수 없을 듯합니다.

다만 일에 앞서 도모하고 싶으니, 곧 강가로 나가서 한 통의 차자를 올려 우상(右相)의 차자[137] 이하를 인용하여, 감히 안심하고 나가서 궐문 밖에 엎드리지 못하는 뜻을 극진히 진달하면 성상께서 되돌릴 수 없음을 아시고 혹 격외의 조치를 중지하실 것입니다. 이것은 어떻게 생각하실지 모르겠습니다.

탑전(榻前)에서 이루어진 대화 내용은 참여한 사람을 불러오지 못했으나, 불러오면 내용을 받들어 바치겠습니다. 이만 씁니다.

136 체직된……제수되었으니 : 송시열은 1659년 6월에 이조 판서를 힘써 사직하여 체직을 윤허받았는데, 곧 다시 제수되었다.

137 우상(右相)의 차자 : 우의정 정유성(鄭維城)이 올린 차자이다.

이사심에게 보냄 기해년(1659, 현종 즉위년) 6월

與李士深 己亥六月

옛사람의 시에 이르기를 "정자 가운데 이르기도 전에 이름이 이미 좋구나.〔未到亭中名已好〕"[138]라고 하였는데, 하물며 저는 이미 도착했으니 그 기쁨이 어떠하겠습니까. 어제 정자지기가 명을 받들고도 거스르며 막을까 미리 걱정했는데, 저를 주인옹으로 잘못 알고 문 앞에서 기다리며 환영했습니다. 잠깐 북창을 열고 맑은 바람을 들이며 냇물 소리를 들으니, 문득 10리 가까운 곳에 있는 성시(城市)의 풍진을 잊었습니다. 이것은 참으로 성은(聖恩)이나 주인옹이 승경을 잘 고르지 않았다면 어찌 제가 이런 기회를 얻을 수 있었겠습니까.

체직해 줄 것을 요청하여 체직되었으니 한가로운 사람이 되었습니다. 성시나 교외에 가지 못할 곳이 없으나 단지 초려(草旅)에게 일이 많아서 그런 말씀을 올린 것입니다. 거정 주인(居停主人 머물러 있게 해 주는 사람)을 감치(勘治)하여 그로 하여금 발을 붙이지 못하게 하는 것은 치세의 일이 아닙니다. 저를 위해서 초려에게 사례해 주십시오.

더위를 먹어 생긴 설사병으로 한창 괴롭습니다. 병이 낫는다면 삭제(朔祭)에 참석할 것을 바랄 수 있을 것입니다. 나가거나 돌아가는 것을 남의 지휘에 따르니 유약함에 가깝지 않겠으며, 더구나 군수를 설득하지도 못하면서 항상 대감을 한스럽게 여긴 것이 깊으니, 오늘 보복하려는 마음이 없을 수 있겠습니까. 돌아갈 것을 권한다는 명분을 빌려서

138 정자……좋구나 : 마존(馬存)의 〈연사정(燕思亭)〉에 보인다. 《宋藝圃集 卷13》

나갈 것을 권한다는 비방을 면하기를 도모하려 하니, 계책이 엉성하다고 할 만합니다. 매우 우습습니다.

이사심에게 답함 기해년(1659, 현종 즉위년) 7월

答李士深 己亥七月

답서는 감사합니다. 오늘날의 일은, 영화는 내가 차지하고 고통은 형께서 차지해야 하겠습니다. 오늘날의 당론(黨論)은 참으로 고질이 되어서 허형(許衡)보다 나은 사람이라 하더라도 면하기 어려울 듯합니다.

산릉(山陵)에 관한 논의는, 저의 뜻에는 개탄스러움을 감당치 못하겠습니다. 그러나 만일 사설(沙說)[139]을 가지고 말한다면 오늘날의 일을 반드시 죄로 여기게 될 것이기 때문에, 그저께 탑전(榻前)에서 '혹은 선왕의 뜻이 아닐 것'이라는 뜻으로 말을 했습니다.

무엇보다도 제공(諸公)이 모두 옳지 않은 줄 알면서도 감히 논쟁하는 말 한마디도 하지 않았고, 정상(貞相)[140] 같은 이는 맨 처음에 말을 꺼냈다가 상의 뜻을 살피고는 다시 중지해 버렸으니, 바람을 당해서 꿋꿋이 서기 어려움이 너무도 심합니다.

《백사집(白沙集)》의 초고는 고찰한 다음에 돌려보내겠습니다. 이만 씁니다.

139 사설(沙說) : 《백사집》에 나오는 "수원(水原)에는 능(陵)을 정할 수 없다."라는 말을 가리킨다. 《宋子大全隨箚 卷3》

140 정상(貞相) : 정릉(貞陵)에 거주하는 재상 이경석(李景奭)을 가리킨다.

이사심에게 답함

答李士深

보내 주신 장단(長單)의 내용은 저의 뜻에 딱 부합합니다. 천만뜻밖에 이런 승품(陞品)의 대우가 있었으니 이 몸이 장차 어떻게 될지 모르겠습니다. 이에 이르렀으니, 형세상 다시 상소해서 바로잡아 줄 것을 청해야 하겠습니까? 아무것도 모르는 듯이 단자를 올리는 것은 너무 예사롭게 행동하는 것 같습니다.

'배첩(陪貼)'이라 한 것은 본래 주자(朱子)의 글에서 나온 것으로, 대개 '가첨(加添)'을 뜻합니다. 일찍이 듣건대, 홍여하(洪汝河)의 상소는 '불공(不公)'을 범범하게 일컫는 말로 여겼다고 하는데, 구지(久之 김수항(金壽恒))의 별지(別紙)에서는 그렇지 않았으므로 말한 것입니다.

고향이 눈앞에 선하니, 돌아가면 돌아가는 것입니다. 어찌 초형(草兄)만 다리가 있겠습니까. 성상의 체후는 참으로 걱정입니다. 인묘(仁廟) 때의 일은 알지 못합니다. 다만 듣건대, 지난번에 대신(大臣)이 문장을 지어 자전(慈殿)께 아뢰었는데 자전께서 처리하시며 자못 불쾌하신 듯했다고 하니, 더욱 염려됩니다. 이만 씁니다.

이사심에게 보냄 기해년(1659, 현종 즉위년) 7월 3일

與李士深 己亥七月三日

궐정(闕庭)에서 멀리서 우러러보니 그저 절로 애틋했습니다. 오늘 점휴당(漸休堂)으로 나가려 하는데, 문득 강절(康節)이 "편의를 얻은 곳에 다시 와서는 안 된다."라고 한 말이 생각났습니다. 대개 거처와 정취는 이미 분수에 넘치고 태복시(太僕寺)의 인사는 자못 적막하지 않으니 모든 것을 다 물리쳐도 오히려 기름 덩어리를 가까이하는 것에 대한 경계가 없지 않습니다.[141] 8월이 되기를 조금 기다린 뒤에 다시 가겠습니다.

조지서(造紙署)의 장관이 공석이라는 말을 듣고 묘지(墓誌) 짓는 일을 제조에게 말하였더니 통쾌히 승낙하였습니다. 지금 나가려 하는데 한걸음 내딛을 때마다 조금씩 멀어지니 매우 답답합니다.

141 대개……않습니다 : 송시열이 이때 태복시 제조를 맡고 있었는데, 점휴당과 태복시는 서로 근처에 있었으며, 태복시에서 송시열에게 지공(支供)하는 인사가 있었으므로 기름 덩어리를 가까이한다고 말한 것이다. 《宋子大全隨箚 卷3》

이사심에게 답함 기해년(1659, 현종 즉위년) 7월

答李士深 己亥七月

답장에 깊이 감사드립니다. 사슴이 구학(丘壑)을 만나서 타고난 본성에 따라 유유자적합니다. 춘형(春兄 송준길)은 듣고서 괴이하게 여겼고, 초형(草兄 이유태)은 깊은 뜻이 담긴 말을 했는데, 유독 대감은 보시고 "마음이 그리로 쏠린다."라고 하셨습니다. 말년에 지기(知己)를 만난 것은 작은 일이 아닙니다. 이제 여쭐 것이 있는데, 어떻게 가르쳐 주실지 모르겠습니다. 이만 씁니다.

이사심에게 보냄

與李士深

밤새 조섭하는 체후는 어떠하십니까? 오늘의 일은 결국 어디로 돌아가겠습니까? 병으로 참석하지 못했으니 한탄스럽습니다. 지난밤에 듣건대, 좌의정이 탑전에서 다시 지난번 일을 끌어와 해직해 줄 것을 청하고 백의(白衣)를 입고 일을 감독한다고 하던데,[142] 고금에 어찌 백의를 입고 일을 보는 승상이 있단 말입니까. 그의 뜻이 그냥 그만두지는 않을 듯하니, 오늘 이것을 피할 수 있겠습니까?

대감은 매번 저에게 조용히 있으라고 말씀하셨는데, 조용하다는 것은 좋은 평판이지만 한번 변하면 구차한 안일이 되니, 옆에서 보는 자들이 과연 어떻게 여기겠습니까. 기억하건대 "편안한 것을 편안하게 여기지만 옮겨야 할 땐 옮길 줄 안다."라는 가르침이 있는데, 제가 도성에 들어온 지 이미 1년이 되었으니, 편안한 것을 편안하게 여긴 것이 극에 달했다고 할 수 있습니다. 오늘 받아 쓸 것은 그저 "옮겨야 할 땐 옮길 줄 안다."라고 한 가르침일 뿐입니다. 어떻게 생각하실지 모르겠습니다. 자세히 헤아려서 가르쳐 주십시오.

142 좌의정이……하던데 : 좌의정 심지원(沈之源)은 총호사(總護使)로서, 송시열이 산릉을 논한 일로 인하여 해직해 줄 것을 요청하였다. 《宋子大全隨箚 卷3》

이사심에게 답함

答李士深

저의 질병은 줄곧 깊은 고질이 되고 있으니, 온갖 생각이 모두 재가 되어 그저 돌아가 죽기를 바랄 뿐입니다. 이번에 편지를 받고 보니 그저 서로 동정할 만합니다. 제가 올린 소는 그저 일이 선조(先朝)에서 있었고 무고한 사람 서너 명이 장차 사지(死地)로 가게 되었으므로 말하지 않을 수 없었던 것입니다. 서시(西施)의 찡그린 이맛살을 따라 해도 비웃음을 사는데, 하물며 추녀가 추녀를 따라 하면서 사람에게 손뼉을 치며 웃지 못하게 할 수 있겠습니까. 한탄스럽습니다.

소의 끝에 쓴 여덟 자[143]는, 사람들이 억지로 죄안(罪案)을 만들면 '촛불을 들라'고 한 말을 보고 현인을 등용한 것[144]처럼 되어 시사(時事)에 이로울 수도 있을 것이며, 억울함을 잊을 수도 있을 것이기에 한 말입니다.

143 소의……자 : 송시열이 1659년(현종 즉위년) 7월에 올린 〈안악(安岳), 신천(信川) 백성의 원통한 정상을 진달하고 면직을 청하는 소〔陳安信民人冤狀乞免疏〕〉의 말미에서 "시론이 크게 어긋나고 인심이 크게 변했다.〔時論大乖, 人心大變.〕"라고 한 말을 가리킨다. 《宋子大全 卷9》

144 촛불을……것 : 아무 상관 없는 말이 혹 도움이 될 수도 있다는 뜻인 영서연촉(郢書燕燭)을 끌어온 것이다. 옛날 영(郢) 땅 사람이 연(燕)나라 재상에게 국서(國書)를 보냈는데, 그 국서를 쓰는 도중에 방이 어두우므로 촛불을 들고 있는 사람에게 "촛불을 들라."라고 말하니 받아쓰던 사람이 그 말까지 잘못 써넣었고, 국서를 받은 연나라 재상은 이 말을 현인을 등용하라는 암시로 알고 현인을 등용하여 나라를 잘 다스렸다는 고사에서 나온 말이다. 《韓非子 外儲說》

대개 초여름쯤에 선왕께서 명하신 뜻으로 염문(廉問)할 사목(事目)을 작성하게 하였으니 궁장(宮莊) 등의 일도 찰계(察啓)의 가운데 있습니다. 지금 갑자기 이와 같으므로 말씀드린 것입니다. 그 글을 지은 장본(張本)은《사략(史略)》만을 읽은 자라도 어찌 알기 어려울 리가 있겠습니까. 큰바람은 무심히 불고 가는데 빈 구멍이 뜻이 있어서 스스로 부르짖는 것이 아니겠습니까.[145] 별지에 대해서는 마땅히 답장을 올려 여쭙겠습니다.

병으로 괴로워 이만 씁니다.

145 큰바람은……아니겠습니까 : 송옥(宋玉)의 〈풍부(風賦)〉에 "나뭇가지가 굽어 있으면 많은 새들이 둥지를 틀고, 빈 구멍이 나 있으면 바람이 들어오는 법이다.〔枳句來巢, 空穴來風.〕"라고 한 데서 온 말로, 유언비어가 틈을 타고 들어온다는 비유로 쓰이기도 하고, 모든 부정적인 결과를 초래하는 원인이 자기 자신에게 있음을 비유하는 말로도 쓰인다.《文選 卷13》

이사심에게 답함

答李士深

물러나기를 구하다가 도리어 벼슬을 얻었으니, 한사코 사양하는 것, 이것이 오늘 할 일입니다. 장차 이 몸과 마음으로 삼라만상을 받드는 것, 이것이 곧 이름하여 부처의 은혜에 보답하는 일입니다. 이 말은 일찍이 고정 부자(考亭夫子 주희(朱熹))에게 들었습니다. 대감이 오늘 내린 가르침은 잘못된 것이 아니겠습니까.

발문의 초안[146]을 공경히 받들어 읽으니, 문장이 매우 아름다워 황홀했습니다. 대략 헤아릴 곳이 있어서 참람하게 첨지를 붙여 바치니, 송구합니다.

한창 상소문을 짓는 중이라 몹시 어수선하여 이만 씁니다.

146 발문의 초안 : 이후원이 찬술한 〈동은유고발(峒隱遺稿跋)〉을 가리킨다.

이사심에게 보냄

與李士深

좌의정이 두 번째 소를 올린 것도 이미 많은데 반드시 체직을 바란다고 하니, 저는 감히 머물지 못하겠습니다. 한창 두 번째 소를 짓고 있으나 두 번째 소를 올리고 바로 떠나면 너무 급한 것이 아니겠습니까. 좌의정이 만약 바로 나가면 저는 떠나갈 필요가 없겠습니까? 그러나 직명은 체차하지 않을 수 없으며 이 도리는 의심할 것이 없습니다. 꼭 헤아려 가르쳐 주시는 것이 어떻습니까?

이사심에게 보냄

與李士深

좌의정이 이미 이와 같은데, 도망할 수 있겠습니까. 이후의 종적은 머물고자 해도 할 수 없습니다. 산릉(山陵)의 일을 마치기를 늦게까지 기다려도 또한 낭패하는 것이 없겠습니까? 다만 참이(參貳)[147]로서 장관에게 죄를 얻었으니, 결코 그대로 머물러서는 안 되지 않겠습니까. 꼭 헤아려 가르쳐 주신다면 매우 다행이겠습니다.

147 참이(參貳) : 당시에 송시열이 의정부 좌참찬을 맡고 있었으므로 좌의정에 대해 참이가 된다.《宋子大全隨箚 卷3》

이사심에게 답함

答李士深

승지의 종자(從者)가 도성에 들어왔습니다. 매우 가까워서 기쁘지만 괴이하게도 무슨 까닭으로 조용한 곳을 버리고 번잡한 곳으로 나와서 사람으로 하여금 흠모하는 마음을 끊고 이마를 찌푸리는 뜻을 갖게 한단 말입니까.

풍악(楓岳)이 천상에 있지 않으니, 가면 도달할 것입니다. 게다가 오늘의 기색을 보니 관작을 탐하고 연연하는 마음이 있어도 머물 수 없을 것입니다. 먼 고을에서 올린 소[148]는 사실을 아는 사람에게 비난을 받게 될 것입니다.

탈 것을 얻게 되면 마땅히 날이 저물기를 기다려 찾아가 말씀드리겠습니다. 다만 연좌의 법률이 참으로 주인에게까지 미칠까 두렵습니다. 연도(羨道)에 관한 이야기가 있었으나 또한 효과가 없었습니다.[149] 하하.

148 먼……소 : 경성 판관(鏡城判官) 홍여하(洪汝河)가 올린 소를 뜻한다.

149 연도(羨道)에……없었습니다 : 이후원은 청풍 김씨(淸風金氏) 가문의 수도(隧道)에 관한 논의에 있어서 송시열과 견해가 달랐으므로, 송시열이 이렇게 말한 것이다. 《宋子大全隨箚 卷3》

이사심에게 보냄 기해년(1659, 현종 즉위년) 8월 14일

與李士深 己亥八月十四日

방장(方丈)의 겨우 반쪽 되는 집은 한겨울 용과 뱀의 굴처럼 굳게 닫혔는데, 창문을 조금 여니 문득 등에 소름이 돋는 것을 느꼈습니다. 참으로 조극선(趙克善)의 귀신이 벗을 얻어 기뻐할 것이 두려우므로[150] 성실하게 치사(致仕)를 청했습니다. 좌의정의 따뜻함과 이 사내의 차가움은 절로 서로 관계가 없는데 우연히 서로 만났습니다. 이것은 내가 생각했던 것이 아니니 어쩌면 좋겠습니까.

성상께서 정도를 지킴이 너무 고지식하시니, 오늘의 큰일은 이보다 지나친 것이 없습니다. 유독 괴이한 것은 대저 자성(慈聖)의 말씀이 태평하여 항상 애를 태우며 답답해하심이 없으니, 어쩌면 성후(聖候)가 참으로 크게 손상됨에 이르지 않은 것 같지 않습니까. 오늘의 일은 기가 막힘을 견디지 못합니다. 원성(元城)이 사전에 죽은 것을 가지고 좋은 명운을 타고난 증거로 삼는 것은 참으로 지극한 논설입니다.[151] 만나서 속내를 토로할 길이 없으니 더욱 우울할 뿐입니다.

150 조극선(趙克善)의……두려우므로 : 조극선이 장령으로서 부름에 달려왔다가 객지에서 죽었으므로 한 말이다.

151 원성(元城)이……논설입니다 : 원성은 송(宋)나라 유안세(劉安世)의 봉호이다. 그는 사마광(司馬光)의 제자로서 벼슬이 간의대부(諫議大夫)에 이르렀는데 논사(論事)에 강직하기로 유명하였다. 정강(靖康) 1년(1126)에 금군(金軍)이 쳐들어와 경사(京師)를 함락시키고 휘종(徽宗)과 흠종(欽宗)이 북으로 잡혀가는 변이 일어났는데, 유안세는 그보다 1년 전인 선화(宣和) 7년에 죽어서 정강의 변을 당하지 않았음을 말한

이만 씁니다.

것이다. 《宋史 劉安世列傳》

이사심에게 보냄 기해년(1659, 현종 즉위년) 8월

與李士深 己亥八月

어제 답장을 받들고 기쁘고 감사한 마음 그지없었습니다.

옛날에 원기중(袁機仲)이 역설(易說)에 관해 묻기 위해 회옹(晦翁)과 편지를 주고받았습니다. 회옹이 답장에서 말하기를 "만약 그저 이와 같다면 저는 원래 이미 깊이 깨달았습니다."라고 하고, 인하여 "헌릉(獻陵)을 바라보시는 줄 알았습니다. 소릉(昭陵)이라면 신이 진실로 이미 알고 있습니다."[152]라는 위징(魏徵)의 말을 인용했습니다. 오늘의 이 이야기는 귀에 익은 지 오래되었습니다. 만약 이 이야기를 할 줄 알았다면 애초에 감히 번거롭게 여쭙지 않았을 것입니다. 후세에 지금을 보는 것이 과연 지금 과거를 돌아보는 것과 같을 것입니다.

예전에 율곡(栗谷) 노인이 돌아가신 뒤에 안습지(安習之)[153]가 우계

152 헌릉(獻陵)을……있습니다 : 주희가 원기중에게 답하는 편지에서 이 고사를 인용하여, 자신도 이미 알고 있다는 뜻을 드러낸 것이다. 당 태종(唐太宗)이 문덕황후(文德皇后)를 소릉에 장사하고 그리움을 억제하지 못해 후원(後苑) 안에다 여러 층의 관망대를 만들어 놓고 소릉을 바라보곤 하다가 어느 날 위징을 데리고 올라가 바라보도록 하였다. 위징이 찬찬히 보다가 "신은 눈이 어두워 잘 보이지 않습니다."라고 하자, 태종이 저기라고 가리키므로, 위징이 "신은 폐하께서 헌릉을 바라보시는 줄 알았습니다. 소릉은 신이 이미 보았습니다."라고 하니 태종이 울며 관망대를 헐어 버렸다. 《新唐書 魏徵列傳》

153 안습지(安習之) : 안민학(安敏學, 1542~1601)으로, 본관은 광주(廣州), 자는 습지, 호는 풍애(楓崖)이다. 박순(朴淳)의 문인이다. 이이(李珥), 정철(鄭澈), 이지함(李之菡), 성혼(成渾), 고경명(高敬命) 등과 교유하였다. 학문은 대체로 이이 계열에

(牛溪)의 학설로 율곡 노인을 비방하자 우계가 몹시 괴로워하며 매우 진지하게 변론하여 밝혔습니다. 안습지 등 한 무리의 명인(名人)도 이 이야기를 했는데, 오늘 안습지만도 못한 자들이 어찌 끝이 있겠으며 불행히 일에는 의견이 반드시 같을 수 없는 점이 있으니, 사람들이 하는 말을 어찌 괴이하게 여길 것이 있겠습니까.

한유(韓愈)가 양의지(楊儀之)에게 준 글에서도 오히려 "처음에는 들쭉날쭉 의견을 달리하였다."라고 하였고, 송(宋)나라의 한기(韓琦)와 범중엄(范仲淹)은 어전에 나아갔을 때는 구차하게 동조한 적이 없었으나 어전에서 물러났을 때는 낯빛을 변한 적이 없었으니, 이것이 사귀는 정의에 무슨 손상이 있겠습니까.

지난번에 의원 유후성(柳後聖)에 관한 논의[154]는, 한편은 그에게 약처방을 의논하게 할 수 있다고 하고, 다른 한편은 그를 죽여야 한다고 하니, 이것은 말은 했으나 의견이 같지 않은 것입니다. 또 다른 한편의 경우는 원래 말을 한 바가 없으니, 이것은 말함과 말하지 않음의 차이가 있는 데다가 의견도 같지 않은 것입니다. 말함과 말하지 않음이 같지 않았으나 마음은 같지 않은 적이 없었으니, 말을 했으나 의견이 같지 않은 자의 마음이 또한 어찌 반드시 다르겠습니까.

속하며, 저서로 《풍애집》이 있다.

154 유후성(柳後聖)에 관한 논의 : 수의(首醫) 유후성이 효종의 환후가 중한 것을 알면서도 신가귀(申可貴)를 시켜 경솔하게 침을 놓게 하기에 이르렀으며, 효종은 결국 서거하였다. 이 일로 양사(兩司)는 그를 속히 처형할 것을 청했다. 당시에 자전(慈殿)의 환후가 깊자, 조정의 의론은 유후성으로 하여금 약 처방을 논하게 하고자 하고, 송준길도 그를 사면할 것을 끝까지 주장하였으나 송시열은 안 된다고 하였다. 이 편지에서 논한 것이 곧 이 일이다. 《宋子大全隨箚 卷3》

회옹과 남헌(南軒)의 경우에, 강론한 바는 반드시 의리였는데도 회옹은 오히려 말하기를 "내가 옳게 여기는 바에 대해 형은 틀렸다고 여기고, 형이 옳게 여기는 바는 내가 의논하는 바이다."라고 하였습니다. 제 생각으로 그것을 말하자면, 옛사람이 강론한 바는 의리이므로 억지로 동조하지 못했고 영합하지 않았던 것일 뿐입니다. 지금 옛날을 보는 것도 그저 이와 같을 뿐입니다. 어떻게 생각하실지 모르겠습니다.

또한 일은 일률적으로 말하기 쉽지 않습니다. 회옹은 어렸을 때 아버지를 여의고 유병산(劉屛山) 형제에게서 양육되었으므로,[155] 그들 사제(師弟)의 의리는 고금에 으뜸입니다. 그러므로 일찍이 지은 시에서 말하기를 "지난날 불행한 저를 가엾게 여기지 않으셨다면 어떻게 이 깊이 감춰진 곳을 얻었겠습니까."[156]라고 했고, 그 뒤에 고정(考亭)으로 옮겨 갈 무렵에 가묘(家廟)에 고하는 글에서 말하기를 "공손히 유언을 받들고 유씨(劉氏) 집에 가서 의지하여 장사를 치르고 거처한 것이 이미 여러 해 되었는데, 때가 바뀌고 일도 변하여 생사 간에 편치 못합니다."[157]라고 했습니다. 이로써 보건대, 인사와 세상사가 어찌 일정한 적이 있었습니까. 그러나 그 대강을 논해 보면 주류(朱劉)의 교분[158]에

155 회옹은……양육되었으므로 : 주희(朱熹)는 부친의 유언에 따라 유자휘(劉子翬)가 살고 있던 오부리(五夫里) 병산(屛山) 아래로 이사하여 공부하였다.

156 지난날……얻었겠습니까 : 주희가 유자우(劉子羽)를 애도하며 지은 〈만유보학(挽劉寶學)〉에 나온다. 《晦庵集 卷2》

157 공손히……못합니다 : 주희가 거처를 옮기면서 가묘에 고하기 위해 쓴 〈천거고가묘문(遷居告家廟文)〉에 나온다. 《晦庵集 卷86》

158 주류(朱劉)의 교분 : 주희 가문과 유자우 가문의 교분을 가리킨다. 주희는 유자우의 문하에서 수학하여 마침내 대성한 것으로 알려져 있다. 《宋史 劉子翬列傳》

어찌 변함이 있었겠습니까.

편지에서, 양가(兩家)의 문인이 각기 그 스승을 어질게 여긴다고 말씀하셨는데, 또 사람을 한번 크게 웃게 합니다. 다른 문하에는 문인이 얼마나 있는지 모르겠으나 여기에는 한 사람도 없습니다. 저에게 어질다고 할 만한 일이 있어도 그것을 어질게 볼 사람이 누가 있겠습니까. 왕통(王通)의 조카가 억지로 당(唐)나라의 명신(名臣)을 취하여 왕통의 제자로 삼았는데, 이것은 가소로운 일이나 오히려 억지로 제자로 삼을 사람이라도 있었던 것입니다. 지금은 도리어 허공을 가리키며 제자로 삼아야 하니 더욱 가소로움이 심하지 않습니까. 옛사람이 이르기를 "파리를 식객으로 맞이하겠네."[159]라고 했는데, 오늘의 풍상 뒤에는 파리도 없을 것입니다. 가소롭습니다.

부디 한번 웃으시고 불태워 버리시는 것이 어떻습니까. 어제와 오늘 마음이 더욱 편치 못해 즉시 답장을 쓰지 못했습니다. 죄송합니다.

159 파리를 식객으로 맞이하겠네 : 삼국 시대 오(吳)나라 사람 우번(虞飜)은 성품이 강직하여 손권(孫權)에게 자주 직간을 하다가 그의 비위를 거슬러 늙은 나이에 교주(交州)로 쫓겨났다. 그는 바닷가에서 죽을 줄 알고 "살아서는 더불어 말할 사람이 없고 죽어서는 오직 파리 떼를 조객으로 맞을 수밖에 없는 처지가 되었네."라고 하였다. 《三國志 吳書 虞飜傳》

이사심에게 답함 기해년(1659, 현종 즉위년) 8월 16일
答李士深 己亥八月十六日

어제는 보름날이므로 문외(門外)의 전(奠)[160]에 나가서 참석하느라 대감의 문인을 헛되이 돌아가게 했으니, 아직까지도 매우 불안한 마음입니다. 이번에 다시 서찰을 받드니 나그네 시름이 무척이나 위안됩니다. 아이의 병은 차도가 없습니다. 차도가 없다면 틀림없이 병이 더 위중해진 것이니 어린 혈기가 얼마나 보존되겠습니까. 연민과 애타는 심정을 견디지 못합니다.

헌계(憲啓)의 '짚그물'[161]은 참으로 좋은 비유입니다. 성상의 뜻이 이미 정해졌으니, 거미줄이라도 괜찮을 것입니다. 헌계의 큰 근본이 이미 바른데 사소한 일을 어찌 깊이 논의하겠습니까.

춘형(春兄 송준길)이 상소문을 남겨 두고 떠나가고 싶어 하니, 같이 물러나는 의리[162]를 다시 주장하여 손을 잡고 같이 돌아갈 수 있을 것입니다. 이 마음은 호연(浩然)히 이미 한가하고 드넓은 사이에 있습니다. 아무개의 설이 아무개에게 들어가서 아무개에게 나갔으니, 어떻게 되든 맡겨 둘 뿐입니다. 이만 줄입니다.

160 문외(門外)의 전(奠) : 송시열의 종씨(從氏)인 대군사부(大君師傅) 송시형(宋時瑩)의 집이 문외에 있었다. 《宋子大全隨箚 卷3》

161 헌계(憲啓)의 짚그물 : 윤비경(尹飛卿)이 윤선도를 논박했는데, 이후원이 웃으면서 '짚그물을 짜서 호랑이를 잡는 것'이라고 하였다.

162 의리 : 대본에는 '議'로 되어 있다. 두주에 근거하여 '義'로 바로잡아 번역하였다.

이사심에게 보냄

與李士深

아침 면대에서 돌아갈 것을 허락받지 못했습니다.

오 승지(吳承旨 오정위(吳挺緯))가 아뢰기를 "아무개는 오히려 머물겠다고 말하지 않았습니다."라고 했습니다. 마지막에는 상께서 선왕을 언급할 때 옥음(玉音)이 끊어졌다 이어졌다 하였는데, 천안(天顔)을 가만히 우러러보니 눈물을 줄줄 흘리고 계셨습니다. 저도 고개를 숙이고 엎드려서 눈물로 옷깃을 적시다가 나왔습니다. 이 밖에 다른 일은 없었습니다.

아공(丫公 김익렴(金益廉))의 일은 참혹합니다. 어찌하여 지난번 서신에서 말씀하신 바와는 출입이 있습니까? 아마도 그렇지 않은 듯합니다. 이만 씁니다.

이사심에게 답함
答李士深

바야흐로 소본(疏本)을 짓고 있으나 그저 말 머리를 향할 곳이 없습니다. 교외 장원이나 강가 누각에서 만나 여쭤보고 싶었는데 보내 주신 편지가 홀연히 이르렀으니, 장막을 걷고 바람을 쐬듯 기뻤습니다.

한 통의 소를 올리고 비답을 받든 뒤에 제가 하고 싶은 바를 따르려 했는데, 백 가지 생각과 다른 길[163]에 이르러서 일단 그만두었습니다. 밖으로는 상사(喪事)가 끝나기를 기다린 뒤에 감단(勘斷)을 듣는 것도 일을 더는 것임을 깨달았습니다. 오직 머물게 되면 머물고 돌아가게 되면 돌아갈 뿐입니다. 머물지도 않고 돌아가지도 않는 사이가 온당하고 편리한 듯하나 제 생각으로는 몹시 어렵게 느껴집니다. 형세상 장차 돌아가는 것으로 귀결될 것입니다. 종동(鍾洞) 어른[164]이 "인산(因山) 전에는 다른 계책을 내지 마오."라고 하셨습니다. 그 어른이 생각해 주심에 감사하나 끝내 따르지 못할 것이니, 한탄스럽습니다.

163 백……길 : 생각과 방도는 다르나 선왕과의 의리를 지키는 것은 같은 일임을 뜻한다. 《주역》 〈계사전 하(繫辭傳下)〉에 "천하가 무엇을 생각하며, 무엇을 근심하겠는가. 천하가 돌아감은 같으나 길은 다르며, 이치는 하나이나 생각은 백 가지이니, 천하가 무엇을 생각하고 무엇을 근심하겠는가.〔天下何思何慮? 天下同歸而殊塗, 一致而百慮, 天下何思何慮?〕"라고 한 데서 온 말이다.

164 종동(鍾洞) 어른 : 송시열이 〈우재 이공에 대한 제문〔祭迂齋李公文〕〉에서 '부동장인(部洞丈人)'이라 언급한 인물로, 곧 창강(滄江) 조속(趙涑)을 가리킨다. 《宋子大全 卷152》 종동의 방언이 곧 부동이다.

이사심에게 답함
答李士深

아침 일찍 까치가 기쁜 소식을 알리자 서한이 홀연히 이르렀습니다. 이것만으로도 매우 다행인데, 더구나 동은(峒隱 이의건(李義健)) 선생의 유집(遺集)이겠습니까. 그 사람을 사랑하면 그의 집 지붕에 앉은 까마귀도 사랑스러운 법인데, 더구나 이 주옥같은 시문이겠습니까.

저는 처음에 이 병이 세월이 지나도 그치지 않으리라고는 생각지도 못했습니다. 마침 듣건대, 구름 속 기러기가 남쪽으로 날아간다 하니, 저도 모르게 더욱 서글픕니다. 지난번 서신에서 묵묵히 있으라고 하신 말씀을 감히 명심하지 않겠습니까. 다만 공손히 말씀드리건대, 병으로 반열에 달려가지 못한 지 이미 오래니 체차해 주기를 청한다면 어찌 방해됨이 있겠습니까. 다시 가르침을 주시면 매우 다행이겠습니다.

지문(誌文)은, 사관(史官)이 세 번째 이르러 단지 입계본(入啓本)에 산정(刪定)한 것을 가지고 갔고, 여기에 있는 것은 미처 수정하지 못했습니다. 어제 듣건대 입계본은 이미 정원(政院)의 사수(寫手)에게 내려 바야흐로 견본을 이루었다고 하니, 그것을 가져다 보시는 것이 어떻겠습니까? 행장(行狀)[165]을 봉납(奉納)하니, 보름 동안은 잠을 막을 수 있으실 것입니다. 지금 이 시집의 서문은 마치 다른 사람의 손에서 나온 것 같으니, 참으로 황금을 걸고 쏘는 것은 혼미하기 쉬운 것입니다.[166]

165 행장(行狀) : 이경석(李景奭)이 찬술한 영릉(寧陵)의 행장을 가리킨다.

166 지금……것입니다 : 영릉의 행장과 이의건의 시집 서문은 다 이경석이 지었는데

묘갈(墓碣)의 음기(陰記)[167]는 조만간에 정서하여 바치겠습니다.

마치 다른 사람이 지은 것처럼 문체가 달라 보이는 것은 영릉의 행장이 매우 중대한 글이기 때문이라는 말이다.

167 묘갈(墓碣)의 음기(陰記) : 이후원의 조부 아산 현감(牙山縣監) 이인건(李仁健)의 묘갈 후기(後記)이다. 《宋子大全 卷185 牙山縣監李公墓誌》

이사심에게 답함 기해년(1659, 현종 즉위년) 10월 7일

答李士深 己亥十月七日

손수 쓰신 글을 펼쳐 보니 병세가 절반은 시원히 낫는 듯하였습니다. 위로되고 반가움이 어찌 끝이 있겠습니까. 윤허를 받고 돌아가거나 앞질러 돌아가거나 돌아가긴 일반이지만, 병세가 이러하니 이것이 염려됩니다.

어제 수재(守宰)가 와서 하는 말이, "맑은 한강을 건너가면 병든 다리가 자연히 가볍고 튼튼해지는데 하루를 걷고 나면 하루 걸은 만큼 병이 낫게 된다."라고 했습니다. 이 말이 듣기에는 시원스러운데 과연 그럴지는 모르겠습니다.

저의 차자(箚子)에 관해 말씀하신 것은, 전하는 사람이 지나치게 말한 것입니다. 열성(列聖)의 시호는 모두 여덟 자씩인데 황상(皇上 명나라 황제)에게서 받은 두 자를 합쳐 열 자가 되는 것입니다. 오늘날 저 청나라에게서 얻은 것을 사용한다면 백세토록 부끄러울 일이고, 사용하지 않는다면 두 자가 적어집니다. 이 두 자는 인종(仁宗)의 '영정(榮靖)'과 선조(宣祖)의 '소경(昭敬)'이 가장 긴중하고, 효종(孝宗)의 '선문(宣文)' 이하는 곧 준례에 따라 거행하여 쓴 것이지 착실하게 행적을 표현한 의의가 있는 것이 아닙니다. 그러므로 저의 구구한 생각으로는 추보(追補)하고 싶은 마음이 간절합니다. 대개 본조(本朝)에서 올린 여덟 자는 이미 종묘에 명하였다고 하니 이미 여덟 자를 명하였다면 이 두 자는 어찌 유독 명할 수 없겠습니까. 사람들의 마음이 내 마음과 같지 않아 끝내 거행하지 못하고 있으므로 자못 개탄스러운 마음 절실합니다.

지난밤 삼경에 사관(史官)이 상의 수찰(手札) 한 통을 전하여 왔는데 단단히 싸서 풀칠까지 하였습니다. 그 내용은 대체로 저의 말을 그르게 여기지 않는 것이었습니다. 그러나 괴이하게 여겨지는 것이 있습니다. 저 청나라가 주는 글자는 아무리 좋아도 영화로울 것이 없는데, 무엇이 아쉬워서 허다한 재물을 허비해 가면서 장차 휴지처럼 천시될 것을 구한단 말입니까. 장차 참으로 사용하려는 것입니까? 이것이 제가 차자를 올린 이유인데, 다만 말을 하고 안 하는 범절에 있어서는 과연 어떠하였는지 모르겠습니다.

거류(去留)에 관한 계책은, 5월 아무 날 명정전(明政殿) 앞에서 자상하게 가르침을 받았는데 이번에 갑자기 "의리에 어떻겠느냐."라는 분부가 있으니, 어찌 가도록 권했다는 말을 회피하기를 마치 올봄에 초려(草廬 이유태(李惟泰))가 돌아갈 때처럼 하겠습니까. 우습습니다.

영결(永訣)이란 말씀에 대해서는 참으로 서글픔을 견디지 못하겠습니다. "이렇게 같이 노쇠해 가니 다시는 작별해선 안 될 때로세.〔及此同衰暮, 非復別離時.〕"[168]라고 한 시는 참으로 우리의 마음을 먼저 헤아린 것입니다.

168 이렇게……때로세 : 양(梁)나라의 문장가였던 심약(沈約)이 친구인 범수(范岫)를 송별하면서 지은 시의 둘째 연인데, 《문선(文選)》 권20 〈심휴문별범안성시(沈休文別范安成詩)〉에 보면 '급차동쇠모(及此同衰暮)'의 '차(此)' 자가 '이(爾)' 자로 되어 있다.

이사심에게 답함 기해년(1659, 현종 즉위년) 10월 8일

答李士深 己亥十月八日

서신이 왔을 때 추위를 만나 떨고 있었습니다. 즉시 답장을 올리지 못하여 황공하고 불안합니다. 묘갈(墓碣)의 음기(陰記)[169]를 정서한 정본은 삼가 한 번 읽은 뒤에 지난번 표문 3책과 함께 돌려드립니다. 무릇 과실을 범한 것을 자기는 알지 못하더라도 다른 사람은 압니다. 이것은 문자에 있어서만 그런 것이 아닙니다. 이다음에 이 글에 고쳐야 할 곳이 있음을 알게 되면 다시 지적하고 가르쳐 주시는 것이 어떻습니까? 시호에 관한 일에 무슨 어려울 것이 있겠습니까. 그저 사람들의 의견이 스스로 어렵게 만들 뿐입니다.

이른바 한 가지 일은 속히 받들어 듣고 싶습니다. 분명하게 말하고 싶지 않으시면 부디 매우 간략히 써서 제가 스스로 생각을 집중하게 해 주시는 것이 어떻습니까? 대감의 문자를 이미 익숙하게 보았으니 알기 어려운 은어를 쓰지 않으면 혹 이해할 수 있을 것입니다.

오늘 병이 특히 심합니다. 이만 줄입니다.

169 묘갈(墓碣)의 음기(陰記) : 이후원의 조부 아산 현감(牙山縣監) 이인건(李仁健)의 묘갈 후기(後記)이다. 《宋子大全 卷185 牙山縣監李公墓誌》

이사심에게 답함

答李士深

한 통의 서신으로 지난번의 게으름을 공손히 사과하자마자 대감의 서첩이 또 이르렀으니, 위안되는 마음과 송구한 마음이 아울러 지극합니다. 다만 옛사람이 "천년을 서로 기약한다."라고 한 말이 있는데, 이제 조만간 틀린 말이 될 것 같은 의심이 들었습니다. 후세가 지금을 본다면 또 어떻게 생각할지 모르겠습니다.

지난번 서신은 농담인 듯하면서 농담이 아니고 진담인 듯하면서 진담이 아니었으니, 보는 것이 또한 이와 같다면 잘한 것입니다. 흠위(欽衛)를 매우 주의해서 준비하는 것이 제일입니다. 저는 병이 오래도록 낫지 않아 매우 불안합니다. 내일 꼭 궐외(闕外)까지 나아가 자고, 인하여 곡반(哭班)에 참석하고 싶은데, 혹 이렇게 하면 틀림없이 사대(賜對)의 거조가 있을 듯하기도 합니다. 이렇게 되면 크게 낭패하게 될 것이니, 이것이 염려됩니다.

이사심에게 답함
答李士深

어제 편지를 주고받을 때 피차의 말과 문구를 기억하고 있었으니, 저도 모르게 입을 가렸는데도 웃음이 툭 터져 나왔습니다. 이번에 대감의 서첩을 받들고 보니, 오히려 어제의 남은 실마리를 이었습니다. 참으로 동파공(東坡公)이 말한 구경법(究竟法)[170]입니다. 농담인 듯하고 진담인 듯하다는 것, 이것은 깨닫기 어려운 말이 아닌데 어째서 이해하지 못하겠다는 말씀을 하십니까. 어찌 지극한 이치와 깊은 의의가 있다고 하십니까.

오늘은 궐하(闕下)에 나아가 자고 용기를 내어 기세를 부리고 싶었는데, 마치 늙은 소를 몰고 가서 타백(拖白)[171]으로 끝내는 것과 같았으니, 한탄스럽습니다. 다만 내일 새벽에 기력을 다시 보고자 합니다.

170 구경법(究竟法) : 제법실상(諸法實相)을 뜻하는 불가(佛家)의 용어로, 최고 경지의 원리를 뜻한다.

171 타백(拖白) : 과거 보는 사람이 글을 지어 올리지 못하고 백지의 시권을 내는 것을 말한다.

이사심에게 보냄 기해년(1659, 현종 즉위년) 10월 11일

與李士深 己亥十月十一日

날이 점점 추워지는데 조섭은 어떠하십니까? 이른바 '한 가지 일'도 알려 주지 않으시니, 실로 가시가 목에 걸려 있는 것 같습니다. 이렇게 된 것은 죄과가 저에게 있으니 속히 고쳐야 합니다. 아무리 유유자적하더라도 또한 어찌 변화를 관찰하고 점괘를 음미하는 도리가 없겠습니까. "활시위를 당겨만 놓고 발사하지 않는다."라는 것은 염계(濂溪)가 두 정씨(程氏)를 가르친 방법입니다.[172] 저와 같이 둔한 자질은 아무리 얼굴을 맞대고 정성스럽게 가르쳐 주더라도 오히려 깨닫기 어려울까 두렵습니다.

알려 주실 것을 고대했으나 끝내 가르침을 받지 못했습니다. 늦은 새벽에 붓을 찾아 베개에 기대어 이 편지를 쓰니 또한 저의 조급한 성격을 알겠습니다. 하하.

○ 이달 보름날에 죽을힘을 다하여 반열에 달려가고 싶은데, 어떨지 모르겠습니다. 대개 알 수 없는 시사를 인용할까 두렵기 때문입니다.

172 활시위를……방법입니다 : 염계 주돈이(周敦頤)가 매번 정호(程顥)·정이(程頤)에게 공자와 안자가 즐긴 바가 어떤 일인지 찾게 했는데, 이것이 이른바 '활을 당기기만 하고 발사하지 않는다.'라는 것이다. 《宋子大全隨箚 卷3》 원래 《맹자》 〈진심 상(盡心上)〉에 "군자가 활시위를 당겨만 놓고 발사하지 않으면서 뛰어나갈 듯이 하고 중도를 지키며 서 있으면, 능력 있는 자가 그것을 따른다."라고 한 데에서 온 말이다. 대개 가르치는 방법에서, 원칙을 제시하여 배우는 자로 하여금 스스로 터득하도록 한다는 의미로 쓰인다.

이사심에게 보냄 기해년(1659, 현종 즉위년) 10월 19일

與李士深 己亥十月十九日

며칠 사이 조섭은 어떠하셨습니까? 저는 더욱 심하게 허약해졌습니다. 대감은 28일과 29일의 계획이 어떠신지 모르겠습니다마는 또한 본을 받아서 하고 싶습니다.[173]

교외에 있는 초려(草廬)의 낭패는 염려됩니다. 틀림없이 대감께 의논을 드렸을 텐데 어떻게 답해 주셨는지요? 듣고 싶습니다. 지난번 서신에서 하문하신 남북(南北)에 관한 설은 깜빡 잊고 답장을 올리지 못했으니 송구합니다. 대개 방위(方位)는 어디를 향하는지를 불문하고 그저 앞을 남으로 삼고 뒤를 북으로 삼습니다. 만약 북을 향한 자리라면 북을 남으로 삼고 남을 북으로 삼는 것입니다.

173 대감은……싶습니다 : 이해 10월 29일은 효종의 관을 하관하는 날이다. 송시열은 이후원이 능소에 갈 것인지 물은 것이다. 《宋子大全隨箚 卷3》

이사심에게 보냄
與李士深

근일의 일기(日氣)는 치우(蚩尤)가 온 것이 아니면 필시 서왕모의 산가지를 전한 것입니다.[174] 징험이 어떤지는 묻지 못하나 사람에게 피해를 끼치는 것이 적지 않습니다. 저는 더욱 견딜 수 없이 수척해지고 있습니다. 대감의 안부가 어떠하신지 살피지 못하니, 그리워한다는 것은 실로 빈말이 아닙니다.

국장(國葬)의 졸곡(卒哭)을 이룬 뒤에 이미 7, 8일이 지났으니, "더디고 더디도다!"라고 할 만합니다. 내일 오랑캐가 떠난 뒤에 제가 해야 할 바를 하는 것이 어떨지 모르겠습니다. 떠나고자 하면 조용해지겠지만 둘 다 얻을 수는 없고, 놀라고 분노함을 면할 수 없습니다. 그러나 저는 다시 마음에 두지 않습니다. 모든 것을 꼭 헤아려서 가르쳐 주십시오. 그러나 기운을 누설하는 것은 매우 온당치 않으니 반드시 가만히 헤아리는 가운데 두시는 것이 어떻습니까.

174 치우(蚩尤)가……것입니다 : 청나라 사신이 전쟁을 하려고 온 것이 아니면 조선의 정치에 간섭하는 명령을 가지고 왔을 것이라는 뜻이다. 한 애제(漢哀帝) 때에 관동(關東)의 백성들이 전하는 말에 "서왕모의 산가지를 시행한다.〔行西王母籌〕"라는 것이 있었는데, 안사고(顔師古) 주(注)에 "서왕모는 곧 원후(元后)가 장수할 조짐을 상징한 것이요, 산가지를 시행한다는 것은 바로 국가의 주책(籌策)을 천하에 시행하는 것을 의미한다." 하였다.《漢書 哀帝紀》

이사심에게 답함

答李士深

어제 정회를 이기지 못하여 죽을힘으로 들어가 곡하여 슬픈 마음을 조금 풀었으나 병세가 갑절 나빠져 바야흐로 이렇게 고통스러운데, 고통은 오히려 괜찮거니와 앞으로의 일이 극히 염려됩니다.

묘표 음기(墓表陰記)의 문자는 여러 번 고친들 무슨 상관이 있겠습니까. 망친(亡親)의 묘갈문[175]은 석로(石老 김상헌(金尙憲))가 누차 편지를 왕복하며 고치는 것을 허락하여 고칠 만한 것이 없는 데에 이르렀으나 오히려 고칠 만한 것이 있지 않느냐고 물으셨습니다. 저는 일찍이 선배가 마음을 넓게 가지고 일을 공정하게 처리한 것에 감탄했습니다. 그러나 기옹(畸翁 정홍명(鄭弘溟))은 늘 자신을 질책하는 말을 들으면 물리쳤으니, 인품에는 본래 다른 점이 있는 것입니다. 지금 가르침을 따라 두 초안[176]을 비교해서 장점을 모아 완성하고 헤아려 채택해 주시기를 기다립니다.

어제 춘형(春兄 송준길)을 만나 보았는데, 돌아갈 뜻이 몹시 결연합니다. 저는 남을 따라 본을 받으며 앞잡이가 되는 부끄러움을 면할 수 있게 된 것을 다행스럽게 여깁니다.

175 망친(亡親)의 묘갈문 : 석실산인(石室山人) 김상헌이 지은 송시열 부친 송갑조(宋甲祚)의 묘갈명이다.《淸陰集 卷31 司饔院奉事宋君墓碣銘》

176 두 초안 : 송시열이 이후원의 부친 이욱(李郁)의 묘비문을 찬술했는데, 초안을 완성한 뒤에 이후원과 교정하고 내용을 고쳤다. 그래서 별도의 초안이 있었던 것이다.《宋子大全隨箚 卷3》

이사심에게 답함

答李士深

답장을 받들고 깊이 감격하였습니다. 조용히 있지 못하고 이미 스스로 단념했습니다. 다만 교외에 있는 초려(草廬 이유태)가 매번 "너무 급하게 하지 말고, 반드시 더디고 더디게 가는 마음을 지니라."라고 말했으므로, 오늘 속도를 어떻게 해야 하는지 알고 싶을 뿐입니다. 또 한 가지 일이 있습니다. 병 고치는 일은 묵은 일이 된 지 오래니 반드시 다시 제사 고기가 이르지 않는 것을 확인해야 합니다.[177] 그런 뒤에야 떠날 수 있으므로 반드시 이에 미쳐서 잘못이 없기를 바랄 뿐입니다.

묘표 음기는 떠나기 전에 감히 교감하여 보내지 않을 수 있겠습니까. 근래에는 실로 고질병으로 괴로울 뿐입니다.

177 제사……합니다 : 임금에게 정치 쇄신에 대한 의지가 없는지 지켜보고 자신의 진퇴를 판단하겠다는 뜻이다.

이사심에게 답함 기해년(1659, 현종 즉위년) 10월 23일

答李士深 己亥十月二十三日

이 몸은 참으로 부평초라서 바람이 이르면 곧 떠도니, 바람이 이르지 않을 때 노년의 작별을 고해야 하나 병으로 문을 나가지 못하여 그저 간절한 마음뿐입니다.

삼가 편지를 받드니 구름이 활짝 걷히는 듯합니다. 시간은 머물지 않아 찬궁(欑宮)을 열게 되었으니, 아직 죽지 못한 고신(孤臣)은 더욱 마음을 가눌 수 없습니다. 어쩌면 좋단 말입니까. 《동은고(峒隱稿)》는 보배로이 완상해 마지않고 있습니다. 비록 시문의 성률(聲律)은 알지 못하나 참으로 오랜만에 저를 이해하는 사람을 만난 것처럼 그 사람을 사랑하게 되었습니다. 눌령(訥令)은 염려됩니다. 그가 서행(西行)을 면할 수 있다면 마음 편히 스스로 조섭할 수 있을 것입니다. 둘째 아들이 돌아가서 아뢸 것이니, 다시 지적해 주심이 어떻겠습니까.

이사심에게 답함
答李士深

편지가 와서 위안되고 감사했습니다. 들은 지 자못 오래라 받들어 아뢰고 싶었으나 글은 번거롭고 뵙기는 어려웠으므로 아뢰지 못했습니다. 삼가며 두려워하고 공경하는 마음을 보존하고 당당하여 돌아보고 염려하는 뜻이 없다는 것[178]은 주공(周公)의 일입니다. 저 같은 보통 사람은 그저 '생사가 하늘에 달렸다'는 말만 지키고 있을 뿐이니, 어쩌면 좋단 말입니까.

다만 불쌍히 여길 만한 바가 있으니, 제가 이것을 듣고 아들에게 말하지 않은 것은 아들이 아비를 탈출시키려 하거나 사달이 있을까 걱정했기 때문입니다. 그런데 그가 다른 사람을 통해 듣고는 낯빛이 변하고 뜻이 움직였으니, 마치 큰 화가 조만간에 닥칠 것 같았습니다. 이것은 차마 볼 수가 없습니다.

178 삼가며……것 : 무왕(武王)이 죽은 뒤에, 주공이 어린 조카인 성왕(成王)을 도와 섭정할 때 사방에 유언비어가 퍼졌는데, 주공의 처신하는 태도가 삼가면서도 당당한 면이 있었음을 칭송한 말이다. 《詩經集傳 豳風 狼跋》

이사심에게 답함

答李士深

요사이 추위로 잔뜩 움츠리고 있던 차에 갑자기 대감의 서한이 이르니 마치 추자(鄒子)가 율관(律管)을 불어 주는 듯하였습니다.[179] 말씀하신 경계는 감히 명심하지 않겠습니까마는, 다만 급박한 처지에 이르러서는 갑자기 잊어버리게 되니 여선공(呂宣公)이 "마음이란 나의 마음이다."라고 한 것은 나를 속인 말이 아니겠습니까.[180]

화복(禍福)은 진실로 이미 단념해 버렸으나, 다만 공자와 주자의 글을 다소 읽어 군신(君臣)의 의리를 조금은 알고 있는데, 지금 이런 평판[181]이 갑자기 내 몸에 가해지니 통분하고 절박하여 곧장 배를 가르고 창자를 꺼내서 나의 마음을 밝히고 싶지만 할 수 없습니다. 어찌 평소에 스스로 공자와 주자의 글을 읽었다고 하면서 소행은 도리어

179 추자(鄒子)가……듯하였습니다 : 추자는 전국 시대 제(齊)나라 추연(鄒衍)의 별칭이다. 그는 음양의 이치에 매우 정통했는데, 북쪽 지역은 매우 추워서 오곡이 자라지 않으므로 추연이 율관을 불어 따뜻하게 하니 벼와 기장 등 곡식이 자랐다는 고사이다. 《列子 湯問》

180 여선공(呂宣公)이……아니겠습니까 : 송시열 자신도 급박한 경우에 마음가짐이 흔들림을 면치 못하였다는 뜻이다. '여선공'은 여조겸(呂祖謙)을 가리키는 말을 잘못 쓴 것으로 보인다. 여조겸이 《좌씨박의(左氏博議)》 권3 〈식후벌정(息侯伐鄭)〉 마지막에 "마음은 나의 마음이니 진실로 나의 일을 다스리고자 하는 것이다. 어느 겨를에 귀한 대접을 받았다고 기뻐하며 천한 대접을 받았다고 성내겠는가."라고 하였다.

181 이런 평판 : 이때 송시열이 임금을 전일한 마음으로 섬기지 않는다는 말이 떠돌고 있었음을 가리킨다. 《宋子大全隨箚 卷3》

전국 시대의 인사만도 못할 줄 알았겠습니까. 다만 스스로 통분하여 울 뿐입니다.

방금 유생 한 사람이 와서 자기가 들은 말을 나에게 전하고 끊임없이 눈물을 흘렸으니, 생각건대 밖의 여론이 이미 나를 푸줏간에 들어간 희생(犧牲)과 같이 여기는 모양입니다마는, 또한 어찌하겠습니까.

아공(丫公 김익렴(金益廉))의 일은 매우 딱합니다. 이분이 때로 우리 집을 찾아오기는 했지만 어찌 아울러 여기에 연좌되겠습니까.

이사심에게 보냄 기해년(1659, 현종 즉위년) 11월 29일
與李士深 己亥十一月二十九日

저를 알아주는 분이 흔적 없이 조용히 지내라고 줄곧 권하므로 아직도 지체하고 있습니다. 이제 세 번째 소를 올리고 내일 비답이 내려오면 모레 비로소 사직하는 상소를 올리고, 난처한 일이 있으면 이삼일을 기다리지 않고 즉시 떠날 것입니다.

이어(移御)하는 일은 어제 봉하여 내리신 조서를 보니 이미 그만둘 수 없습니다. 그러나 사람들이 만약 "이 때문에 떠나간다."라고 말한다면 공적으로나 사적으로나 다행입니다. 제 생각에는 오직 사람들이 이와 같지 않음을 알까 두려울 뿐입니다.

우리 집에서 누설되었다는 것은 천만에 그렇지 않습니다. 초려(草廬 이유태)가 어디서 말을 듣고 와서 묻기에 그저 간략히 설파했고, 춘형(春兄 송준길)이 편지로 슬며시 그것을 드러내기에 저도 살짝 말해 주었을 뿐입니다. 선비 한 사람이 와서 그것을 말하기에, 저는 도리어 그를 타이르며 말하기를 "이것은 두 집안의 복이 아니니, 반드시 신중해야 한다. ……" 했습니다. 다만 한 가지 일이 있으니, 아공(丫公 김익렴(金益廉))이 신구(伸救)를 간청하기에 제가 그에게 답하기를 "이후에 이 사람의 오늘의 종적을 안다면 놀라지 않을 수 없을 것이다. ……" 했습니다. 모르겠지만 이 아공에게 무슨 일이 있는 듯하지 않습니까?

대개 이 일에 관련된 자들은 오직 새어 나가는 것을 두려워하나 관련이 없는 자들은 새어 나가지 않는 것을 두려워하니, 아는 자가 점점 많아지는 것은 괴이하게 여길 것이 없습니다. 관련이 없는 사람의 표숙

(表叔)인 두 사람[182]이 근일에 특별히 정성을 다하니, 이것도 이상한 일입니다.

산릉(山陵)에 관한 말씀에는 더욱 크게 놀라지 않을 수 없습니다. 9월쯤에 이광재(李光載)가 와서, 그곳이 그다지 길지가 아니라고 말했습니다. 저는 그가 이루어진 일을 헐뜯는 것이 몹시 미웠는데, 어찌 오늘 도리어 이곳으로 돌아가게 될 줄 생각했겠습니까. 일찍이 묻는 자가 있어서 답하기를 "지리(地理)는 내가 알지 못하는 바이나 딱 중앙에 해당하는 곳의 체세(體勢)는 높고 큰 듯하다. ……" 했는데, 지금 어째서 이렇게까지 상반된단 말입니까.

182 관련이……사람 : 이정(李楨)과 이남(李柟)의 외숙 오정위(吳挺緯)와 오정창(吳挺昌)이다.

이사심에게 보냄

與李士深

그 글자[183]가 나온 것이 이미 늦었습니다. 이후의 속도는 또한 여유로울 것입니다. 그러나 또한 어찌 너무 지체할 수 있겠습니까. 일기가 조금 따듯해지고 말의 병이 대충 완치되기를 기다린다면 그 글자를 실천할 것입니다.

아공(丫公 김익렴)의 일은 몹시 참혹하여 한마디 한마디씩 더해 가니, 이후의 일 또한 여기에서 그치리라 보장하기 어렵습니다. 며칠 내로 대추씨 크기만 한 물건을 얻어서 귓구멍을 틀어막고 그대로 한강을 건너고 싶습니다.

할 말은 많지만 이만 줄입니다.

183 그 글자 : 돌아간다는 뜻의 귀(歸) 자, 혹은 달아난다는 뜻의 도(逃) 자를 뜻한다. 《宋子大全隨箚 卷3》

이사심에게 답함

答李士深

편지를 받들고 위안되고 감격했습니다. 노년은 다시 이별할 때가 아니라는 것은 회옹(晦翁)이 이미 말했습니다. 하물며 이렇게 사생(死生)으로 영결하는 때 끝내 한 번 손을 잡을 수도 없단 말입니까.

오늘 저녁이나 내일 저녁에 다만 문지기에게 빗장을 걸지 말라고 명하시는 것이 어떻겠습니까? 초려공(草廬公 이유태)도 맞이하여 기다리면 더욱 좋겠습니다.

이사심에게 보냄 기해년(1659, 현종 즉위년) 12월 11일

與李士深 己亥十二月十一日

매번 그 글자, 그 글자를 말했는데 오늘 참으로 그 글자를 이루었습니다.[184] 그러나 기쁜 마음이 드는 줄은 모르겠고 슬픈 심회를 이기지 못합니다. 회옹(晦翁)이 "돌아오니 좋아서 미치겠구나."라고 한 것은 나를 속인 것입니다.

어제저녁 잠시 남궁(南宮)에서 외사(外祠)에 절하고 문외(門外)에 들러 인사드리고 왔는데, 궐문 닫을 시간이 임박하지 않았다면 꼭 투숙하며 잠시 덕스러운 모습을 접하고 싶었으나 그렇게 하지 못하였으니, 열 걸음마다 아홉 번 돌아볼 뿐만이 아니었습니다. 구구한 이 마음을 아시겠는지요.

병든 몸이 말을 타고 가는 것은 이미 시험해 보았으니 결코 할 수 없었습니다. 점휴당(漸休堂 이후원의 당호)의 죽두자(竹兜子 대로 만든 가마)를 모두 찾아서 빌려주는 것이 어떻습니까? 이제부터 드디어 천고의 이별을 하게 되었으니 몹시 사람을 슬프고 울적하게 합니다. 그저 건강에 유념하시어 멀리서 바치는 정성을 위로해 주시기를 빕니다.

184 매번……이루었습니다 : 돌아갈 귀(歸) 자를 말하며 고향 집으로 돌아가기를 늘 바랐는데 이제야 그 뜻을 이루게 되었다는 말이다.

이사심에게 답함

答李士深

편지에 경악(驚愕)하는 뜻이 있는 듯합니다. 제가 아무리 경박하더라도 어찌 감히 근거 없는 말을 경솔히 진달하겠습니까.

이번 상소에 적은 세 가지 조목[185]은 대개 제가 한양을 떠나는 작은 이유이니, 떠나는 이유는 저기에 있으나 트집하는 바는 여기에 있었던 것입니다. 그러나 소의 끝에 쓴 대여섯 글자[186]는 이미 실상을 슬며시 지적한 것입니다. 남궁(南宮)의 학사(學士)[187]도 이 소를 빌리려고 했으니, 그에게 보내 주는 것이 어떻겠습니까?

185 이번……조목 : 송시열이 기해년(1659, 현종 즉위년) 12월에 올린 〈죄를 자책하고 물러나기를 청하는 소〔引罪乞退疏〕〉 가운데서 인용한, 소렴(小斂) 때 옷섶을 끈으로 묶지 않은 것과 재궁을 이은 판자로 쓴 것 및 산릉 자리를 수원(水原)으로 하지 않은 것이다. 당시에 간사한 사람들이 속여서 차마 들을 수 없는 말을 퍼뜨리는 데까지 이르니, 이에 송시열이 한양을 떠날 결심을 했으므로 근거 없는 말을 경솔히 진달하지 않고 단지 이 세 조목을 끌어온 것이다. 이후원은 상소문을 미처 보지 못하였는데 송시열이 혹 이 근거 없는 설을 진달하지나 않을까 염려했다. 그러므로 송시열이 이렇게 대답한 것이다. 《宋子大全隨箚 卷3》

186 소의……글자 : 송시열이 기해년(1659) 12월에 올린 〈죄를 자책하고 물러나기를 청하는 소〔引罪乞退疏〕〉에서 "그래도 다하지 못한 바가 있다.〔猶有所不敢盡〕"라고 말한 것을 가리킨다. 《宋子大全隨箚 卷3》

187 남궁(南宮)의 학사(學士) : 광성부원군(光城府院君) 김만기(金萬基)를 가리킨다. 남궁은 그가 거처하는 남별궁동(南別宮洞)을 말한다. 《宋子大全隨箚 卷3》

이사심에게 보냄 기해년(1659, 현종 즉위년) 12월 21일

與李士深 己亥十二月二十一日

그 글자를 이미 이루었습니다.[188] 다만 잘 이루었는지 잘못 이루었는지는 모르겠습니다. 저는 이미 옥천(沃川) 경계에 도달하여 아흔 살의 고모님을 뵈었습니다. 내일은 회덕(懷德)에 이를 것입니다.

이미 망언자(忘言子 말을 잊은 사람)가 되었으니 편지지를 대해도 할 말이 없습니다. 집의 아우가 가는 편에 잠시 몇 글자를 부칩니다. 이만 줄입니다.

188 그……이루었습니다 : 돌아갈 귀(歸) 자의 뜻을 이루었다는 말로, 곧 고향 집으로 돌아가고 싶은 바람을 이루었다는 뜻이다.

이사심에게 답함 경자년(1660, 현종1) 2월 1일

答李士深 庚子二月一日

그 글자를 이미 이루었으니 잘하고 잘하지 못하고는 아무 상관이 없습니다. 어제 편지와 별지를 받고 저도 모르게 눈썹이 찌푸려지고 얼굴이 일그러졌습니다. 형께서 이런 상황에 처해 있으시니 눈썹을 찌푸리고 얼굴이 일그러질 뿐만이 아닐 것입니다. 매우 불안합니다. 이어서 따스한 봄에 대감의 체후가 만강하심을 알았습니다. 이것은 기쁘고 위안됨이 한량없습니다.

저는 굶주림과 병이 날로 심합니다. 혹자가 솔잎으로 이 두 가지를 치료할 수 있다고 하므로 매일 대여섯 홉을 복용하고 있습니다. 만약 도가(道家)의 양생술(養生術)과 같다면 오래지 않아 길쭉길쭉한 털이 나서 날아서 하늘로 올라갈 것입니다. 태형(台兄)은 저의 소매를 잡고 함께 가고 싶으십니까? 천상의 세계는 하계(下界)와 같지 않아 서로 연좌되는 법률이 없을 듯하니 우려하지 마십시오. 말할 만한 것이 없어서 그저 이런 말을 지어냈습니다. 이것도 한가한 사람의 살림살이입니다. 이만 줄입니다.

송자대전

제30권

書서

송명보 준길 에게 보냄 기묘년(1639, 인조17) 1월

與宋明甫 浚吉○己卯正月

전후로 보내신 편지가 한꺼번에 도착했으니, 여러 번 음미하며 얼마나 마음이 위안되고 상쾌했겠습니까. 밤사이 건강하게 잘 지내셨습니까? 저는 연일(練日)[1]을 지나고 나서 여러 친족과 헤어져 돌아와 정회가 갑절 언짢으니, 슬프고 슬픕니다.

원아(遠兒)[2]의 병은 퍽 염려됩니다. 그러나 어린아이에게 무슨 손상됨이 있었기에 병이 뿌리를 내렸단 말입니까. 조(趙)의 편지를 보건대 그야말로 미적거리며 양쪽을 다 차지하려는 뜻이 있으니, 참으로 괴이합니다.

관례(冠禮) 의식은 참으로 간략하게 할 수 없으니, 형이 간략하게 하면 어디에서 간략하지 않은 의례(儀禮)를 볼 수 있겠습니까. 길사와 흉사가 같은 날이 아니니 행해도 무방할 것 같으나 마음에 편치 않은 이상 억지로 행할 필요는 없습니다. 다시 헤아리는 데 달렸습니다. 집안에서 독서하라는 경계를 어찌 감히 형의 집에서 예를 행하는 날에 지킬 수 있겠습니까.

그러나 나에게 문장(文丈 김집(金集))의 일을 맡긴다면 나는 결코

1 연일(練日) : 송시열의 종형인 대군사부(大君師傅) 송시형(宋時瑩)의 소상일(小祥日)이다. 송시형은 1638년 1월 4일에 사망하였다.

2 원아(遠兒) : 송준길의 장남 송광식(宋光栻)으로, 그의 어릴 적 자(字)가 원대(遠大)이다.

감히 할 수 없으니, 반드시 미리 다른 사람을 서빈(筮賓)[3]하셔야 합니다. 어떻게 생각하십니까? 연상(延相)[4]은 비록 어질고도 친하나 혼사(婚事)에는 합당하지 않을 것 같으며, 기어이 말하라고 한다면 천휴(天休)[5]가 괜찮을 것 같습니다.

영동(永同)은 저도 감히 다시 묻지 못하겠습니다. 장초(狀草)와 표기(標記)는 모두 정확하고 적절하니, 천천히 연구해서 일일이 여쭙겠습니다. 이효(李孝)[6]의 병은 매우 안타까우나 그저 저 푸른 하늘을 믿을 따름입니다. 말 머리에 대한 생각에 매우 감사드립니다. 저도 형을 위하여 백작약(白芍藥) 한 뿌리를 캤는데 나중에 꼭 드리겠습니다.

향사(享祀)에 관한 논의에는 과연 큰 차이가 없으니 위안되는 마음을 가눌 수 없습니다. 그러나 어찌 옆에서 모순이라고 짖어 댈 걱정이 없겠습니까. 사의(汜疑)[7]의 일은 극히 괴이하고 한스럽습니다. 안진경(顔眞卿)의 필체로 쓴 《어록해(語錄解)》는 잘 받았습니다.

할 말은 많지만 길을 떠나기에 앞서 매우 바쁘니 이만 줄입니다.

3 서빈(筮賓) : 관례(冠禮)에서, 장차 관을 쓸 장관자(將冠者)에게 관을 씌워 주는 역할을 하는 빈(賓)을 점치는 절차이다.

4 연상(延相) : 연양군(延陽君) 이시백(李時白)과 연성군(延城君) 이시방(李時昉) 형제 중 한 사람인 듯하다. 《宋子大全隨箚 卷3》

5 천휴(天休) : 만휴당(晩休堂) 김수창(金壽昌)의 자(字)이다. 김상용(金尙容)의 손자이자 김광형(金光炯)의 아들이다.

6 이효(李孝) : 죽창(竹窓) 이시직(李時稷)의 아들을 가리키는 듯하다. 《宋子大全隨箚 卷3》

7 사의(汜疑) : 연산(連山) 사남리(汜南里)에 사는 사람이 의문을 제기한 예(禮)이다. 《宋子大全隨箚 卷3》

송명보에게 보냄 기묘년(1639, 인조17) 4월 2일

與宋明甫 己卯四月二日

며칠 동안 함께 자다가 곧 한 달 동안 소식이 막혔으니, 저의 그리움을 쉽게 설명할 수 없습니다. 요즘 봄이 다하고 여름이 오는데 근황은 평안하십니까?

저의 졸렬한 상태는 여전하나 게으름이 날로 심하여, 더욱 나보다 나은 이를 가까이하여 가르침을 받을 것을 생각하나 그러지 못하고 있습니다. 일찍이 의원을 찾기 위해 삼산(三山 보은(報恩))에서 열흘을 머물렀으나 만나지 못했으니, 일을 이루기 어려움이 이와 같습니다.

조카[8]가 아직도 댁에 머물고 있습니까? 이 조카는 심지를 확충하는 것에는 그다지 근사하지 않으니 반드시 특별히 가르쳐 인도해야 하는데, 어떻게 생각하십니까? 장남의 혼미한 병세는 다시 차도가 없습니까? 봄 농사를 마무리하면 책을 들고 그곳으로 가서 함께 공부할 것을 간절히 바라고 있는데, 다만 이미 산속으로 돌아가셨는지 모르겠습니다. 인편에 알려 준다면 아주 좋겠습니다.

사원(士元 장중인(張仲仁))은 연일 함께 책상을 마주하고 있습니까? 근래에 희중(希仲 윤휴(尹鑴))에게서 글을 얻었습니까? 그가 이르기를 "의(毅)라는 한 글자로 명보 형에게 경계의 말씀을 받들고 싶다."라고 했는데, 증상에 알맞은 참된 처방인지는 모르겠습니다.

할 말은 많으나 종이가 모자라서 이만 줄입니다.

8 조카 : 송시열의 당질(堂姪) 송기후(宋基厚)를 가리킨다.

송명보에게 보냄 경진년(1640, 인조18) 1월 19일

與宋明甫 庚辰正月十九日

해가 또 바뀌었습니다. 삼가 생각건대 기거가 도(道)에 맞고 집안이 화락하여 신명의 도움을 받으시는지요? 사모하는 마음 어느 날인들 감히 잊겠습니까. 앞서 영산(永山)에 있으면서 8일에 보낸 여러 장의 서한을 18일에 받아, 아침저녁으로 늘 펴 보아 거의 열 번이나 보았는데도 싫증이 나지 않았습니다.

저는 8일부터 17일까지 무릇 네 차례의 제사를 지냈는데, 그 사이에 또 윤퇴지(尹退之) 아내의 상사를 만나고 보니 심신(心神)이 모두 풀어져 마치 우두커니 있는 하나의 허수아비와 같이 되어 버렸습니다.

시사(時事)는 말을 하고 싶지 않습니다마는, 지난번에 청음(淸陰 김상헌) 노장(老丈)의 봉사(封事)를 보건대 사람으로 하여금 머리털이 곤두서고 경각심이 일어나게 하니, 존경할 일입니다.

병란을 피하는 것에 관한 의논은 여기에서도 정한 계책이 없고 다만 화가 되거나 복이 되거나 닥치는 대로 할 것이니, 천운을 피할 수 있겠습니까. 오늘날 힘써야 할 일은 다만 "아침에 도를 들으면 저녁에 죽어도 괜찮다."라는 것 한 가지일 뿐입니다.

식아(栻兒)[9]는 이미 서쪽으로 갔습니까? 거기나 여기나 다 계책이 졸렬한 가문은 아니니 참으로 범연한 일이 아닙니다. 그러나 망령된 생각으로 말하자면, 조금 참지 못한 결과인 듯합니다. 기왕의 일은

9 식아(栻兒) : 송준길(宋浚吉)의 아들 송광식(宋光栻)을 가리킨다.

어찌할 수 없지만 오늘의 계책으로는 다만 서울에서 바로 돌아오되 제천(堤川)으로 가지 말도록 하였으면 하는데, 모르겠습니다마는 이 일을 어떻게 생각하십니까?

영(永) -원문 결락- 조장(趙丈)이 들으면 무척 놀랄 것입니다. 신독재(愼獨齋) 노장이 돌아가시는 것은 신독재 당신에게는 잘된 일이지만, 그 곤궁한 집에서 어떻게 일을 치르겠습니까. 매우 염려됩니다마는 감히 무엇이 모자라는지를 물어볼 수 없으니 안타까울 뿐입니다.

시걸(時杰) 아우의 일은, 모두가 형인 제가 엄격하지 못한 소치입니다. 어찌 단지 그 사람만의 죄이겠습니까. 참으로 민망하기 짝이 없습니다. 식아(栻兒)가 어찌 후아(厚兒)[10]만 못하겠습니까. 자기 농사가 잘되는 것은 알지 못한다는 것이 아니겠습니까. 참 우습습니다.

이곳에도 찾아오는 사람이 있기는 합니다만 같이 있는 날이 적어 이야기할 만한 사람이 없습니다. 듣건대 옥형(玉衡 혼천의(渾天儀))은 내 아우가 억견(臆見)으로 보완하여 보낸다고 하니, 아마도 전보다 잘못된 것이 많을 듯합니다. 여기서 조만간에 제작이 끝나면 감히 이를 바로잡으러 가지 않겠습니까.

필법에 대한 말씀은 참 우습습니다. 바라건대 《성학십도(聖學十圖)》는 놓아두고 먼저 〈동명(東銘)〉을 가지고서 착실하게 체득해 가면 자연히 이런 말을 하지 않게 될 것입니다. 또 자신의 광명한 보장(寶藏)은 놓아두고 용광로 가에 가서 빛의 부스러기를 찾는다면 어찌 부처의 웃음거리가 되지 않겠습니까. 또한 자용(子容 정홍명(鄭弘溟)) 어른

10 후아(厚兒) : 송시열의 당질(堂姪) 송기후(宋基厚)를 가리킨다. 학행(學行)이 뛰어났고 장령(掌令) 등의 벼슬에 임명되었으나 나아가지 않았다.

의 웃음거리가 될 필요도 없습니다.

홍우(洪友 홍석(洪錫))가 일찍이 글에다 대략 이에 관한 말을 제기해 놓고 말하지는 않았으나 끝내는 참지 못하고 말했는데, 이는 진실로 다른 까닭이 없습니다. 모두 착실하게 공부한 것이 없으므로 이런 것을 좋아하여 마치 신 신고 발바닥 긁기와 같은 공부만 하는 것입니다. 이는 참으로 오늘날의 공통된 근심거리이니 남을 비난할 것 없이 자신을 맹렬히 반성해야 합니다.

보신(寶臣 보배로운 신하)을 노래한 시는 매우 사랑스러워서 화답하고 싶으면서도 이를 준비한 것이 없으니, 뒷날 마음속의 찌꺼기가 조금 없어지기를 기다려서 후의에 보답하겠습니다.

성북(城北)의 일[11]은 참으로 염려스럽습니다. 주 부자(朱夫子)도 일찍이 말하였는데, 오늘날은 채서산(蔡西山)[12]과 같은 안목이 없는 듯합니다. 주차(奏箚)는 여기에도 가져오지 않았습니다.

《유편(類編)》[13]은 사람을 시켜 전사(傳寫)하고 있는데 어제도 재촉했으니, 가져오면 의당 즉시 드리겠습니다. 택지(澤之 송국택(宋國澤))의 딸에 대해서 소식이 없다는 말씀은 어느 가문을 가리키는 것입니까?

11 성북(城北)의 일 : 김장생(金長生)을 진잠(鎭岑) 성북리에 장사했는데, 이때 이장하게 된 일을 말한다. 《宋子大全隨箚 卷3》

12 채서산(蔡西山) : 송대(宋代)의 학자 채원정(蔡元定)을 가리킨다. 주희(朱熹)와 교의가 두터웠다.

13 유편(類編) : 《이학유편(理學類編)》을 가리키는 듯하다. 《이학유편》은 명(明)나라 장구소(張九韶)가 주돈이(周敦頤), 정호(程顥) 형제 이하 몇 사람이 논설한 천지(天地)·귀신(鬼神)·인물(人物)·성명(性命) 등에 관한 것을 모아 놓은 책으로, 모두 여덟 권이다. 《宋子大全隨箚 卷3》

사성(思誠 권시(權諰))이 일찍이 글로 미발(未發)의 설을 논하면서, 형의 설명과는 맞지 않는다고 하였습니다. 그가 논한, 형의 설이 순서가 없다고 한 말은 형의 본뜻을 잃은 듯하니, 그 당시에 강론한 모든 설을 한 통의 글로 작성하여 보여 주실 수 있겠습니까?

여러 가지 말은 아이가 늦었다고 하므로 다 말하지 못합니다.

송명보에게 답함 경진년(1640, 인조18) 2월 1일

答宋明甫 庚辰二月一日

편지가 와서 그리워하는 정회가 갑절 위안되었습니다. 저는 예전처럼 그럭저럭 지내고 있습니다. 대자(大字)가 혹 며칠 지체되면 저쪽이 심히 낭패스러울 것입니다.

노복을 단속하는 일은 조만간에 직접 면대하여 부탁해야 합니다. 듣건대, 그는 청탁을 견디지 못하여 고모의 편지도 통렬하게 배척한다고 합니다. 편지를 끊는 것이 청탁하는 편지에만 그치지 않아야 합니다. 종전에는 사람들과 냉정하게 지낼 수 없어서 청탁을 받는 일이 있었으나, 이제부터 경계할 줄 알면 후회가 없을 뿐만 아니라 또한 일을 덜게 될 것이며 남의 얼굴빛에 징험되고 남의 목소리에 나타난 뒤의 깨달음[14]에 거의 함께 힘쓸 수 있을 것입니다.

《역(易)》의 대상(大象)에 대하여, 《본의(本義)》에서는 "상(象)은 괘(卦)의 위아래 두 상이다." 하고, 호씨(胡氏 호병문(胡炳文))는 "괘사(卦辭)나 효사(爻辭)와는 전혀 상관이 없다."라고 했으니, 두 가지 설이 같지 않습니다. 또한 복희씨(伏羲氏) 때에는 획만 있고 글은 없었으나 〈선천도(先天圖)〉에는 이미 건(乾)·곤(坤)이란 이름이 있었으니, 어째서입니까? 모름지기 한마디 깨우쳐 주는 말을 해 주시는 것이 어

14 남의 얼굴빛에……깨달음 : 과오가 있었음을 깨닫게 되는 것을 말한다. 《맹자》 〈고자 하(告子下)〉에 "사람은 항상 과실이 있은 뒤에 고치나니, 마음에 괴롭고 생각에 걸린 뒤에 분발하며, 얼굴빛에 징험되고 목소리에 나타난 뒤에 깨닫는다." 하였다.

떠합니까?

나머지는 마침 어수선해서 이만 씁니다.

송명보에게 답함
答宋明甫

두 통의 편지가 한꺼번에 변방에 도착하니 위안되고 안심됨을 감당하기 어렵습니다. 다만 일을 조처하는 사이에 자못 경솔하게 서두른 점이 있었음을 알고는 탄식하였습니다. 그러나 지금 이미 정한 기한이 있으니, 마디마디 귀결되었으리라 생각합니다.

현령에 의망되었다가 면하였으니[15] 참으로 운이 좋았습니다. 그러나 만약 외람되이 대간의 선발에 든다면 조물주가 나를 기박하게 하는 것이 심한 것이고, 또한 장씨(臧氏)가 한 바가 아닐 것이니,[16] 어떻게 하겠습니까.

관직에 오르는 것은 참으로 염려한 바와 같습니다. 그러나 대명(臺命)에 대한 말씀은 아마도 너무 겁낸 것 같습니다. 대개 이 일에 대해 종전에 가르침을 받은 것은 그저 의리(義理) 두 글자입니다. 오늘의 행지(行止)는 전과 다르지 않으니 이미 허락을 받았고 연모하며 놓지

15 현령에 의망되었다가 면하였으니 : 송시열이 1639년(인조17) 9월 용담 현령(龍潭縣令)에 제수되었으나 부임하지 않은 것을 두고 한 말로 보인다. 《宋子大全隨箚 卷3》

16 장씨(臧氏)가……것이니 : 사람이 방해한 것이 아니라 하늘의 뜻이라는 말이다. 장씨는 장창(臧倉)을 가리킨다. 맹자의 제자 악정자(樂正子)가 노 평공(魯平公)에게 맹자를 만나 보라고 권유하였다. 그러나 노 평공의 총신(寵臣)이었던 장창이 평공에게 참소하여 못 만나도록 저지하였다. 악정자가 이를 안타깝게 여기자, 맹자가 "시켜서 가기도 하고 말려서 못 가기도 한다. 그러나 가는 것과 못 가는 것은 사람이 시킬 수 있는 것이 아니다. 내가 노나라 임금을 만나지 못한 것은 천명이니, 장씨의 아들이 어찌 나를 만나지 못하게 할 수 있겠는가." 하였다. 《孟子 梁惠王下》

못하는 정도 있어서 중지하고 싶지 않았습니다. 만약 편치 않다고 말한다면 응당 스스로 문을 단단히 걸어 잠그고 굳게 앉아 있을 뿐입니다.

2, 3일에 -원문 결락- 판(判)에 나아가는 것을 제외하고는 갈 수 없으나 종형이 한 편의 글을 강구하여 얻어서 돌아온다면 할 일이 없지 않을 것이니, 또한 모름지기 붕우와 미리 상량(商量)하시는 것이 어떻겠습니까?

요즈음 윤지(胤之 조석윤(趙錫胤))가 이달 17일에 보낸 편지를 받았는데, 그는 제가 그곳에 오기를 바라나 저는 또한 여름 장마가 깊이 우려됩니다. 조쉬(趙倅)와의 종유는 자못 익숙하나 그 사람만을 위한 것은 아닙니다.

할 말은 많지만 마침 인사가 많아서 총총 이만 씁니다.

송명보에게 보냄 을유년(1645, 인조23) 10월 25일

與宋明甫 乙酉十月二十五日

어제 답장을 받고 소리 높여 읽으니 감사하고 후련했습니다. 말씀을 받들고 덕에 훈도되는 것과 차이가 없었으니, 매우 영광입니다.

밤사이 체후는 더욱 좋으신지 모르겠습니다. 편지에서 이렇게까지 간절하게 인도해 주셨는데, 게으른 제가 감당할 수 없음을 어찌하겠습니까.

영남으로 출발하려고 하는데 개연히 편치 못한 생각이 듭니다. 천도(天道)를 즐기고 천명(天命)을 안다는 것은 이렇게 해서는 안 되는 듯하니, 한갓 성현의 글을 저버린 것이 한탄스럽습니다. 돌아오는 여정을 손꼽아 보니 그믐날에 돌아올 것이고, 2일이나 3일에는 마암(馬巖)에 가야 합니다. 저의 기력이 능히 이것을 해낼 수 있을지 모르겠습니다.

첩을 들이려는 뜻은 실로 타인과는 다릅니다. 아내가 병에서 완전히 회복할 가망이 전혀 없으니 첩을 들이는 것은 참으로 저의 뒤를 이을 아들을 얻으려고 하는 것으로서 사체가 매우 중대합니다. 그러므로 절대로 군색함을 이유로 엉성하게 하고 싶지 않습니다. 강씨(姜氏) 여인에게 관심을 쏟는 것은 참으로 세덕(世德)을 살펴보았고, 또 그녀가 반드시 어른을 섬기는 데 익숙할 것이라 생각했기 때문이니, 그 외 다른 것은 실로 묻지도 않았습니다. 합당하지 않다고 말씀하신 것은 어째서입니까? 설사 합당하다 하더라도 저쪽에서 만약 응답하지 않으면 또한 어찌할 수 없습니다. 그러나 나의 입장에서는 조그마한 허물 때문에 다 버릴 수 없습니다. 만약 저쪽에서 저를 업신여기지 않으면 저도 저쪽을 버리지 말아야 합니다. 어떻게 생각하십니까?

아무개 집안의 서녀(庶女)는 저의 뜻이 위와 같으므로 원하지 않습니다. 그러나 그녀가 만약 출중하다면 어찌 세상의 풍속에 구애되겠습니까. 다만 아내가 그녀의 적모(嫡母)를 만족스럽게 여기지 않아서 바라지 않습니다. 또한 혹 일리가 있다면 천천히 대화하겠습니다. 대개 저의 뜻은 사가(士家)의 측실 딸을 간절히 바라는데, 그것은 사가의 가법 때문입니다. 비록 한양 여자라도 꺼리지 않습니다. 붕우들 사이에 널리 물어봐 주십시오. 지극히 바랍니다.

증록(症錄)은 일찍이 공주 감영(公州監營)에 있을 때 심백(深伯)에게 부탁하여 물어서 보내게 했는데, 도중에 유실된 것 같습니다. 답서 한 통을 가지고 가서 저쪽에 저의 뜻을 간곡하게 전달하는 것이 어떻겠습니까? 명송(螟訟)에 있어서, 형은 의류(義柳)를 완전히 용서하시고, 백(伯)은 두 유씨(柳氏)를 고루 다스리셨는데 모두 저의 마음을 싫어하지 않으셨습니다. 저는 매번 "의류는 박(薄)하도다."라고 말했으니, 어찌 죄가 없겠습니까. 어떻게 생각하십니까?

희중(希仲 윤휴(尹鑴))의 아이는 이미 나왔습니까? 시에서 한 말은 참으로 평상시의 제 생각에서 나온 것이니, 무슨 그와 관련된 일이 있겠습니까. 그의 설(說)이 시행되더라도 어찌 군주를 버리고 부모를 잊는 논설을 하겠습니까. 길(吉)은 하나일 뿐[17]이라는 말씀은 감히 받들어 주선하지 않겠습니까.

17 길(吉)은 하나일 뿐 : 주돈이(周敦頤)가 "길흉(吉凶)과 회린(悔吝)이 동(動)에서 생겨나는데, 아, 길(吉)은 하나일 뿐이니 동을 삼가지 않아서야 되겠는가."라고 한 데서 온 말이다.《周元公集 卷1 通書》

저는 이 지역에 대해 평소 익숙하지 못하여 견문이 넓은 사람을 얻지 못할까 두렵습니다. 길이 편하다면 신석번(申碩蕃)의 집에서 묵고 싶습니다.

감국(甘菊)은 마땅히 옮겨 심어야 하고, 백작약은 꽃이 폈을 때 아이 종이 다 채취해서 지금은 남은 것이 없으니, 한탄스럽습니다. 재기(齋記)는 글을 쉽게 지으면 틀림없이 활력이 없게 되니, 조금 더 공을 들여서 조금 더 잘 지어 주시면 비로소 감히 명을 듣겠습니다. 송애(松崖 김경여(金慶餘))에 관한 글은 겨우 초안을 잡기 시작하였으니, 끝나면 삼가 여쭙겠습니다. 9일의 모임을 손꼽아 기다립니다. 다만 모르겠지만 그 전에 전의(全義)로 가는 인편에 서신을 왕복할 수 있겠습니까?

옛집을 수습하는 것이 어찌 지극한 계책이 아니겠습니까. 저의 뜻은 옛 별장을 고치는 것만 한 것이 없다고 생각합니다. 읍호정(挹灝亭)[18]은 불편한 듯하며 장구한 계책도 아닙니다. 저도 형제와 상의하여 산에서 나갈 계책을 세우고 싶습니다. 설사 옛날처럼 단란하게 모이지 못하여 서로 돌아보지 못하더라도 소식을 가까이 듣는다면 다행일 것입니다.

탄옹(炭翁 권시(權諰))과 송애 모두 움직일 뜻이 있는데, 송애는 오히려 괜찮으나 탄옹은 안 될 것 같으니, 형이 만류할 수 없겠습니까?

할 말은 많지만 길을 떠나야 해서 자세히 쓰기 어렵습니다. 그저 마음으로 이해해 주십시오. 오늘 아침에 멀리 공동산(空同山)[19] 아래에

18 읍호정(挹灝亭) : 충청도 회덕(懷德)의 선암천(船巖川) 가에 있던 정자이다. 《同春堂集 卷21 先考清坐窩府君行狀》《宋子大全 卷141 挹灝亭重修記》

19 공동산(空同山) : 중국 고대의 선인(仙人) 광성자(廣成子)가 공동산(崆峒山)의 석실(石室)에서 거처한 데서 유래한 표현이다. 여기서는 김상헌(金尙憲)이 머물고 있는 석실을 가리킨다.

편지를 부쳤는데, 하(下) 자를 사(士) 자로 잘못 썼으니, 제가 생각이 없는 것 같습니다.

희중이 만약 저의 설을 취하여 지난번 글을 조금 고친다면 하나의 의미 있는 일일 것입니다. 이른바 바라서는 안 될 행운을 어찌 감히 바라겠습니까.

송명보에게 답함 을유년(1645, 인조23) 12월 2일

答宋明甫 乙酉十二月二日

두 차례의 글에서 삼가 다소의 말씀하신 뜻을 알았습니다. 감사하고 위로되는 마음 어찌 형용할 수 있겠습니까.

다만 기억하건대, 장 부자(張夫子 장재(張載))가 굶어 죽은 사람을 보고서는 그만 밥맛을 잃었다고 하였으니, 어찌 일찍이 손발이 마비된 것처럼 서로 간여하지 않았을 리가 있었겠습니까. 정 부자(程夫子)가 "공(公)이 시장기가 없겠는가?"라고 한 말[20]은 단지 형기(形氣)의 구분을 가지고 말한 것이나 그 이치는 본디 막힘이 없는 것입니다. 더구나 지금은 수사(收司)의 율(律)[21]에 걸리게 된 때인데 말할 나위가 있겠습니까.

재차 올린 상소가 비록 윤허를 받지 못했으나 아직은 글을 올릴 여지가 있는데, 여러 날 헤아려 보아도 끝내는 다시 상소하는 것으로 귀착됩니다. 재령(載令 서필원(徐必遠))이 나에게 들러, "비록 홍모(洪某 홍무적(洪茂績))처럼 강직하여 남이 말하지 않은 것을 말한다 할지라도

20 정……말 : 송대의 학자 진경정(陳經正)이 "나는 보건대 천지 만물이 모두 나의 성(性)이라, 내 몸이 다시 따로 존재하고 있음을 모르겠다."라고 하니, 그의 스승인 정이(程頤)가 말하기를 "다른 사람이 배부르게 먹는다고 공(公)이 시장기가 없겠는가?" 한 것을 말한다.

21 수사(收司)의 율(律) : 남의 죄에 걸려드는 것을 뜻한다. 수사는 옛날 중국에서 열 집을 한 조(組)로 하여 그중의 한 집이 죄가 있을 경우 아홉 집이 관아에 고발하게 하던 법인데, 만일 고발하지 않았을 때는 열 집이 모두 연좌되었다고 한다.

끝내 나가지 않는 것이 더 좋은 방법이다. 그러나 지금 상의 융숭한 은혜에 대해서는 의당 한번 사례해야 할 듯하니, 잠깐 나갔다가 곧 돌아오는 것이야 어찌 자신을 지키는 데 해로울 것이 있겠는가." 하였습니다. 그 말을 듣고 저는 면전에서 즉시 감탄하기를 "군자는 사람을 덕으로써 사랑하는 법이니 앞에 한 말이 옳다." 하고, 한번 빙긋이 웃으면서 작별하였습니다. 그때 영공(令公)이 또 형을 말하면서, "대대로 교분이 매우 두터우니 서로 통혼(通婚)하고 싶은 마음이 간절하다." 하고, 나에게 소개하도록 했었습니다.

군필(君弼 신익륭(申翊隆))의 지적은 참으로 그렇습니다. 그러나 도심(道心)에 관한 한 조목[22]은 평소에 주자(朱子)의 상소를 반갑게 읽고서 그대로 흉내를 내게 된 것이며, 또 당시에 임금의 뜻을 순종하고 임금의 뜻을 백성들에게 널리 포양하는 자가 한 사람도 없으므로 나도 모르게 그 말이 나오게 된 것이니, 다른 사람들이 비웃고 헐뜯는 것을 의당 그대로 감수하겠습니다.

지금 이 상소 초고를 종전대로 무턱대고 보내니, 통렬하게 바로잡아 정서하여 돌려보내시기 바랍니다. 글자 수도 많지 않아 내일 인편에 전해 올리려 하니, 다시 바라건대 속히 보내 주시면 참 좋겠습니다.

22 도심(道心)에……조목 : 1645년 11월에 송시열이 동궁을 보도(輔導)하라는 명을 받고 사퇴하는 상소에서 "전하께서 세자를 권면하여 깨우치기를 '네가 더욱 도심을 밝혀야 한다.' 하셔야 합니다." 한 것을 가리킨다. 《宋子大全隨箚 卷3》

송명보에게 보냄

與宋明甫

그저께 보낸 편지를 보셨습니까? 요즈음 조섭하는 근황은 좋습니까? 저는 그럭저럭 지내고 있습니다만 주인장이 돌아오실 때가 되었으므로 몹시 다급하여 괴롭습니다.

지난번 편지에서 여쭌 것은 어떻게 가르쳐 주시겠습니까? 다시 생각해 보니, 전후의 비지(批旨)에 대하여는 아울러 한 통의 소로 진술하여 빌면 안 될 것이 없고 또 번거롭게 함을 면할 수 있으므로 바야흐로 이렇게 처리하려고 하는데, 어떻게 생각하실지 모르겠습니다.

주인장이 오셔서 돈독히 면려하며 신발과 도포를 빌려주겠다고 하고, 또 대의(大義)를 책임질 것을 요구하셔서 우선 《논어》 제17편 첫 장의 말[23]을 모방하여 대답했는데, 어떻게 생각하실지 모르겠습니다. 곤란한 것은, 외성(外城)[24]의 문장(文丈 김집(金集))이 자못 힘써 출사를 재촉하시는 것이니, 이것은 참으로 나를 염치를 모르는 사람으로 만들려고 하는 것입니다. 바라건대 문장께 권하여 너무 지나치게 주장하여 이론을 불러일으키게 하지 말도록 해 주시는 것이 어떻습니까? 형이 중간에 있어서 양쪽에서 서로에게 권하게 하기를 요청하고 있는데, 형이 끝내 어느 편 사람이 될지 모르겠습니다. 하하.

드릴 말씀은 많으나 몹시 어수선하여 이만 씁니다.

23 논어……말 : 《논어》 〈양화(陽貨)〉에서, 출사(出仕)를 권하는 양화에게 공자가 "예, 나는 장차 벼슬을 하겠습니다."라고 대답한 말이다.

24 외성(外城) : 연산(連山)이니, 신독재(愼獨齋) 김집이 거처하는 곳이다.

송명보에게 답함 병술년(1646, 인조24)
答宋明甫 丙戌

밤낮으로 우러러 연모하니 기갈(飢渴)이 든 심정입니다. 오늘 낮에 천승(泉僧)이 대전(大田)의 시장(市場)에서 보낸 편지를 가져왔기에 서너 번 받들어 읽으니 제 마음이 매우 위안되었습니다.

석실(石室)의 문자(文字)에 대해, 저도 역시 예전의 솜씨가 아니시라고 생각했습니다. 저쪽에 있을 때 받아서 한 번 읽고는 근래에 구양수(歐陽脩)의 문장을 보셨느냐고 여쭈니, 웃으시면서 "노년에 들어서 그것을 매우 사랑하게 되었다."라고 하셨습니다. 어찌 이전의 간엄(簡嚴)하심에서 노성하고 여유롭게 변화했으므로 이처럼 보기를 좋아하게 되신 것이 아니겠습니까.

묘명(墓銘)은, 재주 없는 제가 이번에 한 조치만 못하나 두 손을 모으고 -원문 결락- 기다립니다. 얼음 위에 앉아서 따뜻해지기를 기다리는 것과 차이가 없으니, 누가 처리할 수 있을지 모르겠습니다. 염려됩니다.

단승(丹僧)이 내일 이곳에 오기로 약속했으니, 그가 오면 의당 먼저 경계하여 보내겠습니다. 6일쯤에 저도 따라가서 시를 읊조리고 풍모를 본받는 사이에서 정성스러운 가르침을 함께 받들고 싶습니다.

임지(臨池)라는 말씀에는 포복절도하지 않을 수 없습니다. 비유하자면, 배고픈 자가 술집 마당에 들어가서 고깃국의 살진 고기를 보고 좌우로 움켜잡는 행위와 같으니, 어찌 공부하여 이에 도달할 수 있겠습니까. 백필(白筆) 한 자루를 말씀대로 올립니다. 외성(外城 김집)과

가림(嘉林)[25]의 서신이 오늘 한꺼번에 이르렀으므로 부쳐 올립니다.

현공(玄公)은 며칠 전에 이미 회향(懷鄕)으로 향했습니다. 이미 말씀하신 대로 경계하여 보냈는데, 죽점(竹店)에는 아직 미치지 못했으니, 대개 저 사람이 급히 불렀기 때문입니다.

할 말은 많으나 매우 어수선하여 이만 씁니다.

25 가림(嘉林) : 시남(市南) 유계(兪棨)를 가리키는 듯하다. 《宋子大全隨箚 卷3》

송명보에게 보냄 기축년(1649, 효종 즉위년) 6월 16일

與宋明甫 己丑六月十六日

불볕더위가 쇳덩이를 녹이지만 이별한 정회를 녹이지는 못합니다. 멀리서 맑은 자리의 시원한 바람을 상상하니 저도 모르게 정신이 상쾌합니다. 요즘 질환은 어떠합니까?

저는 이곳에 온 뒤에 이렇게 큰 낭패를 만나서,[26] 그때 나를 만류한 이가 없었음을 한스러워하며, 비로소 세상에 나만큼 형을 사랑하는 이가 없음을 알았습니다. 그러나 소명(召命)을 받든 사신의 말이 다시 빈 골짜기로 들어가니,[27] 이후에는 전과 조금 다를 것 같지 않습니까. 각자 처지가 상반되니 감히 다시 함부로 입을 놀리지 못하겠습니다.

생각건대 태형(泰兄 이유태(李惟泰))이 일일이 말할 것이니, 이만 씁니다.

26 저는……만나서 : 당시에 송시열이 소명에 달려가서 한번 소회를 진달하고 면대(面對)를 청하려 했으나 마침 유계(兪棨)가 대행 대왕의 시호를 의논한 일로 효종이 진노했으며, 효종은 송시열이 시호에 관한 일을 쟁론하려는 줄로 알고 질병을 핑계 대고 만나 주지 않으니, 송시열이 마침내 소를 남기고 곧장 돌아갔다. 《宋子大全隨箚 卷3》

27 소명(召命)을……들어가니 : 당시에 송준길이 소명을 받았기 때문에 한 말이다.

송명보에게 보냄 기축년(1649, 효종 즉위년) 6월 17일

與宋明甫 己丑六月十七日

어제 보낸 편지는 보셨습니까? 송애(松崖)와 호형(濠兄)은 성군(聖君)이 간절한 마음으로 기다리고 여러 공(公)이 애타게 그리워하는데[28] 출처의 계획이 어떠한지 모르겠습니다. 저는 낭패했기 때문에 서로 당겨 함께 들어가기를 바라지 않으나 사기(事機)에 만회할 이치가 있다면 중망을 받는 여러 형은 한번 와서 새 왕의 교화를 돕지 않을 수 없을 듯합니다. 이 밖의 논의는 모두 한가한 소리이니, 서로 논의하여 하기를 바랍니다. 어떻게 생각하십니까?

저는 내일 소를 올려 사직을 간청하되, 윤허를 받지 못하면 형세상 배사(拜謝)해야 할 것입니다. 그러나 졸곡(卒哭) 전에 서연(書筵)을 정지하는 것은 대신(大臣)이 어제 이미 의논하여 정했습니다. 저는 한가로이 앉아 국록만 축내는 것도 미안한 듯하므로 늠전(廩典)도 사양했습니다. 객지에서는 가난과 고생이 더욱 심하여 갈수록 귀밑머리가 더 빨리 세는 것을 느낍니다.

역말에 관한 일은, 모두가 사양하지 않는 것을 득으로 여기며 역말을 타지 않으면 형세상 소를 진달해야 할 것이라고 합니다. 모름지기 헤아려서 처리하는 것이 어떻습니까?

저는 도중에 이미 괴이한 이름을 얻었는데, 한양의 논의는 저를 더욱

28 송애(松崖)와……그리워하는데 : 당시에 송애 김경여(金慶餘)는 대간(大諫)으로 부름을 받고, 호형 송준길은 집의로 부름을 받았다. 《宋子大全隨箚 卷3》

해괴하게 여깁니다. 게다가 식견이 있는 사람도 지난날과 차이가 있다고 말하니, 아울러 헤아려 주십시오.

문령(文令 김익희(金益熙))은 밤낮으로 저를 허물하는데, 또한 일리가 있습니다.

송명보에게 답함 기축년(1649, 효종 즉위년)

答宋明甫 己丑

서원에서 온 인편을 통해 답장을 받고 매우 위안되었습니다. 우리는 어제저녁에 또 시골집으로 옮겨 왔습니다. 며칠 뒤에 저는 다시 정사(精舍)로 나아가려 합니다.

상량문은, 근심이 이러하니 능한 사람에게 시키더라도 겨를이 없을 듯한데 더구나 무능한 사람이겠습니까. 또 억지로 이 부화(浮華)한 습속을 부추길 필요도 없습니다.

황축(黃祝)[29]은 참으로 좋으나 두 번째 글은 억양이 너무 지나칩니다. 견문이 좁은 내가 감히 끼어들어 의논할 수 없습니다마는 또한 첫 구절은 이처럼 가볍게 시작했는데 이어서 "사문(斯文)이 망하지 않았다."라고 했으니 또한 절로 밀접하지 못하여 쟁단(爭端)을 일으킬 듯합니다. 다시 헤아려 주십시오. 감히 졸견(拙見)을 적어 올리니 만에 하나 살펴서 결정하는 데 대비가 되겠습니까.

끝없이 서로 만나 보았는데, 그립고 답답함에 어찌 끝이 있겠습니까. 매우 어수선하여 이만 씁니다.

○ 참으로 알고 실제로 행하는 것은 연원 있는 바른 명맥이네. 사문이 길이 힘입고 나를 끝없이 계도하네.〔眞知實踐, 淵源正脈. 斯文永賴, 啓我無極.〕

29 황축(黃祝) : 황산서원(黃山書院)의 축문(祝文)인 듯하다.

송명보에게 보냄 기축년(1649, 효종 즉위년) 6월 24일
與宋明甫 己丑六月二十四日

조롱에 갇힌 새는 숲을 그리워하나 숲속의 새는 깔깔대고 웃는다고 하던데, 이 이야기가 어느덧 내 앞에 이르리라 생각지도 못했습니다. 송애(松崖 김경여)와 호형(濠兄)은 길에 올랐으리라 생각하는데, 그렇지 않습니까? 저는 향리로 돌아가고자 하면 은우(恩遇)가 더욱 더해지고 서울에 머물고자 하면 세속의 시끄러움에 몹시 괴롭습니다. 오늘 재차 장헌(掌憲)을 사직하려 하나 반드시 체직되리라 기대하기 어렵습니다.

낙탄(洛彈)[30]은 원래 바른 주장이나 견해가 다른 자들이 감히 성내어 그 형세가 오히려 두려워할 만한데, 무중(武仲 유계(兪棨))이 담당하고 있으나 힘이 약한 듯합니다. 저는 오늘 체직되지 않으면 마지못하여 숙배해야 합니다. 그러나 그의 문객[31]이 와서 엿보는 것을 다 방비할 수 없으니 괴롭습니다. 함장(函丈)께서 어제 큰 상소를 올리고 겸하여 예(禮)를 논한 책 한 권을 진상했는데,[32] 이때까지 비답이 내리지 않았

30 낙탄(洛彈) : 낙흥부원군(洛興府院君) 김자점(金自點)에 대해 송준길이 탄핵한 것을 말한다. 《宋子大全隨箚 卷3》

31 그의 문객 : 김자점의 문객 이지항(李之恒) 등을 가리키는 듯하다. 《宋子大全隨箚 卷3》

32 함장(函丈)께서……진상했는데 : 함장은 김집(金集)으로, 김집이 당시에 공조 참판으로서 상소를 올리고 겸하여 《고금상례이동(古今喪禮異同)》을 진상하였다. 상소의 내용은 인조의 시호에 관한 일과 시무에 대한 것이었다. 《孝宗實錄 卽位年 6月 24日, 25日》

습니다.

듣건대, 그쪽에서 여러 -원문 결락- 진잠(鎭岑) 성전(星田)[33]의 김매기를 돕는다 하니, 깊이 감사드립니다. 제 딸과 무인(務人)[34]은 데려와도 무방할 듯합니다.

33 진잠(鎭岑) 성전(星田) : 당시 송시열의 집이 있던 곳이다. 《宋子大全隨箚 卷3》

34 무인(務人) : 송시열의 별실(別室) 무안인(務安人)을 가리킨다.

송명보에게 보냄 기축년(1649, 효종 즉위년) 12월 19일
與宋明甫 己丑十二月十九日

어제 보낸 편지는 보셨습니까? 봄이 오려 하는데 건강은 어떠하십니까? 어제 사임(士任)을 만나 보았습니다. 그에게 듣건대, 주산(注山)[35]의 장사(葬事)는 일정에 변동이 없다고 하니 위안됩니다.

이상(李翔)이 지금 대구에 있는데, 어제 그의 편지를 받았습니다. 그가 《중용혹문(中庸或問)》을 간행하려 하는데 교정할 만한 선본(善本)이 없어서 좋은 판본을 얻고 싶어 한다고 하나, 이곳에는 좋은 판본이 없습니다. 형이 소장하고 있는 책을 빌려서 보내도 되겠습니까? 며칠 사이에 돌아오는 인편이 있을 것입니다.

저번에 이상이 한양에서 나를 찾아와서 동전(東殿 왕세자)이 입학할 때의 이야기를 했습니다. 《대학(大學)》의 경문(經文) 제1장을 강학하는데, 장의 첫 구절을 강의할 때 동전이 하문하시기를 "사람의 기량과 식견은 만 가지로 같지 않다. 저 사람이 명덕(明德)이라 하는 것은 자신이 명덕으로 여기는 것을 명덕이라 하는 것으로, 내가 명덕이라 하는 것과 다르면 어찌하는가?"라고 하자, 지성균관사 이식(李植)이 대답하지 못하고 한참 있다가 도리어 말하기를 "명덕이 아닌 것을 어찌 명덕이라 할 수 있겠습니까."라고 했으며, 한양에서는 모두 그가 대답하지 못한 것을 비웃었으나 또한 대답할 만한 말을 알지 못했다고 합니다. 형이 이 이야기를 듣지 못했을 것 같으므로 부질없이 말씀드렸습니다. 이만 줄입니다.

35 주산(注山) : 송시열과 송준길의 선영(先塋)이 있는 산이다.

송명보에게 보냄 경인년(1650, 효종1) 2월 18일

與宋明甫 庚寅二月十八日

본래 충의지사(忠義之士)가 마음을 썩이고 애를 태우는 것을 알고 있습니다. 우리가 비록 초야에 있으나 어찌 감히 잠시인들 충의가 가슴에 있지 않겠습니까. 그러나 이 우환을 풀 계책이 없습니다. 문(文)과 방(方)[36]의 설은 별을 따는 것에 가깝지 않겠습니까.

저는 며칠 전부터 감기를 크게 앓고 있으며 얼굴에 종기까지 나서 오른쪽 뺨이 됫박만 하게 부었습니다. 문득 지레 죽을까 두렵습니다. 눈을 뜰 수가 없어 겨우 이렇게 씁니다.

36 문(文)과 방(方) : 문은 자가 중문(仲文)인 김익희(金益熙)를 가리키고, 방은 자가 계방(季方)인 임의백(任義伯)을 가리키는 것으로 보인다.

송명보에게 답함
答宋明甫

적막한 중에 특별한 서한을 받으니 말할 수 없이 위안이 되고 격려가 되었습니다. 저는 약을 복용한 뒤에 다른 드러난 효과는 없고 그저 이별할 때 으스스 떨리는 기운이 대충 풀어진 듯하나 밥을 조금밖에 못 먹는 증상은 그대로이니 답답하고 괴롭습니다. 최 의원(崔醫員)이 모레 와서 모이기로 약속했는데, 그가 약속을 저버리지 않을지 모르겠습니다.

시사(時事)는 참으로 아무것도 듣고 싶지 않습니다. 그저 한스러운 것은 우리가 발을 굳게 붙이지 못하고 쉽게 한번 나가서 결국 천고의 웃음거리가 되는 것입니다. 이번에 가는 조보(朝報)는 더욱 극히 놀라우니, 보시면 할 말을 잃고 길게 탄식하실 것입니다. 변초(辨草)[37]는, 병든 뒤에는 정신이 다시는 지난날의 것이 아니고, 또 오는 자가 날로 많아 매일 시끄럽게 떠들기만 하여 사색을 할 수 없으니 수습하기 어려울 듯합니다. 발어(跋語)는 더욱 감당하지 못하겠습니다. 다만 형이 발문을 짓기를 기다려 참람되이 그 일을 돕는다면 혹 할 수 있을 것입니다.

연(延)이 대죄(待罪)하며[38] 무(武)[39]를 공격하는 말을 하지 않았습

37 변초(辨草) : 1651년(효종2)에 송시열이 태학생을 위하여 지은 〈의양현변무소(擬兩賢辨誣疏)〉의 초고를 가리킨다.

38 연(延)이 대죄(待罪)하며 : 당시에 말하는 자들이 연성군(延城君) 이시방(李時

니다. 그러나 그에 대한 조치는 어떻게 되었습니까? 김 참판(金參判)이 그것을 흉내 냈으나 정원(政院)이 받아 주지 않을 것입니다.

어제 연서(連書)를 보건대 얼(臬)[40]의 딸이 죽었으니, 참혹합니다. 나머지는 매우 바빠서 몇 자 적었습니다.

昉)이 역신 김자점을 가까이하며 그에게 붙었다고 모함하여 이시방이 의금부에게 가서 명을 기다린 일을 가리키는 듯하다.《宋子大全隨箚 卷3》

39 무(武) : 자가 무중(武仲)인 유계(兪棨)를 가리키는 듯하다.

40 얼(臬) : 김장생(金長生)의 서자이다.

송명보에게 보냄

與宋明甫

사성(思誠 권시(權諰)) 형이 충고한 바가 참으로 있었습니다. 그러나 역시 다른 사람에게 이야기해 준 것은 기억나지 않습니다. 이 설은 일찍이 황산(黃山)에 갔을 적에 대략 여쭙고 바로잡으려 했습니다. 이제 그가 가서 또 말씀드렸으니 어찌 이로 인하여 누설된 것이 아니겠습니까. 이상하고도 이상합니다.

그러나 어찌 사성 형이 말한 바와 같겠습니까. 사성 형은 "출사한 뒤에 성은(聖恩)이 더해져서 꼼짝도 못 하게 되면 초야에 굳게 누워 있느니만 못하다. 만약 마지못하여 출사한다면 또한 반드시 추세를 전환하는 계기를 담당하여 군주의 명에 보답하고 사례해야 하니, 어찌 분주하며 굽신거리기만 하겠는가. 옛날에 회암 부자(晦庵夫子)가 군주를 면대하게 되었을 때 일찍이 군신 부자(君臣父子)의 의리를 세상을 구제하는 급무라 하였다. 오늘의 추세가 어찌 이와 다르겠는가. 간절히 축원하건대, 충성을 다하여 천하를 위해 강상(綱常)을 부지해 주시오. 어떻게 생각하는가?"라고 하였습니다.

제가 말한 바는 그가 출사했을 때 강상을 부지하기를 바란 것인데 사성 형이 의심한 바는 도리어 초야에 물러났을 때 강상을 부지하는 것으로 여긴 것 같으니, 아마 이것은 잘못 전해 들은 것 같습니다. 대저 사군자(士君子)의 포부는 중대하고 이 강상을 부지하는 것은 출처에 차이가 없습니다. 출사하여 부지하는 것은 부지함으로써 부지하는 것이고, 물러나서 부지하는 것은 부지하지 않음으로써 부지하는 것입니다. 어찌 반드시 출사하는 것을 부지하지 않는 것으로 여기고 물러나는 것을 유독 부지하는 것으로 여기겠습니까. 사군자가 출사하여 하는 바가 없고 물러나서 지키는 바가 없다면 어찌 출사하거나 물러난 것이라 할 수 있겠습니까.

또한 사성 형이 "일에 대해서 계모(計謀)를 내고 도가 합치하면 복종하고 아니면 떠난다."라고 한 것은 모두 평상시 등용되었을 때의 절목으로서 평상시에는 본래 이렇게 해야 합니다. 그러나 변고를 만난 경우에는 어찌 헤아림이 없을 수 있겠습니까. 저의 견해가 이와 같은데, 어떻게 생각하실지 모르겠습니다. 만약 사성 형을 만나면 반드시 함께 은근히 헤아려 보시고 다시 가르쳐 주십시오. 천만 간절히 바랍니다.

지난해에 윤여망(尹汝望 윤문거(尹文擧))이 나를 찾아와서 조언을 해 달라고 청하기에 또 대략 이것을 언급했습니다. 사성이 들은 바는 혹 이로 인하여 잘못 전달된 것 같습니다.

송명보에게 답함 계사년(1653, 효종4) 6월 11일

答宋明甫 癸巳六月十一日

답장에 참으로 위안되었습니다. 근일에 안부는 어떠하십니까?

이곳은 심부름꾼이 없어서 모든 일이 차질을 빚고 있습니다. 영(嶺)에 있는 승노(僧奴)는 찾아도 오지 않으니 매우 애타고 답답합니다. 정려(旌閭)를 세우는 일[41]은 얼마나 추진되었습니까? 이런 궁벽한 곳에 들어와 앉아 있자니 정신이 아득합니다. 제삿날에는 변동이 없지 않습니까? 축문은 말씀대로 하겠습니다.

다만 두 분의 신위를 옛터에 합설하여 제사 지내는 것은 경전에서 근거를 보지 못했습니다.[42] 회옹(晦翁)의 경우는 먼 조상에게 올리는 고유제(告由祭)는 묘소에서 지냈습니다. 다시 선조(先祖)를 제사 지내는 혐의[43] 및 아랫사람에게 제사 지내는 경우 감히 윗사람을 끌어올 수 없다[44]는 등의 의리를 생각해 보는 것이 어떻습니까? 혹은 묘소에

41 정려(旌閭)를 세우는 일 : 송시열의 9대조 송극기(宋克己)의 부인 안인 유씨(安人柳氏)의 정려를 세우는 일이다. 《宋子大全 卷201 先祖妣柳氏墓表》

42 두……못했습니다 : 9대 조비(祖妣) 안인 유씨의 정려문을 세우는 날 송촌(松村)의 옛터에서 제사를 지내는데, 종중 사람들이 부군(府君)의 신위까지 합해서 제사 지낼 것을 논의했으므로 송시열이 언급한 것이다.

43 다시……혐의 : 주희는 처음에 정자의 설을 따라서 선조에게 제사 지냈으나 만년에 논을 정하며 그렇게 하는 것은 참람한 혐의가 있다고 생각하여 폐지하였다.

44 아랫사람에게……없다 : 《예기》 〈잡기 상(雜記上)〉의 "남자를 조부에게 부제할 때에는 조모를 함께 제사하지만, 여자를 조모에게 부제할 때에는 조부를 함께 제사하지 않는다.〔男子附於王父則配, 女子附於王母則不配.〕"에 대한 정현(鄭玄)의 주에 "윗사람

단(壇)을 쌓고 합설한다면 오히려 근거가 있지 않겠습니까? 군자가 예를 행하면 사방에서 보는데, 일이 끝난 뒤에 논의가 혹 일어나 의기(義起)[45]한 것을 꾸짖으면 유명(幽明) 간에 모두 편치 못하므로 참람되이 언급하였습니다.

참누룩 한 덩이를 보내어 제사의 용도에 보탭니다.

에게 제사 지내는 경우 아랫사람에게 미칠 수 있지만, 아랫사람에게 제사 지내는 경우 감히 윗사람을 끌어올 수 없다." 하였다.

45 의기(義起) : 《예기》 〈예운(禮運)〉에 "예(禮)라는 것은 의(義)의 실질이니, 의에 맞추어서 맞으면 예는 비록 선왕(先王) 때에 없는 것일지라도 의로써 새로 만들 수 있다."라고 한 데서 온 말로, 예문(禮文)에 없더라도 이치를 참작하여 새로운 예를 만드는 것이다.

송명보에게 보냄
與宋明甫

어제 보낸 편지는 보셨습니까? 어제 누이 집에서 사람과 말이 왔습니다. 사세로 말하자면 우선 누이 집에서 모친을 봉양하고 저는 집안 식구들을 거느리고 자주 가서 지키며 새로운 거처를 수리한 뒤에 모친을 그쪽으로 모시면 일이 매우 편리하고 온당한데, 모친이 그렇게 하려 하지 않으시니 억지로 할 수 없습니다. 그래서 이곳에서는 며칠 뒤에 여러 사람이 서너 명의 중과 정사(精舍)에 들어가기로 약속했고, 또 장차 시골집을 한 채 구해 모친을 모시고 처자식을 거느리고 가서 거주할 것입니다. 저는 그대로 정사에 머물며 또 절로 분수를 따라 견뎌낼 것입니다. 이러한 뜻을 오로(悟老)[46]께 전달해 주십시오.

대상(大象)의 설(說)에 있어서, 형의 말씀은 끝내 질문한 자의 뜻을 분석하지 못했습니다. 저는, 《주역본의(周易本義)》의 뜻은 "대상은 괘상(卦象)을 풀이한 것이다."라고 한 것이라고 생각합니다. 예를 들어 사괘(師卦)의 "땅속에 물이 있다.〔地中有水〕"라고 한 것에 대해, 호설(胡說)은 사(辭)를 위주로 말한 것이니, "땅속에 물이 있다."라는 말에 어찌 일찍이 "사는 정한 것이니 장인이면 길하다.〔師貞, 丈人吉.〕"라는 의리가 있었겠습니까. 이것이 이른바 "상관이 없다.〔不相關〕"라는 것입니다. 《주역본의》와 호설은 주장하여 말한 것이 다를

46 오로(悟老) : 죽창(竹窓) 이시직(李時稷)의 아들 이경(李憬)으로, 그의 자가 사오(士悟)이다. 송시열의 매서(妹壻)이다.

뿐입니다. 선천(先天)[47]의 괘명(卦名)에도 이런 것이 없을 듯한데, 어떻게 생각하십니까?

〈소성(小星)〉의 '당석(當夕)'은 《예기(禮記)》에서의 뜻과 같지 않은 듯하니,[48] 다시 살펴서 가르쳐 주시는 것이 어떻습니까?

저는 한 후생(後生)과 한창 혼천의(渾天儀)를 연구하고 있습니다. 지난번에 제가 만들어 보낸 것을 오로에게 오는 인편을 통해 돌려주시면 좋겠습니다. 가까운 날에 오로의 집으로 오는 인편이 틀림없이 있을 것입니다.

47 선천(先天) : 우주의 본체와 만물의 본원을 가리키는 말이다. 북송(北宋)의 소옹(邵雍)이 진단(陳摶)의 학문을 터득하여 《주역》을 설명하면서 복희(伏羲)의 역(易)을 선천, 문왕(文王)의 역을 후천(後天)이라 하였으며, 〈복희선천괘위도(伏羲先天卦位圖)〉를 만들었다. 그래서 소옹의 역학을 선천학(先天學)이라 한다.

48 소성(小星)의……듯하니 : 당석은 해당하는 밤에 시중드는 것이다. 《예기》 〈내칙(內則)〉에서는 "처가 없어 첩이 시중을 들더라도, 처가 시중드는 차례의 밤은 차지하지 못한다.〔妻不在, 妾御莫敢當夕.〕"라고 하고, 《시경》 〈소남(召南) 소성(小星)〉의 전(傳)에서는 "감히 밤에 시중들지 못하고, 별을 보며 가서 별을 보며 돌아온다.〔不敢當夕, 見星而往, 見星而還.〕"라고 하여, 서로 뜻이 같지 않다. 그러나 송준길은 뜻이 같은 것으로 보았으므로, 송시열이 이렇게 말한 것이다.

송명보에게 답함

答宋明甫

아침에 서찰을 받들고 공손히 안부를 살펴 알았으니 위안되고 기쁩니다.

묘표 음기(墓表陰記)[49]는 받들어 읽고 감격하여 눈물을 흘리며 형언할 바를 몰랐습니다. 다만 불초한 저를 언급한 부분은 너무 심하니, 이것은 다시 고려하지 않을 수 없습니다. 이 밖에는 사적이 진실하고 의리가 분명하며 말이 간략하나 정이 전달되었습니다. 선인(先人)에게 지각이 있어 그 분의(分義)를 돌아보게 하더라도 선인이 어찌 한문공(韓文公 한유(韓愈))에게 대신 짓게 하기를 원하겠습니까.

저쪽의 형세가 만약 하루를 일할 수 있다면 뜻대로 글자를 새길 수 있을 것입니다. 모레 왕림해 주신다면 얼마나 다행이겠습니까. 다만 장마가 질까 걱정입니다. 회옹(晦翁)이 스스로 말하기를, 글짓기는 고칠수록 좋아진다고 했으니, 정신이 수고롭더라도 다시 사색해 보시는 것이 어떻겠습니까?

나머지는 떠나기에 앞서 매우 어수선하니 이만 씁니다.

49 묘표 음기(墓表陰記) : 송준길이 지은 송갑조(宋甲祚)의 묘표이다. 《同春堂集 卷18 睡翁宋公墓表》

송명보에게 답함
答宋明甫

방금 18일에 보내신 편지를 받드니 위안됨이 그지없습니다. 다만 총장(寵章)이 이와 같으니 어떻게 보답하겠습니까. 극히 염려됩니다. 다만 "거의 태평 시대가 될 것 같다."라고 하셨는데, 성상의 뜻이 어디에 있는지 깨닫지 못하겠습니다.

16일에 무지개가 달을 꿴 현상은 듣기는 했으나 보지는 못했고, 17일 초저녁에 둥근 달이 그을린 것 같아 아이들이 시끄럽게 떠들어서 저도 나가 보니 그을린 것 같은 것은 이미 사라지고 흰 무지개가 십자(十字) 모양으로 달을 관통하고 있었으니 그 끔찍스러움을 차마 볼 수 없었습니다. 여망(汝望 윤문거(尹文擧)) 영공(令公)이 일찍이 통곡하며 차라리 죽고 싶다는 말을 했는데, 참으로 그것은 정성에서 우러나온 말입니다. 지금 성상의 비답은 또 이미 일을 그르치고 남에게 도움을 청하는 것이니, 어쩌면 좋단 말입니까.

시사(時事)가 이러하여 저의 집에서 찾는 새 묫자리는 정밀하게 선택하기를 바라기 어려우니 오직 속히 이장(移葬)하는 것을 급무로 삼을 뿐입니다. 저의 친형이 그저께 초외(草外)와 수남(水南) 등지에 가서 거의 장지(葬地)의 취사를 결정하고 돌아왔는데, "황씨(黃氏) 때문에 마음이 편치 않다."라는 말을 문자에 나타내기까지 하였으니, 한탄스럽습니다.

7섬의 조곡(糶穀) 때문에 아전들이 저를 업신여길 만하다고 여기는 것이 갈수록 더욱 긴박하므로 마지못하여 글을 올립니다. 더구나 새 수령이 만약 저를 많이 빚진 자로 여긴다면 편치 않은 점이 있습니다.

송명보에게 답함 을미년(1655, 효종6)

答宋明甫 乙未

민효(閔孝 민유중(閔維重))의 별지는 삼가 잘 알았습니다.

저의 어리석은 생각으로는, 심상인(心喪人)이 이미 15개월이 지나 담제(禫祭)를 지냈고 담제 뒤에는 다시 곡할 때가 없으니 또 벗을 복이 없는 것입니다. 그렇다면 인용한 《통전(通典)》의 '25개월 곡제(哭除)'의 설은 의심스럽습니다. 그러나 《통전》에서 25개월로 단정한 것은 왕숙(王肅)의 "이달에 담제를 지낸다.〔是月禫〕"[50]라는 설을 따른 듯하니, 이른바 25개월은 곧 《가례》의 27개월입니다.[51] 지금은 단지 곡제의 득실을 논해야 할 뿐이니, 개월 수의 차이는 말할 필요가 없습니다. 세속에서 27개월째에 정일(丁日)을 택하여 길(吉)을 회복하는 것은 단지 대략 담제의 시기에 의거하여 한계를 삼은 것이나 예를 해치는 것으로는 보이지 않습니다. 그러나 고례(古禮)의 복침(復寢)[52]과 청악(聽樂)[53]은 반드시 달을 넘겨서 길제(吉祭)를 지낸 뒤에 했으니 27개월

50 이달에 담제를 지낸다 : 《예기》 〈단궁 상(檀弓上)〉에 "대상(大祥)이 지나면 호관(縞冠)을 착용하며, 이달에 담제를 지내고, 달을 넘겨서 음악을 연주한다."라는 말이 나온다.

51 가례의 27개월입니다 : 《가례》 〈상례(喪禮) 담(禫)〉에 "담제는 대상을 지내고 한 달 건너뛰어 지낸다. 초상 때부터 이때까지 윤달은 계산하지 않으며 모두 27개월이다."라고 하였다.

52 복침(復寢) : 평상시의 침실로 돌아간다는 뜻으로, 부인과 잠자리를 같이하는 것을 말한다.

로 단정한 것은 매우 옳지 않은 듯합니다. 편지에서 "다음 달 초하루"라고 하신 것이 마땅한 듯합니다. 그러나 《예기》에 "가까운 아무 날"[54]이라는 글이 있으니 길제는 꼭 초하루에 지낼 필요가 없습니다.

지금 민효의 상기를 만약 달력을 펼쳐 놓고 계산하면 길제는 10월에 지내야 하니, '가까운 아무 날'이라는 설에 의거하여 그달 상순의 정일(丁日)이나 해일(亥日) 중에서 하루를 택하여 복상(復常)하는 날로 삼는다면 마음을 기울인 것이 완곡하고 고례의 뜻에 부합할 듯합니다. 어떻게 생각하실지 모르겠습니다. 다시 가르쳐 주시기를 바랍니다.

또한 《통전》에 이미 이 글이 있으니 다시 상량(商量)해야 할 듯합니다. 그렇게 한 뒤에야 예를 행하는 폐해가 없을 듯하니, 아무개[55]의 종이 하순(賀循)과 유울지(庾蔚之)[56] 이하를 꾸짖는 것처럼 할 수는 없습니다. 어떻게 생각하십니까?

아울러 헤아려서 가르쳐 주십시오.

53 청악(聽樂) : 평상시처럼 음악을 듣는 것을 말한다.

54 가까운 아무 날 : 열흘 안의 날이다. 《예기》 〈곡례(曲禮)〉에 "무릇 날짜를 점칠 때에는 열흘 밖의 날을 '먼 아무 날'이라고 하고, 열흘 안의 날을 '가까운 아무 날'이라고 한다. 상사(喪事)에는 먼 날을 먼저 점치고, 길사(吉事)에는 가까운 날을 먼저 점친다." 라고 하였다.

55 아무개 : 윤휴(尹鑴)를 가리키는 듯하다. 《宋子大全隨箚 卷3》

56 하순(賀循)과 유울지(庾蔚之) : 하순은 진(晉)나라 학자로, 예학(禮學)에 밝았다. 유울지는 남조(南朝) 송(宋)나라의 학자로, 《상복세요(喪服世要)》, 《예문답(禮問答)》, 《예론초(禮論鈔)》 등의 저서가 있었으나 모두 일실되었다.

송명보에게 보냄 을미년(1655, 효종6) 11월 6일

與宋明甫 乙未十一月六日

신명(新命)[57]을 듣고부터 저도 몹시 불안합니다. 그러나 우리 선친의 입장에서 보면 이런 때일지라도 경사스럽습니다.

영사(永事)는 이른바 남의 누를 입는다는 것인 듯합니다. 대개 형의 댁에서 일꾼을 많이 쓰고 나서 비방이 일어날 곳에서 일어나 혈맥을 따라 널리 퍼진 것입니다. 전날에 경계를 드렸던 것은 대개 들은 것이 있었기 때문입니다. 게다가 젊은이들의 일로 고을 사람들이 산처럼 성내면서 수령의 마음을 움직이고 있으니, 한탄스럽습니다. 그러나 이른바 '일어날 곳에서 일어난다'는 것도 조금은 자초한 실마리가 있습니다. 우리는 반드시 이제부터 통렬히 더 몸가짐을 조심하고 또 젊은이들을 제지하여 관청에 지장을 주지 말도록 하는 것이 좋겠습니다.

《연원록(淵源錄)》은 본래 서당에서 소장하던 것인데, 여러 젊은이가 바야흐로 찾아서 가져와 후임자에게 넘겨 임무를 교대시키려고 하니, 그곳에 있는 세 책은 우선 환납했다가 아울러 빌리는 것이 어떻겠습니까?

서판(書板)을 환납합니다. 진첩(晉帖)[58]은 석서(石西)[59]에서 온 것

57 신명(新命) : 송준길이 이해에 통정대부의 품계에 올라 이조 참의에 제수되었는데, 이어서 찬선(贊善)을 겸임시키려고 조정에서 별유(別諭)를 내려 불렀다.

58 진첩(晉帖) : 진나라 왕희지(王羲之)의 법첩(法帖)을 말한다.

59 석서(石西) : 충청남도 논산시 양촌면 석천(石川) 서쪽에 있는 마을이다.

으로 본주인이 내일 댁에 들러서 찾아가려 합니다. 만약 혹 댁에 계시지 않는다면 반드시 사정을 헤아려서 조치해야 할 것입니다. 어떻게 생각하십니까?

송명보에게 보냄 병신년(1656, 효종7)
與宋明甫 丙申

오늘 진시(辰時)에 금정(金井)을 열었습니다.[60] 어제 청주(淸州)의 어른 및 사징(士徵) 씨가 서로 이어서 와서 보고 외계(外階) 밖의 폭을 살펴 정하니 여분의 땅이 몹시 좁았습니다. 상표(上標)를 쓰지 않았을 뿐만 아니라 또 하표(下標)의 아래로 나갔으니, 처음 잴 때 세밀히 하지 못한 것이 한스러웠습니다. 흙을 보태어 혈을 안정시킴을 면치 못했으니 오히려 두려운 마음이 있습니다.

상소에 대한 비답은 어제 하아(夏兒)[61]를 통해 얻어 보고 이미 깊이 염려하고 있습니다. 충주 시기의 기억이 분명하지 못하나 다섯 번째 소에서 체직된 듯합니다. 대개 3월에 직임을 제수받고 6월에 비로소 면직되었기 때문입니다.

이번에 끝내 한번 움직임을 면치 못했으니 여기에 이르러 의아하고 두려워서 할 말이 없지 않습니다. 만약 호위를 파한다는 말을 듣고 돌아온다면 또한 이탄(尼炭)[62]의 행위를 본받는 것이 아니니 온편할 듯합니다. 만약 드디어 들어간다면 할 일이 있는 자는 또 정론(正論)이라 할 것입니다. 그러나 풍부(馮婦)의 경계[63]도 염려해야 합니다. 대저

60 오늘……열었습니다 : 송갑조의 묘를 회덕(懷德) 판교(板橋)에 이장할 때이다.
61 하아(夏兒) : 송준길의 손자 송병원(宋炳遠)으로, 그의 아명이 하현(夏賢)이다.
62 이탄(尼炭) : 이성(尼城)에 살던 윤선거(尹宣擧)와 탄옹(炭翁) 권시(權諰)를 가리킨다.

외성(外城 김집(金集))에 여쭙고 행한다면 후회가 없을 것입니다.

다급하여 허둥대느라 조리가 없습니다.

63 풍부(馮婦)의 경계 : 옛날 버릇을 버리지 못한 것에 대한 경계이다. 《孟子 盡心下》

송명보에게 답함 병신년(1656, 효종7)

答宋明甫 丙申

오늘 이형(李兄)에게 보내신 편지를 보고 삼가 고요히 지내는 일상의 안부가 편안하고 건승하심을 살펴 알았으니, 위안되고 그리움이 매우 간절합니다. 저는 어제 아침에 비로소 외성(外城)에 도착하여 부안(扶安) 사람을 통해서 나(羅)가 바야흐로 부안에 있다는 말을 듣고 낭패하여 돌아오다가 오늘 저녁에 이형의 집에 닿았습니다. 일마다 이롭지 않으니 어찌하겠습니까.

함장(函丈 김집(金集))을 저버릴 수 없었으나 손님이 있는 것이 걱정되어 곧 하직하고 돌아왔을 뿐입니다. 모령(某令)[64]이 탑전에서 힘껏 문형(文衡)을 사양하니 상이 "청나라에 보낼 문자를 제술하게 하지 않을 뿐만 아니라 문자를 마감(磨勘)하는 데 이르러서도 제학(提學)에게 하게 하겠다."라고 하셨으므로 감히 다시 사양하지 못했다고 합니다.

이 모령과 원 원평(元原平 원두표(元斗杓))이 함께 어전에 나아갔는데, 원 원평이 모(某 윤휴(尹鑴))를 당세의 제일인자라고 성대하게 칭송하자, 상이 하문하기를 "도헌(都憲)도 이 사람을 아는가?"라고 하니, 도헌이 대답하기를 "신이 들은 바도 그러합니다."라고 하였습니다. 상이 하교하기를 "이미 자의(諮議)로 삼지 않았는가?"라고 하니, 원 원평이 아뢰기를 "이 사람을 반드시 크게 써야 하는데, 자의가 어찌 뜻을 펼칠 직임이겠습니까."라고 하였습니다. 다음 날 민(閔 민정중(閔鼎重))

64 모령(某令) : 창주(滄洲) 김익희(金益熙)를 가리킨다.

이 경연 중에 또 그를 성대하게 칭찬하므로 그에게 입시하라는 명이 있었다고 합니다. 이 사람이 때를 얻은 것이 바야흐로 성대하여 모령의 기백으로도 또한 그에게 경도되었는데, 이 사람이 마침내 어떻게 될지 모르겠습니다. 함장께서도 이 사람이 권(權 권시(權諰))보다 낫다고 말씀하셨습니다.

함장께서 또 이르기를 "모(某 송준길)가 일찍이 승지에게 '만약 체직이 쉽지 않으면 응당 달려가서 사은해야 한다.'라고 했다는데, 사실인가?"라고 하자, "이런 말을 듣지 못했습니다."라고 대답하니, "오늘 어찌 다시 나갈 리가 있겠는가. 망녕되고 망녕되도다. 태(泰)의 일[65]은 기쁘고 기쁘다."라고 하셨습니다. 또 이르기를 "모(某)는 앞으로 몸을 수양하는 것을 장차 어떻게 하려는가?"[66]라고 하자, 제가 "지금은 어떻게 할지 모르겠습니다."라고 대답하니, "나는 혼자 지내며 여생을 보내는 것이 낫다고 생각하네."라고 하셨습니다. 자장(子章 김익렬(金益烈))이 나아가 아뢰기를 "혼자 지내는 것은 참으로 어려울 것입니다."라고 하니, "모(某)는 사람의 도리에 있어서 아직 담담하지 못한 것 같구나."라고 하셨습니다.

이기직(李基稷)의 일을 대략 아뢰니, 함장께서 "나는 말의 근본을 캐고 싶지 않다. 나는 그의 부친과 서로 친하니, 아들을 가르치는 도리로 훈계하고 싶다."라고 하셨습니다. 만약 그렇다면 이 충후한 도리는

65 태(泰)의 일 : 이유태(李惟泰)가 일찍이 임금의 뜻을 거슬러 온당하지 않다는 하교를 받은 적이 있었는데, 이때에 이르러 임금이 그를 불러 보려 하므로 기쁘다고 한 것이다. 《宋子大全隨箚 卷3》

66 모(某)는……하려는가 : 송준길이 지난해에 부인의 상을 당했기 때문에 한 말이다. 《宋子大全隨箚 卷3》

성덕(盛德)이 한 것이고, 제가 그만두기를 청한 것은 천박한 짓이었으니, 부끄럽고 경복합니다.

저는 초외(草外)[67]로 향하여 내일 옥천(沃川)에 들어갈 것이니, 한스럽게도 다시 모시지 못할 것입니다.

67 초외(草外) : 현 대전광역시 유성구 일대에 있던 지명이다.

송명보에게 답함 병신년(1656, 효종7)
答宋明甫 丙申

정씨(鄭氏)의 인편이 이르러 삼가 보내신 편지를 받들고 근래의 안부를 알았으니, 위안됨이 그지없습니다. 외성(外城 김집(金集))은 편안하십니까? 매번 이와 같으니 어찌 애타고 답답함을 견디겠습니까. 한걸음에 달려가기에는 조금 멀어 때로 서로 소식을 전하지 못하니 더욱 우울합니다.

초려(草廬 이유태)의 우환도 염려할 만하고, 길보(吉甫 윤선거(尹宣擧))와 희중(希仲 윤휴(尹鑴))의 논설은 어찌 그렇지 않겠습니까. 그러나 관 뚜껑을 덮고 나서 봐야 가할 것입니다. 사성(思誠 권시(權諰))이 일찍이 판교(板橋)에 와서 길 떠나는 뜻을 말하기에, 반드시 모든 것을 상량해야 한다고 말했습니다. 기축년(1649)의 시호 논의 때 우의정 원(元 원두표)과 허(許 허계(許啓))가 유(兪 유계(兪棨))와 심(沈 심대부(沈大孚))을 공격했던 것[68]이 으뜸이라고 그가 자못 말하고 갔는데, 결국 어떻게 될지 모르겠습니다.

묵첩(默帖)은 편의대로 보냅니다. 이 인편이 조만간에 도착할 것입니다. 인편이 기다리며 독촉하여 글에 조리가 없습니다.

68 기축년의……것 : 기축년(1649) 대행 대왕의 상(喪)에 시호를 논의할 때 처음에는 열(烈) 자로, 중간에는 헌(憲) 자로 논의하다가 끝에는 인(仁) 자로 정했는데, 이것은 참판 허계가 앞장서 시호 개정의 논의를 주장하여 결국 인 자로 정한 것이다. 당시에 유계와 심대부는 모두 조(祖)라고 칭할 수 없다는 의론을 주장하였다. 《宋子大全隨箚 卷3》

○ 정로(鄭老)의 문자[69]는 한결같이 말씀대로 하였습니다. 이 일은 아무리 상세하고 확실하게 해도 탓할 사람이 없을 것입니다. 그렇게 하지 않으면 글을 짓는 자에게 의의가 없을 뿐만 아니라 죽은 이도 편치 않을 것입니다. 일찍이 괴이하게도 기옹(畸翁 정홍명(鄭弘溟))은 이견을 들으면 번번이 성냈습니다. 주 부자(朱夫子)로서도 오히려 고칠수록 더욱 좋아진다는 교훈을 남겼는데, 하물며 그 나머지 사람이 감히 일정한 설을 고수할 수 있겠습니까. 이 밖에 편치 못한 곳은 사소한 것이라도 곧 고치고, 상량할 것은 상량하여 기어코 흠이 없기를 지극히 축원합니다.

69 정로(鄭老)의 문자 : 우복(愚伏) 정경세(鄭經世)에 관한 글을 말하는 것으로 보인다. 송시열이 그의 시장(諡狀)을 찬술하였다.

송명보에게 보냄 정유년(1657, 효종8) 8월 15일

與宋明甫 丁酉八月十五日

급족(急足)이 가지고 올라간 상소는 어떻게 처분이 났습니까? 일 없는 가운데 일을 만들어 스스로 곤란을 취했으니, 올해는 어떤 운수란 말입니까. 입후(入後)하는 일은 어떻게 할지 모르겠습니다마는 한두 가지 들을 수 있겠습니까?

어제 권생(權甥 권유(權惟))이 와서 말하기를, 그의 부친이 비로소 18일에 출발하려다가 병으로 조금 날짜를 물렸다고 합니다. 요즘 송시현(宋時顯) 등 여러 종인(宗人)이 와서 말하기를, 고비(考妣)의 신위에 제찬(祭饌)을 각설(各設)했는데 형이 종가(宗家)는 이와 같을 수 없고 함부로 고치는 것은 마땅하지 않다고 말했다고 합니다. 제가 송시현에게 말하기를 "예(禮)의 정신은 진실로 이와 같다. 장자(長者)의 주장이 만약 저와 같다면 나도 억지로 할 수 없다. 모름지기 마음대로 하라."라고 했습니다. 대개 오늘 선조(先祖)에게 올리는 다례(茶禮)는 차례에 따라 송시현의 집에서 해야 하는데, 이 일을 어떻게 할지 모르겠습니다. 문중의 대절목(大節目)인 듯하므로 감히 여쭙니다. 상량하여 가르쳐 주십시오. 이만 줄입니다.

송명보에게 답함 정유년(1657, 효종8) 9월 10일

答宋明甫 丁酉九月十日

송윤(松胤)이 가는 편에 편지 한 통을 올렸는데, 곧 지난달 29일에 보내신 편지를 받았으니, 매우 위안되고 그리운 생각을 형언할 수 없습니다.

다만 이미 돌아갈 생각이 있더라도, 조금 머물면 조금 도움이 되고 오래 머물면 많이 도움이 되는 것은 필연적인 이치인데, 어찌 반드시 갑자기 멀리하려는 마음을 두어서 의지하고 믿는 성주(聖主)의 뜻을 저버리겠습니까. 저는 근래 이질(痢疾)까지 발병하여 지탱하지 못할 듯하며, 오늘부터 조금 잦아들 기미가 있으나 역시 위태합니다.

사성(思誠 권시)이 이미 도성에 들어갔습니까? "기혈(氣血)이 본근(本根)에 모여서"[70]라고 아뢴 것은 참으로 오늘의 급한 일이므로 특별히 전야에 있는 신하의 우려를 편 것입니다.

제사의 각설(各設)과 합설(合設)은 예에 맞는지를 논해야 합니다. 어찌 조종(祖宗)의 존귀함으로 예에 맞지 않는 자손을 따르겠습니까. 교조(橋兆)의 명설(名設)[71]은 겨우 예법대로 행할 수 있었으나 족인(族人)이 반드시 합설하고자 하여 형을 끌어들이는 것을 중하게 여기니,

70 기혈(氣血)이 본근(本根)에 모여서 : 송시열이 1657년 8월 16일에 올린 〈정유봉사(丁酉封事)〉에서 한 말로, 인망이 높은 인물을 많이 등용해야 한다는 뜻이다.

71 교조(橋兆)의 명설(名設) : 교조는 회덕 판교리(板橋里)의 선영을 뜻하고, 명설은 각설의 오기(誤記)로 보인다.

저는 마음속으로 가만히 의심합니다. 지금 다름이 있어서는 안 된다는 말씀을 받드니 참으로 마음이 답답합니다. 그러나 어찌 감히 고집하겠습니까.

서연(書筵)에서 《맹자》를 강하는 일은 형이 건의해 청하셨습니까? 참으로 주자(朱子)가 가장 절실한 것이라고 말한 것입니다. 일찍이 《혹문(或問)》에서 수장(首章)의 의의를 드러내 밝힌 것이 통쾌하고 상세하여 배우지 못한 자도 감동하여 흥기할 만하였으니, 겸하여 진강(進講)할 수 있으면 좋을 듯합니다. 어떻게 생각하십니까?

유명윤(兪命胤 유계(兪棨)의 아들)의 일은 기뻐할 만합니다. 여기서는 생진방(生進榜)에 다 합격한 이를 아직도 보지 못했습니다. 일경(一卿)은 어떠합니까?

할 말은 많으나 병을 무릅쓰고 적느라 이만 줄입니다.

송명보에게 보냄

與宋明甫

가종(嘉宗)이 가는 편에 편지 한 통을 올렸습니다. 근래 길을 떠난다고 고하는 자가 줄을 잇고 있는데, 모두 도성을 구경하려는 것이 아니라 장자(長者)를 찾아가는 것이라 하니, 어찌 사람을 시켜 이렇게까지 흠모하게 한단 말입니까.

저는 강변 마을이 매우 추워 병든 몸 조섭에 마땅하지 않습니다. 정 의원(鄭醫員)이 중완(中脘)에 침을 놓고 뜸을 뜨는 것이 좋겠다고 힘써 말하며 고운(孤雲)[72]에 가서 극인(棘人)[73]에게 그렇게 하도록 요구하고 싶어 하면서도 단지 음식 공급이 편치 못할 것을 걸림돌로 여겼습니다.

이번에 올린 소는 어떻게 비답을 받았는지 모르겠습니다. 저는 체직되면 곧 유유자적하며 병든 몸을 요양할 수 있을 것이며, 죽어도 편안할 것입니다.

○ 일찍이 야촌(野村)[74]의 상가(喪家)에서 모문(某門)[75]의 대화를 들으니, "모(某)-저를 가리킨 것입니다.-가 올라갈 때 억지로 여러 젊은이

72 고운(孤雲) : 논산(論山)에 있는 지명으로, 김집의 묘소가 있는 곳이다.

73 극인(棘人) : 부모 상중(喪中)에 있는 사람으로, 여기서는 김집의 아들을 가리킨다. 《宋子大全隨箚 卷3》

74 야촌(野村) : 탄방(炭坊)의 이웃 마을로, 권씨(權氏)들이 거주하였다. 《宋子大全隨箚 卷3》

75 모문(某門) : 권시(權諰)의 문하를 가리키는 듯하다. 《宋子大全隨箚 卷3》

를 시켜 가는 길을 따르게 했으나 따른 자가 그저 약간 명이었으며 모(某)는 오히려 가지 않았다. 우리 장자께서는 군이 요청하므로 잠시 가셨는데, 우리 장자께서는 가실 때 제자들을 힘껏 저지하며 말씀하시기를 '독서하고 감농(監農)해야 하니 마냥 인사만 일삼지 말라.'라고 하셨으나 멀리 공암(孔巖)까지 가서 전송한 자가 거의 40명이었으니, 우열을 알 만하다."라고 했습니다. 제가 장난삼아 말하기를 "두 정씨(程氏)는 도가 같고 덕이 같았으나 법당(法堂)의 중들은 따르기도 하고 따르지 않기도 하였다. 또 공암의 경우는 그저 40인이었으나 선암(船巖)의 경우는 도리어 40인의 장자가 있었으니 반대로 이긴 것이다."라고 했는데, 이 말이 매우 우스우므로 애오라지 받들어 올립니다. 한번 웃으시기를 바라나 번거롭게 남에게 말하지는 마십시오. 감릉(甘陵)의 남북부(南北部)가 형성될 단초[76]가 있을까 두렵습니다.

76 감릉(甘陵)의……단초 : 붕당이 형성될 단초를 뜻한다. 후한 환제(後漢桓帝) 때 청하(淸河) 감릉 사람 주복(周福)은 환제가 여오후(蠡吾侯)로 있을 때 스승이었으므로 환제가 즉위하자 그를 상서(尙書)로 발탁했는데, 방식(房植)을 추종하는 무리와 주복을 추종하는 무리가 서로 경쟁하며 헐뜯어 감릉이 남부와 북부로 나뉘어 처음 붕당이 형성되었다고 한다. 《後漢書 黨錮列傳序》

송명보에게 답함 정유년(1657, 효종8) 9월 20일

答宋明甫 丁酉九月二十日

어제 오형(悟兄 이사오(李士悟))으로부터 두 통의 편지를 한꺼번에 전해 받았으니 기쁘고 위안됨이 그지없습니다. 요즘 날씨가 점점 추워지는데 기거는 어떠하십니까?

무릇 일에 더욱 두서가 있으리라 생각합니다. 임금의 신임을 얻는 것은 진실로 좀처럼 만나기 어려운 기회인데, 하물며 새 재상(宰相 이후원(李厚源))과 서로 같은 마음으로 덕을 함께하니, 이것은 진실로 양(陽)을 회복할 하나의 큰 기회입니다. 찬탄하고 경하하는 마음 그지없습니다.

제가 바라는 바는 단지 서늘한 기운이 생겨 병이 낫는 것인데, 지금은 겨울이 되었는데도 병에 차도가 없습니다. 가장 괴로운 것은 음식을 오래 못 먹는 것입니다. 그저 감, 배, 가지, 무를 먹으면 바로 설사를 하므로 원기가 날로 망가지고 있으니, 이것이 어찌 버틸 수 있는 형세이겠습니까.

이번의 소도 불리한 때이니 형세상 반드시 다시 올려야 하나 번독(煩瀆)이 너무 심하며, 병장(病狀)을 올리려 하니 또 범범한 듯하여 이 때문에 머뭇거리며 망설입니다. 이러한 병세로는 그저 안정을 취하며 목숨이 다하기를 기다리는 것이 합당한데 걱정과 어수선함이 이에 이르렀습니다. 주자(朱子)는 조정 안의 친구에게 힘껏 요청하여 해임될 수 있었으니, 이 의의를 지금 세상에서 다시 볼 수 없겠습니까? 저의 흠으로 감히 형의 귀를 더럽힐 수 없으나 또한 기대하지 않을 수 없습니다.

오형이 극히 수척해져 매우 위태하게 보이는데, 그는 스스로 완쾌되었다고 말하니, 사람이 스스로 알지 못하는 것이 으레 이와 같습니다. 측은하고 측은합니다.

사퇴하는 소에 비답이 내렸습니다. 성상의 돌보심이 융숭하나 까닭 없이 사퇴하니, 의리에 마땅하지 않을 뿐만 아니라 그 형세상 어찌 쉽게 윤허를 받겠습니까. 단지 남들의 비난을 부를 뿐입니다. 등대(登對)의 초기(草記) 두 건은 길보(吉甫 윤선거(尹宣擧))가 전해 보여 주었는데, 그중에서 의논하고 싶은 것이 있었으나 기운이 없어 못 했습니다. 우상 대감에게 축하의 글을 짓고 싶으나 사람을 구할 수가 없으므로 일단 뒷날의 인편을 기다립니다. 지난번 편지와 분발(分發)[77]은 모두 옥령(沃令)에게 보냈으나 오직 죽기를 각오한 편지는 혐의쩍어 감히 보내지 못했으니, 저의 졸렬하고 편협함이 이와 같습니다. 이러한 것에서 문하께 무례했던 것을 스스로 알았으니, 너그러이 용서하시기를 바랍니다.

태형(泰兄)에게 보낼까요, 보내지 않을까요? 그러나 지금은 그가 깊은 곳으로 들어가서 보내 보여 주기 어렵습니다.

할 말은 많으나 새벽 등불 아래라서 이만 줄입니다.

77 분발(分發) : 조보(朝報)를 발행하기 전에 조정의 범사(凡事)를 각 관아의 하인들이 작은 종이쪽지에 써서 관원에게 보내는 것을 가리킨다.《孝宗實錄 1年 6月 3日》 분발(分撥)로도 표기한다.

송명보에게 답함 정유년(1657, 효종8) 9월

答宋明甫 丁酉九月

꿈 내용을 적어 가르침을 전한 편지를 삼가 읽으니, 감읍하여 오열하는 마음 그지없습니다. 성상께서 이미 이와 같고 춘궁(春宮)의 인후(仁厚)함도 이러하니 황천(皇天)의 보우하심은 조금도 의심할 것이 없습니다. 한때의 인물들 역시 나랏일을 못 하는 것이 아니라 그저 기꺼이 하려 하지 않을 뿐입니다. 형이 어찌 주장(主將)에게 말을 하여 설득하지 못하겠습니까.

초하루에 보내신 편지에서 "모(某)가 들어가자마자 모(某)가 조정에 들어가 재상이 되었으니, 이것은 참으로 큰 기회이다."라고 하였습니다. 인정(人情)이 이와 같은데 혹시라도 기대에 부응하지 못하면 훗날의 비방이 작지 않을 듯합니다. 어떻게 생각하십니까?

송명보에게 보냄 정유년(1657, 효종8) 9월 그믐날

與宋明甫 丁酉九月晦日

호산(壺山)[78]의 유생이 제 편지를 올리지 않았습니까? 자세히 아뢴 바가 거듭 위풍과 존엄을 저촉하는 것이 매우 두려워 황공하여 감히 편안히 있지 못합니다. 요즈음 가을도 벌써 끝나 가는데 객지에서의 기거는 어떠하십니까? 시사(時事)에는 더욱 두서가 있지 않습니까?

듣건대 권생(權甥)이 내려왔다고 하니, 그의 부친에게 장구한 계책이 있을 듯합니다. 형이 바로 그의 협력을 얻었으니 매우 기쁘게 여깁니다. 임금의 마음을 바로잡는 것은 하루 이틀에 할 수 있는 일이 아닙니다. 성의(誠意)를 쌓아서 믿고 따르시기를 기다리는 것이 진실로 충신의 간절한 뜻입니다. 그러나 누차 말한 것이 받아들여지지 않아서 나의 형적이 어긋나면 수습하기 어려울 듯합니다. 아주 작고 긴요하지 않은 곳에는 역시 크게 상관할 필요가 없을 듯하나, 반드시 크게 긴요한 곳에 대해서는 지혜를 깊이 쌓고 분발하여 용단을 내려 위로는 이로움이 있고 안으로는 좌절이 없게 한 뒤에야 구제할 수 있을 것입니다.

호미(湖米)를 줄이는 것은 참으로 크게 백성을 위로하는 일인데, 모상(某相)은 무슨 까닭으로 거부하는지 모르겠습니다.[79] 한탄스럽습

78 호산(壺山) : 전라북도 여산(礪山)의 옛 이름이다. 《宋子大全隨箚 卷3》

79 호미(湖米)를……모르겠습니다 : 송준길의 〈경연일기(經筵日記)〉를 살펴보면, 당시에 송준길이 호서(湖西)의 대동미(大同米)가 너무 과중하므로 중외에 있는 여미(餘米)를 재읍(災邑)에 헤아려서 줄 것을 청했는데, 허적(許積)이 그것을 저지했으나 허적은 당시에 재상에 제수되지 않았다. 여기서 모상이라 한 것은 누구를 가리키는지

니다. 질문하신 당로(當盧)[80]는 미상(未詳)입니다. 이러한 훈고(訓詁)는, 일찍이 옥당(玉堂)에 있는 《이아(爾雅)》를 보았는데 섬세하지 않음이 없었으니 이 책을 빌려 보면 좋을 것입니다.

《맹자》 수장(首章)의 의리는 본장(本章)의 《혹문(或問)》에서 지극히 명백하게 밝혀 놓아 읽는 사람의 생각을 매우 움직이게 하였습니다. 대개 인의(仁義) 두 글자는 간단히 말하면 심오하여 알기 어려운 듯한데, 이 장의 《혹문》은 인의와 군친(君親)을 합하여 명백하게 밝혀 놓아 친절하고 시원하여 사람을 감동하게 하였습니다. 제가 《맹자》를 경연에서 강학하기를 청했는데, 형께서는 논의해 보셨습니까? 경연에서 주자(朱子)의 설을 인용하며 또 이 뜻을 강학해도 매우 좋을 듯합니다.

이곳은 각역(刻役)을 마치게 되었는데 전본(篆本)이 오지 않아 매일 간절히 기다리고 있으니 서둘러 보내도록 해 주십시오. 영남 사람이 기다리고 있는데 이 말을 두루 전할 사람을 찾지 못했습니다. 만약 호협(豪俠)한 기상으로 의심을 받는다면 문하에 누가 될까 두려우니, 한번 문하생들을 경계시키는 것이 어떻겠습니까?

저는 설사가 그치지 않아 울적하여 이만 씁니다.

자세하지 않다. 《宋子大全隨箚 卷3》

80 당로(當盧) : 말의 이마를 장식하는 꾸미개이다. 《周禮 春官宗伯 巾車》

송명보에게 답함 정유년(1657, 효종8) 10월 그믐날

答宋明甫 丁酉十月晦日

어제 이형(李兄)이 전해 준 편지를 보고 대략 근황을 알았습니다. 또 삼가 듣건대, 성상께서 믿고 따라 주시며 말에 대해 윤허하지 않음이 없다고 하니, 이것은 대개 양(陽)이 회복되는 시기이고 천지가 다시 새로워지는 조짐이니 매우 기쁩니다.

저는 참으로 병이 이와 같아 줄곧 칩거하며 그저 "어찌 반드시 우리 집까지 쟁기를 잡을 필요 있으리오."[81]라는 구절을 외울 뿐입니다. 다만 성은(聖恩)에 보답하지 못했으니 저의 죄는 죽어도 남음이 있습니다.

말씀하신 태사(泰事)에 대해서는 슬픔을 이기지 못하겠으니, 두 형의 마음이 어찌 그렇지 않겠습니까. 다만 은총을 입은 것이 이미 극히 융숭하고 무거운데 다시 이런 드문 일을 진청(陳請)하여 윤허를 받았으니 또 장차 어떻게 보답하겠습니까. 이로 인하여 두려우니, 차라리 외롭게 살다가 죽을지언정 이렇게 되기를 바라지 않습니다.

그 집에서 스스로 잘 처리하면 매우 좋겠으나 지난해에 문령(文令 김익희(金益熙))이 과장하여 진달한 말이 단지 세력으로 겁박한다는 비난을 초래하여 한갓 일에 방해가 되었으니, 지금은 반드시 믿고 따르지는 못할 것입니다. 생각이 이에 이르니 그저 더욱 근심할 뿐입니다.

○ 삼가 안타깝게도 인편이 없는 산속에 있어 오랫동안 편지를 올리

81 어찌……있으리오 : 사람마다 모두 벼슬에 나갈 필요는 없다는 말이다. 두보(杜甫)의 〈대우(大雨)〉 시에 있는 구절이다.

지 못했습니다. 일찍이 인편에 부쳤던 편지가 돌아와 이 편지와 아울러 올립니다.

서산(瑞山)의 금고령(禁錮令)이 해제되어[82] 저도 모르게 감격하여 눈물을 흘렸습니다. 조금이나마 고인의 억울함을 위로했을 뿐만 아니라 성상의 마음이 거의 반은 돌아온 것입니다. 형은 왜 이를 인하여 힘껏 진달하지 않으십니까?

82 서산(瑞山)의 금고령(禁錮令)이 해제되어 : 서산에 살았던 학주(鶴洲) 김홍욱(金弘郁)의 자제에 대한 금고령이 해제된 것을 말한다. 김홍욱은 1654년 황해도 관찰사 재임 시에 천재(天災)로 인해 효종이 구언(求言)하자, 사사된 민회빈(愍懷嬪) 강씨(姜氏)의 억울함을 풀어 줄 것을 상소하였는데, 효종의 노여움을 사서 친국을 받다가 장살되었다.《鶴洲全集 附錄 卷3 尊周彙編》

송명보에게 보냄 정유년(1657, 효종8) 11월 2일

與宋明甫 丁酉十一月二日

산속에서 안타깝게도 인편을 만나지 못해 편지를 올려 안부를 여쭙지 못했습니다. 일찍이 두 통의 편지를 생원 신경복(申景福) 씨 편에 부쳤는데, 이미 보셨는지 모르겠습니다. 겨울철에 천둥이 크게 울리고 변고가 또 올라와 사람을 매우 두렵고 불안하게 합니다. 성군과 현신이 서로 만나 치국(治國)에 필요한 일을 다 펼치는데 어쩌면 좋단 말입니까. 어떻게 생각하십니까? 그러나 홍로점설(紅爐點雪)일 뿐만이 아니니 미더워 걱정이 없습니다.

저는 병증이 여전하여 줄곧 문을 굳게 닫고 있습니다. 그끄저께 몰아친 풍설(風雪)의 두려움이 아직 산중에 남아 있고 추워서 더 머물 수가 없으니, 어쩌면 좋겠습니까. 영손(令孫)을 애써 불러 공부를 조금 엄하게 시켰는데 문득 병으로 풀어 주었습니다. 이 사람을 어찌 운거(雲擧 이상(李翔))에게 전적으로 맡기지 않습니까. 전(全)의 사판(祠板)을 철거했다[83]고 들었습니다. 그러나 천균(千勻)의 쇠뇌를 어찌 날다람쥐에게 쏠 수 있겠습니까.

듣건대 한로(寒老 한강(寒岡) 정구(鄭逑))의 증직을 형이 특별히 청하셨다고 하는데, 길보(吉甫 윤선거)는 일찍이 "한강과 우계(牛溪 성혼(成

83 전(全)의 사판(祠板)을 철거했다 : 옥천(沃川)에 있는 전팽령(全彭齡)의 위패를 철거했다는 뜻이다. 송준길이 경연에서, 재물을 탐냈던 전팽령의 일을 아뢰어 효종이 명하였다. 《同春堂集 別集 卷1 經筵日記》

渾)) 두 분을 다 할 수는 없다."라고 했습니다. 저 같은 후배는 어떻게 해야 할지 모르겠으며, 형과 길보 중에 누가 옳은지도 모르겠습니다.

태사(泰事)는 지난번 편지에서 대략 여쭈었는데, 지금은 어떠한지 모르겠습니다. 아랫사람으로서 어찌 감격하고 다행하게 여기지 않겠습니까마는 운명이 기박하니 어찌 성취를 바라겠습니까.

슬픈 것은 을미년(1655) 가을에 망우(亡友 김익희)가 와서 조문하고 이어서 이 일을 언급하며 말하기를 "저들은 내가 진달한 말을 적을 먹은 말로 여기고 있으나 성상의 은총이 훗날에는 지금보다 더할 것이니 곧 한마디 절실한 말로 성취할 수 있을 것이다."라고 한 일입니다. 이 벗이 오늘 살아 있다면 제가 원하는 바가 아니더라도 저 집에서 감히 듣지 않을 수 없을 듯합니다. 생각하니 서글픕니다. 천만다행히 구생(具生)이 말을 하고 인편도 있으므로 시험 삼아 이 글을 지어 부치는데, 잘 전달될지 모르겠습니다.

초형(草兄 이유태)을 줄곧 만나 보지 못하니, 한스럽습니다. 길보의 형제에게서 편지를 받을 적마다 형을 허물하는 말이 있으니, 이것도 안타까웠습니다. 이만 씁니다.

송명보에게 보냄 정유년(1657, 효종8) 11월 4일

與宋明甫 丁酉十一月四日

사람을 만날 적마다 편지를 썼는데, 잇따라 받아 보셨는지 모르겠습니다. 요즈음 정사를 의논하는 나머지에 체후가 편안하고 건강하신지요? 우러러 그립습니다.

저는 추운 계절을 만나 움츠리고 있자니 살고 싶은 의욕이 거의 다하였습니다. 이형(李兄)은 식음을 전폐하지는 않았으나 고질이 된 담증(痰症)이 점점 심해져 가래를 손가락으로 꺼내고 있으니 보고 있노라면 매우 답답합니다. 윤녀(尹女)[84]의 병이 갑자기 매우 위독하고 빚에 대한 일까지 다급한데, 이것들은 전혀 병든 사람이 감내할 수 있는 것이 아니니 어쩌면 좋단 말입니까. 관갈(寬碣)의 전본(篆本)[85]은 규광(奎光)이 돌아오기를 고대하였으나 돌아왔다는 소식도 듣지 못했으니, 몹시 답답합니다. 근일에 묘소 아래로 실어 가려 했으나 일이 많이 얽혀서 답답합니다.

전후로 보내신 편지에서 귀(歸) 자와 고(高) 자를 쓰기 좋아하셨는데, 제가 고상함을 이루지 못하는 것은 바로 형이 돌아감을 이루지 못하는 것과 같습니다.

84 윤녀(尹女) : 윤박(尹搏)에게 시집간 송시열의 딸이다.

85 관갈(寬碣)의 전본(篆本) : 송시열의 9대 조비(祖妣) 유씨(柳氏)의 묘소는 회덕 관동(寬洞)에 있는데, 송시열이 비문을 짓고 송준길이 글씨를 썼으며, 전자(篆字)는 송준길의 아들 송광식(宋光栻)의 필체이다. 《宋子大全隨箚 卷3》

사성(思誠 권시(權諰))의 식구들이 한양으로 가려는 마음을 먹기까지 하였으니, 심히 사람을 위안되고 기쁘게 합니다. 무릇 일은 이와 같이 착실하게 해야 하지 않겠습니까. 태사(泰事)는 지금 어떻습니까? 이 말씀을 듣고부터 먹고 자는 것이 곱절이나 달지 않습니다.

할 말은 많으나 이만 줄입니다.

송명보에게 보냄 정유년(1657, 효종8) 11월 8일

與宋明甫 丁酉十一月八日

인편을 만날 때마다 편지를 올렸는데, 하나하나 받아 보셨는지 모르겠습니다. 저는 7, 8일 동안 윤녀(尹女)[86]의 병에 애를 태웠는데, 어제와 오늘 겨우 생사의 관문을 벗어났습니다. 그러나 딸의 병을 고치던 나머지 제 병이 곱절 더하여 저는 서리 맞은 풀처럼 되었습니다.

사성(思誠 권시)의 식구들이 한양으로 들어가고 길보(吉甫 윤선거)도 벌써 재차 벼슬길에 나가서 시사(時事)가 기뻐할 만한데, 무슨 까닭에 형은 홀로 끝없이 귀(歸) 자를 말하기를 좋아하십니까? 아마도 속습(俗習)에 물든 것 같습니다. 이것은 고사(高士)에게 비웃음을 사게 되겠으나 벼슬길에 나가서 도(道)를 행하는 의리로 말하면 고사가 장차 압도되어 입을 다물 것이니 어찌 감히 비웃겠습니까. 또 지금 세상 어디에 고사가 있어 여러 형을 비웃겠습니까. 지나치게 염려하지 마십시오.

전날 하문하신 영인(嶺人)은 조씨(曺氏) 성을 가진 사람으로, 남명(南冥 조식(曺植))의 후손인데, 형에게 간청하고 싶은 것이 있으나 소통하지 못했다고 합니다.

86 윤녀(尹女) : 윤박(尹搏)에게 시집간 송시열의 딸이다.

송명보에게 답함 정유년(1657, 효종8) 11월 10일

答宋明甫 丁酉十一月十日

유씨(柳氏)[87]가 오는 편에 삼가 편지를 받으니, 매우 위안되고 그립습니다. 형편없는 제가 더욱 망극한 은총을 입었습니다. 목숨을 걸고 간쟁(諫爭)하며 분골쇄신할 것을 생각했으나 할 수가 없으니 그저 혼자 감격하여 울 뿐입니다.

제가 앓는 병 중에서 가장 괴로운 것은 복창증(腹脹症)이나 유씨는 걱정할 것이 없다고 말하고, 또 비장과 위장을 청보(淸補)[88]하면 절로 사라질 것이라고 합니다. 이 말은 이치가 있으나 느리게 나타나는 효과를 어찌 기다릴 수 있겠습니까.

관원 최씨(崔氏) 편에 보내신 편지는 아직 보지 못하여 무슨 말씀이 있는지 모르겠으나 태후(泰後)에 관한 일이 아니겠습니까? 무슨 까닭에 갑자기 말하여 저의 마음을 흔드십니까?

사성(思誠)은 이미 식구들과 모였으리라 생각되는데, 그렇지 않습니까? 길보(吉甫)는 이미 올라갔다고 하는데, 지금 들으니 아직 도착하지 않았다고 합니다만, 조만간에 도착할 것입니다. 조정에 들어간 뒤에는 성상이 어찌 산으로 돌아가는 것을 허락하시겠습니까.

태지(泰之 이유태(李惟泰))는 불러들여졌으나 그가 움직일 이치는 없

87 유씨(柳氏) : 태의(太醫) 유후성(柳後聖)으로, 당시 특명으로 송시열에게 가서 진료하였다.

88 청보(淸補) : 순수하고 부드러운 음식물로 몸을 보양하는 일을 말한다.

는 듯합니다. 무중(武仲 유계(兪棨))은 성상이 부르면 틀림없이 달려갈 것이나 은총이 이렇게까지 막혔으니, 매우 한탄스럽습니다. 그에게 있어서는 어찌 복이 아니겠습니까.

○ 유씨에게 공경히 빈전(嬪殿)의 체후를 물어 걱정할 것이 없음을 알고는 저도 모르게 기뻐하며 손뼉을 쳤습니다. 다만 변이(變異)가 너무나 참혹하니, 걱정하고 탄식한들 어찌하겠습니까.

송명보에게 보냄 정유년(1657, 효종8) 11월 27일

與宋明甫 丁酉十一月二十七日

전후로 보내신 편지는 온 것도 있고 오지 않은 것도 있습니다. 대개 온 것을 보고 오지 않은 것이 있음을 알았습니다. 요즈음 해가 점점 길어지는데 안부가 더욱 좋고 덕업이 높고 넓어진다니, 흠모하고 우러르는 마음 더욱 은근합니다. 저는 며칠 전부터 날씨가 따뜻해서 옷을 가볍게 입었다가 매우 심하게 감기에 걸려 오로지 병상에 누워 있습니다. 거상 중에도 오늘처럼 고달팠던 적이 없었으니 한탄스럽고 가련합니다.

노성(魯城 윤선거(尹宣擧))이 한스럽게 된 것에 어찌 다른 까닭이 있겠습니까. 어전에 입대(入對)한 자리에서 아뢴 말이 사실에 부합하지 않아 그를 낭패하게 한 것이니, 어찌 돌아가지 않았다고 그를 허물할 이치가 있겠습니까. 저들은 훌륭한 꾀와 계책을 들을 때마다 자주 함께 전하여 외우며 서로 경하하지 않은 적이 없는데, 그 일이 뜻밖에 나와 수수방관하다가 돌아간다는 탄식이 있게 되었던 듯하니, 어찌 돌아가지 않았다고 비난한단 말입니까.

사성(思誠 권시(權諰))의 식구가 한양으로 들어갔습니다. 돌아오기가 쉽지 않을 것을 스스로 알고 이 계책을 세우지 않을 수 없었던 것이니, 무엇을 염려할 것이 있겠습니까. 기뻐하지 않는 자가 있으면 한번 반박하리라 생각합니다마는 또 어찌 조금이라도 바꿀 수 있겠습니까.

송명보에게 답함 정유년(1657, 효종8) 12월 2일
答宋明甫 丁酉十二月二日

관청의 인편에 보내신 편지를 받드니 위안되었습니다. 편지를 보내신 뒤에 안부는 어떠하십니까?

저는 산속에서 문을 닫고 백규(白圭)에 관해 읊은 시를 세 번 반복해 읽고 있으며,[89] 또 강절(康節)의 "매실은 무엇을 인하여 시고, 냉이는 무엇을 인하여 단가.〔梅因何而酸? 薺因何而甘?〕"라는 구절을 읊고 있습니다.

어부(御府)의 진귀한 약제가 지금 또 내려오니 감격하여 눈물을 흘리는 나머지에 황공함을 견딜 수 없습니다.

89 백규(白圭)에……있으며 : 말조심해야 하는 것을 잊지 않는 것을 말한다. 백규에 관해 읊은 시란 《시경》 〈대아(大雅) 억(抑)〉으로 그 내용에 "백규의 흠은 오히려 갈아 없앨 수 있지만 말의 흠은 어찌할 수 없다.〔白圭之玷, 尙可磨也; 斯言之玷, 不可爲也.〕"라고 하였다.

송명보에게 보냄 무술년(1658, 효종9) 2월 5일

與宋明甫 戊戌二月五日

어제 쓴 편지는 아주 경황이 없이 마쳤습니다. 이형(李兄)은 한 가닥 숨을 아직 쉬고 있으나 차마 볼 수가 없습니다. 게다가 사설(辭說)이 사방에서 일어나서 뜻밖에 죽동(竹洞) 어른의 가성(家聲)이 송두리째 다 사라졌으니 애통함을 참을 수 없습니다. 천도(天道)가 어찌하여 이에 이르렀단 말입니까.

우옹(愚翁 정경세(鄭經世))의 행장(行狀) 초고는 삼가 진원(振遠)을 시켜 특별히 사람을 보내 바치게 하였습니다. 그저 병든 때라 붓을 잡지 못하다가 병증이 조금 뜸할 때 이형에게 가서 병문안하고 안팎의 번뇌와 원통함을 보았는데, 돌아오자마자 문득 한 가지 병이 늘어 일을 지체하게 되었으며 성취한 바도 몹시 엉성하니, 그저 형이 정밀하게 필삭을 가해 주는 데 달렸을 뿐입니다.

근래 인리(仁里)의 여러 젊은이가 남의 말을 듣지 않고 망녕되이 헤아려 안윤(晏胤)[90]으로 하여금 도망가게 하였습니다. 형이 듣는다면 또한 편치 않으시리라 생각합니다. 이로 인하여 말이 날로 많아져 참으로 사람을 머리 아프게 합니다. 일의 본말을 갖추어 아뢰고 싶으나 짧은 종이에 다 쓸 수 없으므로 아뢰지 못합니다.

90 안윤(晏胤) : 정양(鄭瀁)의 아들 정보연(鄭普衍)을 가리킨다. 정양의 자가 안숙(晏叔)이다. 정보연은 송시열에게 배웠고, 제천(提川)에 집을 짓고 살았다. 어떤 일로 송준길에게 노여움을 사서 황세정(黃世楨)의 무리에게 크게 배척을 받은 일이 있다. 《宋子大全隨箚 卷3》

송명보에게 답함 무술년(1658, 효종9)

答宋明甫 戊戌

이질 증상이 그치지 않아 바야흐로 배꼽에 뜸을 뜨고 있는데, 갑자기 답장을 받았으니 위안되고 감사하기 그지없습니다. 말씀하신 대로 격언을 적어 올리는 것은 매우 성대한 일입니다. 잠깐 보건대, 격언이 너무 많은 듯하니 마땅히 줄여야 합니다.

또 주자(周子 주돈이(周敦頤))는 참으로 선유(先儒)의 정종(正宗)인데 그의 큰 가르침 중에서 "성인(聖人)의 도를 귀로 듣고 마음속에 간직한다.", "근본을 바로 하고 행실을 성실히 한다." 등과 같은 말이 모두 들어가지 않아 미진한 듯하니, 다시 더 헤아려 보시는 것이 어떻겠습니까?

여휴(汝休 이상일(李尙逸))의 편지를 올리니, 보신 뒤에 돌려주십시오. 옥서(玉書)는 어떤 경로로 왔는지 모르겠으나 아울러 바칩니다. 무엇보다도 이형(李兄)의 장일(葬日)이 임박했으나 함께 상의할 사람이 없습니다. 이형의 집에 갈 적마다 다만 과부와 고아가 가슴 치며 호곡하는 것을 볼 뿐이니 병든 이의 심회가 더욱 나빠져 차라리 멀리 도망가고 싶을 따름입니다. 이만 씁니다.

송명보에게 답함

答宋明甫

고요히 심신을 수양하라고 말씀하신 뜻은 참으로 참된 이치이니 멀리 왔다고 하여 차마 전혀 부응하지 않을 수 없습니다. 또한 윤생(尹生 윤증(尹拯))이 돌아갈 시기가 임박하여 그전에 다시 《기보(紀譜)》[91]를 정리하려고 종일 쉬지도 못하며 심히 몸을 돌보지 않고 있습니다. 이 일이 끝나면 다 물리치고 편안히 쉴 수 있을 것입니다.

어제 편지에서 비록 자상한 가르침을 주시기는 했지만 어찌 분분한 데까지 이르겠습니까. 이(李)와 민(閔)은 원래 사이가 좋지 않습니다. 지금 이것을 이(李)에게 보여 주면 섶을 가지고 불을 끄려는 격이 되어 더욱 원한이 없는데도 관계가 좋지 않은 결과를 부르지 않겠습니까. 다만 더 산삭하고 윤색해야 합니다.

약죽(藥粥)은 이미 복용했습니다.

91 기보(紀譜) : 송시열이 주희의 연보(年譜)와 실기(實紀)가 서로 중복된 것을 정리하여 《문공선생기보통편(文公先生紀譜通編)》을 만들었다.

송명보에게 보냄

與宋明甫

빗속에 기체후 강녕하십니까? 두 만(萬)[92]이 앞서거니 뒤서거니 내려갔습니다. 이 녀석들은 다시 선영에 제사를 올리지 못하여 심사(心事)가 갑절 나쁜데, 이런 심회는 저와 같을 것으로 생각됩니다.

길보(吉甫 윤선거)가 질문한 바는, 대개 두 분의 시호(諡號)를 한꺼번에 맞이하거나 혹은 먼저 노선생(老先生 김장생)의 시호를 선포하고 사당에 신주를 도로 봉안한 뒤에 다시 신독재(愼獨齋) 선생의 신주를 꺼내서 시호를 선포하는 것, 이 두 가지 중에서 어떤 것이 낫느냐는 것이었습니다. 제 생각에는, 이 두 가지는 그다지 시비(是非)와 득실(得失)을 따질 것이 없으며 한꺼번에 선포하는 것이 매우 성대하고 아름다운 일이나 다른 사람이 행하면 장애가 있을 듯합니다. 대개 오늘의 경우는 두 주인이 모두 무고하므로 이와 같이 해도 진실로 무방합니다. 익형(益炯)[93]이 상기(喪期)를 마치지 않았다면 한꺼번에 선포할 때 자장(子章)[94]이 절을 올리고 익형이 호곡하는 것은 온편하지 않을 듯합니다. 이것은 일반적으로 행하는 도가 아닌 듯하니, 어떻게 해야 할지 모르겠습니다. 헤아려 가르쳐 주십시오.

92 두 만(萬) : 김장생의 증손자 두 명을 가리킨다. 그들의 돌림 자가 만(萬) 자이다.

93 익형(益炯) : 김익형(金益炯)으로, 김집(金集)의 장남이다.

94 자장(子章) : 김익렬(金益烈)의 자이다. 그는 김장생의 주손(冑孫)이다.

송명보에게 보냄 무술년(1658, 효종9) 7월 12일

與宋明甫 戊戌七月十二日

삼가 여쭙건대 근일 안부는 어떠하십니까? 그리움이 날로 절실합니다. 저는 10일에 한강을 건너 오늘 사은(謝恩)하였습니다. 이어서 상께서 인견(引見)해 주셨는데, 천안(天顔)을 우러르니 수척하신 모습을 차마 볼 수 없어 저도 모르게 가슴이 저미어 흐느껴 울었습니다. 저를 앞으로 가까이 오게 하여 분부하시는 뜻이 간곡하고 지극했으며, 저는 이어서 조용히 아뢰고 싶었으나 응대하시는 노고를 끼칠까 두렵고 저 자신도 병이 심하여 곧 물러 나왔습니다. 원상(元相)[95]이 사람들의 마음이 동요할까 두려워 의관(醫官)을 엄하게 신칙하여 경솔하게 말하지 못하게 했으므로 외부 사람은 모두 성상의 환우에 차도가 있다고 여겼으나 사실은 근심스럽고 답답함을 이루 다 말할 수 없습니다.

여러 사람의 뜻은 모두 '이런 때에는 형이 오지 않을 수 없다.'라고 여기고 있으며, 성상의 하문이 매우 간곡하니, 삼가 생각건대 형은 이에 대해 헤아려 조처하는 바가 있어야 할 것입니다. 참봉(參奉)[96]은 제가 처음 와서 외로이 의탁할 곳이 없자 마음대로 저의 걸음을 멈추게 하였습니다.

할 말은 많으나 무척 소란스러워 이만 씁니다.

95 원상(元相) : 당시 내의원 도제조를 겸임하고 있던 우의정 원두표(元斗杓)를 가리킨다.

96 참봉(參奉) : 송준길의 아들로, 당시에 선릉 참봉(宣陵參奉)이 되었다.

송명보에게 답함 무술년(1658, 효종9) 8월

答宋明甫 戊戌八月

함께 만나서 거취를 도모하고 싶으나 이질을 앓고 난 나머지 허약해졌고 또 날로 위독해져 움직이지 못하여 늘 답답한데, 이 편지를 받드니 매우 근심스럽습니다.

제가 처음에 먹은 마음은 원래 한 차례 면대(面對)하고 곧 돌아가려고 계획했던 것은 아닙니다. 지금은 성후(聖候)는 몇 개월 안에 회복되어 정사를 볼 수 있는 증세가 아니고, 저도 날씨가 갑자기 추워지자 질병이 발작했으며 기타 가지가지 편치 못한 일이 다 셀 수 없으니, 참으로 오래 앉은 새가 문득 화살을 맞는 격이 될까 두렵습니다. 이 때문에 결단코 상소문을 남겨 두고 떠나가고 싶었습니다. 밤에는 아들 아이와 자세히 이야기해 봤으나 지금까지 결정하지 못한 것은 손자의 병이 날로 나빠져 차마 버리고 갈 수 없었기 때문이니, 그래서 지체하게 되었습니다.

또 형이 다시 온 것과 제가 이미 성상을 뵌 것 중 떠날 만한 의리에 있어서 누가 더 나은지 말해 보면 큰 차이가 없는 듯하니 그저 손잡고 함께 돌아가면 될 듯합니다.

저는 성균관 유생의 상소를 힘써 저지한 지 이미 오래입니다. 정윤(靜胤)[97]은 반 마디 말을 않고도 신뢰를 얻었으나 다른 사람들은 제가 말할 수 있는 바가 아니니, 어찌하겠습니까.

97 정윤(靜胤) : 낙정(樂靜) 조석윤(趙錫胤)의 아들 조륜(趙倫)을 가리킨다.

아의(鵝議)[98]는 대개 작은 일로써 여러 공과 서로 버티다가 스스로 모욕을 취하기를 바라지 않으나 곡절이 또한 많았습니다.

소본(疏本)은 대략 첨삭을 가하여 올립니다. 대저 이 소본이 조정에 들어간 뒤에는 참으로 형은 돌아가고 저는 남을 의리가 없을 것입니다. 어떻게 생각하시는지 모르겠습니다. 후배 몇 사람이 자리에 있어서 자세히 쓰지 못합니다.

○ 저는 모 정승에 대하여 그의 간사함을 좋아하지 않으나 또한 어찌 저 사람을 억누를 역량이 있겠습니까. 불행히 운운한 바가 있어서 그로 인하여 불측한 말이 이렇게 한층 심해졌는데 제가 오히려 머물 수 있겠습니까.

98 아의(鵝議) : 고니에 대한 의논이다. 당시에 완남군(完南君) 이후원(李厚源)은 두루미로 고니를 대신하여 종묘에 올리려고 했으나 여론은 그것을 어렵게 여겼다. 《宋子大全隨箚 卷3》

송명보에게 답함 무술년(1658, 효종9) 8월 17일

答宋明甫 戊戌八月十七日

일찍이 안부 편지를 받고 나그네의 시름이 매우 위로되었습니다. 오늘은 형세와 의리를 논할 것도 없이 홀로 남기도 어렵고 병들어 오래 버티기도 어려우니, 비방이 일어나 일신이 위태로운 것은 오히려 부차적인 문제입니다. 그러나 형을 모시고 함께 돌아갈 수 있더라도 끝내 차마 묵묵히 주상의 은총을 저버릴 수 없습니다. 어떻게 생각하십니까?

포저(浦渚 조익(趙翼))의 행장(行狀)은 오늘 새벽 겨우 아들아이와 함께 마주하여 한 번 읽었습니다. 마땅히 며칠 내로 첨지를 붙여 여쭙겠습니다. 손자의 병이 줄곧 위태로운데 의원이 "형세상 끝내 틀림없이 고름이 생길 것이다."라고 말했으니 보기에 민망합니다.

할 말이 많으나 훗날 한번 찾아뵐 때를 기다리며 이만 줄입니다.

송명보에게 보냄

與宋明甫

옷을 물들이는 것은 명백히 성상의 뜻이므로 감히 소복(素服)을 입을 수 없습니다. 다만 상복을 장차 어떻게 입어야 할지 모르겠습니다. 그저 물들인 옷 위에 소대(素帶)를 착용하여 구별합니까, 아니면 백의(白衣)로 갈아입어야 합니까? 조정에는 일정한 제도가 없어 함부로 꿰어 맞추기도 어렵습니다. 어떻게 해야 할지 헤아려 말씀해 주시기 바랍니다.

송명보에게 답함 무술년(1658, 효종9)

答宋明甫 戊戌

답장에 깊이 위안되었습니다. 포척(布尺)은 성상께서 이미 내수사(內需司)로 하여금 모두 35척을 따르게 하였으니[99] 액정서(掖庭署)에서 그것을 변통하는 것은 염려할 바가 아닙니다.

법전에서는 35척을 정식으로 삼았는데, 40척은 어느 시대에 만든 허수아비인지 모르겠습니다. 법전은 지키기에 부족한 것으로 여기고 말류의 폐단을 금석같이 굳게 지키니 오늘의 일은 어렵다고 할 만합니다. 한탄스럽고 한탄스럽습니다.

완서(完書)를 도로 바칩니다. 이만 줄입니다.

99 포척(布尺)은……하였으니 : 국가에서 세금으로 거두는 베 한 필의 길이를 처음에 35척으로 한 것을 말한다. 그러나 나중에 40척으로 늘려서 백성들에게 원성을 샀다. 송시열은 원래대로 35척으로 하자고 주장하고, 대신들은 40척을 주장하였는데, 효종이 대신들의 주장을 따랐다. 《宋子大全隨箚 卷2》《孝宗實錄 8年 8月 16日》

송명보에게 보냄 무술년(1658, 효종9)

與宋明甫 戊戌

답장을 보셨습니까? 저는 병을 오래 앓느라 직책을 수행하지 못하여 마음이 몹시 불안합니다. 오늘 정사(呈辭)했다가 특별 휴가만 더 받았으니 황공함을 이루 말할 수 없습니다. 유 의원(柳醫員)[100]이 "지난번의 약은 과연 증세에 꼭 들어맞는 처방이 아니었습니다. 이번 약은 효과를 보셨는지 어떤지 모르겠습니다."라고 말했습니다.

특히 포척(布尺)의 장단(長短)은 관계된 바가 적지 않습니다. 듣건대, 윤지(胤之 조석윤(趙錫胤)) 영공(令公)은 새로 바치는 것은 여분의 포척을 끊어서 돌려주어야 할 뿐만 아니라 전부터 저장하던 것도 모두 일체 끊어 버려야 한다고 했다고 합니다. 오늘날 여러 공이 너무 지나치게 고집하여 이러한 일도 오히려 이와 같으니 다른 것에 대해서는 또 무슨 말을 하겠습니까. 형의 뜻이 만약 여러 공과 같다면 어찌할 수 없으나 혹 저를 그르다 여기지 않는다면 바라건대 여러 공에게 시비를 분명하게 말씀해 주지 않으시겠습니까?

나머지는 병으로 괴로워 이만 줄입니다.

100 유 의원(柳醫員) : 태의(太醫) 유후성(柳後聖)으로, 당시 특명으로 송시열에게 가서 진료하였다.

송명보에게 보냄 무술년(1658, 효종9) 10월

與宋明甫 戊戌十月

밤사이 무탈하십니까? 저는 자시(子時) 반부터 통증이 그쳐 이제 겨우 잠자리에서 조반을 먹었습니다. 어제 시남(市南)이 여러 가지 일을 말하고 싶어 했는데, 제가 병으로 응대하지 못했으니 한탄스럽습니다.

오늘 올린 짧은 글은 그저 형이 올린 글과 마찬가지이니 장차 어찌하면 좋겠습니까. 어제 여휴(汝休)가, 출사하는 것은 출사하지 않는 것만 못하다고 애써 말했는데, 제가 이것을 모르지 않으나 또한 매우 난처한 바가 있습니다. 여휴의 말대로 한다면 다시 소를 올려야 합니까? 혹 차자(箚子)를 써야 한다고도 하는데, 차자와 소에는 차이가 있지 않습니까? 조정의 체례(體例)를 전혀 알지 못하니 눈앞이 캄캄하다고 말할 만합니다.

어제 시남이, 형이 서둘러 금령을 게시하고 그런 뒤에 금령을 범하는 자를 일일이 감치(勘治)하여 조금도 용서하지 않으면 수개월 내에 틀림없이 효과가 있을 것이라고 하였다는 이야기를 전해 주었는데, 이 말이 좋을 듯합니다. 대개 그 뜻은 그저 《경국대전(經國大典)》에 의거하여 모든 폐단을 고쳐서 정비하면 그다지 어려울 것이 없을 듯하다는 것입니다. 이만 씁니다.

송명보에게 답함 무술년(1658, 효종9) 10월

答宋明甫 戊戌十月

병중에 심사가 매우 괴로운데 편지를 받고 자못 위안되었습니다. 저는 간밤이 그 전날 밤보다 도리어 못합니다. 내일 나가 사은숙배하고 싶으나 주저하며 아직 결정하지 못했습니다. 다만 우려하는 마음이 타는 듯할 뿐만이 아니니 함께 혈성을 다하는 것 외에 다른 계책이 없습니다. 성패(成敗)와 사생(死生)을 미리 헤아리는 마음을 먹지 말아야 하는 것이 바로 오늘의 의리입니다. 다만 먼저 차자를 갖추는 것을 근본적인 계책으로 삼는 것이 어떻겠습니까? 성후(聖候)가 전날과 같지 않으니, 청대(請對)하는 김에 역시 먼저 아뢰어 다른 사람을 인도하지 않을 수 없습니다. 감히 늦추지 말고 급급히 하며, 빨리 하려 하지 말고 서서히 하라는 말이 어찌 오늘의 당연한 바가 아니겠습니까.

김 파주(金坡州)에 관한 글을 삼가 받았는데, 심 상제(沈喪制)가 바야흐로 방문 중이라 가르침을 받들지 못했으니, 매우 사과드립니다. 택령(澤令)[101]도 바로 그 일에 관계되니, 어떻게든 가르쳐 주시면 매우 다행이겠습니다. 글로 다 말하기 어려운 일들은 각자 아이를 보내 알리는 것이 좋을 듯합니다.

101 택령(澤令) : 사우당(四友堂) 송국택(宋國澤)일 것이다. 그의 자가 택지(澤之)이다.《宋子大全隨箚 卷3》

송명보에게 보냄 무술년(1658, 효종9) 10월

與宋明甫 戊戌十月

저의 병은 어제와 차이가 없으므로 사은숙배를 우선 뒤로 물렸습니다. 내일도 아프면 형세상 상소하고 대죄하려던 것을 며칠 조금 지체할 것입니다.

정사가 언제 있을지 모르겠습니다마는 나가서 사은하기 전에 모든 것을 함께 상의하고 싶습니다. 그런 뒤에야 때에 임하여 잘못되는 걱정을 면할 수 있을 것입니다. 서론(瑞論)[102]은 다시 더 방문하여 의논한 뒤에 하겠습니다.

오늘날 느슨하게 풀어진 채 게으름만 피우는 것이 막대한 폐단이되었으니, 여러 신하로 하여금 자주 진현(進見)할 수 있게 하여 상하의 정이 밤낮으로 함께함으로써 친해져 각자 소회를 다 진달하게 하는 것이 폐해를 바로잡는 급무입니다. 상께서 한가롭고 편안한 곳에 깊이 계시면서부터 지기(志氣)가 날로 해이해졌으니 뛰어난 인재들이 조정에 가득하더라도 아무 일도 할 수 없습니다. 바라건대 이런 뜻으로 차자를 올려 극진히 아뢰는 것이 어떻겠습니까?

나머지 드릴 말씀은 많으나 때마침 우거를 옮기느라 몹시 어수선하여 이만 씁니다.

102 서론(瑞論) : 학주(鶴洲) 김홍욱(金弘郁)을 신설(伸雪)하는 논의인 듯하다.

송명보에게 보냄 무술년(1658, 효종9) 10월

與宋明甫 戊戌十月

대궐에 나가 사은숙배하셨다니 매우 위안됩니다. 방금 첫 번째 차자를 보고 이미 의혹이 풀렸습니다. 저는 오늘 참으로 형제의 원한[103]이 있는데, 경(卿)의 반열에 올랐으니 답관(答官)[104] 등의 일에 매우 구애되는 바가 있습니다. 그러므로 대략 주령(洲令)의 일[105]에 의거하는 것으로 면직을 청하는 단초를 삼은 것입니다. 이것은 본래 대단한 것이 아닌데 그저 일이 저에게서 나온 것이므로 시끄럽게 떠들어 대고 해괴하게 여기니 매우 우습습니다.

그러나 역시 저의 잘못입니다. 이 소를 무심하게 써서 올리면 보는 이도 주령의 소처럼 무심하게 간과할 터인데 주밀하게 하려고 먼저 저들에게 물었다가 도리어 이렇게 되고 말았으니 매우 한탄스럽습니다. 만나서 울울한 심회를 풀 길이 없습니다. 이만 씁니다.

103 형제의 원한 : 송시열의 큰형 송시희(宋時熙)가 26세 때인 1627년(인조5) 관서(關西)를 유람하다가 수천 명의 오랑캐 기병(騎兵)이 침범해 들어오자 홀로 싸우다가 죽었기 때문에 한 말이다. 《宋子大全 卷201 伯氏學生公墓表》

104 답관(答官) : 청나라의 물음에 회답하는 관무(官務)를 가리키는 듯하다.

105 주령(洲令)의 일 : 창주(滄洲) 김익희(金益熙)의 일을 가리킨다. 그가 문형(文衡)을 힘써 사양했던 일이 있었으므로 언급한 것이다.

송명보에게 보냄 무술년(1658, 효종9) 10월

與宋明甫 戊戌十月

감히 스스로 형을 참판으로 대우하지 못할 뿐만 아니라 또한 사헌부의 중임을 지내셨기에 처음부터 이러한 뜻이 없었습니다.[106] 그저 여론을 막기가 어려워 그렇게 하지 않을 수 없었던 것입니다. 어제 듣건대, 원임(原任)의 뜻이 극히 이것을 잘못된 것으로 여긴다고 하니, 두려워 식은땀이 흐르는 것을 금할 수 없습니다.

박형(朴泂)에 대해서는, 저도 옛날에 동료들이 모인 자리에서 "크게는 사복시(司僕寺)의 말단 관리를 할 수 있을 것이다."라고 말하는 것을 들었으니, 사람들이 그를 못마땅하게 여긴 지 오래입니다. 대개 예전에 선원(仙源)의 여러 노선생과 형께서 함께 힘써 그를 천거했다고 하던데, 사실인지 아닌지 모르겠습니다.

근래 이웃 고을의 수령과 서로 친한 사람을 보건대, 나로 인해 구애받지 않고 왕래하는 자가 끊이지 않아 이곳과 상반됩니다. 사람과 지위가 같지 않으나 또한 후함과 박함이 있는 것입니다.

나머지는 이만 줄입니다.

106 감히……없었습니다 : 송준길이 대사헌으로 있다가 이조 참판으로 옮겼기 때문에 이런 말을 한 것이다. 《宋子大全隨箚 卷3》

송명보에게 보냄 무술년(1658, 효종9) 10월

與宋明甫 戊戌十月

밤에 돌아오셨으니 체후가 어떠하십니까? 저는 기운이 평온하게 진정되었으나 부기(浮氣)가 다 제거되지 않았으므로 정사(政事)를 보고하지 못하여 직사가 해이해짐을 절실히 깨달았으니 황공하고 황공합니다. 오늘의 정사는 모름지기 잠시 아문에 앉아서 당번 차례 소사(小司)를 보는 것이 어떻겠습니까? 대개 이달[107] 안으로 반드시 날마다 아문에 앉아 육좌(六坐)[108]의 수를 채워야 합니다.

해미(海美)에는 반드시 이흘(李忔)을 첫째로 의망(擬望)해야 하며 그런 뒤에야 모든 일이 곧 좋아질 것이니, 이것은 바꿀 수 없습니다. 정언(正言)에는 충거(沖擧 윤비경(尹飛卿))를 첫째로 의망하여 그의 짚그물[109]에 보상하고 싶은데, 대개 듣건대 그는 그때부터 자못 불안한 마음이 있었다고 합니다. 여주(驪州)에는 이심(李深)을 첫째로 의망하는 것이 좋을 듯하고, 장헌(掌憲)에는 길보(吉甫 윤선거(尹宣擧))가 어떠합니까? 통진(通津)에 가능한 자를 극진히 생각해 보시는 것이 어떻습니까? 정(鄭)에 대한 간청에는 결코 부응할 수 없습니다. 희중(希仲

107 이달 : 대본에는 '今日'로 되어 있다. 문맥에 근거하여 '日'을 '月'로 바로잡아 번역하였다.

108 육좌(六坐) : 각 관사에서 한 달에 여섯 번 조회하는 것을 말한다.

109 짚그물 : 윤비경이 윤선도를 논박했는데, 이후원이 웃으면서 짚그물을 짜서 호랑이를 잡는 것이라 한 데서 가져온 말이다. 《宋子大全隨箚 卷3》

윤휴(尹鑴))은 형세가 매우 불안하니, 장차 어떻게 조치해야 할지 모르겠습니다. 통진에는 수부(秀夫)[110]가 매우 합당하나 대략 듣건대 그를 외직에 보임하려 하지 않는 의론이 있다고 하는데, 어떻게 생각하십니까? 그다음으로 의망할 수 있는 이로는 이준악(李峻岳)과 윤여임(尹汝任)[111]이 모두 괜찮으나 호조 낭청에는 으레 낙점을 받지 못할 것이 염려됩니다.

예(禮)에 관한 논의는 다시 상량(商量)하기를 기다리는 것이 어떻습니까?

110 수부(秀夫) : 권준(權儁)의 자이다. 권준은 윤선거의 매서(妹壻)이자 윤휴(尹鑴)의 처남이다.

111 윤여임(尹汝任) : 윤상거(尹商擧)로, 여임은 그의 자이다. 윤선거의 형이다.

송명보에게 보냄 무술년(1658, 효종9)

與宋明甫 戊戌

눈보라가 치니 병중의 회포가 몹시 나쁩니다. 방금 소보(小報)를 보건대, 소본(疏本)을 가지고 돌아갔다고 하는데 여러 공이 중지하기를 권한 것인지 모르겠습니다.

저는 병을 무릅쓰고 출사(出仕)하고 싶으나 매번 논의가 합치하지 않는 곳에서는 불만이 반드시 말과 낯빛에 드러나 으레 사체를 손상하고야 맙니다.

지금 포척(布尺)에 관한 논의가 정해지지 않아 군사(軍士)가 북을 울리며 원망하여 참으로 깊은 근심이 있으니, 저는 감히 갑자기 다른 사람과 자신을 동일시할 수 없습니다. 이곳의 사정을 삼가 묵묵히 헤아리실 줄로 압니다.

나머지는 등불 켜고 누워서 쓰느라 이만 줄입니다.

송명보에게 보냄 무술년(1658, 효종9) 10월

與宋明甫 戊戌十月

오늘《통감(通鑑)》의 송 의부(宋義符)가 폐위당한 곳[112]을 강학하며《강목(綱目)》의 배자야(裴子野)의 설[113]을 인용하여 반복 진달하였습니다. 강이 끝나자 산법(算法)을 알고 싶다고 하령(下令)하시어 마침내 몇 건을 논했는데, 형과 함께 들어가지 못한 것이 한스러웠습니다. 분형(粉兄)이라 한 것은 주자(朱子)가 "그 당시 사람들은 부마도위(駙馬都尉)를 분후(粉侯)[114]라고 불렀다."라고 한 것에서 끌어온 말입니다.

오늘의 숨은 걱정이란 것은 9월 중의 일[115]이 아니겠습니까. 직접 뵙지 않으면 감히 토로할 수 없습니다. 윤(尹)의 일은 직접 묻고 직접

112 송……곳 : 남북조 송나라 때에 서선지(徐羨之)와 사회(謝晦) 등이 어린 왕 의부(義符)를 폐위하여 영양왕(營陽王)으로 격하시킨 내용을 다룬 부분을 말한다.《御批資治通鑑綱目》

113 배자야(裴子野)의 설 : 양 무제(梁武帝) 때의 문신 배자야가 "옛날에 임금이 아들을 기를 때는, 아들이 말을 할 나이가 되면 사(師)가 말을 가르치고, 걸어 다닐 나이가 되면 부(傅)가 예로 이끌어 주었다. 송나라의 교육은 본디 이와 달라 궁중에 거처할 때는 종복에게 맡기고 궁외에 거처할 때는 하인들을 가까이한다."라고 한 말을 가리킨다.《通鑑紀事本末 卷19上》

114 분후(粉侯) : 삼국 시대 위(魏)나라 하안(何晏)이 자태가 아름답고 얼굴은 분칠한 것처럼 하얐는데 공주에게 장가들어 열후(列侯)에 봉해졌다. 이에 사람들이 분후 혹은 분랑(粉郎)이라고 한 데서 온 말이다. 뛰어난 미남자를 뜻하기도 한다.《三國志 魏書 何晏傳》

115 9월 중의 일 : 송시열이 청나라에서 수입한 물건을 금지할 것을 청했으나 대신(大臣)이 인혐한 일을 말한 것으로 보인다.《宋子大全隨箚 卷3》

전한 자가 있으니 사실과 같지 않다고 말하기 어려우며 이 서생을 위하여 애석하게 여깁니다.

국법으로 말하면 대원군(大院君)[116]은 불천위(不遷位)가 되니, 이 도정(李都正 이홍모(李弘模))의 증조 이하를 똑같이 4대에 넣는 것은 괜찮으나 대원군 이상은 미루어 적용할 수 없습니다. 만약 대원군 이상을 다시 창빈(昌嬪 중종(中宗)의 후궁)에게 붙이면서 또 5대를 봉사하는 참람함을 혐의쩍어하면 이 도정은 증조에게 제사를 지내지 못할 것입니다.

처음에 공신(功臣)이 된 자 외에는 불천을 허가하지 않으니 법을 세운 뜻을 볼 수 있으나 형이 그것을 끌어다 창빈을 체천(遞遷)하지 않는 증거로 삼았습니다. 저는 이것은 체천해야 하는 증거가 될 수 있다고 생각합니다. 만약 반드시 창빈을 체천하지 않으려 한다면 대원군을 체천해야 할 것이니, 어찌 이런 이치가 있겠습니까. 이것은 매우 사소한 일로 분분하게 논의할 것이 못 되나 문제를 제기한 이상 사리에 마땅하게 해야지 이렇게 구차하게 논의할 필요가 없습니다. 어떻게 생각하십니까? 이만 줄입니다.

116 대원군(大院君) : 선조(宣祖)의 생부 덕흥대원군(德興大院君) 이초(李岹)이다.

송명보에게 보냄 무술년(1658, 효종9) 11월 14일

與宋明甫 戊戌十一月十四日

어제 만나 뵐 기회를 놓쳐 매우 한스럽게 여기고 있습니다. 밤새 안부는 어떠하십니까? 어제 탑전에서 아주 많은 이야기가 있었습니다. 다만 조급하고 경솔한 성격을 스스로 참지 못하고 대신(大臣)의 말을 거슬렀으니 마음이 몹시 불안합니다.

또 지난 정사에서 무숙(懋叔 김익훈(金益勳))과 여차(汝車 허적(許積))를 의망한 것으로 말썽을 크게 불러일으켰습니다. 여차에 대하여는 호조 판서가 그의 적합함을 힘써 말했으나 무숙에 대해서는 점점 말이 분분하더니, "생원 진사가 아니면서 낭관이 되는 것이 비로소 여기에서 시작된다."라고 말하기까지 하였습니다. 모르겠으나 이 공이 과연 낭관이 되면 안 되겠습니까? 그를 조정으로 몹시 끌어들이고 싶으나 명분을 찾지 못하겠으니, 어쩌면 좋겠습니까.

○ 겸좨주(兼祭酒)에 대해서는 본조(本曹)가 회계(回啓)해야 하나 어떻게 해야 할지 모르겠으니 말을 하기가 극히 어렵습니다. 대체 식견을 어찌하여 말씀해 주지 않으십니까.

송명보에게 보냄 무술년(1658, 효종9) 11월 15일

與宋明甫 戊戌十一月十五日

여러 종이는 자세히 볼 겨를이 없었습니다. 임조(臨洮)[117]의 일은 마땅히 이와 같아야 합니다. 그러나 저의 뜻은 자주 제기하는 것이 도리어 지목하는 것 같으니 곧 지방에 자리가 나기를 기다려 그를 제수하고 싶은데, 어떻게 생각하십니까?

호조 판서(정유성(鄭維城)) 운운하신 것은 우습습니다. 이 어른이 지난번에 일부러 나를 찾아와 매우 고맙다고 하셨기에, 저는 궐에서 돌아올 때 날이 아직 일러 그 댁에 인사 갔으며 인하여 오정위(吳挺緯) 이야기를 언급했습니다. 이 밖에는 왕래한 일이 없었습니다.

유(柳)를 승정원에 의망한 것은 다 곡절이 있습니다. 처음에는 놔두었다가 재순(再巡)에서 그를 의망한 것은 본래 힘이 약해서 그렇게 된 것이니, 제 죄로 인정하겠습니다. 장성(長城)에 관해서는, 수령 중에서 계이(啓移)하고 싶은데, 이 또한 남들을 놀라게 하지 않겠습니까.

왕복한 이야기는 새어 나갈 리가 없습니다. 아들아이가 비밀을 잘 지키고 편지도 매우 깊이 간직하였으니 반드시 염려할 바가 없을 것입니다. 대사간이 계청하는 것이 어떻겠습니까? 이만 씁니다.

117 임조(臨洮) : 장성(長城)을 뜻하나 여기서는 누구를 가리키는지 자세하지 않다.

송명보에게 보냄 무술년(1658, 효종9)

與宋明甫 戊戌

근래에 공무가 매우 번다하여 안부 편지도 제때 올리지 못하였으니 매우 한스럽습니다.

어제 정사에서 상께서 사알(司謁)을 시켜 유지(諭旨)를 내리셨는데, 오늘 반드시 좨주를 차출할 것이라고 하니, 이미 차출한 것과 아울러 원래 해서는 안 되는 것입니다. 이것은 격외의 은전이니, 상소하여 면직을 청하는 것이 본디 일반적인 일입니다.

창빈(昌嬪) 안씨(安氏)의 일은, 당초에 단지 종묘의 이야기로 인하여 우연히 언급하였으나 원래 자질구레하여 언급할 것도 못 되는 것이므로 곧 후회하였고, 형이 다시 여쭈었을 때도 아무 말 없이 묵묵히 있었으니, 그 뒤에 다시 거론하지 않았음을 알 수 있습니다.

오정위(吳挺緯)의 일이 계(啓)의 결말 부분처럼 된다면 좋을 듯하므로 직접 와서 말하는 자가 있기에, 제가 답하기를 "이와 같다면 과연 좋을 것이다."라고 했으며 역시 형의 일까지 언급한 적은 없습니다. 백극(白棘)의 일은, 글을 배우는 젊은이들이 대략 언급하였으므로 애오라지 설명해 주었을 뿐입니다. 우상 대감의 일은, 인주(人主)가 대신(大臣)을 대우하는 도리가 이래서는 안 되니, 걱정스럽습니다. 무중(武仲 유계(兪棨))이 이미 춘방(春坊)을 떠나서 관계된 것이 사소하지 않으니, 우려스럽습니다.

담복(禫服)과 시복(緦服)은 마땅히 경중을 구분해야 하고, 고례(古禮)에 의거하면 담복은 참색(黲色 옅은 청흑색)으로서 길흉에 다

쓰는 복이나 시복은 최(衰)·부판(負板)·벽령(辟領)을 모두 갖추는 것이니, 시복을 입고 천장(遷葬)해야 할 듯합니다. 어떻게 생각하십니까?

송명보에게 답함 무술년(1658, 효종9)
答宋明甫 戊戌

형이 사헌부에서 체차된 것을 알고 서운하였으나 또한 흉내 내고 싶기도 합니다. 이 안부 편지를 받드니 기쁘고 위안됨이 그지없습니다.

천거하려는 내용은 삼가 잘 알았습니다. 김(金)에 대해서는 일찍이 민지숙(閔持叔 민유중(閔維重)) 형제를 통하여 익히 들었습니다. 강(姜)의 경우는 해유(解由)하고 출사하지 않았으니, 어쩌면 좋겠습니까. 홍령(洪令) 같은 경우는 외직으로 나가는 것이 애석하니, 어찌 개인적인 계획을 따를 수 있겠습니까. 희중(希仲 윤휴)의 일은 결말에 대한 우려를 금치 못합니다. 저는 이 벗에게 참으로 다른 뜻이 없는데, 한쪽에서는 힘껏 천거했다고 허물하고 다른 한쪽에서는 힘쓰지 않았다고 허물합니다. 길보(吉甫 윤선거)에 대해서는 말할 필요가 없으나 태지(泰之 이유태)에게는 또 말할 것이 있으니, 형이 증인으로서 어떻게 여기실지 모르겠습니다.

편지의 말미에서 하신 질문에는 감히 말할 수 없습니다. 마침 손님이 있어서 일일이 말씀드리지 못합니다.

송명보에게 보냄 무술년(1658, 효종9)

與宋明甫 戊戌

장마가 이에 이르렀으니, 이것도 예사롭지 않은 이변입니다. 저는 일마다 어긋나니 어쩌면 좋겠습니까.

증직 단자에 3대의 성명을 아래쪽에 나란히 쓰고 마땅히 주(注)에서 "《대전》에 의거하여 봉작한다.〔依大典封爵〕"라고 해야 하는데, 도리어 "남편의 작위를 따른다.〔從夫爵〕"라고 한 것은 대개 단지 연씨(延氏)[118] 두 글자로 인한 잘못입니다.

논할 것이 무슨 일인지 모르겠으나 현재는 조용한 시기가 아닙니다. 특히 토목(土木)의 역사(役事)가 그치지 않으니, 이것이 어찌 크게 우려할 만한 것이 아니겠습니까. 모령(某令)에 관해서는, 그가 나를 저버렸으나 내가 어찌 차마 그를 저버리겠습니까. 현재 시끄럽게 비방하는 말은 비록 자모(慈母)일지라도 북을 던지지 않을 수 없습니다.[119] 이러한 일이 무슨 괴이하게 여길 만하겠습니까. 내버려 두고 말하지 않는 것이 좋겠습니다.

118 연씨(延氏) : 송준길의 증조모 곡산 연씨(谷山延氏)이다.

119 현재……없습니다 : 현재 근거 없는 말이 매우 심하다는 뜻이다. 증자(曾子)와 똑같은 이름을 가진 증삼(曾參)이라는 다른 사람이 살인을 했는데, 세 차례나 연속해서 증삼이 살인했다고 증자의 모친에게 잘못 전하니, 그 모친이 그 말을 믿지 않을 수가 없어서 길쌈을 하다가 베틀의 북을 던지고 내려와서 도주했다는 이야기가 전한다. 《戰國策 秦策2》

송명보에게 답함 무술년(1658, 효종9) 12월 7일

答宋明甫 戊戌十二月七日

편지를 받고 위안되고 감격했습니다. 성상의 뜻이 이에 이르렀으니 우매하기가 저와 같은 자라도 어찌 감사한 마음이 골수에 맺히지 않겠습니까. 다만 재주와 능력이 부족하고 질병에 걸렸으니, 진실로 알아주고 장려하신 융숭한 은전을 영영 저버리게 될 것입니다.

형의 소가 열 번을 올라갔으나 끝내 형식적인 문식으로 돌아갔으니, 어쩌면 좋겠습니까. 연상(延相)[120]의 편지를 돌려드립니다. 일찍이 탑전에서 좌상이 비난했을 뿐만 아니라 병조 판서도 그렇게 했으니, 참으로 이 대감의 곤란함을 압니다. 연산(連山)에서 보낸 서신도 잘 받았습니다.

한창 식체(食滯)를 앓고 있어 간신히 감사의 뜻을 표합니다.

120 연상(延相) : 연양군(延陽君) 이시백(李時白)과 연성군(延城君) 이시방(李時昉) 형제 중 한 사람인 듯하다. 《宋子大全隨箚 卷3》

송명보에게 보냄 무술년(1658, 효종9) 12월

與宋明甫 戊戌十二月

여러 사람이 잇따라 내려갔는데 우리만 제사와 성묘를 못 하게 되었으니, 슬픈 마음이 어찌 끝이 있겠습니까. 태형(泰兄 이유태)이 올 마음이 있는 듯하니, 이것은 기뻐할 만합니다.

이른바 토목의 역사는 공주의 저택을 내탕금으로 사람을 고용하여 수리하고 꾸미는 것입니다. 이것은 국가의 경비에 관계되지 않으나 상번 군사(上番軍士)가 방역(防役)할 때가 되면 모두 그곳에 떼어 주었습니다. 그러므로 맡아 관리하는 내관(內官)이 1명마다 목면 1필을 받아, 원망하는 말이 널리 퍼졌습니다. 이러한 허실은 모름지기 분군(分軍)을 담당한 해당 관리에게 물어야 하니, 그런 뒤에 알 수 있을 것입니다. 또 후원(後苑)에도 전각을 한 채 짓느라 이미 숙석(熟石)을 끌어들였다고 하는데, 빈말이 아닌 듯하니 또한 더 자세히 조사하는 것이 어떻겠습니까?

이 장군(李將事)의 일[121]에 대해서는 전혀 들은 바가 없습니다. 무슨 죄를 범해서 그런 것인지 모르겠습니다. 알려 주십시오.

121 이 장군(李將事)의 일 : 이완(李浣)이 포도대장이었을 때 부장(部將)을 시켜 인평위(寅平尉) 정제현(鄭齊賢)의 집에서 적당(賊黨)을 수색하여 체포한 일을 가리킨다. 《孝宗實錄 9年 12月 17日》 정제현은 효종의 넷째 사위이다.

송명보에게 보냄 무술년(1658, 효종9) 12월 18일

與宋明甫 戊戌十二月十八日

어제 경연에서 퇴계(退溪)를 인용하면서 겸손하게 감히 견주지 못하는 뜻으로 전어(轉語)를 삼지 않았으니,[122] 가만히 비웃는 자가 있지 않겠습니까. 이러한 곳에는 절대로 이처럼 엉성하게 해서는 안 됩니다. 어떻게 생각하십니까?

천목(薦目) 중의 인물을 초승(稍陞)[123]하는 일에 대하여, 완상(完相 이후원(李厚源))이 매우 불가하다고 여깁니다. 그러나 무형(武兄 유계(兪棨))이 아주 정성스러우므로 어제 어쩔 수 없이 계품했으나 단지 잘 가리지 못한 것이 걱정입니다.

영남에서 정도응(鄭道應), 하홍도(河弘度), 신석번(申碩蕃), 유천지(柳千之)와 같은 이들이 뚜렷이 드러난 듯하나 또한 취사선택하지 않을 수 없습니다. 일찍이 듣건대 정극후(鄭克後)가 여헌(旅軒 장현광(張顯光))의 고제(高弟)라고 하니, 이 사람이 또 어떠합니까? 백분(伯

122 어제……않았으니 : 송준길의 〈경연일기(經筵日記)〉 무술년 12월 17일 기록에 송준길이 임금에게 아뢰기를 "선조(宣祖) 초년에 특별히 이황을 불러들였을 때 조야(朝野)의 기대가 어떠하였습니까? 그런데도 이황이 벼슬을 고사하고 내려가자 사람들은 모두 이황을 의심하였으나, 오직 이이만은 '역량과 분수를 헤아린 것이다.'라고 하였습니다. 이황의 재주와 덕으로도 오히려 이와 같았는데 하물며 신 같은 자이겠습니까."라고 하였다. 《同春堂集 別集》 전어(轉語)는 깨달음의 계기를 제공해 주는 말이다.

123 초승(稍陞) : 조금 승진시킨다는 뜻으로, 산림 중에 덕행이 있는 사람을 지방 수령에 임명하는 것을 말한다.

奮 윤원거(尹元擧))과 평중(平仲 임위(林墇))에 대하여는 사람들이 다른 말을 하지 않습니까? 한양에서 두드러진 약간의 사람에 대해서 저도 참작하여 헤아리고 싶으나 누가 할 만한지 모르겠습니다. 대개 많이 하려고 하지 않으니, 많으면 정밀하기 어렵습니다. 부디 상세히 말씀해 주십시오.

송명보에게 보냄

與宋明甫

어제 답장은 송군(宋君)이 무슨 까닭인지 늦게 전했습니다. 저는 매일 신음하고 있어 생각이 매우 무료한데, 조금 증세가 뜸하기를 기다렸다가 서둘러 사직 상소를 올릴 것입니다.

일찍이 《중용(中庸)》이 매우 어렵고 또 일상생활에 절실하지 않다고 여겼으므로 다시 《논어》를 복습한 뒤에 공부하려고 기다리려 했을 뿐입니다. 대개 지난날 때때로 《논어》와 《중용》의 말을 거론할 때면 전혀 기억나지 않는 곳이 있었으니, 대개 읽은 적이 없는 것처럼 생각되었습니다. 그러나 고견(高見)이 이와 같으니 각자 소견을 진달하는 것도 절로 무방할 것입니다.

이전(移傳)에 관한 논의에는 비록 저를 논의에 참여하게 하더라도 병들어 버려진 자는 그저 병에 대해 말하는 것이 합당할 것입니다. 어쩔 수 없다면 그저 이설(異說)에 흔들리지 말 것을 청합니다. 이만 씁니다.

송명보에게 답함

答宋明甫

위안을 받았습니다. 차자의 초안은 손님이 없으니 부응할 수 있을 것입니다. 저도 오늘 대략 사의(私義)가 불안하다는 것으로 소문자(小文字)를 넣으려고 합니다. 모든 것이 궁극에 이르렀으니 비록 그것을 할 수 있다 하더라도 순서를 찾을 수 없을 듯합니다.

종부시 주부(宗簿寺主簿), 조지서(造紙署), 활인서(活人署) 세 자리에는 선치 수령(善治守令)을 잘 가려서 복직시키려고 합니다. 임준(任濬), 김단(金湍), 채충립(蔡忠立) 외에는 제가 분명하게 아는 자가 전혀 없습니다. 정밀하게 생각하여 알려 주시기를 삼가 바랍니다.

송명보에게 보냄 무술년(1658, 효종9) 12월 23일

與宋明甫 戊戌十二月二十三日

저는 마지못해 그저 도목 정사(都目政事)를 기다리려고 합니다.

저 자신도 마음에 차지 않는 것이 매우 많은데, 하물며 곁에서 보는 자이겠습니까. 서둘러 사직 상소를 올려 혹 은혜로운 윤허를 받는다면 얼마나 다행이겠습니까.

특히 예조의 계사에서 '교관(敎官)의 별선(別選)은 좨주로 하여금 상량하여 확정하게 할 일'이라고 한 것에 대하여, 도승지가 정사하는 자리에 같이 있었으나 저는 혼미하여 살피지 못하고 경솔하게 차출했습니다. 오늘 조보(朝報)를 보고 비로소 알았으며 허물을 자신에게 돌리고 모든 행동을 바로잡는 것을 면치 못했습니다. 이처럼 일마다 뒤죽박죽이니 부끄럽고 미안함을 금치 못합니다. 형세상 연달아 사직 상소를 올릴 것입니다. 제 친동생의 문서에 제급(題給)해 주시는 것이 어떻습니까? 이만 씁니다.

송명보에게 보냄

與宋明甫

어제 편지를 보셨습니까? 초형(草兄)이 올린 상소에 대한 비답은 매우 간절하고 지성스러우니, 이 형이 혹 마음을 돌리지 않겠습니까. 지숙(持叔 민유중(閔維重))에게 이미 물을 만한 것을 물어보셨습니까?

요즈음 형이 향리로 돌아오고 우재(迂齋 이후원(李厚源))가 조정에 들어간 것은 아주 괴로워할 만합니다. 저는 장차 들어가자마자 돌아올 것이니, 어찌 감히 그 사이에 힘을 쓸 수 있겠습니까. 이만 씁니다.

송명보에게 보냄

與宋明甫

썰렁한 서재에 돌아와 누우니 심회가 더욱 애통합니다. 또 산증(疝症)을 앓으며 번민으로 날을 보내니 어찌 건강이 회복될 리가 있겠습니까.

윤퇴지(尹退之)는 대개 마음 내키는 대로 함부로 대답하였을 뿐입니다. 여망(汝望 윤문거(尹文擧))의 일은 이루어질 것입니다. 다만 백분(伯奮 윤원거(尹元擧))을 잃은 것은 어째서입니까?

사부(士夫)의 '신여(新輿 새 상여)'에 관하여 일찍이 묻는 이가 있어서 답하기를 "부모 상중에 죽은 자에게 소여(素輿 흰 상여)를 쓴다는 말을 듣지 못하였으나 다만 듣건대, 현재는 모두 감히 신여를 쓰지 못한다고 한다. 온 세상이 모두 그러하니 홀로 다르게 하기 어려울 듯하다."라고 했습니다. 어떻게 해야 할지 모르겠습니다.

사람이 와서 기다리며 재촉하니 이만 줄입니다.

송명보에게 보냄

與宋明甫

완소(完疏)[124]가 마침내 조정에 들어갔으니, 크게 탄식한들 어찌하겠습니까. 저는 승패에 관심이 없으나 함께 목욕한 것으로 비난을 받으니,[125] 마음으로 결코 받아들이지 못합니다.

여(呂)의 일은 형이 일찍이 그를 옥당(玉堂)에 채워 넣는 것도 합당하다고 말씀하셨고 근일에 인재가 모자라 괴로워 탑전에서 아뢰었는데, 스스로는 그의 불가함을 몰랐습니다. 만약 병든 어머니와 떨어져 외직으로 나가는 것을 번민한다면 모름지기 그로 하여금 상소를 올리게 하여 본조(本曹)가 체직을 청해야 합니다. 정리(情理)가 있는 바이니 어찌 막을 수 있겠습니까.

황(黃)의 편지는 말씀대로 받았습니다. 목 학사(睦學士 목겸선(睦謙善))의 상소는 마음에 크게 불안하여 차자를 올리고 싶은데, 어떻게 생각하실지 모르겠습니다. 헤아려서 말씀해 주십시오.

124 완소(完疏) : 이상진(李尙眞)의 소를 가리키는 듯하다. 이류(李瀏)가 논박을 당하자 이상진이 그를 신구(伸救)하였는데, 아마도 이 일을 가리키는 듯하다. 《宋子大全隨箚 卷3》

125 함께……받으니 : 같은 짓을 한 사람에게 비난을 받는 것을 말한다. 한유(韓愈)의 〈답장적서(答張籍書)〉에 "그대가 나를 비난하는 것은, 마치 함께 목욕을 하면서 발가벗었다고 욕을 하는 것과 같다."라는 표현이 나온다. 《五百家注昌黎文集 卷14》

송명보에게 보냄

與宋明甫

오늘은 두 가문의 제삿날이 아닙니까. 그렇지 않다면 청대(請對)하려고 한 것을 인하여 어찌 감히 나아가지 않았겠습니까.

무중(武仲 유계(兪棨))이 발탁되고부터 저는 돌아가고픈 생각이 날로 간절하니, 이 몸이 다시는 할 일이 없을 것이기 때문입니다.

어제 돌아온 별지에는 다시 변통할 곳이 없습니다. 변통하고 싶은 것은 곧 법에 구애되니, 참으로 매우 어려운 것입니다.

나머지는 이만 줄입니다.

송명보에게 보냄 기해년(1659, 효종10) 1월

與宋明甫 己亥正月

저에게 구애되는 바가 있어 감히 소식을 전하지 못했으나 연모하는 마음에 어찌 끝이 있겠습니까.

저는 연달아 제사가 있고 조카아이의 혼사가 닥쳐 여러 가지로 마음이 어지럽습니다. 시남(市南 유계(兪棨))의 일을 기뻐하고 축하하는 마음에 어찌 끝이 있겠습니까마는 어떻게 사람들의 바람에 부응할지 모르겠으니, 이것이 우려스럽습니다. 나의 책임이 점점 메워지고 있으니, 이후에는 옷깃을 여미고 돌아가더라도 근거가 없지 않을 것입니다.

특히 이류(李瀏)의 이름을 천망(薦望)에서 삭제하는 일이 갑자기 발생하여 논의가 분분하니, 장차 어떻게 수습해야 할지 모르겠습니다. 지난번 함경(咸卿 이일상(李一相))에게 물어보니, 그가 답하기를 "김(金 김만기(金萬基))은 호응한 자이니, 석이(錫爾 이경억(李慶億))가 헤아리면 좋을 듯하다."라고 했는데, 이 말이 옳을 것입니다. 형이 힘을 쓸 수 없겠습니까?

태(泰)의 편지를 올립니다. 저의 친형이 어제 들어와서 나그네의 시름이 퍽 위로되었습니다. 드릴 말씀은 많으나 매우 어수선하여 이만 씁니다.

송명보에게 보냄

與宋明甫

태(泰)의 편지에는 무슨 말이 있었습니까? 저에게는 대략 중도에서 머뭇거릴 의사를 보여 주었습니다. 어제 징규(徵奎)의 일을 아뢰어 공의(公議)가 조금 정해졌으니 기쁩니다.[126]

천신(賤臣)이 일찍이 경연에서 이 일을 아뢰자 성상께서 답하셨는데 목소리가 매우 낮아 분명하게 듣지 못했습니다. 나와서 들으니 혹자는 자신(自信)하시는 뜻이 없지 않았다고 하고 혹자는 어찌 자신(自新)하실 길이 없겠느냐고 하여 양쪽 내용이 서로 어긋납니다. 바라건대 그때 함께 있던 좌사(左史)와 우사(右史)에게 물어서 이 한 조목을 첨입하는 것이 좋을 듯합니다.

잉임(仍任)의 일은 그만둘 수 없는 일입니까? 그저께 중승(中丞)을 보고 힘써 말했으나 듣지를 않았으니, 개탄스럽습니다. 제 생각 같아서는 새 관직을 계청하고 혼자 단기(單騎)로 부임하여 백성으로 하여금 영송(迎送)의 폐단을 면하게 하고 싶은데, 지금 갑자기 이렇게 되었으니, 격려하고 권면하는 도리에 있어서 어떠합니까.

또 지난날 대략 들은 바가 있으나 미처 고하지 못했으니 지체한 죄가 있습니다. 홍(洪 홍성귀(洪聖龜))에 대한 가자(加資)의 명은 이미 환수했으나 준직(準職)에 제수된 나(羅 나진(羅袗))는 유독 체차를 면했으

126 어제……기쁩니다 : 조징규(趙徵奎)가 처방약을 의논한 공로로 특명으로 사복시 주부에 제수되자, 송준길이 대사헌으로서 명을 도로 거두기를 계청한 일을 말한다.

니 혐의가 없을 수 없다고 하였습니다. 오늘의 계(啓)는 또 형이 헌부(憲府)에 계실 때 삼가 의논드린 것에서 나온 것으로 한마디 비난의 말이 늘어날 듯하니, 이것은 몰라서는 안 됩니다.

또 아간(亞諫 사간(司諫))의 처치에 대해 여러 사람의 생각이 이미 옳지 않다고 여기고 있습니다. 중초(仲初 조복양(趙復陽)) 영공(令公)과 같은 경우에는 공청(公廳)에서 말하며, 마땅히 정체(呈遞)해야 한다고 말하였으나 아직도 조용하니, 저들이 혹 이미 듣고서 기쁘게 여기지 않겠습니까. 혹시 듣지 못하였다면 형께서 마땅히 슬며시 통지해야 할 듯하며, 저들로 하여금 물의(物議)를 알게 하는 것이 좋을 듯한데, 어떨지 모르겠습니다. 근래에 기색을 보건대 심히 좋지 않으므로 말씀드렸습니다.

김 사서(金司書)가 오늘 궐에 나가 사은숙배하고 입직하려 합니다. 이것은 공사(公事)에 있어서 아주 온편(穩便)하니, 기쁩니다. 이러한 일은 그저 묵묵히 헤아리는 것이 좋으니 남에게 말하지 않는 것이 어떻겠습니까?

송명보에게 보냄 기해년(1659, 효종10) 1월

與宋明甫 己亥正月

성균관에서 돌아오셨습니까? 어제 편지는 보셨습니까? 오늘 이 몸이 불안한 것은 대개 군징(君徵 홍우원(洪宇遠)) 학사로 말미암은 것입니다. 그러나 저나 편하자는 생각으로 그를 외군(外郡)에 보임하는 것은 참으로 차마 하지 못할 바입니다.

근일에 여러 동료 및 시형(市兄 유계(兪棨))의 뜻을 보니 절절하게 저를 위한 바탕을 만들었으나 저는 오래 벼슬하려 하지 않습니다. 어제 시형이 또 찾아와서 힘써 말했는데, 저는 답하기를 "여러 공이 반드시 이렇게 하려 한다면 저는 감히 이 정사에 가서 참여하지 못하겠습니다."라고 했습니다. 이윽고 생각해 보니, 이렇게 한다면 참으로 귀를 가리고 종을 훔치는 격인지라 그 죄가 더욱 클 것이기에 결코 구차히 여러 사람의 뜻을 따를 수 없었습니다. 장차 어떻게 처리해야 할지 모르겠습니다. 말씀해 주십시오.

지난번 편지에서 '부학(副學)' 운운하신 것은, 그 당시에 풍랑이 안정되지 않았으므로 대답하고 싶지 않았던 것이나 지금은 숙공(蓿公)[127]이 태연히 출사하였으니 다른 일이 없음을 보장할 수 있겠습니까.

127 숙공(蓿公) : 세자시강원 사서 김만기(金萬基)를 가리킨다. 숙(蓿)은 목숙(苜蓿)의 줄임말로, 채소(菜蔬)의 일종인데 세자시강원 관원을 뜻하는 은유이다. 당(唐)나라 때 동궁 시독(東宮侍讀) 설령지(薛令之)가 목숙에 관한 시를 지은 고사에서 유래하였다. 《山堂肆考 卷54》

그 사람[128]의 실제 행실이 어떤지 모르겠습니다마는 일찍이 화순(和順)을 만나 보니, "그 사람이 양모(養母)를 대우하고 골육(骨肉)을 처우한 것을 말한 이야기에는 모두 근원이 있다."라고 하였습니다. 화순은 그 사람이 무척이나 후대하는 벗인데 오히려 이렇게 말했으니, 숙공이 날조한 말이 아님이 명백합니다. 그러나 아직도 싫어하는 마음을 품고 있다니 참으로 알 수 없는 일입니다. 화순이 이것을 말할 때는 그의 아들과 사위가 옆에 있었으니, 무슨 꺼릴 것이 있었겠습니까.

신 추랑(申秋郎)[129]이 이미 올라왔다고 들었으나 곧 내려가려 한다고 합니다. 혹시 그를 만류할 방도가 있습니까? 단성(丹城)의 계책은 장차 어떻게 하시렵니까? 어제 별지(別紙)의 일은 이미 이생(李生)을 불러 물어보셨습니까?

128 그 사람 : 이류(李瀏)를 가리키는 듯하다. 《宋子大全隨箚 卷3》

129 신 추랑(申秋郎) : 형조 좌랑 신석번(申碩蕃)이다.

송명보에게 보냄 기해년(1659, 효종10) 2월
與宋明甫 己亥二月

오늘 경연에서 나눈 이야기는 매우 적습니다. 강이 끝나자 전날 강한 바를 복강(覆講)할 것을 명하셨습니다. 정 교리(鄭校理)가 지난해 암행(暗行)할 때 본 일을 아뢰었는데, 대개 조정에 돌아온 뒤에 이제야 비로소 입시했기 때문입니다.

천신(賤臣)이 왕자(王子)의 작위를 회복한 것을 가지고 성덕(聖德)을 칭송하고, 인하여 "모든 일에는 합당하고 지선(至善)한 도리가 있는데, 주자(朱子)가 논한 당 현종(唐玄宗)은[130] ……"이라고 하니, 하교하기를 "종전에 이 이야기를 들었다."라고 하였습니다. 심희성(沈希聖 심광수(沈光洙))이 소현(昭顯)의 두 아들의 관작을 모두 회복시켜 줄 것을 청하고, 천신도 그것을 도왔습니다. 상이 아무 말 없이 한참 있다가 "이러한 일은 모름지기 위에서부터 해야 한다."라고 하셨습니다. 천신이 나무꾼의 말이라도 성인이 받아들인 일과 한 고조(漢高祖)가 삼걸(三傑)을 칭찬한 일[131] 등과 같은 일을 인용하며 아뢰기를 "이것은

130 주자(朱子)가 논한 당 현종(唐玄宗)은 : 주희가 당 현종은 송왕(宋王) 성기(成器)의 일에 관하여 진선(盡善)하지 못한 점이 있었다고 했는데, 송시열이 이 말을 인용하여 효종에게 바로 체념(體念)해야 할 곳이라고 말한 일이 있다.《宋子大全隨箚 卷3》 송왕 성기는 당 예종(唐睿宗)의 장자이자 현종의 형으로 위씨(韋氏)를 제거하고 황권(皇權)이 확립되어 예종이 즉위했을 때 황태자가 될 위치였으나 동생인 현종에게 양보했다. 현종은 우애가 독실하여 황제가 된 뒤에도 변함이 없었고, 성기도 겸양하여 더욱 공손한 태도로 대하고 삼갔다.《舊唐書 玄宗本紀上, 睿宗諸子列傳 讓皇帝憲》

성명(聖明)의 도량이 넓지 못하여 그렇게 된 듯합니다."라고 했습니다. 상이 웃으면서 말하기를 "그렇다. 옛날에 선왕이 분부하기를 '형의 아들을 너의 아들처럼 여기라.'라고 하셨다. 이 말을 내가 어찌 감히 잊겠는가. 늘 마음에 잊지 않고 있다."라고 하셨습니다.

지임(之任)은 이미 응교(應教)의 부망(副望)에 의망했습니다. 이만 씁니다.

131 한……일 : 한 고조가 천하를 통일한 뒤에 장량(張良)과 소하(蕭何)와 한신(韓信)에 대해 "관중(關中)에서 군사와 군량(軍糧)을 징발하여 전장으로 보내어 부족함이 없게 한 것은 소하요, 장막 가운데서 계책을 내어 천 리 밖의 승리를 결정한 것은 장량이요, 싸우면 반드시 이기고 공격하면 반드시 빼앗은 것은 한신이니, 이 세 사람은 다 인걸(人傑)이다."라고 하였다. 《史記 高祖本紀》

송명보에게 답함 기해년(1659, 효종10) 2월

答宋明甫 己亥二月

일찍 일어나 편지를 쓰고서 무중(武仲 유계)에게 청하여 전해 올리려 했는데, 형의 편지가 먼저 이르렀으니, 위안되고 감사한 마음 그지없습니다.

학제(學制)는 한결같이 《대전(大典)》에 의거해야 할 듯하나 제 생각으로는, 제술(製述)은 제거할 만하니 과거(科擧)를 혁파하는 실마리로 삼으면 괜찮을 듯합니다.[132] 분교관(分敎官)은 그저 법도가 허술해지는 바탕이니, 만약 그것을 혁파하여 실관(實官)으로 만든다면 비록 8원(員)이라도 모자랄 걱정이 없을 것입니다. 어떻게 생각하십니까?

132 학제(學制)는……듯합니다 : 당시에 송준길이 겸좨주로서 어명을 받들어 학제를 논하였다. 《宋子大全隨箚 卷3》《孝宗實錄 10年 2月 16日》

송명보에게 답함 기해년(1659, 효종10) 2월

答宋明甫 己亥二月

편지를 받고 위안되고 기뻤습니다. 인책(引責)하고 들어가 출근하지 않으려는 계획을 묵묵히 마음속에서 정했는데 형이 혈성(血誠)으로 저지하는 까닭을 알고는 일단 어제와 오늘까지 지체하였습니다.

어제 경연 중의 이야기를 보건대, 수령 자리로 옮겨 가는 일은 재상의 지위도 버리지 못하였는데 다시 이렇게 조급하게 하였습니다. 성상께서 단지 추수 때까지로 한정한 것은 비록 천신(賤臣)을 위로하고 안정시키려는 계책이나 제가 어찌 안심할 수 있겠습니까. 비록 여러 현신(賢臣)이 조정에 가득하나 물을 마시는 자는 스스로 물이 차가운지 뜨거운지를 압니다. 이런 까닭에 오늘 자리를 갖추어 놓아도 감히 부임하지 못합니다. 대개 조정에서 신뢰를 얻지 못했으니 어찌 다시 착수할 곳이 있겠습니까.

송숙(訟叔)의 소는 그 설이 무엇을 말하는지 모르겠습니다. 항상 승리한 사람과는 병법을 말하기 어렵다고 한 말은 바로 이것을 이른 것입니다.

김(金)이 바로 출사(出仕)한 것은 제가 힘써 권했기 때문인데, 지금 틀림없이 창황히 달려 나가게 되었으니 불쌍하고도 매우 미안합니다. 대저 타인의 일에는 권하지도 막지도 않는 것이 오늘날의 묘법입니다.

정 상서(鄭尙書)도 염려스러우니, 어찌 정의(情意)가 서로 통하지 않는 사이이겠습니까. 송생(宋生)의 서신을 보았습니다. 돌아오는 인편이 있으면 답서를 부치고 싶습니다.

송명보에게 보냄 기해년(1659, 효종10) 3월 2일

與宋明甫 己亥三月二日

형의 소에 이미 비답이 내렸을 줄로 생각하는데, 성상의 뜻이 어떤지 모르겠습니다. 형이 관복을 벗고 돌아간다면 저는 이것을 고집하며 말을 만들 것이며 또 마땅히 돌아갈 길이 있을 것입니다. 바야흐로 저는 어떻게 될지 묵묵히 기다릴 뿐입니다.

지난번 편지에서 "어찌 필사적으로 방법을 강구하지 않는가."라고 하신 것은 참으로 약석(藥石)이나, 기질의 병이 아주 고질이 되었습니다. 갖가지 방법으로 바로잡아 보았으나 끝내 힘을 얻지 못했고, 또 여러 사람이 인순고식(因循姑息)하여 큰일을 하려는 성상의 뜻을 막는 것을 보고 마음이 참으로 평정을 이룰 수 없었으므로 절로 말투에 드러나지 않을 수 없었을 뿐입니다. 그러나 또 이 정도에서 그친다면 참으로 나이 먹고 늙어 기가 쇠약한 탓입니다.

홍문록(弘文錄) 운운한 것이 무슨 나에게 관계될 것이 있다고 내가 감히 남을 의심하겠습니까. 일찍이 듣건대, 종백(宗伯 홍명하(洪命夏))이 김 영돈녕부사(金領敦寧府事 김육(金堉))의 내상(內喪)에서 "모(某)는 참여하지 못하나 모(某)는 참여할 수 있다."라고 크게 말했다고 합니다. 무중(武仲 유계(兪棨))도 저에게 편지를 보내서 "이것은 이웃 나라에 알려져서는 안 될 일이다."라고 했으나 지금은 곧 뭐라 뭐라 하니, 어찌 이른바 무른 땅[133]이 아니겠습니까. 다만 저는 일찍이 무형(武兄

133 무른 땅 : 무른 땅에 말뚝 박는다는 속담 즉 연지삽목(軟地揷木)의 줄임말이다.

유계)이 와서 저를 보고 언급한 것을 인하여 들은 것으로 대답하며 "강력히 함께 힘을 내어 주관하자."라고 하였습니다. 그 밖에 나머지는 비록 매우 찬미하고 칭송하는 말이었으나 마지막 결론은 모두 어려워 망설이는 말이었습니다. 이것으로 내가 지숙(持叔 민유중(閔維重))을 의심한다고 말한다면 지나친 듯합니다. 또 지숙에게는 좋은 말과 얼굴빛이 있으니 애초에 그에게 좋은 말과 얼굴빛이 없다는 말은 듣지 못했습니다. 또 어찌 말할 필요가 있겠습니까. 저는 작은 장점도 없으나 오고 가는 유언비어에는 참으로 마음이 움직이는 바가 없습니다.

길보(吉甫 윤선거)의 편지를 보내 올리니 보신 뒤에 돌려주십시오. 석(石)의 편지는 아이가 찾지 못했으나 그저 안부를 묻는 몇 마디 말로서 다른 이야기는 없었습니다.

일전에 무형이 보여 준 길보의 편지에서는 태(泰)의 말을 인용하여, 형이 사치스럽고 제가 사정을 둔다고 극력 말했습니다. 그 편지를 보셨습니까?

또 제가 속히 이 직임에서 체차되어야 한다고 하였는데, 이 말은 참으로 지론이나 체차되기 쉽지 않아 사람으로 하여금 미칠 것 같게 합니다. 이만 씁니다.

만만하게 보고 표적을 삼아 대든다는 뜻이다.

송명보에게 답함 기해년(1659, 효종10) 3월 9일

答宋明甫 己亥三月九日

답장에 깊이 위안되었습니다. 신독재(愼獨齋 김집(金集)) 노인의 직질(職秩)은 삼가 말씀대로 하겠습니다. 포척(布尺) 한 가지 일은 대신(大臣) 이하가 바야흐로 저에게 마음을 두고 저의 미혹된 집착을 돌리려 하고 있습니다. 오늘 조금이나마 믿고 만에 하나라도 요행을 바랄 수 있는 것은 대략 저들이 저로 인하여 구애받는 것입니다. 이제 제가 작은 일을 참지 못하고 이끌려서 먼저 스스로 세파를 따른다면 이 일은 다시는 희망이 없게 될 것입니다. 오늘의 일은 인심을 크게 민망하게 하니, 어쩌면 좋겠습니까.

정숙(靜叔 이태연(李泰淵)) 영(令)의 편지를 볼 때마다 슬픈 마음이 듭니다. 이 일을 만약 탑전에서 진달하는 자가 있다면 매우 좋을 듯하니, 이것은 개인을 위한 것이 아니라 또한 공공을 위한 것입니다. 대개 그가 스스로 극복하지 못하고 반드시 돌아온다면 참으로 진(陣)에 임하여 장수를 바꾸는 것과 같으니 매우 적합하지 않을 듯합니다. 저는 참으로 들어가 아뢰고 싶으나 근래에 눈을 흘기는 상황을 듣고는 두려웠으니, 어찌 다시 이것으로 입씨름을 더 하겠습니까.

어제의 편지에는 이미 답장을 써서 보냈는데, 그 답장에서 "도내(道內)에 두는 것은 편치 않을 수도 있으나 맞이하여 이웃한 고을에 둔다면 누가 다시 금지하겠습니까."라고 하였습니다. 어떻게 생각하실지 모르겠습니다.

초형(草兄 이유태)이 7일에 출발하려 한다고 들었는데, 비 때문에 출발하지 못했을 줄로 압니다. 일찍이 장만(長萬 김만균(金萬均))을 만나 보았는데, 그는 여러 존장이 한양에 올라와서 한 가지 일도 이루지 못하고 고관(高官)만을 취했으니 장차 후세의 비난을 면치 못할 것이므로 초장(草丈)도 그렇게 하지 않기를 바란다고 하였습니다. 초형이 만약 장만 공을 만난다면 틀림없이 머물게 될 듯합니다. 드릴 말씀은 많으나 이만 줄입니다.

송명보에게 답함
答宋明甫

아침 일찍 편지를 받들었으니 위안되고 감사한 마음에 어찌 끝이 있겠습니까. 저의 병이 아직도 낫지 않아 정사를 보고하지 못했고, 또 조금 불안한 것이 있어서 감히 갑자기 출사하지 못했습니다. 주 부자(朱夫子)가 시사(時事)에 정성을 다했으나 나아가기를 어렵게 여기는 의리에 어찌 명주 끈만큼이라도 어긋난 적이 있었습니까.

추은(推恩)의 거조는 제가 또 어찌 끝내 하지 않을 수 있겠습니까. 감히 갑자기 청하지 못한 것일 뿐입니다. 또 생각건대 선인(先人)의 증직은 절로 이루어진 것이니, 후인으로 하여금 공경히 받들게 할 만합니다. 만약 불초자에 대한 은총으로 으레 증직을 더한 것이라면 곧 숨겼을 것이므로 중시하는 마음이 없지 않습니다.

형이 분황(焚黃)으로 휴가를 청했으니, 어찌 하지 않을 수 있겠습니까. 다만 형수를 빼려 한다면 그렇지 않습니다. 이미 은례(恩例)를 청했으니 어찌 취사선택할 수 있겠으며, 더구나 영윤(令胤)의 마음으로 미루어 보면 달리 보아서는 안 될 것입니다.

저는 감히 '숙인정씨(淑人鄭氏)' 네 글자를 말단에 추서(追書)하여 정청(政廳)에 보내고 또 동료들에게 그 까닭을 말하겠습니다. 군이 하려고 하지 않는다면 모름지기 정석(政席)에서 의견을 주고받는 것이 어떻겠습니까? 이만 씁니다.

송명보에게 보냄

與宋明甫

어제 편지는 받아 보셨습니까? 저는 아주 며칠 조용히 섭생하고 싶었으나 28일에 죽을힘으로 움직였습니다. 요사이 시골 손님이 연속으로 몰려와 한숨 돌릴 겨를도 없으니, 답답합니다.

인가(人家)에서 신주를 쓸 때 먼저 증직을 쓰는 것은 근거할 만한 것이 있습니까? 저의 견해로는 모두 군은(君恩)이나 실직(實職)이 앞서니, 이것을 먼저 쓰는 것이 합당하지 않겠습니까? 헤아려 알려 주십시오.

태(泰 이유태)의 일은 장차 어떻게 해야 합니까? 그저께 만났을 때 산릉(山陵) 일에 이바지하고 싶지 않다고 괴로이 말했는데, 대개 피혐하는 것입니다. 유능(幼能 이단상(李端相))도 마땅히 피혐해야 한다고 말했으나 자급이 준직(準職)에 못 미친다는 말을 듣고는 "이렇다면 혐의가 없을 듯하다."라고 말했습니다. 이렇다면 서계(書啓)에 넣지 않아야 합니까? 서계에 넣으면 상으로 올려 주는 자급을 반드시 면하기는 어려우니, 어쩌면 좋겠습니까? 어제 성길(誠吉)을 만나 보니 "피혐하며 주저해서는 안 된다."라고 말했는데, 이것은 유능의 견해와 다르니, 어쩌면 좋겠습니까?

송명보에게 보냄 기해년(1659, 현종 즉위년) 5월

與宋明甫 己亥五月

밤사이 기거가 어떠하십니까? 저는 연례적(年例的)인 여름철 증세가 다시 악화되고 겸하여 구창(口瘡)까지 생겨서 음식을 전혀 먹지 못하고 오랫동안 병석에 누워 있으니, 끊임없이 이대로 나간다면 죽기가 어렵지 않겠습니다.

지문(誌文)을 지으라는 명령에 대해서는 형편상 다시 사양해야 하겠는데 다만 성상께서 반드시 얻어 내기로 작정할 것이고 또 지문을 짓자면 매우 어려움이 있습니다.

대체로 대행왕(大行王 효종)의 뜻과 사업은 찬양하지 않을 수 없는데, 찬양한다면 좋게 여기지 않는 사람들에 의해 죄에 걸려들 것이고, 이를 두려워하여 머뭇거린다면 참으로 신하로서 큰 죄를 짓는 일이니 오직 이 한 가지 일은 퍽 난처하게 되었습니다.

무중(武仲 유계(兪棨))의 뜻도 이러하기에 지금 슬며시 이런 뜻으로 다시 사양하고 싶으면서도 또한 듣기에 번거로울까 염려되어 어찌할 바를 몰라 답답하니, 바라건대 잘 상량하여 말씀해 주시는 것이 어떻겠습니까?

우상(迂相 이후원(李厚源))이 만일 북소(北疏 홍여하(洪汝河)의 상소) 때문에 스스로 자신의 입장을 진술한다면 저도 의당 그래야 할 것인데 이는 또한 서로 방해될 일입니다. 이만 씁니다.

송명보에게 보냄

與宋明甫

어제 내린 비답은 감격하여 흐르는 눈물을 감당치 못하겠고 또 매우 황공하므로 잇따라 상소하지 않을 수 없습니다. 또 저의 생각에, 이전부터 전관(銓官)으로서 배척을 받고도 그대로 있었던 사람은 없었기 때문에 다만 극력 청하여 기필코 윤허를 받으려는 것입니다. 성상께서 만일 애절한 간청을 윤허하신다면 삼가 서울 어귀에서 배회하면서 신하의 심정을 펼 것이니, 이 외에는 소원이 없습니다.

어제 정상(貞相)이 의론한 것[134]을 보니 매우 놀랍고 의아하였습니다. 그러나 그 일을 마음에 두지 않는 것은 대체로 자신의 죄과를 스스로 탄핵하기에도 겨를이 없어야 할 때이기 때문이니, 어찌 뻔뻔스러운 얼굴로 차자를 올려 사람들과 논란을 벌이겠습니까.

요사이는 병이 심해져서 오래 병석에 누워 있으므로 형을 위해 글을 쓰려 해도 정력이 미치지 못하는 데야 어찌하겠습니까. 그러나 정상이 의론한 것을 베껴 써서 보내 주시면 조목마다 내 의견을 붙여서 올리려고 합니다.

의원(醫員)에 대한 의론은, 저로서는 감죄(勘罪)를 완화하거나 준

134 정상(貞相)이 의론한 것 : 정상은 정릉(貞陵)에 사는 이경석(李景奭)을 가리킨다. 이경석이 효종의 행장(行狀)을 지었는데 대의(大義)에 관한 것이 전혀 없었고, 또 송시열이 지은 지문(誌文) 속의 〈비풍(匪風)〉, 〈하천(下泉)〉 등의 글귀를 삭제하라고 청했던 것을 말한다. 〈비풍〉, 〈하천〉은 모두 《시경》의 편명인데, 주(周)나라가 쇠망해 가는 것을 탄식하여 부른 노래이다.

엄하게 하는 데에 이의가 없습니다. 신가귀(申可貴)[135]는 매우 불쌍합니다마는 일이 그의 손에서 그릇되었으니, 살려고 한들 되겠습니까. 늘 선왕(先王)께서 '괜찮다'고 하신 분부를 생각하면서 그 고통스럽고 번민하여 답답했던 뜻을 상상하면 신하의 마음에 곧 창자가 끊어지고 간이 타들어 가려 합니다. 수의(首醫)였던 사람이 어떻게 죽지 않을 수 있겠습니까.

오직 조징규(趙徵奎)는 비록 분별없이 패악을 저질렀지만 수범과 종범을 가려야 하니, 종범이 죽으면 지나칠 듯합니다. 이(李)에 대해서는 더욱 의외인데, 더구나 듣건대 그가 3일 입진(入診)했을 적에 실지로 진맥을 했다고 하니 성상의 하교와 다릅니다. 이는 의당 쟁집하는 일이 있어야 할 듯합니다.

저의 뜻은 대략 이러한데 옳은 것인지 모르겠습니다. 손님을 대했기에 이만 줄입니다.

135 신가귀(申可貴) : 효종의 시의(侍醫)로서 효종의 얼굴에 난 종기에 침을 잘못 놓아 효종이 승하하자 사형당했다.

송명보에게 답함 기해년(1659, 현종 즉위년) 6월
答宋明甫 己亥六月

오늘 사대(賜對)하는 은혜를 입었으나 생각한 바를 다 진달하지 못했습니다. 삼가 천안(天顔)을 우러러보니 상께서 눈물이 눈자위에 가득하여 소매로 가리셨고 미천한 신도 망극하여 다 말하지 못하고 물러났습니다. 저 푸른 하늘이시여, 이 마음을 어찌해야 합니까. 바야흐로 기성(騎省 병조(兵曹))에 도착하여 여러 사람과 마주 앉아 울 뿐입니다.

아(丫 김익렴(金益廉))의 일에 대하여, 윤(尹)의 말처럼 전혀 잘못한 바가 없다고 한다면 참으로 옳지 않습니다. 만약 이 지경에 이른다면 참으로 참혹한 것이며, 더구나 원평(原平)의 문하에 혐의가 없지 않겠습니까.[136] 한탄스럽습니다.

종형(從兄)이 저의 집에 머물고 있는데 장차 고양(高陽)에 갔다가 며칠 뒤에 돌아올 것이라고 합니다.

○ 제 동생의 편지도 보냅니다. 한집안의 형제에게 이렇게 꾸지람을 받는데, 하물며 타인이겠습니까. 스스로 생각건대 재덕(才德)이 만에 하나라도 부응할 수 있겠습니까. 그저 한 번 웃고 말 뿐이라고 이를 만합니다.

저는 어제 차자를 올려서 또 귀향할 뜻을 슬며시 드러냈습니다. 형은

136 원평(原平)의……않겠습니까 : 아동(丫洞)의 김익렴이 일찍이 원평부원군(原平府院君) 원두표(元斗杓)를 배척한 적이 있기 때문에 혐의가 없지 않다고 말한 것이다. 《宋子大全隨箚 卷3》

이어서 귀향하더라도 제 말 때문에 떠나겠다 말하지 마시기를 바랍니다. 저는 감히 반드시 돌아가야 한다고 이야기하는 것이 아닙니다. 지난해 화양(華陽)에 있을 때 형에게 출사하지 말 것을 권한 적이 있는데, 그 이야기가 왁자지껄 시끄러웠으니 지금까지 감히 편치 못합니다.

송명보에게 답함 기해년(1659, 현종 즉위년) 6월 6일

答宋明甫 己亥六月六日

성상의 난처함을 모르는 것은 아니나 부끄러움을 무릅쓰고 공무를 행하는 것은 더욱 처음 시작하는 정사에 해로움이 있을 것이므로 반드시 체차되기를 기필하는 것입니다.

문장은 오직 뛰어난 재능을 가진 자만이 내일 아침까지 맞출 수 있을 것입니다. 더구나 저는 정력이 쇠미하고 정신이 거의 다 없어졌으니 일찍 짓는 것을 보장하기 어렵습니다. 대체로 이 일은 급급하게 할 필요가 없으니, 모름지기 함께 자세히 생각해야 할 것입니다. 태형(泰兄 이유태)은 그의 주된 뜻이 흐릿하니 감히 경솔히 말할 수 없습니다. 이만 씁니다.

송명보에게 보냄 기해년(1659, 현종 즉위년) 7월 3일

與宋明甫 己亥七月三日

요즈음 근황이 어떠하십니까? 출사(出仕)는 장차 언제 하십니까? 저는 지문(誌文)을 짓는 동안에는 조지서(造紙署)를 빌려서 거처하려 합니다. 오늘 바람을 쐬러 나갔으나 찾아뵙고 회포를 풀지 못했으니 죄송하고 한스럽습니다.

산릉(山陵)의 일은 성상의 마음이 돌아설 희망이 있는 듯하므로 어제 의금부를 사직하는 차자에서 다시 대략 언급했으나, 아직 비답을 받지 못했습니다. 대저 오늘의 일은 참으로 우려와 탄식을 금치 못하니 어쩌면 좋겠습니까.

송명보에게 답함 기해년(1659, 현종 즉위년) 7월

答宋明甫 己亥七月

서신을 받고 감명을 받았습니다. 오늘 낮에 함령(咸令 함경(咸卿) 이일상(李一相))이 방문하여 말을 하였습니다.

지난밤에 성상의 체후가 몹시 편치 못하시어 바야흐로 걱정으로 애타는 마음 간절하였습니다. 이어서 양 의관(梁醫官 양제신(梁濟臣))이 와서 상이 병중에 저의 병에 대해 하문하신 것이 아주 은근했음을 자세히 말해 주었으니, 매우 감읍하여 몸 둘 바를 몰랐습니다. 한낮 무렵에 함령과 마주 앉아 눈물을 떨구었습니다. 이어서 오늘 보호할 책임이 오로지 대왕대비께 있으며 삼공(三公)이 만약 복합(伏閤)하여 진달한다면 희망이 있을 듯함을 말하고, 이어서 상위(相位)에 주선해 줄 것을 함령에게 청했습니다.

편지에서 말씀하신 것은 제 병의 경중을 전혀 헤아리지 못하신 탓입니다. 조금이라도 일어나 움직일 힘이 있다면 감히 이런 때에 매일 사직을 하겠습니까. 형이 이렇게 저를 의심하는데 오히려 다른 사람이 믿어 주기를 어찌 바라겠습니까.

송명보에게 보냄 기해년(1659, 현종 즉위년) 7월

與宋明甫 己亥七月

예전에는 병들어도 오히려 죽음을 걱정하는 마음이 없었는데, 이번에 병들어서는 그렇지 못하니, 어찌 늙고 기운이 쇠하여 그런 것이 아니겠습니까.

처음에 보고하는 반열로 들어오고 싶었으나 이미 들어가지 못했고, 또 나가지도 못한 채 작은 집에 길게 누워서 매일 신음하고 있습니다. 가을 기운이 언뜻 서늘해지니 선왕(先王)을 그리워하는 마음이 갑절 늘어 눈물이 눈자위에 가득합니다.

대정(大政)이 현재 순수하게 명예로울 리가 없을 듯하며, 그저 참새 그물을 대문에 친 집에 누가 함께 와서 이야기를 나누겠습니까. 또 길보(吉甫 윤선거)가 작별할 때 시사를 말하지 말라고 힘써 경계하였으니, 이 말은 참으로 옳습니다. 이 말을 일찍 듣지 못한 것이 한스러우나 명심하기를 자못 굳게 합니다.

다만 해서(海西)의 선비로서 나 때문에 부당한 형벌에 빠진 자가 4인입니다.[137] 이것은 장차 변론하지 않을 수 없으나 이 일이 또 두 정승[138]과 관계되니 매우 괴롭습니다. 이런 까닭에 보이는 것도 없고

137 해서(海西)의……4인입니다 : 안악(安岳), 신천(信川) 선비들이 백성의 농토를 빼앗는 궁가(宮家)의 횡포를 조정에 호소했다가 도리어 형벌을 받게 된 일을 가리킨다. 《宋子大全 卷9 陳安信民人冤狀乞免疏》

138 두 정승 : 영의정 정태화(鄭太和)와 좌의정 심지원(沈之源)이다.

들리는 것도 없는 곳에 이 몸을 두고 싶은 마음 간절하나 할 수가 없습니다.

송명보에게 답함 기해년(1659, 현종 즉위년)
答宋明甫 己亥

편지를 받고 위안되었습니다. 황산서원(黃山書院)에 관해서는, 저도 처음에는 향배(向背)를 몰랐는데, 어제 어떤 사람이 와서 말하기를 "이 사람이 포저(浦渚 조익(趙翼))를 배향하는 서원의 유사(有司)이므로 또 이 일을 만들었다."라고 했으므로 애오라지 언급했을 뿐입니다.

모종(某宗)의 말은 과연 누누이 길어서 다 기록하지 못합니다. 대개 "조사(曹司)가 아니면 으레 서둘러 그 대리인을 차출하지 않는다."라고 했고 부리(府吏)의 말도 그러하였으니, 이 말은 본부(本府)에서 나온 듯합니다.

양주(楊州) 운운한 것과 관련하여, 지난겨울에 대방(帶方)[139]이 들러 인사하며 장난삼아 말하기를 "공의 무리가 정권을 잡으니 뭇 현인(賢人)이 조정에 가득합니다. 세도(世道)가 일변(一變)하면 나를 양주로 옮겨서 나도 국가의 문물을 다 둘러볼 수 있게 해 주기를 바랍니다. 그렇게 하지 못하여 기축년(1649, 효종 즉위년)처럼 되면 차라리 먼 고장으로 가서 보지도 못하고 듣지도 못하는 것이 나을 것입니다."라고 했습니다. 제가 웃으면서 답하기를 "앞서 말한 것은 참으로 양주학(楊州鶴)[140]이니, 밤낮으로 공을 위하여 축원하겠습니다."라고 했는데, 이

139 대방(帶方) : 남원(南原)의 옛 지명으로, 여기서는 본관이 남원인 윤휴(尹鑴)를 가리키는 듯하다.

140 양주학(楊州鶴) : 모든 일이 소원대로 이루어진다는 뜻이다. 옛날에 손님들이

말이 점차 참말이 될 줄은 몰랐습니다. 참으로 우습습니다.

순(淳)에 관해서는, 사람들이 그의 탁함을 원망하고 그의 세력을 미워합니다. 또 저는 황산의 일에 대하여 개탄하는 바입니다.

퇴도(退陶 퇴계)가 어찌 조상(趙相 조익)만 못하겠습니까마는 근일의 일을 보건대 길보(吉甫 윤선거)도 포저에 대하여 그의 훌륭함을 싫어하지 않는데, 유독 일개 이성철(李誠哲)[141]이 포저를 매우 힘껏 공박하니, 이것이 과연 공정한 마음입니까. 이런 까닭에 뜻을 잃어 더욱 남들과 말을 하고 싶지 않습니다.

각각 자신의 소원을 말하였는데, 혹자는 양주 자사를 원하고 혹자는 재물을 원하고 혹자는 학을 타고 하늘을 날기를 원하였다. 그중 한 사람이 말하기를 "나는 허리에 십만 관의 황금을 차고 학을 타고서 양주로 올라가고 싶다." 하니, 이는 세 사람의 소원을 겸하려고 한 것이다.《御定淵鑒類函 卷3 鳥部3》

141 이성철(李誠哲) : 퇴계(退溪) 이황(李滉)의 현손(玄孫)이다. 이황의 적손이 어려서 송시열이 경연에서 효종에게 아뢰고 지손인 이성철을 대신 현감에 제수하고 제사를 받들게 하였다.《宋子大全隨箚 卷3》

송명보에게 보냄 기해년(1659, 현종 즉위년) 10월 25일

與宋明甫 己亥十月二十五日

발인할 날짜가 임박하니 절박한 마음이 더욱 절절합니다. 길보(吉甫)가 와서 대화를 나눠 주어 병든 회포가 조금 위로되었습니다. 편지로 보여 주신 일에 대해서는 말하기가 매우 어렵습니다마는 더 나빠질 염려가 없다면 지체하지 않고 싶습니다.

대개 덕의(德義)를 돕는 것과 몸을 잘 기르는 것[142] 둘 중에는 경중의 차이가 없습니다. 전날 사대(賜對)할 때 스스로 헤아려서 처신하실 것을 청했으나 지친(至親)의 정에 가리어진 것 같습니다.

증승(中丞 대사헌)을 다시 사직하고 싶다고 하셨습니다. 제가 조치에 전념한 것은 그저 28일[143]을 위해서였는데, 과연 그렇게 하셨는지 모르겠습니다.

길보가 저녁 무렵에 나아가려고 합니다. 이만 씁니다.

142 덕의(德義)를……것 : 태자나 성년이 되기 전의 임금을 보육하고 훈도하는 일을 이른다. 《대대례기(大戴禮記)》 〈보부(保傅)〉에 "보(保)는 그 몸을 잘 기른다는 뜻이고, 부(傅)는 그 도덕을 돕는다는 뜻이며, 사(師)는 가르쳐 인도한다는 뜻이니, 이것이 삼공(三公)의 직책이다."라는 내용이 보인다.

143 28일 : 효종의 상여를 발인하는 날이다.

송명보에게 답함
答宋明甫

근래에 매우 격조했으니, 그리운 마음을 말할 수 있겠습니까. 이제 편지를 받으니 위로됨이 그지없습니다. 아무리 작은 일이라도 또한 인력으로 되는 것이 아니니, 그저 하늘에 맡길 뿐입니다. 어쩌면 좋겠습니까.

택지(澤之 송국택(宋國澤)) 종인(宗人)이 객지에서 죽었으니, 사형(士衡 육기(陸機))이 "이 몸이 그렇게 될까 두렵네."[144]라고 한 것입니다. 이런 까닭에 뜻을 잃고 돌아가려는 뜻이 더욱 간절하고 저의 병은 힘쓰기 어려우니, 답답합니다.

초여름에 《논어》를 공부하기로 의논하여 정했는데, 대개 이 책이 어렵지 않고 일상생활에 매우 절실하기 때문입니다. 《중용》은 매우 보기 어려워 날짜만 허비할 뿐만 아니라 또 어려운 부분을 괴로이 생각하다가 염증이 날 것입니다. 지금 여러분의 뜻이 이러한데, 이것은 저의 견해가 도달하지 못한 곳이니, 오직 여러분이 헤아려 처리하는 데 달렸을 뿐입니다. 이만 씁니다.

144 이……두렵네 : 진(晉)나라 육기가 나이 사십에 친구들 대부분이 세상을 떠난 허전함을 비탄조로 읊은 〈탄서부(歎逝賦)〉에 나온다. 《文選 卷16》

송명보에게 보냄 기해년(1659, 현종 즉위년)

與宋明甫 己亥

천비(泉碑)의 "시를 짓고 제사를 지냈다.〔爲詩以祭〕"라는 구절은 있거나 없거나 원래 긴요하지 않으니 삭제하고, 표(表) 자 아래에 언(焉) 자를 첨가하는 것이 어떻겠습니까?[145] 어깨에 멨다〔擔舁.〕는 것에 대한 명확한 근거가 있다면 "말에서 내려 경의를 표했다.〔下馬致敬〕" 아래에 "자신의 사졸에게 어깨에 메어 보내게 하였다.〔而使其士卒擔舁以送〕" 9자를 첨가하는 것이 좋겠습니다. 이것은 신(申)의 원고[146]에는 없으니 고찰할 수 없습니다. '촉여(屬余)'의 '여(余)'를 저의 이름으로 고치면 과연 좋겠습니다.[147]

그저께 우재(迂齋) 대감의 편지를 보건대 그 여파가 미친 것으로 괴로워하였으니, 그 시끄러움을 알 만합니다. 그러나 땅이 외지고 사람이 귀가 먹어서 소식을 들을 길이 없으니 가련합니다.

거취(去就)의 의리는 참으로 물을 마시는 것과 같으니, 바라건대 원리(元履)를 보고 거취를 결정하지 마십시오.[148] 더구나 원리는 말한

145 천비(泉碑)의……어떻겠습니까 : 천곡(泉谷) 송상현(宋象賢)에 대한 묘비명의 원문 중 '立木以表而爲詩以祭之'를 '立木以表焉'으로 수정하자는 뜻이다. 송상현은 임진왜란 때 동래성을 지키다 전사하였다. 《宋子大全 卷159 泉谷宋公神道碑銘》

146 신(申)의 원고 : 신흠(申欽)의 〈송동래전(宋東萊傳)〉을 가리키는 듯하다.

147 촉여(屬余)의……좋겠습니다 : 《천곡송공신도비명》의 원문 중 '而以其文屬時烈撰次'에 대하여 말한 것이다.

148 원리(元履)를……마십시오 : 남의 거취를 보고 자신의 거취를 결정하지 말라는

바가 모두 옳았는데 지금 저는 망녕된 착오로 낭패하여 시끄러운 말이 친했던 이들에게까지 널리 미쳤습니다. 진실로 떠나는 것이 마땅하니, 굳이 서로의 거취를 볼 필요가 있겠습니까. 어제 또 숨은 근심이 될 일이 있었으니 더욱 머물고 싶지 않습니다. 여파가 미친다는 이야기는 틀림없이 우재 대감을 번거롭게 하고 싶지 않은 것이니, 양해해 주십시오.

뜻이다. 원리는 송나라 문신 위섬지(魏掞之)의 자이다. 송나라 왕응신(汪應辰)이 주희에게 "원리를 보고 거취를 결정하지 말라.〔勿視元履爲去就〕"라고 말한 적이 있다.《晦庵集 卷24 答汪尙書書》

송명보에게 보냄 기해년(1659, 현종 즉위년) 12월 12일

與宋明甫 己亥十二月十二日

도성이 점점 멀어지니, 저의 회포를 알 만하실 것입니다. 세상에 나온 뒤에 외람되이 전에 없던 성상의 예우를 받들었기에 조심스럽고 위축되어 결국 서둘러 돌아왔습니다. 스스로 죄를 돌아보건대 스스로 속죄할 길이 없습니다.

지난번 편지에서 말씀하신 계정공(季靜公 이후연(李厚淵))에 대하여는, 제가 저령(苧令 이무(李袤))의 편지를 얻어 보니 극히 임좌(任座)의 직절(直切)함[149]으로 계정공에게만 힘을 쏟기를 바랐습니다. 이 이야기는 아뢸 겨를이 없었으므로 부질없이 아룁니다.

이 부(府) 주인의 형세는 일찍이 받들어 아뢰었는데, 이곳에 와서 그를 보니 두려워 머물 수가 없습니다. 더구나 그 노친(老親)의 견디기 어려움은 이치와 형세가 그러한 것입니다. 그를 조치하는 도리를 생각해 주시는 것이 어떻겠습니까?

초형(草兄 이유태)의 거취는 어떠합니까? 그에게 또 머물 것을 극력 권면하며 공사(公私) 둘 다 방해하지 말도록 하였는데, 그의 뜻이 어떠할지 모르겠습니다.

149 임좌(任座)의 직절(直切)함 : 전국 시대에 위 문후(魏文侯)가 중산(中山)을 쳐서 그 땅을 빼앗아 아들 격(擊)을 봉하자, 신하 임좌가 "임금의 아우를 봉하지 않고 아들을 봉하였으니 어진 임금이라 할 수 없다." 하였다. 《資治通鑑 周紀 威烈王23年》 여기서는 이후연이 임좌처럼 직언하는 신하라는 뜻으로 쓰였다.

지은이 **송시열(宋時烈)**

1607(선조40)~1689(숙종15). 자는 영보(英甫), 호는 우암(尤菴)·우재(尤齋)·파옹(巴翁)·화양동주(華陽洞主) 등이며, 시호는 문정(文正), 본관은 은진(恩津)이다. 부친은 송갑조(宋甲祚)이고, 모친은 선산 곽씨(善山郭氏)이다. 사계(沙溪) 김장생(金長生)과 신독재(愼獨齋) 김집(金集)을 사사하여 기호학파의 종장(宗匠)이자 노론의 영수로 활동하면서 조선 후기 학문과 정치에 큰 발자취를 남겼다. 효종의 즉위 이후 청나라에 대한 복수설치(復讎雪恥)를 역설한《기축봉사(己丑封事)》를 올려 북벌론을 제시하였고, 학문적으로는 주자성리학을 정통으로 삼아 남인 학자인 윤휴(尹鑴)와 대립하였다. 이후 남인, 소론과 갈등이 깊어지다가 효종의 천릉(遷陵), 왕실 복제를 둘러싼 예송(禮訟)으로 논핵을 받아 삭탈관직되고 덕원(德源), 장기(長鬐), 거제도(巨濟島)에서 유배 생활을 하였다. 1689년 원자 책봉 문제로 제주(濟州)에 유배되었다가 서울로 압송되던 중 정읍(井邑)에서 사사(賜死)되었다. 1756년(영조32) 문묘(文廟)에 배향되고 영의정에 추증되었다. 저서로《송자대전》,《주자대전차의(朱子大全箚疑)》,《정서분류(程書分類)》,《주자어류소분(朱子語類小分)》,《논맹혹문정의통고(論孟或問精義通考)》등이 있다.

선역

김주희(金胄熙)

민족문화추진회 국역연구부에서 근무하였다. 번역서로《성호사설》,《면암집》,《양촌집》,《익재집》등이 있다.

옮긴이

김정기(金正基)

한림대학교 부설 태동고전연구소와 강원대학교 국어국문학과 박사과정을 수료하였다. 현재 한국고전번역원 고전문헌번역실 교점번역위원이며, 한국국학진흥원 영남선현문집번역 객원연구원이다.

송자대전 6

송시열 지음 | 김정기 옮김

2022년 12월 31일 초판 1쇄 발행

발행인 신승운 | 발행처 한국고전번역원
등록 2008. 3. 12. 제25100-2018-000049호
주소 (03310) 서울시 은평구 진관1로 85
전화 02-350-4800 | 팩스 02-350-4994 | 홈페이지 www.itkc.or.kr

연구총괄 권헌준 | 연구기획 김지민 | 연구평가 성과평가실 | 자문 정선용

책임편집 하현주 | 편집진행 신진호
교정 서세영 송숙희 | 조판 김지현 | 제작 조은지
디자인 씨디자인 | 인쇄 사단법인 에스디워크

값 20,000원
ISBN 978-89-284-0958-7 94810
978-89-284-0619-7 (세트)